企业合并与合并财务报表

（第三版）

QIYE HEBING YU HEBING CAIWU BAOBIAO

武玉荣　编著

首都经济贸易大学出版社
Capital University of Economics and Business Press
·北 京·

图书在版编目(CIP)数据

企业合并与合并财务报表/武玉荣编著.—3 版.—北京:首都经济贸易大学出版社,2017.3

ISBN 978-7-5638-2067-2

Ⅰ.①企… Ⅱ.①武… Ⅲ.①企业合并—会计报表—研究 Ⅳ.①F275.2

中国版本图书馆 CIP 数据核字(2013)第 003308 号

企业合并与合并财务报表(第三版)

武玉荣 编著

责任编辑 韩 聪

封面设计 风得信·阿东 FondesyDesign

出版发行 首都经济贸易大学出版社

地 址 北京市朝阳区红庙(邮编 100026)

电 话 (010)65976483 65065761 65071505(传真)

网 址 http://www.sjmcb.com

E-mail publish@cueb.edu.cn

经 销 全国新华书店

照 排 首都经济贸易大学出版社激光照排服务部

印 刷 北京市泰锐印刷有限责任公司

开 本 710 毫米×1000 毫米 1/16

字 数 430 千字

印 张 24.75

版 次 2013 年 6 月第 1 版 2014 年 6 月第 2 版

2017 年 3 月第 3 版 2017 年 3 月总第 3 次印刷

印 数 6 001~9 500

书 号 ISBN 978-7-5638-2067-2/F·1187

定 价 39.00 元

前　言

企业合并与合并财务报表是国际会计界公认的四大会计难题之一。会计理论界关于会计四大难题的专著和论文层出不穷，观点异彩纷呈。国际会计准则理事会(前身为国际会计准则委员会)对企业合并准则和合并财务报表准则几经修订，于2011年5月颁发了经修订的《国际财务报告准则第10号——合并财务报表》。2012年，国际会计准则理事会发布的《国际财务报告准则合订本》包括2012年1月1日之后生效的所有公告，其中既包括经修订的《国际财务报告准则第10号——合并财务报表》，也包括在此前修订的《国际财务报告准则第3号—企业合并》。我国财政部关于企业合并和合并财务报表的相关会计处理规定也在不断地修订，以求和国际财务报告准则持续趋同。从1995年我国颁发《合并会计报表暂行规定》，到2006年重新修订、制定和颁发1项基本准则和38项具体会计准则(其中包括《企业会计准则第20号——企业合并》和《企业会计准则第33号——合并财务报表》)，截至2014年1月，又先后陆续颁发了企业会计准则解释第1至6号，都对我国企业合并与合并财务报表的会计处理原则和方法做出了不断完善的规定。2012年11月，为了与国际会计准则理事会于2011年5月颁发的《国际财务报告准则第10号——合并财务报表》趋同，财政部又发布了《企业会计准则第33号——合并财务报表(修订)(征求意见稿)》。2014年2月，财政部又正式颁发了修订后的《企业会计准则第33号——合并财务报表》。所有这些都表明，会计理论界和会计实务界人士对企业合并与合并财务报表这个会计难题的认识，随着会计环境的变化而不断地深入与完善。我国自改革开放以来，随着市场经济的发展，企业横向合并、纵向合并和混合合并的发生，企业集团如雨后春笋般诞生，企业合并的会计处理和合并财务报表的编制，成为会计从业人员面临的重大课题。虽然，从财政部、省市自治区到区县相关机构进行了层层培训，但至今，还有很多企业合并事项的会计处理很不规范；很多企业集团编制的合并财务报表的随意性较大，不能如实反映企业集团的财务状况、经营成果和现金流量；也还有很多企业合并和合并财务报表的特殊事项没有可遵循的规定。本书就是在这种背景下编写的。本书旨在将理论与实际密切结合，以《国际财务报告准则》和我国《企业会计准则》为依据，阐述企业合并与合并财务报表的会计理论和方法，并对企业合并和合并财务报表的特殊问题予以探讨，力求对会计理论研究和会计实务操作具有参考价值。

本书分为四章。第一章企业合并，阐述企业合并行为的界定、企业合并会计处理的购买法和权益结合法、两种方法的比较和企业合并涉及的所得税；第二章购并日的合并财务报表，阐述合并财务报表的特点、合并理论、合并范围，以及购买法下购买日的会计处理和权益结合法下合并日的会计处理；第三章购并日后的合并财务报表，阐述购并日以后各年编制合并财务报表时需要做出的四大类八大项调整抵销的会计处理；第四章企业合并与合并财务报表的特殊问题，阐述反向购买、不丧失控股权下处置子公司部分投资、丧失控股权下处置子公司部分投资、子公司超额亏损、子公司增发股票和分派股票股利、子公司发行优先股、子公司回购股票、间接控股和相互持股、购并日后的所得税以及投资企业与联营企业及合营企业之间未实现内部交易损益等在编制合并财务报表时的调整抵销处理。

本书具有如下特点：

1. 资料权威、新颖、丰富。本书以国际会计准则理事会最新发布的《国际财务报告准则》和我国财政部颁发的现行《企业会计准则》为依据，并充分采纳了我国财政部截至2014年4月发布的企业会计准则征求意见稿和颁发的修订后的《企业会计准则第2号——长期股权投资》、《企业会计准则第33号——合并财务报表》、《企业会计准则第39号——公允价值计量》、《企业会计准则第40号——合营安排》和《企业会计准则第41号——在其他主体中权益的披露》的相关规定，还参考了国内外专家、学者的观点，并在此基础上形成具有本书特色的理论和方法。

2. 理论和方法具有前瞻性和创新性。这主要体现在以下几个方面：①倾向于"以非控制性权益"替代"少数股东权益"，以"非控股股东损益"替代"少数股东损益"；②提出了不完全商誉和完全商誉的概念及其确认、计量和记录的方法；③提出了"传统理论的权益结合法"和"修订的权益结合法"的概念，并对"修订的权益结合法"的合理性和可行性做出说明；④采用实体理论和母公司理论分别阐述了母公司长期股权投资与子公司所有者权益调整抵销涉及的会计处理；⑤本书第一章和第四章全面阐述了企业合并和合并财务报表涉及的所得税类型；⑥对反向购买、子公司超额亏损、子公司增发股票、子公司发行优先股、子公司回购股票、间接控股和相互持股等情况规范了调整抵销处理的程序和方法。

3. 充分体现我国《企业会计准则》要求，具有可理解性和可操作性。本书在考虑前瞻性和创新性的同时，密切结合我国《企业会计准则》的要求，所涉及的会计分录、调整分录和抵销分录的名称均与我国《企业会计准则》要求相同；本书第三章将编制合并财务报表的调整抵销项目归纳为四大类八大项；本书各章列示了大量例题，还备有思考题、练习题及其参考答案。所有这些，都便于读者理解和掌握相关的理论和方法，并将其运用于会计实务操作。

4. 理论与实际兼容并蓄，结构严谨，言简意赅。

5. 本书备有教学用课件，如有需要，请到首都经济贸易大学出版社网站下载。

本书可以作为高等院校会计学专业及相关经济管理专业的会计专题教材，也可以作为会计理论研究人员和会计从业人员的自学参考书和业务指导书，还可以作为会计从业人员的培训教材。

本书难免有疏漏或欠妥之处，衷心期待各位专家、学者和广大读者指正。

目　录

第一章　企业合并

导　读

本章框图

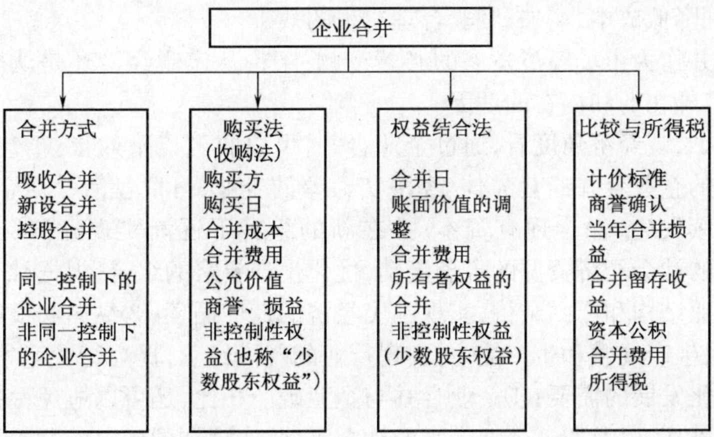

框图说明:企业合并包括吸收合并、新设合并和控股合并。因考虑到国有企业之间的合并现象较多,所以2006年2月,我国颁发的《企业会计准则第20号——企业合并》,将企业合并又分为同一控制下的企业合并和非同一控制下的企业合并。购买法和权益结合法是企业合并的两种会计处理方法,这两种方法的选择并不取决于合并的方式。购买法在各种方式的企业合并中得到广泛的应用。权益结合法能对合并后企业的财务会计报告产生有利的影响,可以提高企业的公众形象,因此,为了防止企业盲目选择权益结合法,各国对权益结合法的应用范围都做了严格的规定,美国会计准则和国际财务报告准则均废止使用权益结合法。购买法和权益结合法基于不同的理论,其会计处理内容及其对财务会计报告的影响也不同,其主要区别在于:资产和负债的计价标准;是否确认合并商誉或合并损益;对合并当年合并损益以及以后各年损益的影响。我国《企业会计准则第20号——企业合并》规定,同一控制下的企业合并采用权益结合法,而非同一控制下的企业合并采用购买法。

第一节　企业合并的含义和分类

一、企业合并的动因

在市场经济条件下，企业间的竞争始终存在，而在经济处于持续高速增长的时期，企业之间的竞争就更趋激烈。企业出于提高经济实力、增强竞争能力的需要，不断扩大生产经营规模，进行多元化经营，于是要对原有效益不佳的经济资源进行重新组合，实现生产要素的合理流动，调整产业结构和产品结构，通过资产重组和产权转让，以较低的投资风险、较少的投资成本，较快地实现规模经济、达到扩张的目的，这就导致了企业间的合并。除此之外，通过企业合并实现经济资源的合理组合，还会收到降低成本、增加利润、合理避税的效果。

企业合并作为市场经济发展的必然产物，不论从宏观经济还是从微观经济角度看，都有其外在的和内在的动因。

首先，从宏观经济角度看，通过企业合并，可以收到以下效果：①让经营良好、经济实力强的企业合并经营欠佳、经济实力差的企业，可以盘活亏损企业资产，终止亏损的继续发生，保全现有资本，并在新的组合下逐渐实现经济资源的增值；②促使有限的社会经济资源的合理流动，优化生产要素的组合，根据社会经济发展需要调整产业结构和产品结构，实现国民经济的良性循环；③纵向和横向的经济联合，可以扩大生产规模和生产能力，实现行业的规模经营，提高行业竞争能力，以适应经济国际化发展的需要；④企业合并与企业破产相比，还可以避免亏损企业破产对生产力的破坏，以及职工失业带来的社会震荡，实现在国泰民安背景下的经济体制改革和国民经济腾飞。

其次，从微观经济角度看，通过企业合并，也可以为实施合并的企业带来如下好处：①可以用较低的成本实现战略重组，开展多元化经营，扩大生产规模，提高生产能力，稳定收入来源，分散经营风险；②购买现有企业生产线，接收现有企业的市场，比开发新产品、拓展新市场的投资风险要小；同时，对企业合并形成的固定资产进行必要的改造、改良就可以投入生产，较早地形成生产能力；③吸收人才，引进技术，提高生产经营管理活动的效率，提高资源的利用效率，提高营销能力，扩大市场份额；④企业合并所取得的无形资产，如专利权、专营权、商标权、土地使用权、出口特许权等，也将给企业的经营带来无形的效益；⑤能提高企业的偿债能力，并可能实现合理避税，减轻企业的税收负担。所有这些都将使企业迅速达到规模经济，降低成本，提高盈利率，实现自身利润最大化。

二、企业合并的含义

《国际财务报告准则第 3 号——企业合并》对企业合并作了如下定义:“企业合并是将单独的主体或业务集合为一个报告主体。”我国《企业会计准则第 20 号——企业合并》对企业合并做出了与《国际财务准则第 3 号》趋同的定义:“企业合并是指将两个或两个以上单独的企业合并形成一个报告主体的交易或事项。”可见,只要将原来彼此独立的企业合成一个会计主体,将它们的经济资源和经营活动由其中的购买方或合并方实施控制,就完成了企业合并。企业合并包含以下五层含义:第一,合并目的是为了获得控制权,企业合并可以是一个企业获得另一企业或多个企业的控制权;第二,被合并方可以保留法人资格,也可以不保留法人资格;第三,所合并的企业必须构成业务;第四,购并方支付对价的形式可以是货币性资产、非货币性资产,也可以是债权性证券或股权性证券;第五,交易或事项发生后是否引起报告主体发生变化。

(一)合并的实质是获得控制权

《国际会计准则第 27 号——合并财务报表和单独财务报表》(IAS 27)和我国《企业会计准则讲解》对控制的定义是:控制是指一个企业能够决定另一个企业的财务和经营政策,并能据以从另一个企业的经营活动中获取利益的权力。控制通常具有如下特征:①控制的主体是唯一的,即对被投资单位的财务和经营政策的提议不必征得其他方同意,就可以形成决议并付诸实施;②控制的内容主要是被控制方的财务和经营政策,这些财务和经营政策一般是通过表决权来决定的;③控制的性质是一种权力或法定权力,也可以是通过公司章程或协议、投资者之间的协议授予的权力;④控制的目的是为了获取经济利益,既包括维持、保护或增加经济利益,也包括降低所分担的损失等。

一个参与合并主体获得对另一参与合并主体半数以上的表决权时,便获得了对另一个参与合并主体的控制权,除非能证明其不构成控制。实际工作中,判断交易或事项发生前后是否形成控制权的转移,应当贯彻实质重于形式的要求。有些情况下,即使一个参与合并主体未获得另一参与合并主体半数以上表决权,满足下列条件之一的也视为获得对另一参与主体的控制权:①通过与被投资单位其他投资者之间的协议,获得对另一主体半数以上表决权;②根据公司章程或协议,获得对另一主体的财务和经营政策的控制权;③有权任免另一主体的董事会或类似机构的多数成员,且董事会或类似机构必须能够控制被投资单位;④在另一主体的董事会会议或类似机构会议中获得多数投票权,且董事会或类似机构也必须能够控制被投资单位。但是,如果有证据表明不能控制另一主体的除外。

国际会计准则理事会于 2011 年 5 月 12 日发布的《国际财务报告准则第 10 号——合并财务报表》(IFRS 10),取代了原《国际会计准则第 27 号——合并财务报表和单独财务报表》,新国际合并财务报表准则重新界定了控制的含义,指出对被投资方的控制是指投资方通过参与被投资方,承担或享有其可变回报,并通过对被投资方的权力,有能力影响这些回报时,投资方即控制被投资方。当且仅当投资方满足下列所有条件时,投资方才控制被投资方:①拥有对被投资方的权力;②能够通过参与被投资方,承担或享有其可变回报;③能够行使对被投资方的权力,以影响回报投资方的金额。

IFRS 10 对控制的定义有如下特征:

1. 控制的性质是一种权力。权力是指能够赋予现时能力,以主导被投资方相关活动的现有权利。相关活动是指被投资方的活动,它们能够重大影响被投资方的回报。投资方必须拥有主导被投资方相关活动的现时能力。如果投资方拥有主导相关活动的现时能力,则拥有权力,即使其主导权利尚未行使。投资方已经主导相关活动的证据有助于确定投资方是否拥有权力。但是,这些证据本身不能得出是否拥有权力的结论。如果两个或多个投资方拥有现有权利,赋予各方单独主导不同相关活动的能力,则拥有现时能力以主导最重大影响被投资方回报的一方,拥有被投资方的权力。权力来源于权利,在评价权力时,应当考虑实质性权利而不是保护性权利。

实质性权利,是指持有人在对相关活动进行决策时有实际能力行使的可执行权利。判断一项权利是否为实质性权利,应当综合考虑所有相关因素,包括权利持有人行使该项权利是否存在财务、价格、条款、机制、信息、运营、法律法规等方面的障碍;当权利由多方持有或者行权需要多方同意时,是否存在实际可行的机制使得这些权利持有人在其愿意的情况下能够一致行权;权利持有人能否从行权中获利等。

某些情况下,其他方享有的实质性权利有可能会阻止投资方对被投资方的控制。这种实质性权利既包括提出议案以供决策的主动性权利,也包括对已提出议案做出决策的被动性权利。

能够给予投资方权力的实质性权利包括但不限于:①被投资方的表决权(或潜在表决权);②被投资方关键管理人员的任命、再指定或罢免权利;③任命或罢免能够主导相关活动的其他主体的权利;④出于投资方利益,主导被投资方参与或否决任何交易变动的权利;⑤赋予持有者主导相关活动的现时能力的其他权利。

仅享有保护性权利的投资方不拥有对被投资方的权力。

保护性权利,是指仅为了保护权利持有人利益却没有赋予持有人对相关活动决策权的一项权利。保护性权利通常只能在被投资方发生根本性改变或某些例外情况发生时才能够行使,它既没有赋予其持有人对被投资方拥有权力,也不能阻止其他方对被投资方拥有权力。

保护性权利的实例包括但不限于:①贷款方限制借款方进行某些显著改变借款方信用风险,从而损害贷款方的活动的权利;②持有非控制性权益的投资方批准超过日常业务范围的资本支出,或批准发行权益或债券工具;③借款方无法满足特定借款偿还条件时,占有借款方资产的权利。

通常在没有其他因素影响下,持有多数表决权的投资方,便控制了被投资方。在某些情况下,表决权并不是确定谁控制被投资方的决定性因素,例如,表决权仅与管理工作相关,而相关活动则由合同安排所主导。此时,则需要考虑被投资方的目标和规划,包括被投资方的风险规划由谁承担,风险将被传递给谁,以及该投资方是承担了部分还是全部的风险。对风险的考虑不仅包括下降风险,而且包括潜在的上涨。

2. 控制的内容是能够重大影响被投资方回报的被投资方相关活动。被投资方相关活动一般包括但不限于下列实例:①销售和购买商品或服务;②金融资产的管理;③选择、获得或处置资产;④研究和开发新产品或工序;⑤确定筹资结构或获得资金。相关活动的决策包括但不限于:①建立被投资方的经营和资本决策,包括预算;②被投资方关键管理人员或服务商的任命和报酬,及其终止。

IFRS 10 将控制定义为"能够主导显著影响被投资方回报的相关活动的权利",而 IAS 27 将其定义为"统驭一个主体的财务和经营政策的权力"。修订该定义的原因在于,虽然权力通常通过统驭被投资方的经营战略和财务政策而获得,但它仅仅是主导被投资方活动的权力的一个方面。除了统驭经营战略和财务政策,投资方还可以通过行使对被投资方特定活动的决策权利,拥有主导被投资方活动的权力。事实上,统驭财务和经营政策的权力,对于不是通过表决权或类似权利主导的被投资方并不是必要的。也就是说,即使以持有股份衡量的表决权,未赋予投资方统驭财务和经营政策的权力,但在实际经营中,投资方拥有对被投资方特定活动的决策权利,则该投资方也拥有对被投资方的权力。在所有情况下,现时能力都来源于权利,包括表决权、潜在表决权、包含在其他安排中的权利,或者这些权利的组合。此外,如果主体在需要做出决策的时候,能够做出决策,则主体可能拥有主导相关活动的现时能力。即使投资方未主动主导被投资方的活动,投资方也可能拥有现时能力。相对的,也不能因为主体主动主导了被投资方的活动,而简单地断定投资方拥有现时能力。例如,一个持有 70% 表决权益的主体(假设不存在其他因素),即使未行使其表决权利,仍然拥有主导被投资方活动的现时能力。而另外 30% 表决权益的单一持有者,即使积极行使其表决权,而由于是少数股东,无权做出最终决策,因而也未拥有权力。拥有主导被投资方活动的现时能力,并不限于能够在当前进行活动。为了进行活动可能需要履行一些程序,例如,在主体行使赋予其权力的投票或其他权利之前,需要召开会议。如果没有其他障碍能够阻止投资方行使其权利以做出选择,则这样的延迟不妨碍投资方拥有权力。当控制是由表决权或类似权利产生时，显著影响被投资方回报的活动，是一系列经营和财务活动，例如，销售商品或劳务，购买存货，进行资本性支出或筹资等。能够确定经营战略和财务政策的投资方通常就拥有权力。

3. 控制的目的是享有被投资方的可变回报，或承担可变回报的风险。当投资方参与被投资方的回报因被投资方的业绩而导致潜在的变动时，投资方有权享有其参与的可变回报。投资方的回报可能是单纯的正数，单纯的负数，或者全部的正数和负数。投资方必须承担风险和支付报酬，以获得对被投资方的控制。不承担风险和支付报酬，投资方将不能从其拥有的任何权力中获得利益，从而无法控制被投资方。在大多数情况下，承担风险和报酬，和 IFRS 10 所提出的承担或享有可变回报得出的结论是一致的。

"权力"并不等同于"控制"，能够主导被投资方的相关活动，不足以达到控制，比如代表其他方行使权力时，就不一定具有控制，还应当考虑是否享有或承担了可变回报。而"回报"也不等于"利益"，因为利益通常是指净额，且只包含收益，而回报则是总额，且不一定都是收益。回报是一个广泛的定义，它不仅包括直接回报，如股利，而且包括了协作效应的回报，如规模经济、节省成本、专有产品、专利知识、协同效益，或者其他权益持有者无法拥有的其他回报。主体应当以经济实质而不是法律形式评价是否承担或有权享有被投资方的可变回报。回报的实例包括但不限于：①股利、源于被投资方的其他经济利益的分配；②维护被投资方资产或负债的报酬，提供信贷或流动支持的费用或承担的损失，清算被投资方时享有被投资方资产和负债的剩余权益、税收利益，以及投资方从参与被投资方而得到的享有未来流入的权利；③其他权益持有者无法享有的回报。

如果投资方不仅拥有对被投资方的权力并承担或享有其参与被投资方的可变回报，而且拥有运用其权力以影响其参与被投资方的回报的能力，则投资方控制了被投资方。

为了实现与国际财务报告准则的持续趋同，我国于 2012 年 11 月发布了《企业会计准则第 33 号——合并财务报表（修订）征求意见稿》，并于 2014 年 2 月正式颁发了修订后的《企业会计准则第 33 号——合并财务报表》。该征求意见稿和修订稿全面汲取了上述《国际财务报告准则第 10 号——合并财务报表》关于控制的定义（见本书第二章第一节合并财务报表的合并范围）。

4. 控制的主体是唯一的。能够主导显著影响被投资方可变回报的相关活动权利的投资方只有一个。如果两方或多方同时拥有显著影响与被投资方可变回报相关活动的控制权，即任何一个投资者都有对显著影响被投资方可变回报相关活动的否决权，则属于共同控制，如两个或两个以上的投资者以合营合同制约的对合营企业的控制，就是典型的共同控制，共同控制的主体为两个或两个以上的投资者，其投资主体并非是唯一的。共同控制与企业合并无关。

（二）所合并的企业必须构成业务

业务是指企业内部某些生产经营活动或资产负债的组合。这些生产经营活动或资产负债的组合通常具有投入、加工处理过程和产出能力，能够独立计算其所产生的成本费用或所带来的收入。其中投入是指原材料、人工、必要的生产技术等无形资产以及构成生产能力的机器设备等其他长期资产的投入；加工处理过程是指具有一定的管理能力、运营过程，能够组织投入形成产出；产出是指生产出产成品或提供某种服务，或者通过为其他部门提供服务来降低企业整体的运行成本等为企业带来经济利益的流入。有关资产或资产、负债的组合要构成一项业务，不一定要同时具备上述三个要素，某些情况下具备投入和加工处理过程两个要素就可认为构成一项业务。

（三）交易或事项发生后引起报告主体发生变化

判断某项产权交易或事项是否形成企业合并，除要分析所合并的企业是否构成业务之外，关键是要看有关交易或事项发生前后，是否引起财务报告主体发生变化。报告主体的变化体现了控制权的变化，也可以说控制权的变化导致了报告主体的变化。财务报告主体的变化包括两种情况：其一是有关交易或事项发生后，引起两个或两个以上的法律主体合并为一个法律主体，导致个别财务报告主体发生变化；其二是有关交易或事项发生后，并未引起法律主体的变化，而只引起两个或两个以上的法律主体形成由母公司及其能够实施控制的子公司构成的企业集团，导致基于合并财务报告意义的报告主体的产生和变化。

在现实经济生活中，人们常用“兼并”、“收购”、“重组”、“合并”等不同词汇来表达企业合并或兼并的概念，而忽略了这些词汇的本质区别。应当说，企业重组涵盖的范围最广，它涉及四大类企业产权变动：①扩张型，包括兼并、收购、联营等；②收缩型，包括资产剥离出售、分立；③公司控制型，包括溢价购回、反接管条款、代表权争夺；④所有权结构变更，包括股票回购、转回非上市公司、杠杆收购等。合并仅涉及扩张型产权变动。从广义上说，合并是指两个或两个以上的企业通过产权交易组成新的企业或企业集团，而不论这个新的企业或企业集团是否只存在单一的经济主体和法律主体，它包括吸收合并、新设合并和控股合并三种方式。从狭义上说，合并是指企业产权交易后只存在单一的经济主体和法律主体，它只包括吸收合并和新设合并，即兼并。企业兼并，是指一个企业购买其他企业的产权，使其他企业失去法人资格或改变法人实体的一种行为。可见，企业兼并只是企业合并的一种形式。企业合并可能涉及成立一个新的主体来控制参与合并的主体或所转让的净资产，或者涉及一个或多个参与合并主体的重组。

合并的实质是控制。一个企业或几个企业成为别的企业的子公司，一家公司将其净资产转移给另一家公司，以及几家公司将其净资产转移给一家新建立的公司，均实现了企业合并；同时，一个企业持有了另一个企业的控股权，也是企业合并。

三、企业合并规范范围的排除

某些事项或交易因不符合企业合并定义，不属于企业合并准则的规范范围，或者虽然从定义上属于企业合并，但因交易条件等各方面的限制，不包括在企业合并准则的规范范围之内。

我国2006年颁发的《企业会计准则第20号——企业合并》规定的企业合并，不涉及下列事项。

(1)通过合并形成的两方或两方以上形成合营企业的情况。这是因为，各合营方将其拥有的资产、负债等投入所成立的合营企业，按照合营企业章程或是合营合同、协议的规定，在合营企业成立以后，由合营各方对其生产经营活动实施共同控制。各合营方中，并不存在占主导作用的控制方，不属于企业合并。

(2)仅通过合同而不是所有权份额将两个或两个以上单独的企业合并形成一个报告主体的企业合并。这是因为，一个企业即使能够通过一些非股权因素对另一个企业实施控制，但因无法明确计量企业合并成本或者甚至不发生任何成本，而不能按照企业合并准则的规范进行会计处理。但是，2010年修订的《企业会计准则讲解》对该种情况未予以涉及。

(3)一个主体获得对一个或多个其他非业务主体的控制权。这是因为，如果一个企业取得了对另一个或多个企业的控制权，而被购买方(或被合并方)并不构成业务，则这些主体的集合不形成企业合并。企业取得了不形成业务的一组资产或是净资产时，应当按照权益性交易的原则进行会计处理，将购买成本按购买日所取得的各项可辨认资产、负债的相对公允价值基础进行分配，不确认商誉或损益。不按照企业合并准则进行处理。

(4)购买子公司的非控制性权益(原称少数股权)。这是因为，购买子公司的非控制性股权(少数股权)是指一个企业已经能够对另一个企业实施控制，形成企业集团并存在母子公司关系后，为增加持股比例，母公司自子公司的非控股股东(少数股东)处购买非控股股东(少数股东)持有的对该子公司全部或部分股权。购买子公司非控制性股权(少数股权)的交易或事项发生前后，并未引起控制权的转移和报告主体的变化，不属于企业合并。

《国际财务报告准则第3号——企业合并》不适用于以下事项：①由单独的主体或业务集合而形成合营的企业合并；②涉及同一控制下主体或业务的企业合并；③涉及两个或两个以上共同主体的企业合并；④单独的主体或业务仅通过合同而不是获得所有者权益份额集合而形成一个报告主体的企业合并。

四、企业合并的分类

企业合并按照不同的标准可作如下分类：

（一）按照参与合并企业的控制主体分类

按照参与合并企业的控制主体，可将企业合并分为同一控制下的企业合并和非同一控制下的企业合并。

1. 同一控制下的企业合并。同一控制下的企业合并，是指参与合并的企业在合并前后均受同一方或相同的多方最终控制且该控制并非暂时性的。

判断某项企业合并是否属于同一控制下的企业合并，应明确以下要点：

（1）对参与合并各方在合并前后均能够实施最终控制的一方通常是指企业集团的母公司。一般说来，同一企业集团内部母公司与子公司之间、各子公司相互之间的合并，属于同一控制下的企业合并。如：母公司将全资子公司的净资产转移至母公司并注销子公司；母公司将其持有的某一个子公司的净资产转移至另一个子公司等。

（2）对参与合并各方在合并前后均能够实施最终控制的相同多方，是指根据投资者之间的合同或协议约定，拥有最终决定参与合并企业的财务与经营政策，并从中获取利益的投资群体。如，合同或协议约定，为了扩大其中某一投资者对被投资单位的表决权比例，或巩固其中某一投资者对被投资单位的控制权，在对被投资单位的财务与经营政策行使表决权时，采用相同意见的两个或两个以上的法人或其他组织。在这种情况下，被投资单位受相同多方的最终控制。

（3）实施的最终控制并非暂时性的，是指参与合并各方在合并前后受最终控制方的控制时间较长，一般在 1 年以上（含 1 年）。企业合并后形成的报告主体在最终控制方的控制时间也应在 1 年以上（含 1 年）。如果在企业合并后 1 年内，合并方即将在企业合并中取得的具有重要性的资产、负债出售而获得即期损益，合并方对于原进行的企业合并应当改按非同一控制下的企业合并原则进行调整。

（4）判断企业之间的合并是否属于同一控制下的企业合并，应当遵循实质重于形式的原则。通常同一控制下的企业合并发生在同一企业集团内部企业之间。除此之外，一般不作为同一控制下的企业合并。同受国家控制的企业之间的合并，不应仅仅因为参与合并各方在合并前后均受国家控制而将其作为同一控制下的企业合并。

同一控制下的企业合并，合并方在合并日取得被合并方的控制权。同一控制下的企业合并具有以下特点：第一，最终实施控制方所能够实施控制的净资产账面价值基本没有发生变化；第二，这类企业合并发生于关联方之间，双方议定的交易价格往往不公允，不宜作为核算基础。

2. 非同一控制下的企业合并。非同一控制下的企业合并，是指参与合并的各方在合并前后均不受同一方或相同的多方最终控制。非同一控制下的企业合并，购买方在购买日取得被购买方的控制权。非同一控制下企业合并具有以下特点：

第一,这类企业合并是在非关联方之间进行的,交易价格以市价为基础,相对公平合理,可以作为核算基础;第二,购买方所控制的被购买方的净资产实际金额,应以公允价值计量。

（二）按照企业合并所涉及的行业分类

按照企业合并所涉及的行业可以分为横向合并、纵向合并和混合合并。

1. 横向合并。这是指同行业中生产工艺、产品、劳务相同或接近的两个以上企业的合并。例如,一个汽车制造公司收购了另外一家或几家汽车制造公司,一个客运汽车公司收购了另外一家或几家客运汽车公司等,均属于这种合并。横向合并之所以发生是由于以下目的:充分有效地利用现有生产设备和生产技术,提高产品质量,改进品种结构,提高市场占有率和竞争能力;通过同行业的强强联合、强弱联合实现优势互补,提高管理水平和生产能力,以走出低谷,渡过经济难关;将若干小规模企业联合,形成一个更大的企业,可实现规模经济,从规模经济中获益。由于横向合并减少了一个行业内企业的数量,从而削弱了企业间的竞争,增加了合并后企业的垄断力量,所以,它在一些国家受到政府的管制。

2. 纵向合并。这是指处于生产经营不同阶段,但具有前后联系的两个以上企业的合并。例如,汽车制造公司合并零配件企业、橡胶轮胎企业,钢铁冶炼企业合并煤炭、矿石开采企业以及运输企业等,均属于这种合并。纵向合并推行不同生产经营阶段纵向一体化的原因很多,诸如节约再加工成本、运输成本,减少磋商价格、签订合同、收取货款、发布广告等的成本,促进企业集团内部成员企业供、产、销的良性循环等。当然,纵向合并也可能会使一体化企业在经营的某个阶段拥有垄断力量,从而对那些独立的企业提高投入要素的价格,并对最终产品市场实行掠夺性定价以压榨独立的企业。这种反竞争的效应,在一些国家也得到了重视。

3. 混合合并。这是指从事不相关类型经营的、没有内在联系的两个以上企业的合并。例如,钢铁冶炼企业合并了建筑公司、房地产公司、电脑公司等。混合合并一般会形成跨行业的企业集团。这种合并的目的主要是:①分散经营风险,提高企业的生存能力和发展空间;②利用不同行业的环境条件,拓展市场;③吸收不同行业先进的管理经验,通过协同效应,实现经济效益;④便于现金流量的内部调度,从财务不利的领域转入到从成长性和盈利性的角度看都更有吸引力的领域,以实现资源转移,改善资源的配置。

（三）按照法律形式分类

按照法律形式,企业合并可以分为吸收合并、新设合并和控股合并。

1. 吸收合并。这是指合并方(或购买方)通过企业合并取得被合并方(或被购买方)的全部净资产,合并后注销被合并方(或被购买方)的法人资格,被合并方(或被购买方)原持有的资产、负债,在合并后成为合并方(或购买方)的资产、负债的企业合并。在这种方式下,合并方(或购买方)以支付现金、转让非现金资产、承担债务或发行权益证券等方式取得被合并方(或被购买方)的净资产,并继续保留其法人地位,而被合并方(或被购买方)在企业合并后丧失了独立的法人资格。例如,原作为独立法人企业的A公司和B公司合并,A公司吸收了B公司,B公司丧失法人资格,成为A公司的组成部分,从法律上讲,A公司+B公司=A公司。

2. 新设合并,又称创立合并。这是指参与合并的各方在合并后法人资格均被注销,重新注册成立一家新的企业的企业合并。在这种方式下,参与合并的各家企业都丧失了法人资格,而合并成一家新的具有法人资格的企业。例如,A公司和B公司合并,成立了一个C公司,参与合并的A公司和B公司同时丧失法人资格,成为新设立的C公司的组成部分,从法律上讲,A公司+B公司=C公司。新组成的C公司要接收A、B两公司的资产和负债,并向原A、B两公司所有者签发出资证明。如果A、B两公司的所有者不再作为C公司的所有者,则C公司所有者应向A、B两公司原所有者支付产权转让价款。

3. 控股合并。这是指合并方(或购买方)在企业合并中取得对被合并方(或被购买方)的控制权,被合并方(或被购买方)在合并后仍保持其独立的法人资格并继续经营,合并方(或购买方)确认企业合并形成的对被合并方(或被购买方)的投资的企业合并。在这种方式下,虽然被合并方(或被购买方)在合并后仍保持其独立的法人资格,但是其显著影响被投资方可变回报的相关活动(含财务与经营政策)受到合并方(或购买方)的控制。例如,A公司购入B公司有表决权股份的60%,控制了B公司的生产经营权以及财务与经营决策权等相关活动,则A公司成为控股公司,即母公司,B公司成为A公司的附属公司,即子公司。这种情况下,A公司要编制合并财务报表。

从理论上讲,只有当持股份额占被合并方(或被购买方)有表决权股份的50%以上时,才达到控制的目的。因此,即使一个企业持有另一个企业不到100%的股权,只要在50%以上,也就完成了企业合并。但在证券市场发达的国家,由于企业的股份分散在众多股东手中,一家企业只要拥有另一家企业30%甚至25%左右的有表决权的股份,就足以达到控制目的。因此,控股比例并不是绝对的,合并的概念应以合并方(或购买方、投资企业)对被合并方(被购买方、被投资单位)的显著影响被投资方回报的相关活动(含财务与经营政策)是否具有控制能力为准。

(四)按照企业合并的性质分类

按照企业合并的性质又可分为购买合并和权益结合合并。

1. 购买合并。在各种企业合并中,只要一个参与合并的企业占支配地位,能辨认出哪一个企业是购买方,就可称之为购买合并。《国际财务报告准则第3号——企业合并》指出,所有企业合并都应认定一个购买方。购买方是获得对其他参与合并主体或业务的控制权的参与合并主体。购买方可按下述方法确定。

第一,一个参与合并主体获得对另一参与合并主体半数以上的表决权,因而获得了另一参与合并主体的控制权。

第二,一个参与合并主体未取得其他参与合并主体半数以上的表决权,但企业合并的结果使得一个参与合并主体:①通过与其他投资者之间的协议,获得对另一主体半数以上表决权的权力;②通过法律或协议,获得统驭另一主体的财务和经营政策等相关活动的权力;③获得任命或解除另一主体董事会或类似治理机构大多数成员的权力;④获得在另一主体董事会或类似治理机构会议中投多数票的权力。

第三,虽然难以认定购买方,但常常有迹象表明购买方的存在:①若一个参与合并主体的公允价值大大超过另一参与合并主体的公允价值,则公允价值较大的主体可能是购买方;②若企业合并通过以现金或其他资产换取有表决权的普通股权益工具来实现,则放弃现金或其他资产的主体可能是购买方;③若企业合并使得一个参与合并主体的管理层能够控制合并后主体管理团队的选配,则管理层处于控制地位的主体是购买方。

2. 权益结合合并,又称股权联合合并。在企业合并中,无法辨认出哪一参与合并主体是购买方,就可称之为权益结合合并。原《国际会计准则第 22 号——企业合并》对权益结合作了如下定义:权益结合指参与合并的企业的股东联合控制他们的全部或实质上是全部的净资产和经营活动,以便继续对合并后实体分享利润和分担风险的企业合并。在这种情况下,参与合并企业的股东签订一项本质上平等的协议,共同控制合并后企业的全部或实际上全部的净资产和经营权,参与合并企业的股东共同分担和分享合并后企业的风险和报酬。为了达到这一目的,应具备如下条件:①参与合并的企业有表决权的普通股,应全部参与交换或合并,如果不是全部,至少也应是绝大多数参与交换或合并。②一个企业财产的公允价值不能与另一个企业财产的公允价值相差很远。③合并之后,各企业的股东在合并后的主体中应大体保持与合并前同样的表决权和股权。《国际财务报告准则第 3 号——企业合并》没有规范权益结合合并。

购买合并和权益结合合并具有本质的不同,相应地应采用购买法(也称收购法,下同)和权益结合法两种不同的会计处理方法。《国际财务报告准则第 3 号——企业合并》要求所有企业合并都应当采用购买法进行会计处理,这种分类也变得不再有实际意义。但是,我国颁发的《企业会计准则第 20 号——企业合并》,考虑到我国国有企业之间的合并现象较多,因此规定:凡属于非同一控制下的企业合并,均采用购买法进行会计处理;凡属于同一控制下的企业合并,不论合并对价是货币性资产、非货币性资产,还是承担债务或发行权益工具,均采用类似于权益结合法进行会计处理。

第二节　企业合并的购买法

一、购买法的含义及其特点

(一)购买法的含义

购买法又称收购法,它假设企业合并是一个企业取得其他参与合并企业的净资产的一种交易。在多数情况下,企业合并往往是一家参与合并企业作为购买方,其他参与合并的企业作为被购买方,购买方以现金或其他代价购进被购买方的净资产。从某种意义上说,这种产权交易与购买方从企业外部购入原材料、机器设备并无本质区别。

(二)购买法的特点

1. 购买方在购买日需要确定合并中取得的被购买方各项可辨认资产、负债和净资产的公允价值。在吸收合并和新设合并方式下,购买方在购买日应当按照合并中取得的被购买方各项可辨认资产、负债的公允价值确定为入账价值;在控股合并方式下,母公司应当设置备查账簿,记录合并中取得的子公司各项可辨认资产、负债及或有负债在购买日的公允价值,在编制合并财务报表时,应以购买日确定的子公司各项可辨认资产、负债的公允价值为基础对子公司的财务报表进行调整。

2. 购买方在购买日需要确定和分配合并成本,同时确认合并商誉或损益。合并成本是指购买方在购买日为取得被购买方的控制权而付出的资产、发生或承担的负债以及发行的权益性证券的公允价值。购买方在购买日应对合并成本进行分配,将取得的被购买方各项可辨认资产、负债及或有负债的账面价值调整为公允价值。合并成本大于合并中取得的被购买方可辨认净资产公允价值份额的差额,应当确认为商誉;合并成本小于合并中取得的被合并方可辨认净资产公允价值份额的差额,经复核后确认为负商誉或计入当期损益,国际财务报告准则(企业合并准则)和我国企业合并会计准则规定,将这个差额计入当期损益。

3. 购买方为进行企业合并发生的各项直接相关费用和间接费用,均计入当期损益。购买方为进行企业合并发生的各项直接相关费用包括为进行企业合并而支付的审计费用、评估费用、法律服务费用、咨询费用等中介费用。购买方为进行企业合并发生的间接费用是指具体实施企业合并工作专设的购并部门发生的日常管理费用,如登记费用等。以下两项费用不能计入合并成本,也不能计入当期损益:①为企业合并发行的债券或承担其他债务支付的手续费、佣金等交易费用,应计入所发行债券及其他债务的初始计量金额;②为企业合并发行权益性证券发生的手续费、佣金等交易费用,应当抵减权益性证券溢价收入,溢价收入不足冲减的,冲减留存收益。

4. 合并当年购买方当期实现的损益,包括当期自身实现的损益和被购买方在购买日后实现的损益。不包括被购买方在购买日之前实现的损益。

5. 购买日之前被购买方的留存收益也不计入购买方的购买日留存收益。

6. 在控股合并方式下,购买日只需要编制合并资产负债表。

二、购买法的会计处理原则

(一)购买方的认定

采用购买法核算企业合并的首要前提是认定购买方。如前所述,购买方是指在企业合并中取得对另一方或多方控制权的一方。企业合并中一方取得了对另一方的实质控制权,则取得控制权的一方为购买方。我们一般用以下三种情况判断购买方:

1. 合并中一方取得了另一方半数以上有表决权股份的,一般认为取得另一方半数以上表决权股份的一方为购买方,除非有明确的证据表明半数以上的表决权股份不能形成对另一方的控制。

2. 某些情况下,即使一方没有取得另一方半数以上有表决权股份,但符合下列条件之一的,一般也可认为其获得了对另一方的控制权:①通过与其他投资者签订协议,实质上拥有被投资企业半数以上表决权,实现了对被投资企业的实质控制;②按照法律、章程或协议等的规定,有权力主导被投资企业的财务和经营政策等显著影响被投资方回报的相关活动,能够对被投资企业的财务和经营政策等相关活动实施控制;③根据章程、协议等有权任免被投资企业董事会或类似权力机构多数成员,以达到实质控制的目的;④在被投资企业董事会或类似权力机构中具有多数表决权,能够控制被投资单位董事会等类似权力机构的会议,从而控制其财务和经营政策等相关活动,达到对被投资企业的控制。

3. 在某些情况下,如果仍然难以确定企业合并中的购买方,还可以结合以下因素具体判断:①以支付现金、转让非现金资产或承担债务方式进行的企业合并,支付现金、转让非现金资产或承担债务的一方一般为购买方;②合并各方的股东在企业合并后主体中具有相对较高的投票比例的一方一般为购买方;③合并导致参与合并一方的管理层能够主导合并后主体生产经营政策的制定,则其管理层能够实施主导作用的一方一般为购买方;④参与合并一方的公允价值远远大于另一方的,公允价值较大的一方很可能为购买方;⑤以有表决权的股份换取另一方现金及其他资产的,则付出现金或其他资产的一方很可能为购买方;⑥通过权益互换实现的企业合并,发行权益证券的一方通常为购买方。但是,如果有证据表明发行权益证券的一方,其生产经营决策等相关活动在合并后被参与合并的另一方控制,则参与合并的另一方为购买方。

(二)购买日的确定

企业应当在购买日确认因企业合并取得的资产和负债。因此,确定购买日也是采用购买法核算的企业合并的重要前提。从理论上讲,购买日是指购买方获得对被购买方控制权的日期,也可以说是被购买方的净资产或财务与经营政策等相关活动的控制权实质上转移给购买方的日期。购买日是购买法开始应用的日期。自购买日起,被购买方的净资产和财务与经营政策等相关活动控制权上的主要风险和报酬已转移给购买方。确定购买日的基本原则是控制权转移的时点,在实务中,应当结合合并合同或协议的约定以及其他有关影响因素,按照实质重于形式的原则进行判断。《企业会计准则第 20 号——企业合并》规定,同时满足以下条件时,通常可认为实现了控制权的转移,作为购买日:

1. 企业合并合同或协议已获股东大会等通过。

2. 企业合并事项需要经过国家有关主管部门审批的,已获得相关批准文件。

3. 参与合并各方已办理了必要的财产权交接手续。

4. 购买方已支付了购买价款的大部分(一般超过 50%),并且有能力、有计划支付剩余款项。

5. 购买方实际上已经控制了或有显著能力控制被购买方的与可变回报相关的活动(含财务和经营政策),并享有相应的回报、承担相应的风险。

分步实现的企业合并,其购买日应为按照有关标准判断购买方最终取得对被购买方控制权的日期。在这种情况下,企业合并涉及一次以上的交换交易,企业应于每一交易日确认对被投资单位的某个单项投资,当某个交易日的交换交易发生后同时满足了上述 5 个条件,投资方开始能够对被投资方实施控制,则这个交易日为企业合并的购买日。

(三)合并成本的计量

1. 合并成本的构成。合并成本是指购买方为取得对被购买方控制权所付出的代价。购买方应以下列项目的合计金额来计量企业合并成本:①购买方为换取对被购买方的控制权而放弃的货币及非货币性资产的公允价值;②发生或承担的负债的公允价值;③发行的权益性工具在交易日的公允价值;④在合并合同或协议中规定视未来或有事项的发生,购买方通过发行额外证券、支付额外现金或其他资产等方式追加合并对价,或者要求返还之前已支付的对价,购买日如果估计未来事项很可能发生,购买方应当将约定的或有对价作为合并转移对价的一部分,按照其在购买日的公允价值计入合并成本,或有对价符合金融负债或权益工具定义的,购买方应将拟支付的或有对价确认为一项负债或权益,符合资产定义并满足资产确认条件的,购买方应当将符合合并协议约定条件的、对已支付的合并对价中可收回部分的权利确认为一项资产。

通过多次交易分步实现非同一控制下企业合并的,应当区分个别财务报表和合并财务报表进行相关会计处理:①在个别财务报表中,应当以购买日之前所持被购买方的股权投资的账面价值与购买日新增投资成本之和,作为该项投资的初始投资成本;购买日之前持有的被购买方的股权涉及其他综合收益的,应当在处置该项投资时将与其相关的其他综合收益(例如,可供出售金融资产公允价值变动计入资本公积的部分,下同)转入当期投资收益。②在合并财务报表中,对于购买日之前持有的被购买方的股权,应当按照该股权在购买日的公允价值进行重新计量,公允价值与其账面价值的差额计入当期投资收益,并以购买日之前所持被购买方股权于购买日的公允价值与购买日支付对价的公允价值之和作为合并成本;购买日之前持有的被购买方的股权涉及其他综合收益的,与其相关的其他综合收益应当转为购买日所属当期投资收益。

2. 合并对价公允价值的确定。以非货币性资产作为合并对价的,其合并成本为所支付对价的公允价值,该公允价值与作为合并对价的非货币性资产账面价值的差额,作为资产的处置损益。有关资产公允价值的确定参见本节“取得的被购买方各项可辨认资产、负债及或有负债公允价值的确定”。

确定所发行权益性证券的公允价值时,对于购买日存在公开报价的权益性证券,可以公开报价为依据确定其公允价值,除非在非常特殊的情况下,购买方能够证明权益性证券在购买日的公开报价不能可靠地代表其公允价值,并且用其他的证据和估价方法能够更好地计量公允价值时,可以考虑其他的证据和估价方法。如果购买日权益性证券的公开报价不可靠,或者购买方发行的权益性证券不存在公开报价,则该权益性证券的公允价值可以参照其在购买方公允价值中所占权益份额,或者是参照在被购买方公允价值中获得的权益份额,按两者当中有明确证据支持的一个进行估计。

因企业合并而承担的各项负债,应采用按照适用利率计算的未来现金流量的现值作为其公允价值。预期因企业合并可能发生的未来损失或其他成本不是购买方为取得对被购买方的控制权而承担的负债,不构成企业合并成本。

合并各方可能在合并协议中约定,根据未来一项或多项或有事项的发生,购买方通过发行额外证券、支付额外现金或其他资产等方式追加合并对价,或者要求返还之前已经支付的对价。购买方应当将合并协议约定的或有对价作为企业合并转移对价的一部分,按照其在购买日的公允价值计入企业合并成本。

购买方在购买日对作为企业合并对价付出的资产、发生或承担的负债应当按照公允价值计量,公允价值与账面价值的差额,计入当期损益。如以固定资产和无形资产为对价实施的企业合并中,固定资产和无形资产的公允价值与其账面价值的差额,应计入合并当期的营业外收入或营业外支出;又如以库存商品为对价实施的企业合并中,应按其公允价值确认主营业务收入,按其账面价值确认主营业务成本,其差额计入合并当期的营业利润或营业亏损。

3. 在计算合并成本时应注意的问题。

(1)当全部合并成本或部分合并成本的结算被递延时,应当考虑结算中可能发生的溢价或折价,将应付金额折现为交易日的现值,以此确定递延部分的公允价值。

(2)企业合并成本包括购买方为换取被购买方控制权而发生或承担的负债。预期由于合并而发生的未来损失或其他成本,不属于购买方为换取被购买方控制权而发生或承担的负债,因此,不包含在合并成本中。

(3)筹备与发行金融负债的成本是负债发行交易的组成部分,发行权益性工具的成本是权益发行交易的组成部分,这两者都不能归属于合并的成本。为合并发行的债券或承担其他债务支付的手续费、佣金等费用,应计入所发行债券及其他债务的初始计量金额。企业合并中发行权益性证券发生的手续费、佣金等费用,应当抵减权益性证券溢价收入,溢价收入不足冲减的,冲减留存收益。

(4)当企业合并协议规定了由于未来或有事项对企业合并成本进行调整时,如果调整很可能发生并能可靠地计量,则购买方应在购买日将调整额计入合并成本;如果未来事项没有发生,或者需要对估计进行修订,则企业合并成本应当进行相应的调整;如果调整不可能发生或者不能被可靠地计量,则在合并的初始会计处理时不应将这类调整包含在合并成本中,如果后来调整很可能发生并能可靠地计量,则追加的对价应当作为对合并成本的调整处理。

(5)如果购买方向出售者进行后续支付,以补偿购买方为换取被购买方控制权而放弃的资产、发行的权益或者发生或承担的负债的价值减少,不得确认合并成本的增加。如购买方对作为企业合并成本的部分而发行权益或债务工具(即股票或债券)的市价作担保,并为了恢复最初确定的成本而必须发行额外的权益或债务工具,就属于这种情况。在这种情况下,不确认企业合并成本的增加。在权益性工具情况下,追加支付的公允价值被归属于首次发行工具的价值减少所抵销。在债务工具情况下,追加支付被视为首次发行溢价的减少或折价的增加。

(四)取得的被购买方各项可辨认资产、负债及或有负债公允价值的确定

1. 被购买方各项资产、负债及或有负债公允价值确定的程序。被购买方各项资产、负债及或有负债的公允价值,应按下述程序确定。

第一,应核实被购买方的账面记录是否完整、正确,是否账物相符。对于盘盈盘亏的实物资产,在调整资产账面价值的同时,直接增加或减少被购买方的所有者权益;对于确实无法收回的债权,应先冲减原计提的坏账准备,不足冲减部分,再冲减被购买方的所有者权益;对于无法偿还的债务,则增加被购买方的所有者权益。

第二,分析和处理跨期摊配的费用,如在“应收账款”和“其他应付款”账户核算的待摊费用、预提费用以及长期待摊费用、递延所得税资产、递延所得税负债等。对于待摊费用、长期待摊费用、递延所得税资产，凡是对购买方仍有意义的，如预付的保险费、购买的印花税票等，应继续保留其余额；凡不能为购买方继续服务的，应冲减被购买方所有者权益，如尚未摊销的租金等。对于预提费用、递延所得税负债余额等以后不必支付的部分，增加被购买方所有者权益，如执行《企业会计准则第4号——固定资产》前预提的固定资产修理费；尚需支付的部分，应继续保留其余额，如预提借款利息。

第三，将被购买方合并过程中支付的各项清理维护费用，从被购买方所有者权益中扣除。

第四，经过上述步骤确认被购买方资产、负债实有金额后，重新编制被购买方资产负债表，并据此进行资产评估，确定购买日被购买方资产、负债及或有负债的公允价值。

2. 购买方确认取得的各项可辨认资产、负债及或有负债的条件。购买方取得了对被购买方净资产的控制权，在控股合并方式下，应在合并财务报表中确认合并中取得的各项可辨认资产和负债；在吸收合并和新设合并方式下，应在相关账簿和个别财务报表中确认合并中取得的各项可辨认资产和负债。确认原则如下：

（1）购买方在企业合并中取得的被购买方各项可辨认资产和负债，于购买日，满足资产、负债的下列确认条件的，应确认为本企业的资产、负债（控股合并在合并财务报表中确认），并按公允价值计量。

合并中取得的被购买方除无形资产以外的其他各项资产（不仅限于被购买方原已确认的资产），其所带来的经济利益预期能够流入企业且公允价值能够可靠计量的，应当单独作为资产确认。

合并中取得的被购买方除或有负债以外的其他各项负债，履行有关义务预期会导致经济利益流出企业且公允价值能够可靠计量的，应当单独作为负债确认。

合并中取得的被购买方或有负债，其公允价值能够可靠计量的，应当单独确认为负债并按照公允价值计量。

（2）购买方在企业合并中取得的无形资产应符合《企业会计准则第6号——无形资产》中对于无形资产的界定且其在购买日的公允价值能够可靠计量，应区别于商誉单独确认为无形资产，包括商标权、版权及与其相关的许可协议、特许权、分销权等类似权利、专利技术、专有技术等。

将没有实物形态的非货币性资产要确认为无形资产，关键要判断其是否满足可辨认性标准。可辨认性包括以下两种情况：一是是否能够从企业中分离或者划分出来，并能单独或者与相关合同、资产或负债一起，用于出售、转移、授予许可、租赁或者交换;二是源自于合同性权利或其他法定权利,无论这些权利是否可以从企业或其他权利和义务中转移或分离。

购买方应对被购买方拥有的,但在其财务报表中未确认的无形资产进行充分辨认和合理判断,满足以下条件之一的,应确认为无形资产:一是源于合同性权力或其他法定权力;二是能够从被购买方中分离或者划分出来,并能单独或与相关合同、资产和负债一起,用于出售、转移、授予许可、租赁或交换;企业应当在附注中披露在非同一控制下的企业合并中取得的被购买方无形资产的公允价值及其公允价值的确定方法。

(3)企业合并中产生或有负债的确认。对于购买方在企业合并时可能需要代被购买方承担的或有负债,应作为购买方因为进行企业合并可能承担的潜在义务,如果其公允价值能够合理确定,即使可能相关的或有事项导致经济利益流出企业的可能性还比较小,在购买日,也需要作为合并中取得的负债予以确认。

(4)对于被购买方在企业合并之前已经确认的商誉和递延所得税项目,购买方在对企业合并成本进行分配、确认合并中取得可辨认资产和负债时不应予以考虑。在按照规定确定了合并中应予确认的各项可辨认资产、负债的公允价值后,因其计税基础与账面价值不同而形成暂时性差异的,应当按照所得税会计准则的规定确认相应的递延所得税资产或递延所得税负债。

(5)购买方确认在合并中取得的被购买方各项可辨认资产和负债不仅局限于被购买方在合并前已经确认的资产和负债,还可能包括企业合并前被购买方在其资产负债表中未予确认的资产和负债。如被购买方在企业合并前存在的未弥补亏损,在企业合并前因无法取得足够的应纳税所得额用于抵扣该亏损而未确认相关的递延所得税资产,如果按照税法规定能够抵扣购买方未来期间实现的应纳税所得额,而且购买方在未来期间预计很可能取得足够的应纳税所得额的情况下,则应作为合并中取得的递延所得税资产予以确认。

3. 公允价值的计量方法。2014 年 1 月颁发的《企业会计准则第 39 号——公允价值计量》中规定,公允价值是指市场参与者在计量日发生的有序交易中,出售一项资产所能收到的或者转移一项负债所需支付的价格。该准则还规范了公允价值计量的基本要求和方法,均适用于合并对价和合并中取得的资产、负债公允价值的计量。企业以公允价值计量相关资产或负债,应当假定出售资产或者转移负债的有序交易在相关资产或负债的主要市场进行。不存在主要市场的,企业应当假定该交易在相关资产或负债的最有利市场进行。主要市场是指相关资产或负债交易量最大和交易活跃程度最高的市场。最有利市场是指在考虑交易费用和运输费用后,能够以最高金额出售相关资产或者以最低金额转移相关负债的市场。企业应当以主要市场的价格计量相关资产或负债的公允价值。不存在主要市场的,企业应当以最有利市场的价格计量相关资产或负债的公允价值。

企业应当根据交易性质和相关资产或负债的特征等,判断初始确认时的公允价值是否与其交易价格相等。在企业取得资产或者承担负债的交易中,交易价格是取得该项资产所支付或者承担该项负债所收到的价格(即进入价格)。公允价值是出售该项资产所能收到或者转移该项负债所需支付的价格(即脱手价格)。相关资产或负债在初始确认时的公允价值通常与其交易价格相等,但在下列情况中两者可能不相等:①交易发生在关联方之间,但企业有证据表明该关联方交易是在市场条件下进行的除外;②交易是被迫的;③交易价格所代表的计量单元与公允价值计量相关资产或负债确定的计量单元不同;④交易市场不是相关资产或负债的主要市场(或最有利市场)。

企业以公允价值计量相关资产或负债,应当采用在当前情况下适用并且有足够可利用数据和其他信息支持的估值技术。企业使用估值技术的目的,是为了估计在计量日当前市场条件下,市场参与者在有序交易中出售一项资产或者转移一项负债的价格。企业以公允价值计量相关资产或负债,使用的估值技术主要包括市场法、收益法和成本法。

在以往的会计实务中,购买方通常按照以下规定确认合并中取得的各项可辨认资产、负债及或有负债的公允价值。

(1)货币资金,按照购买日被购买方的原账面价值确定。

(2)有活跃市场的股票、债券、基金等金融工具,按照购买日活跃市场中的市场价值确定。

(3)应收款项,其中的短期应收款项,因其折现后的价值与名义金额相差不大,可以直接运用其名义金额作为公允价值,所以一般按照应收取的金额作为其公允价值;长期应收款项,应按适当的利率折现后的现值确定其公允价值。在确定应收款项的公允价值时,要考虑发生坏账的可能性及其收款费用。

(4)存货,对其中的产成品和商品按其估计售价减去估计的销售费用、相关税费以及购买方出售类似产成品或商品可能实现的利润确定;在产品按完工产品的估计售价减去至完工仍将发生的成本、预计销售费用、相关税费以及基于同类或类似产成品的基础上估计可能实现的利润确定;原材料按现行重置成本确定。

(5)不存在活跃市场的金融工具,如权益性投资等,应当参照《企业会计准则第 39 号——公允价值计量》等,采用估值技术确定其公允价值。

(6)房屋建筑物、机器设备、无形资产,存在活跃市场的,应以购买日的市场价格为基础确定其公允价值;不存在活跃市场,但同类或类似资产存在活跃市场的,应参照同类或类似资产的市场价格确定其公允价值;同类或类似资产也不存在活跃市场的,应采用估值技术确定其公允价值。

(7)应付账款、应付票据、应付职工薪酬、应付债券、长期应付款,其中的短期负债,因其折现后的价值与名义金额相差不大,可以名义金额作为公允价值,所以一般按照应支付的金额确定其公允价值;长期负债,应当按照适当的折现率折现后的现值作为其公允价值。

(8)取得的被购买方的或有负债,其公允价值在购买日能够可靠计量的,应单独确认为预计负债。此项负债应当按照假定第三方愿意代购买方承担该项义务,就其所承担义务需要购买方支付的金额作为其公允价值。

(9)递延所得税资产和递延所得税负债,取得的被购买方各项可辨认资产、负债及或有负债的公允价值与其计税基础之间存在差额的,应当按照《企业会计准则第18号——所得税》的规定确认相应的递延所得税资产或递延所得税负债,所确认的递延所得税资产或递延所得税负债的金额不应折现。

确定被购买方净资产的公允价值是实施购买法必不可少的步骤。这是因为,在购买法下,应按公允价值确定产权交易成交价格,而且购买方要按公允价值记录所取得的资产和所承担的债务。

被购买方可辨认净资产公允价值,是指合并取得的被购买方可辨认资产的公允价值减去负债及或有负债公允价值后的余额。

(五)合并成本的分配和商誉(或损益)的确认

在购买日,购买方应对合并成本进行分配,将取得的被购买方各项可辨认资产、负债及或有负债的账面价值调整为公允价值。将合并成本分摊到被购买方各项可辨认的资产、负债及或有负债中时,应参照前述购买方确认的在合并中取得的各项可辨认资产和负债在购买日的公允价值。

购买方合并成本与所取得的被购买方可辨认净资产公允价值份额的差额,应区别情况进行处理。

1.购买方合并成本大于合并中所取得的被购买方可辨认净资产公允价值份额的差额,应当确认为商誉。

在吸收合并和新设合并方式下,购买方应当在其账簿及个别财务报表中将取得的被购买方各项可辨认资产、负债及或有负债的账面价值调整为公允价值,并将合并成本大于合并中取得的被购买方可辨认净资产公允价值份额的差额确认为商誉。

在控股合并方式下,母公司在编制购买日合并资产负债表时,对于被购买方可辨认资产、负债及或有负债应当按照合并中确定的公允价值列示,企业合并成本大于合并中取得的被购买方可辨认净资产公允价值份额的差额,在合并资产负债表中确认为商誉。

商誉在初始确认以后,持有期间不予以摊销,应于会计期末对其进行减值测试,在可收回金额低于其账面价值时,应计提减值准备,并以其初始确认的账面价值扣除累计减值准备后的金额计量。

2. 购买方合并成本小于合并中所取得的被购买方可辨认净资产公允价值份额的差额(即负商誉),应计入当期损益(营业外收入)。

在这种情况下,首先应对所取得的被购买方各项可辨认资产、负债及或有负债的公允价值、作为合并对价的非现金资产或发行的权益性证券等的公允价值进行复核,复核结果表明所确定各项可辨认资产、负债及或有负债的公允价值及合并成本是恰当的,才能将合并成本小于合并中所取得的被购买方可辨认净资产公允价值份额的差额,计入当期的营业外收入。

在吸收合并和新设合并方式下,购买方应当在其账簿及个别财务报表中将取得的被购买方各项可辨认资产、负债及或有负债的账面价值调整为公允价值,并将合并成本小于合并中取得的被合并方可辨认净资产公允价值份额的差额,在购买日个别资产负债表中确认为留存收益,在合并当期的个别利润表中列示为营业外收入。

在控股合并方式下,母公司在编制购买日合并资产负债表时,对于被购买方可辨认资产、负债及或有负债应当按照合并中确定的公允价值列示,合并成本小于合并中取得的被购买方可辨认净资产公允价值份额的差额,在购买日合并资产负债表中确认为留存收益,在合并当期的合并利润表中列示为营业外收入。

这里需要说明的是,《国际财务报告准则第 3 号——企业合并》和我国《企业会计准则第 20 号——企业合并》对合并成本分配的规定是相同的。但是,从世界各国来看,关于商誉和负商誉的确认和计量,以及以后会计期间的处理还存在若干不同的观点和方法,我们将在后文中结合例题予以介绍。

三、通过一次交易实现企业合并的会计处理

按照购买法进行企业合并的会计处理,一方面涉及购买方的会计处理,另一方面涉及被购买方的会计处理。

(一)购买方的会计处理

1. 吸收合并和新设合并方式下购买方的会计处理。非同一控制下的吸收合并和新设合并,购买方在购买日应当将在企业合并取得的符合确认条件的各项可辨认资产、负债,按其公允价值确认为本企业的资产和负债;购买方作为合并对价支付的非货币性资产在购买日的公允价值与其账面价值的差额,应作为资产处置损益,记入合并当期的利润表;购买方合并成本与取得的被购买方可辨认净资产公允价值之间的差额,视情况分别确认为商誉或作为合并当期的损益,记入购买方账簿及个别财务报表。

(1)以货币性资产为对价取得被购买方净资产。

【例 1 - 1】N 公司和 M 公司为非同一控制下的企业(适用于例 1 - 1 至例 1 - 7)。2010 年 12 月 31 日,N 公司被 M 公司吸收合并,丧失法人资格,M 公司保留法人资格。两公司的会计年度均为日历年度,对会计要素的会计处理采用相同的会计政策。M

公司以734万元的价格购买N公司的全部股份；另支付与合并有关的直接费用6万元（其中法律费用2万元，手续费4万元），与合并有关的间接费用（登记费用）0.5万元。所得税税率为25%。合并前M公司和N公司资产、负债、所有者权益的账面价值和公允价值见表1－1。

表1－1　M、N公司资产负债表资料

2010年12月31日　　单位：万元

项　　目	M公司	N公司	
		账面价值	公允价值
货币资金（银行存款）	750	40	40
应收账款	30	120	100
存货	50	300	270
固定资产	650	600	670
无形资产	50	30	40
资产总计	1 530	1 090	1 120
短期借款	300	220	220
应付账款	50	26	26
长期借款	230	100	100
长期应付款	80	60	50
负债合计	660	406	396
股本（实收资本或股本）	430	500	500
资本公积	64	80	120
盈余公积	200	60	60
未分配利润	176	44	44
所有者权益合计	870	684	724
负债及所有者权益总计	1 530	1 090	1 120

假设N公司存货公允价值270万元中包括原材料90万元、在产品40万元、库存商品140万元。按照《企业会计准则第20号——企业合并》和《企业会计准则解释第4号》的规定，在购买日，M公司应作如下会计处理：

①计算合并成本

$$合并成本=734（万元）$$

②确认合并商誉

$$合并商誉=734-(1\,120-396)=10（万元）$$

③编制与企业合并相关的会计分录

A. 借:管理费用	65 000	
贷:银行存款		65 000
B. 借:银行存款	400 000	
应收账款	1 000 000	
原材料	900 000	
生产成本	400 000	
库存商品	1 400 000	
固定资产	6 700 000	
无形资产	400 000	
商誉	100 000	
贷:短期借款		2 200 000
应付账款		260 000
长期借款		1 000 000
长期应付款		500 000
银行存款		7 340 000

④M公司根据会计分录登记账簿和购买日个别财务报表,在购买方账簿和个别财务报表中确认商誉。

【例1-2】例1-1中,若M公司以596万元的价格购买N公司全部股权,实施吸收合并,另支付与合并有关的直接费用4万元,与合并有关的间接费用0.3万元。且经复核,合并成本和取得的被购买企业可辨认净资产公允价值恰当。

根据《企业会计准则第20号——企业合并》和《企业会计准则解释第4号》的规定,M公司应作如下会计处理:

①计算合并成本

$$合并成本=596(万元)$$

②确认营业外收入

$$营业外收入=596-(1\ 120-396)=-128(万元)$$

③编制如下会计分录

A. 借:管理费用	43 000	
贷:银行存款		43 000
B. 借:银行存款	400 000	
应收账款	1 000 000	
原材料	900 000	
生产成本	400 000	
库存商品	1 400 000	

固定资产　　6 700 000
无形资产　　400 000
贷:短期借款　　2 200 000
应付账款　　260 000
长期借款　　1 000 000
长期应付款　　500 000
营业外收入　　1 280 000
银行存款　　5 960 000

④M 公司根据会计分录登记账簿和购买日个别财务报表,在购买方账簿和个别财务报表中确认营业外收入。

【例 1 - 3】例 1 - 1 中,若 M 公司以 724 万元的价格购买 N 公司全部股权,实施吸收合并,另支付与合并有关的直接费用 4 万元,与合并有关的间接费用 0.3 万元。根据《企业会计准则第 20 号——企业合并》和《企业会计准则解释第 4 号》的规定,M 公司应作如下会计处理:

①计算合并成本

合并成本 = 724(万元)

②确认的商誉或营业外收入

商誉或营业外收入 = 724 - (1 120 - 396) = 0(万元)

③编制如下会计分录

A. 借:管理费用　　43 000
贷:银行存款　　43 000

B. 借:银行存款　　400 000
应收账款　　1 000 000
原材料　　900 000
生产成本　　400 000
库存商品　　1 400 000
固定资产　　6 700 000
无形资产　　400 000
贷:短期借款　　2 200 000
应付账款　　260 000
长期借款　　1 000 000
长期应付款　　500 000
银行存款　　7 240 000

④M 公司根据会计分录登记账簿和编制购买日个别财务报表。

需要说明的是:

第一，世界各国对合并商誉的会计处理主要有以下三种方法：①将合并商誉单独确认为一项资产，其价值不予以摊销，而是在每个会计期末进行减值测试，如果存在减值迹象且金额能够可靠计量，则计提商誉减值准备，并将其减值损失计入当期损益。这种观点认为，合并商誉是被购买方优越的地理位置、丰富的管理经验积累、技术的领先地位、良好的服务水平、超额的营利能力的综合体现，合并商誉不会随着时间的推移而发生价值折损，甚至还会增值，为购买方带来超额效益，且有效年限具有较大的不确定性，除非有确凿证据表明其价值发生了持续的下跌，才需要计提减值准备。国际财务报告准则和我国企业会计准则均采用了这种方法。②将合并商誉单独确认为一项资产，并将其价值在预计有效期内予以摊销，计入当期损益。这种观点认为，合并商誉表明被购买方的整体价值大于可辨认净资产的公允价值，可为购买方以后各期带来超额利润，为此购买方为之多付出了对价，按照配比原则，应将合并商誉在预计有效期内摊销，抵减各会计期间的利润。③在购买日直接冲减留存收益。这种观点认为，合并商誉与被购买方整体素质相关联，属于不可辨认的资产，其自身价值和合并后带来的经济利益均具有较大的不确定性，单独确认为一项资产，不符合谨慎性要求，应视为一项合并费用，冲减留存收益。

第二，世界各国对合并负商誉的会计处理也主要有以下三种方法：①将购买方合并成本小于取得的被购买方净资产公允价值份额的差额确认为负商誉。负商誉先减少非货币性长期资产（即除长期有价证券之外的非流动资产）的公允价值，不能减少非货币性长期资产公允价值的部分，即剩余的超出部分，才确认为账面负商誉，作递延收益处理。这种观点认为，负商誉虽然是被购买方账面的资产和负债存在潜在的不利因素、技术匮乏、职工素质不高，管理水平、营利能力低的综合体现，但也很可能是高估了非货币性长期资产的公允价值，而高估的非货币性长期资产的价值不属于负商誉，因此应当先冲减除长期有价证券之外的非流动资产公允价值。负商誉一般按公允价值分摊到固定资产和无形资产价值中，这种做法导致非货币性长期资产的确认金额不再是公允价值，因此，《国际财务报告准则第3号——企业合并》和我国《企业会计准则第20号——企业合并》予以否认。②将购买方合并成本小于取得的被购买方净资产公允价值份额的差额直接计入资本公积。这种观点认为，负商誉是购买方取得被购买方净资产少付出的代价，应视为一种未实现的收益，计入资本公积，待相关的资产折旧或处置时，再分次或一次转入当期损益。③购买方合并成本小于取得的被购买方净资产公允价值份额的差额计入合并当期收益。这种观点认为，负商誉本质是购买方少付出的代价，本质是一种收益。在发生时一次计入当期收益，比前两种方法简化了会计处理。因此，国际财务报告准则和我国企业会计准则均采用了这种方法。

（2）以非货币性资产为对价取得被购买方净资产。在这种情况下，购买方在购买日作为合并对价付出的非货币性资产的公允价值与其账面价值的差额，计入合并当期的损益。

【例 1 - 4】在例 1 - 1 中,如果 M 公司以土地使用权为对价,吸收合并 N 公司。M 公司在购买日的货币资金为 50 万元、无形资产为 750 万元,其中作为合并对价的土地使用权账面价值为 700 万元、公允价值为 800 万元,另支付与合并有关的直接费用 6 万元,与合并有关的间接费用 0.5 万元。则 M 公司应作如下会计处理:

①计算合并成本

合并成本 = 800(万元)

②确认商誉

合并商誉 = 800 - (1 120 - 396) = 76(万元)

③计入当期损益的合并对价公允价值与其账面价值的差额

= 800 - 700 = 100(万元)

④编制如下会计分录

A. 借:管理费用	65 000	
贷:银行存款		65 000
B. 借:银行存款	400 000	
应收账款	1 000 000	
原材料	900 000	
生产成本	400 000	
库存商品	1 400 000	
固定资产	6 700 000	
无形资产	400 000	
商誉	760 000	
贷:短期借款		2 200 000
应付账款		260 000
长期借款		1 000 000
长期应付款		500 000
无形资产		7 000 000
营业外收入		1 000 000

(3)以发行权益证券为对价取得被购买方净资产。在这种情况下,证券发行费用应先冲减股本溢价,不足冲减的部分,再冲减留存收益,不得计入合并成本。

【例 1 - 5】例 1 - 1 中,若其他资料不变,M 公司发行 600 万股每股面值 1 元、市价为 1.5 元的股票,换取 N 公司股东持有的每股面值 1 元的 500 万股股票,另支付与合并有关的直接费用 6 万元、与合并有关的间接费用 0.5 万元、证券发行费用 2 万元。M 公司应作如下会计处理:

①计算合并成本

$$合并成本 = 600 \times 1.5 = 900(万元)$$

②确认商誉

$$合并商誉 = 900 - (1\ 120 - 396) = 176(万元)$$

③编制如下会计分录

A. 借:管理费用　　65 000

　　资本公积——股本溢价　　20 000

(或资本溢价,下同,不再列示资本溢价)

　贷:银行存款　　85 000

B. 借:银行存款　　400 000

　　应收账款　　1 000 000

　　原材料　　900 000

　　生产成本　　400 000

　　库存商品　　1 400 000

　　固定资产　　6 700 000

　　无形资产　　400 000

　　商誉　　1 760 000

　　贷:短期借款　　2 200 000

　　　应付账款　　260 000

　　　长期借款　　1 000 000

　　　长期应付款　　500 000

　　　股本　　6 000 000

　　　资本公积　　3 000 000

需要说明的是:

第一,购买方无论以何种对价对被购买方实施吸收合并,因被购买方在企业合并后丧失法人资格,在购买日,购买方都应根据上述合并会计分录将被购买方所有的资产、负债均并入购买方的账簿,并结出合并后各账簿新的余额,据以编制购买日资产负债表。吸收合并方式下的购买方在购买日的账簿和资产负债表中,各项资产和负债存在两种不同的计价标准,原购买方的资产和负债为历史成本,而取得的被购买方的资产和负债为公允价值。

第二,新设合并方式下的企业合并的会计处理,与吸收合并的基本思路和处理方法相同,不同的是,在新设合并情况下,购买方为新设企业,应对取得的参与合并的各被购买方的资产、负债和净资产均按公允价值计量,分别确认合并成本、合并商誉或损益,并分别编制如上合并会计分录,并入新创建的企业,其合计金额即为新创立企业购买日的资产、负债和所有者权益金额。新设合并方式下的购买方在购买日的账簿和资产负债表中，取得的被购买方的资产和负债均为公允价值。因此，新设合并可以称为“真实合并”，所采用的方法可称为“新起点法”。

2. 控股合并方式下购买方的会计处理。吸收合并和新设合并会计处理的基本思路和方法同样适用于控股合并，不同的是：①在控股合并情况下，由于被购买方仍保留法人资格，购买方仅确认长期股权投资的初始投资成本，不将被购买方的资产、负债和所有者权益并入购买方相应账户；②购买方在账簿和个别财务报表上不将购买日合并成本与取得的被购买方净资产公允价值的差额确认为商誉或损益，而是由购买方作为母公司在编制的购买日合并财务报表中将其确认为商誉或损益；③被购买方也不将其资产、负债和净资产的账面价值调整为公允价值，而是由购买方作为母公司在编制合并财务报表时予以调整。

需要注意的是，非同一控制下控股合并中，购买方确认的长期股权投资的初始投资成本中不包括享有的被投资单位已宣告但尚未发放的现金股利或利润，应将其确认为一项债权（应收股利）。

上述例1－1至例1－5，如果属于控股合并，M公司取得N公司100%的股权，应作如下会计处理（不考虑所得税因素）。

【例1－1】

首先，编制购买日企业合并的会计分录。

借：长期股权投资　　7 340 000
　　管理费用　　65 000
　贷：银行存款　　7 405 000

其次，在购买日合并财务报表中将子公司资产、负债的账面价值调整为公允价值，并确认商誉10万元，同时将母公司对子公司投资与拥有的子公司净资产公允价值予以抵销。编制如下调整分录和抵销分录：

（1）借：固定资产　　700 000
　　　　无形资产　　100 000
　　　　长期应付款　　100 000
　　　贷：应收账款　　200 000
　　　　　存货　　300 000
　　　　　资本公积　　400 000

（2）借：实收资本（股本）　　5 000 000
　　　　资本公积　　1 200 000（800 000＋400 000）
　　　　盈余公积　　600 000
　　　　未分配利润　　440 000
　　　　商誉　　100 000

贷:长期股权投资　7 340 000

这里需要说明的是,购买方取得被购买方全部股权情况下,在购买日合并财务报表中所确认的商誉金额,正好等于购买方发生的合并成本与取得的被购买方购买日净资产公允价值的差额;如果购买方取得被购买方部分股权实现企业合并,在购买日合并财务报表中确认的商誉金额,会因采用不同的合并理论而有区别,本书将在第二章中结合例题予以阐述。

【例1-2】

首先,编制购买日企业合并会计分录。

借:长期股权投资　5 960 000
　管理费用　43 000
　贷:银行存款　6 003 000

其次,在购买日合并财务报表中除了将子公司资产、负债的账面价值调整为公允价值外,还应确认营业外收入128万元,同时将母公司对子公司投资与拥有的子公司净资产公允价值予以抵销。其调整分录见例1-1,抵销分录如下:

借:实收资本(股本)　5 000 000
　资本公积　1 200 000
　盈余公积　600 000
　未分配利润　440 000
　贷:长期股权投资　5 960 000
　　营业外收入　1 280 000

其中营业外收入128万元,在购买日合并资产负债表中调整期末未分配利润,在以后年度编制合并财务报表时,调增期初未分配利润128万元。

【例1-3】

首先,编制购买日企业合并会计分录。

借:长期股权投资　7 240 000
　管理费用　43 000
　贷:银行存款　7 283 000

其次,在购买日合并财务报表中除了将子公司资产、负债的账面价值调整为公允价值,同时将母公司对子公司投资与拥有的子公司净资产公允价值予以抵销。其调整分录见例1-1,抵销分录如下:

借:实收资本(股本)　5 000 000
　资本公积　1 200 000
　盈余公积　600 000
　未分配利润　440 000
　贷:长期股权投资　7 240 000

【例1－4】

首先,编制购买日企业合并会计分录。

借:长期股权投资　　8 000 000

　管理费用　　65 000

　贷:无形资产　　7 000 000

　　营业外收入　　1 000 000

　　银行存款　　65 000

其次,在购买日合并财务报表中将子公司资产、负债的账面价值调整为公允价值,并确认商誉76万元,同时将母公司对子公司投资与拥有的子公司净资产公允价值予以抵销。其调整分录和抵销分录参见例1－1。

【例1－5】

首先,编制购买日企业合并会计分录。

A. 借:长期股权投资　　9 000 000(6 000 000×1.5)

　　贷:股本　　6 000 000

　　　资本公积——股本溢价　　3 000 000

B. 借:管理费用　　65 000

　　资本公积——股本溢价　　20 000

　　贷:银行存款　　85 000

其次,在购买日合并财务报表中将子公司资产、负债的账面价值调整为公允价值,确认商誉176万元,同时将母公司对子公司投资与拥有的子公司净资产公允价值予以抵销。其调整分录和抵销分录参见例1－1。

【例1－6】2011年1月1日,甲公司采用分期付款方式购买乙公司全部股权。合同规定价款90 000万元,分三次付清,首次付款50%,余款2011年末付款25 000万元、2012年末付款20 000万元。银行同期贷款利率为8%。则会计处理如下:

$$合并成本=45\ 000+25\ 000\times(1+8\%)^{-1}+20\ 000\times(1+8\%)^{-2}$$

$$=45\ 000+23\ 150+17\ 150=85\ 300(万元)$$

$$未确认融资费用=90\ 000-85\ 300=4\ 700(万元)$$

$$第一年确认的融资费用=(85\ 300-45\ 000)\times 8\%=3\ 224(万元)$$

$$第二年确认的融资费用=4\ 700-32\ 24=1\ 476(万元)$$

购买日购买方会计分录如下:

借:长期股权投资　　853 000 000

　未确认融资费用　　47 000 000

　贷:银行存款　　450 000 000

　　长期应付款　　450 000 000

第一年末支付价款和摊销未确认融资费用时：

借：长期应付款　　250 000 000

　贷：银行存款　　250 000 000

借：财务费用（投资收益）　　32 240 000

　贷：未确认融资费用　　32 240 000

第二年末摊销未确认融资费用比照第一年。

由本例可以看出，当全部合并成本或部分合并成本的结算被递延时，应将未来应付金额折现为交易日的现值，以此确定递延部分的公允价值。其合并成本与应付对价总额之间的差额应确认为未确认融资费用，在支付期内按实际利率法摊销计入当期损益。

【例1－7】若例1－6中，购买方在购买日一次付款，但协议规定，如果合并后3年内利润增长均在20%以上，则购买方追加付款2 000万元。判断乙公司很可能在3年内实现利润增长20%以上，甲公司很可能支付追加对价2 000万元，符合确认预计负债条件。则会计处理如下：

①购买日会计处理

合并成本＝90 000＋2 000＝92 000（万元）

预计负债＝2 000（万元）

购买日购买方会计分录如下。

借：长期股权投资　　920 000 000

　贷：银行存款　　900 000 000

　　　预计负债　　20 000 000

该项预计负债金额为购买日的公允价值，无须予以贴现。

假设购买日的被购买方可辨认净资产为90 800万元，则在购买日合并财务报表中确认的商誉为1 200万元。抵销分录如下：

借：被购买方净资产　　908 000 000

　　商誉　　12 000 000

　贷：长期股权投资　　920 000 000

②未来发生与否对合并成本的调整

如果乙公司连续3年实现利润增长，甲公司在支付追加对价时：

借：预计负债　　20 000 000

　贷：银行存款　　20 000 000

如果乙公司未能实现协议规定，甲公司无须支付追加对价，在做出这种判断时：

借：预计负债　　20 000 000

　贷：长期股权投资　　20 000 000

由本例可以看出,当企业合并协议规定了由于未来或有事项对企业合并成本进行调整时,如果调整很可能发生且金额能够可靠地计量,则购买方应在购买日将调整额计入合并成本;如果未来或有事项没有发生,则应当冲减合并成本。

在合并财务报表中,由于购买日被购买方的可辨认净资产的公允价值是确定的,减少合并成本实质上只能减少合并商誉,合并商誉不足以冲减的部分应计入当期损益。抵销分录如下:

借:被购买方净资产　　908 000 000
　贷:长期股权投资　　900 000 000
　　营业外收入　　8 000 000

【例1-8】2010年1月1日,丙公司向丁公司股东定向增发股票3 000万股换取丁公司全部股权,每股面值1元,市价8元,锁定期为3年,预计锁定期满股票市价很可能下跌,合并协议规定,若锁定期满股票市价低于发行价8元,丙公司向丁公司原股东新增股份补足差额。

购买日会计分录如下:

借:长期股权投资　　240 000 000
　贷:股本　　30 000 000
　　资本公积——股本溢价　　210 000 000

锁定期满,如果每股市价在8元以上(含8元),丙公司无须作任何会计处理;如果每股市价低于8元,若为每股6元,则丙公司应额外向丁公司原股东发行股票,补足差额。

$$\text{应补偿丁公司原股东损失} = (8-6) \times 3\,000 = 6\,000(\text{万元})$$

$$\text{丙公司应额外发行的股票数量} = (8-6) \times 3\,000 \div 6 = 1\,000(\text{万股})$$

$$\text{丙公司额外发行股票的公允价值} = 1\,000 \times 6 = 6\,000(\text{万元})$$

会计分录如下:

借:资本公积——股本溢价　　10 000 000
　贷:股本　　10 000 000

由本例可以看出,如购买方对作为企业合并成本的部分而发行权益或债务工具(即股票或债券)的市价作担保,并为了恢复最初确定的成本而必须发行额外的权益或债务工具,不确认合并成本的增加。在权益性工具情况下,追加支付的公允价值被归属于首次发行工具的价值减少。在债务工具情况下,追加支付被视为首次发行溢价的减少或折价的增加。

(二)被购买方的会计处理

在吸收合并和新设合并方式下,被购买方的会计处理主要涉及财产清查、资产评估和结束旧账。在控股合并方式下,被购买方虽然也需要进行财产清查和资产评估,并确认其各项资产、负债和净资产的公允价值,但是,因其还是独立的法律实体和会计实体,按照国际财务报告准则和我国企业会计准则的规定,一般不需要按评估确认的公允价值调整资产、负债和净资产的账面价值。只有当购买方通过企业合并取得被购买方100%股权时,被购买方才可以按照合并中确定的可辨认资产、负债的公允价值调整其账面价值。此外,采用美国的"下推会计"方法,也需要按评估确认的公允价值调整被购买方资产、负债和净资产的账面价值。因此,在控股合并方式下,被购买方一般只作财产清查和结束旧账的会计处理。

1. 财产清查。被购买方首先要对各项资产和负债进行全面清查登记。在清查过程中发生的资产盘盈、盈亏、毁损、报废等,其会计处理方法与一般企业相同,在尚未批准转销前先通过"待处理财产损溢"账户核算,报经批准后计入损益或有关账户。这里需要注意的是:①应积极清理债权债务,及时收回应收回的账款和欠款,及时偿付应偿还的债务。对于确认为坏账损失的应收账款,经批准转销时,凡采用直接转销法的,计入管理费用;凡采用备抵法的,先冲销已计提的坏账准备,不足核销部分,再计入管理费用。对于确实不能偿还的债务,计入营业外收入。②对清理出来的尚未处理的潜亏、产成品清查损失和亏损挂账,报经主管部门批准后,冲减盈余公积、未分配利润、资本公积,不足部分冲减实收资本。

2. 资产评估。被购买方在资产评估中所发生的减值,应在调整资产原账面价值的同时,冲减资本公积;在资产评估中所发生的增值,在调整资产原账面价值的同时,增加资本公积。如果评估增值部分未来应缴纳所得税的,应先按增值额计算出未来应缴所得税,并记入"递延所得税负债"账户的贷方,其余部分记入"资本公积"账户的贷方。

【例1-9】例1-1中,M公司吸收合并N公司,对N公司进行资产评估确认的资产、负债的公允价值与原账面价值比较,应收账款减值20万元,原材料减值10万元,在产品减值10万元,库存商品减值10万元,固定资产原值增值80万元,累计折旧增值10万元,固定资产净值增值70万元,无形资产增值10万元,长期应付款减少10万元,资产净增值40万元。不考虑所得税因素,N公司作如下资产评估调账的会计分录。

借:固定资产	800 000	
无形资产	100 000	
长期应付款	100 000	
贷:累计折旧		100 000
应收账款		200 000
原材料		100 000
生产成本		100 000
库存商品		100 000
资本公积		400 000

3. 结束旧账。被购买方在产权转让成交后，无论是否保留法人资格，都应办理结束手续。丧失法人资格的被购买方应结束旧账。保留法人资格的被购买方，可以沿用原企业账册，也可以结束旧账，另立新账。在结束旧账时，如果被购买方未按评估确认的价值调账，则按原账面价值编制结束旧账的会计分录；如果被购买方已按评估确认的价值调账，则按评估确认的公允价值编制结束旧账的会计分录。

【例 1 - 10】根据例 1 - 1 和例 1 - 9 的资料，假设 N 公司评估确认的固定资产原值公允价值为 890 万元、累计折旧公允价值 220 万元。不考虑所得税因素，N 公司应作如下结束旧账的会计分录：

借：短期借款	2 200 000	
应付账款	260 000	
长期借款	1 000 000	
长期应付款	500 000	
实收资本	5 000 000	
资本公积	1 200 000	
盈余公积	600 000	
利润分配——未分配利润	440 000	
累计折旧	2 200 000	
贷：银行存款		400 000
应收账款		1 000 000
原材料		900 000
生产成本		400 000
库存商品		1 400 000
固定资产		8 900 000
无形资产		400 000

下文中被购买方的会计处理略，请参照此处。

四、通过多次交易分步实现企业合并的会计处理

2010 年 1 月 1 日开始实施的《企业会计准则解释第 4 号》规定：企业通过多次交易分步实现非同一控制下企业合并的，应当区分个别财务报表和合并财务报表进行相关会计处理。

（一）个别财务报表

在个别财务报表中，应当以购买日之前所持被购买方的股权投资的账面价值与购买日新增股权投资成本之和，作为该项投资的初始投资成本；购买日之前持有的被购买方的股权涉及其他综合收益的，应当在处置该项投资时将与其相关的其

他综合收益转入当期投资收益。具体会计处理原则如下：

1. 购买方在购买日之前持有的对被购买方的股权投资，保持其账面价值不变。其中，购买日前作为长期股权投资采用成本法核算的，为成本法核算下至购买日应有的账面价值；购买日前作为长期股权投资采用权益法核算的，为权益法核算下至购买日应有的账面价值；购买日前作为金融资产并按公允价值计量的，为购买日的账面价值。

2. 新增股权投资按照购买日支付对价的公允价值计量，并确认为长期股权投资。

3. 购买方应当以购买日之前所持被购买方的股权投资的账面价值与购买日新增股权投资成本之和，作为该项投资的初始投资成本。

4. 购买方在购买日之前持有的被购买方的股权投资涉及其他综合收益的，例如，购买方原持有的对被购买方的长期股权投资采用权益法核算时，其购买日账面价值中包含的被购买方持有的可供出售金融资产公允价值变动，购买方按持股比例计算应享有的份额计入资本公积（其他资本公积）的部分，在购买日不予处理，在购买方出售该项投资时，再按与出售股权相对应的其他综合收益（其他资本公积）部分转入出售当期的损益。

（二）合并财务报表

在合并财务报表中，购买方对于购买日之前持有的被购买方的股权，应当按照该股权在购买日的公允价值进行重新计量。具体会计处理原则如下：

1. 购买方在购买日之前持有的对被购买方的股权投资，按照股权在购买日的公允价值进行重新计量，公允价值与其账面价值的差额计入当期投资收益。

2. 购买方应当以购买日之前所持被购买方的股权投资于购买日的公允价值与购买日新购入股权所支付对价的公允价值之和，作为合并财务报表中的合并成本。

3. 将上述方法计算的合并成本，与购买日被购买方可辨认净资产公允价值的份额进行比较，确定购买日应确认的商誉或应计入合并当期损益的金额。

4. 购买方在购买日之前持有的被购买方的股权投资涉及其他综合收益的，与其相关的其他综合收益应于购买日转为购买当期的投资收益。

【例 1－11】A 公司于 2010 年 1 月 1 日以银行存款 350 万元取得了 B 公司 20% 的股权，对 B 公司的财务与经营政策等相关活动有重大影响，确认为长期股权投资并采用权益法进行核算。B 公司可辨认资产在该交易日的公允价值为 1 000 万元，账面价值为 800 万元，假设 B 公司在该日没有负债，2010 年 1 月 1 日的资产负债表资料见表 1－2。

表 1－2　　单位:万元

项　目	账面价值	公允价值
银行存款	120	120
应收账款	80	80
固定资产	200	300(增值 100)
无形资产(土地使用权)	400	500(增值 100)
股本	500	500
资本公积		200
盈余公积	100	100
未分配利润	200	200

截至 2010 年 12 月 31 日,B 公司当年实现利润 600 万元,按 10% 提取法定盈余公积,没有分配股利,另土地的市价由 500 万元增加到 800 万元,B 公司账面价值未作调整。2010 年 12 月 31 日的资产负债表资料见表 1－3。

表 1－3　　单位:万元

项　目	账面价值	公允价值
银行存款	620	620
应收账款	180	180
固定资产	200	300
无形资产(土地使用权)	400	800(增值 300)
股本	500	500
资本公积		500
盈余公积	160	160
未分配利润	740	740

2011 年 1 月 1 日,A 公司以银行存款 1 800 万元进一步取得 B 公司 60% 的股权,从而获得了对 B 公司的控制权。不考虑所得税因素。

(1)购买方 A 公司在个别财务报表中的处理。

①2010 年 1 月 1 日,支付购买价款

借:长期股权投资　　3 500 000

　贷:银行存款　　3 500 000

②2010 年 12 月 31 日,按权益法确认投资收益和其他综合收益

借:长期股权投资　　1 800 000

　贷:投资收益　　1 200 000

　　资本公积——其他资本公积　　600 000

③2011 年 1 月 1 日，以银行存款 1 800 万元，进一步取得 B 公司 60% 的股权，从而获得了控制权

借：长期股权投资　　18 000 000

　贷：银行存款　　18 000 000

A 公司购买日的长期股权投资初始投资成本为 2 330 万元。

（2）A 公司在购买日合并财务报表中的处理。

①计算合并成本

购买日 B 公司可辨认净资产公允价值 = 500 + 500 + 160 + 740 = 1 900（万元）

购买日前取得的 20% 股权的公允价值 = 1 900 × 20% = 380（万元）

合并成本 = 380 + 1 800 = 2 180（万元）

②计算应计入当期投资收益的金额

计入当期投资收益的金额 = 380 -（350 + 180）= -150（万元）

借：投资收益　　1 500 000

　贷：长期股权投资　　1 500 000

③将子公司净资产账面价值调整为公允价值

借：固定资产　　1 000 000

　　无形资产　　4 000 000

　贷：资本公积　　5 000 000

④计算在购买日合并财务报表中体现的商誉

在母公司理论下合并财务报表中体现的商誉 = 2 180 - 1 900 × 80% = 660（万元）

编制抵销分录，在合并财务报表中确认商誉：

借：实收资本（股本）　　5 000 000

　　资本公积　　5 000 000

　　盈余公积　　1 600 000

　　未分配利润　　7 400 000

　　商誉　　6 600 000

　贷：长期股权投资　　21 800 000

　　　非控制性权益（少数股东权益）　　3 800 000

在实体理论下合并财务报表中体现的商誉 = 母公司商誉 + 非控股股东（少数股东）商誉

= 660 +（2 180 ÷ 80% × 20% - 1 900 × 20%）

= 660 + 165 = 825（万元）或

= 660 ÷ 80% = 825（万元）

编制抵销分录，在合并财务报表中确认商誉：

借：实收资本（股本）　　5 000 000

　　资本公积　　5 000 000

　　盈余公积　　1 600 000

　　未分配利润　　　　　　　　　　　　　　　　　　7 400 000
　　商誉　　　　　　　　　　　　　　　　　　　　　8 250 000
　贷：长期股权投资　　　　　　　　　　　　　　　　　21 800 000
　　　非控制性权益（少数股东权益）　　　　　　　　　5 450 000

在母公司理论下确认的商誉属于不完全商誉，并未考虑子公司非控股股东（少数股东）所享有的商誉。在实体理论下确认的商誉属于完全商誉。《国际财务报告准则第3号——企业合并》指出："确认可辨认资产、负债和非控制性权益时，应区分以下两者的差额：①转让对价、被收购方非控制性权益，以及在分步实现的企业合并中，收购方先前持有被收购方权益在收购日的公允价值的合计数；②收购的可辨认净资产。该差额通常被确认为商誉。如果收购方在廉价购买中获得了利得，则该利得应确认为损益。"

五、企业合并成本或合并中取得的可辨认资产、负债公允价值的调整

企业合并采用购买法核算的关键是确定公允价值，包括作为合并对价付出的各项资产的公允价值，合并中取得被购买方各项可辨认资产、负债的公允价值。但是，在实务中有时因各种因素影响，在购买日或合并当期期末无法合理确定相关资产或负债的公允价值。在这种情况下，在合并当期期末，购买方应以暂时确定的价值为基础对企业合并进行核算，待日后取得有关公允价值的信息与原暂时确定的价值存在明显差异的，再进行调整。

（一）购买日后12个月内对有关价值的调整

在合并当期期末，对企业合并成本或所取得的被购买方可辨认资产、负债以暂时确定的价值进行企业合并会计处理的，自购买日算起12个月内取得进一步的信息表明原暂时确定的价值需要进行调整的，应视同在购买日发生，采用追溯调整法进行调整，在调整相关资产、负债账面价值的同时，调整所确认的商誉或损益。所涉及相关比较报表的信息，也应进行调整。

【例1-12】2010年10月20日，甲公司对乙公司实施吸收合并，合并中取得的一项生产设备不存在活跃市场，甲企业聘请资产评估机构对其进行评估以确定该项机器设备的公允价值。至2010年甲公司财务报告对外报出时，尚未取得评估报告。甲公司在其2010年财务报告中对该项生产设备按暂估价值为50万元计量，预计使用年限为5年，净残值为0，按照直线法计提折旧。该项企业合并中A企业确认商誉80万元。2011年7月，甲公司取得了资产评估报告，确认该项生产设备的价值为65万元。假设用该项设备生产的产品在年末全部实现对外销售，甲公司按实现净利润的10%提取法定盈余公积，不考虑编制中期财务报告和所得税影响，则甲公司需要作如下追溯调整：

该项机器设备在购买日的公允价值＝65（万元）

调增的该项机器设备价值 = 65 - 50 = 15(万元)

调减的商誉价值 = 15(万元)

分别调增的 2010 年的累计折旧、折旧费用 = 15 ÷ 5 ÷ 12 × 2 = 0.5(万元)

调整分录如下:

借:固定资产　150 000

　利润分配——未分配利润　5 000

　贷:商誉　150 000

　　累计折旧　5 000

借:盈余公积　500

　贷:利润分配——未分配利润　500

甲公司除了调整相关账簿记录外,还应调整财务报表的相关项目。

(1)在 2011 年的财务报表中,对资产负债表相关项目的"年初余额"作如下调整:①固定资产项目调增 14.5(15 - 0.5)万元;②商誉项目调减 15 万元;③盈余公积项目调减 0.05 万元;④未分配利润项目调减 0.45 万元。

(2)在 2011 年的财务报表中,对利润表相关项目的"上期金额"作如下调整:主营业务成本项目(含折旧费用)调增 0.5 万元,从而营业利润项目和利润总额项目随之调减 0.5 万元。

进行有关调整后,甲公司在其 2011 年财务报表附注中应对有关情况做出说明。

(二)超过规定期限后的价值调整

自购买日起 12 个月以后对企业合并成本或合并中取得的可辨认资产、负债价值的调整,应当按照《企业会计准则第 28 号——会计政策、会计估计变更和差错更正》的会计处理原则,采用追溯重述法,作为前期差错予以更正,在调整相关资产、负债账面价值的同时,调整所确认的商誉或损益。

【例 1 - 13】沿用例 1 - 12 的资料,但直至 2012 年 2 月甲公司才取得了资产评估报告。则编制如下会计分录予以更正。

借:固定资产　150 000

　以前年度损益调整　35 000

　贷:商誉　150 000

　　累计折旧　35 000

借:利润分配——未分配利润　35 000

　贷:以前年度损益调整　35 000

借:盈余公积　3 500

　贷:利润分配——未分配利润　3 500

甲公司除了调整相关账簿记录外,也调整财务报表的相关项目,请参见

【例 1－12】。

（三）递延所得税的调整

在企业合并中，购买日取得的被购买方在以前期间发生的经营亏损等可抵扣暂时性差异，按照税法规定可以用于抵减以后年度应纳税所得额的，但在购买日不符合递延所得税资产确认条件的，不应予以确认。购买日后 12 个月内，如果取得新的或进一步的信息表明相关情况在购买日已经存在，预期被购买方在购买日可抵扣暂时性差异带来的经济利益能够实现的，购买方应当确认相关的递延所得税资产，同时减少由该企业合并所产生的商誉，商誉不足以冲减的，差额部分确认为当期损益（所得税费用）。如果购买日后超过 12 个月，或在购买日不存在相关情况，但购买日以后开始出现新的情况导致可抵扣暂时性差异带来的经济利益预期能够实现，如果符合了递延所得税资产的确认条件，确认与企业合并相关的递延所得税资产，应当计入当期损益（所得税费用），不得调整商誉金额。

【例 1－14】在非同一控制下的企业合并中，因会计准则与税法规定处理不同，在购买日产生可抵扣暂时性差异 600 万元，购买日所得税税率 25%，预计转回期间所得税税率也为 25%。购买日预计未来期间无法取得足够的应纳税所得额，未确认递延所得税资产。购买日确认的商誉为 400 万元。12 个月内，预计能产生足够的应纳税所得额，确认递延所得税资产。

借：递延所得税资产（600 × 25%）　　1 500 000
　贷：商誉　　1 500 000

如果原确认的商誉为 100 万元，则：

借：递延所得税资产　　（600 × 25%）1 500 000
　贷：商誉　　1 000 000
　　所得税费用　　500 000

本例中如果超过 12 个月，或在购买日不存在相关情况但购买日以后开始出现新的情况导致可抵扣暂时性差异带来的经济利益预期能够实现，预计能产生足够的应纳税所得额，确认递延所得税资产。

借：递延所得税资产　　（600 × 25%）1 500 000
　贷：所得税费用　　1 500 000

第三节　企业合并的权益结合法

一、权益结合法的含义及其特点

（一）权益结合法

权益结合法又称股权联合法。它假设企业合并是两个或两个以上参与合并企业的经济资源的联合、股东权益的重新整合,而不是一家企业购买另一家或几家企业的产权交易行为。有些企业合并,合并方不需要向被合并方支付现金,而是通过增发股票以换取被合并方原有股东的普通股,并将换回的原有股票注销。在这种情况下,被合并方原所有者又成为合并后企业的所有者。这种合并的实质是合并前各企业股东权益在新的合并后企业的联合和继续。由于合并的完成不需要任何一个参与合并的企业流出资产,且所有者权益继续存在,因此不存在购买价格,参与合并企业的资产、负债和净资产仍按原账面价值计价,不会形成商誉。

(二)权益结合法的特点

1. 不论吸收合并方式,还是控股合并方式,合并方在企业合并中取得的资产和负债应当按照合并日在被合并方的原账面价值计量。合并方取得的净资产账面价值与支付的合并对价账面价值(或发行股份面值总额)的差额,应调整资本公积;资本公积不足冲减的,调整留存收益。

2. 合并方为进行企业合并发生的各项直接相关费用,包括为进行企业合并而支付的审计费用、评估费用、法律服务费用、咨询费用等,与间接费用一样,应当于发生时计入当期损益。为合并发行的债券或承担其他债务支付的手续费、佣金等费用,应计入所发行债券及其他债务的初始计量金额。企业合并中发行权益性证券发生的手续费、佣金等费用,应当抵减权益性证券溢价收入,溢价收入不足冲减的,冲减留存收益。

3. 合并当年合并方当期实现的损益,包括当期自身实现的损益和被合并方自合并当期期初至期末实现的损益,即被合并方自合并当期期初至合并日实现的损益,也包括在合并方当期实现的损益中。

4. 合并日之前被合并方的留存收益计入合并方的合并日的留存收益。

5. 在控股合并方式下,合并日需要编制合并资产负债表、合并利润表和合并现金流量表。

二、权益结合法的会计处理原则

以权益结合法进行企业合并,主要涉及以下会计问题。

(一)合并方的认定

采用权益结合法核算企业合并,首先应认定合并方。合并方是指在企业合并中取得对另一方或多方控制权的一方。企业合并中一方取得了对另一方的实质控制权,则取得控制权的一方为合并方,被控制的一方为被合并方。认定合并方的原则和方法与前述购买方相同。

(二)合并日的确定

合并日是指合并方实际取得对被合并方控制权的日期,即被合并方财务与经营政策等与可变回报相关活动的控制权转移给合并方的日期。合并日确定的条件与前述购买日相同。

(三)合并方在合并中取得的被合并方资产、负债应按原账面价值计量

首先,合并方在合并中取得的被合并方的资产、负债仅限于被合并方账面上原已确认的资产和负债,合并中不产生新的资产和负债;其次,合并方在合并中取得的被合并方的资产、负债应按在被合并方的原账面价值计量。这是因为,权益结合法将企业合并视为两个或两个以上参与合并企业经济资源的联合和股东权益的重新整合,而这种联合和整合一般都发生在企业集团内部的母公司与子公司之间,或者子公司相互之间,从企业集团最终控制方来看,这类企业合并不会造成最终控制方在合并前后实际控制的经济资源的变化,即使合并方在合并中取得的净资产入账价值与支付的合并对价账面价值之间存在差额,也不会产生商誉,仅属于权益的调整。

但是,在以下三种情况下需要对被合并方的原有资产和负债的账面价值作必要的调整。

第一,对被合并方资产、负债进行全面清查,对于盘盈、盘亏、毁损、报废的资产,通过"待处理财产损溢"账户进行调整,做到账实相符;对于跨期摊提项目进行分析,对以后经营活动无作用的应予以注销;对于不能收回的应收款项进行转销;对于无法偿还的债务,计入营业外收入。通过清查后账目的调整,保证合并日被合并方资产、负债和所有者权益的真实、准确。

第二,统一合并各方的会计政策。被合并方采用的会计政策与合并方不一致的,为了保证合并后企业各会计期间会计信息的纵向和横向可比性,应首先统一会计政策,即合并方在合并日应当按照本企业会计政策对被合并方资产、负债的账面价值进行调整,并以调整后的账面价值作为有关资产、负债的账面价值,重编合并日前期的被合并方财务报表,对被合并方在合并日的资产、负债和所有者权益等项目重新加以确认。

第三,在同一控制下的企业合并中,被合并方同时进行改制并对资产负债进行评估调账的,应以评估调账后的账面价值并入合并方。

(四)合并方支付的合并对价的计量

不论吸收合并方式,还是控股合并方式,合并方在合并日为取得对被合并方财务与经营政策等与可变回报相关活动的控制权而支付的对价,不论是货币性资产、非货币性资产,还是承担的负债,均按其账面价值计量。合并对价为发行权益性证券的,按权益性证券的面值计量合并对价。

(五)合并费用的核算

在权益结合法下,合并方发生的各项相关费用,包括为进行企业合并而支付的审计费用、评估费用、法律服务费用等直接相关费用,和专设购并部门发生的日常管理费用等均在发生时计入当期损益,记入管理费用;为企业合并发行的债券或承

担其他债务支付的手续费、佣金等,应计入所发行债券及其他债务的初始计量金额,增加债券的折价金额或者减少债券溢价金额。为企业合并发行权益性证券发生的手续费、佣金等费用,应当抵减权益性证券溢价收入,溢价收入不足冲减的,冲减留存收益。

(六)合并对价账面价值与取得的净资产账面价值差额的处理

合并方支付的合并对价账面价值与取得的被合并方净资产账面价值的差额,不作为资产处置损益,不计入合并当期损益,也不确认商誉,应当调整所有者权益项目,首先调整资本公积(资本溢价或股本溢价),资本公积(资本溢价或股本溢价)余额不足以冲减的,应冲减留存收益。

在吸收合并方式下,合并方在合并日取得的被合并方的资产、负债按其在被合并方的账面价值计量。合并方支付的合并对价账面价值与取得的被合并方净资产账面价值的差额,应当调整资本公积;资本公积不足冲减的,调整留存收益。

在控股合并方式下,应分别以下两种情况处理:①合并方以支付现金、转让非现金资产或承担债务方式支付对价的,应当在合并日按照取得被合并方所有者权益账面价值的份额作为长期股权投资的初始投资成本,长期股权投资的初始投资成本与支付的现金、转让非现金资产以及所承担债务账面价值之间的差额,应当调整资本公积;资本公积不足冲减的,调整留存收益。②合并方以发行权益性证券作为对价的,应当在合并日按照取得被合并方所有者权益账面价值的份额作为长期股权投资的初始投资成本,按照发行股份面值总额作为股本或实收资本,确认的长期股权投资初始投资成本与所发行股份面值总额之间的差额,应当调整资本公积;资本公积不足冲减的,调整留存收益。

(七)被合并方在合并前实现的留存收益的处理

在传统理论的权益结合法下,要求合并日之前被合并方的留存收益计入合并方合并日的留存收益。但是,如前所述,不论吸收合并方式还是控股合并方式,合并方支付的合并对价账面价值与取得的被合并方净资产账面价值的差额,均已全额调整合并方资本公积(股本溢价);资本公积(股本溢价)不足冲减的,调整留存收益,于是导致被合并方在合并前的留存收益未能在合并方的个别财务报表或合并财务报表中予以反映。为此,需要将合并方的资本公积部分或全部调整为享有的被合并方的留存收益。

对于被合并方在企业合并前实现的留存收益(盈余公积和未分配利润之和)中归属于合并方的部分,应按以下原则,自合并方的资本公积转入盈余公积和未分配利润。

1. 合并方账面资本公积(股本溢价)贷方余额大于被合并方在合并前实现的留存收益中归属于合并方的部分,应将被合并方在合并前实现的留存收益中归属于合并方的部分自“资本公积”转入“盈余公积”和“未分配利润”。

2. 合并方账面资本公积(股本溢价)贷方余额小于被合并方在合并前实现的留存收益中归属于合并方的部分,应以合并方资本公积(股本溢价)的贷方余额为限,将被合并方在企业合并前实现的留存收益中归属于合并方的部分自“资本公积”转入“盈余公积”和“未分配利润”。

我国2011年12月发布的《企业会计准则解释第5号(征求意见稿)》对同一控制下企业合并采用的权益结合法修订如下:

(1)在同一控制下的企业合并中,应视同合并后形成的报告主体(合并方)自合并日开始对被合并方实施控制。

(2)合并方编制合并日和合并当期的合并财务报表时,合并资产负债表中被合并方的各项资产、负债,应当按账面价值计量,被合并方在企业合并前实现的留存收益中归属于合并方的部分,不再由合并方的资本公积转入盈余公积和未分配利润。

(3)合并利润表应合并被合并方从合并日开始实现的净利润;合并现金流量表应合并被合并方从合并日开始形成的现金流量。

(4)合并方在编制合并当期期末的比较报表时,不应将合并取得的被合并方前期有关财务状况、经营成果和现金流量等并入前期合并财务报表。

新修订的国际财务报告准则和国际会计准则,都未涉及权益结合法。我国《企业会计准则解释第5号(征求意见稿)》对同一控制下企业合并会计处理原则的修订表明:①我国同一控制下企业合并的会计处理原则和方法,已经不完全等同于理论上的权益结合法,可以称为修订的权益结合法。它更注重于合并的实质是现实控制能力的取得,而不是理论上的推导。②被合并方合并前的留存收益不再由合并方的资本公积转入盈余公积和未分配利润,一方面简化了企业合并和合并财务报表的会计处理,另一方面也不影响合并后的合并所有者权益总额,同时还将有效地控制吸收合并后的会计主体利用合并前被合并方留存收益扩大利润分配。③合并利润表和合并现金流量表应当合并被合并方从合并日起实现的净利润和形成的现金流量,有效地解决了不同合并主体重复列报被合并方自合并当期期初至合并日实现的净利润和形成的现金流量的问题。④我国对同一控制下企业合并会计处理原则和方法的修订也反映了和国际接轨的趋势,国际财务报告准则和美国会计准则都废止了权益结合法,由于我国同一控制下的企业合并交易繁多,所以企业会计准则仍然保留了权益结合法,但也在不断缩小权益结合法与购买法的差异,为最终废止权益结合法创造条件。

虽然2012年11月15日发布的《企业会计准则第33号——合并财务报表(修订)(征求意见稿)》没有采纳《企业会计准则解释第5号(征求意见稿)》对权益结合法的修订,但是鉴于上述理由,本书下文仍作为修订的权益结合法予以说明。

本章第三节分别按照传统理论的权益结合法和修订的权益结合法阐述权益结合法的会计处理;本章第四节按照传统理论的权益结合法与购买法进行比较分析。

三、权益结合法的会计处理

在权益结合法下,除了被合并方同时进行改制并对资产进行评估调账外,不论是吸收合并还是控股合并,被合并方都无需按评估确认的公允价值调整各项资产、负债和净资产账面价值。被合并方财产清查的会计处理与前述购买法相同;在吸收合并情况下,被合并方结束旧账的会计处理也与购买法相同。因此,这里仅述合并方的会计处理。

(一)吸收合并的会计处理

采用权益结合法对吸收合并进行会计处理,合并方在合并日主要涉及以下三方面的会计处理:①将取得的被合并方的资产、负债按调整(前述可能涉及的统一会计政策等三项调整)后的原账面价值并入合并方的相应资产、负债项目;②确认取得净资产的入账价值与所支付的合并对价的差额,调整所有者权益;③编制合并日个别财务报表。

1. 以发行权益性证券方式进行吸收合并。合并方以发行权益性证券方式进行吸收合并,所确认的净资产入账价值与发行股份面值总额的差额,应记入资本公积(资本溢价或股本溢价),资本公积(资本溢价或股本溢价)的余额不足冲减的,相应冲减盈余公积和未分配利润。同时,按照传统理论的权益结合法,对于被合并方在企业合并前实现的留存收益(盈余公积和未分配利润之和)归属于合并方的部分自合并方的资本公积转入盈余公积和未分配利润;按照修订的权益结合法,则不作这项结转。

【例1-15】假设M公司和N公司属于同一控制下的企业,仍以上述M公司吸收合并N公司为例,若M公司发行550万股、每股面值1元的普通股股票,换取N公司股东持有的每股面值1元的500万股普通股股票,同时发生相关直接和间接费用40万元,不考虑证券发行费用。按权益结合法进行会计处理。假定M公司和N公司在企业合并前资产、负债和所有者权益有关项目账面余额如表1-4,其中,N公司固定资产原值810万元、累计折旧210万元,N公司存货300万元中假设包括原材料100万元、在产品50万元、库存商品50万元。

表1-4 M公司和N公司资产负债表

2010年12月31日　　单位:万元

项　目	M公司	N公司	合　计
货币资金(银行存款)	750	40	790
应收账款	30	120	150
存货	50	300	350
固定资产	650	600	1 250
无形资产	50	30	80

续表

项　目	M公司	N公司	合　计
资产总计	1 530	1 090	2 620
短期借款	300	220	520
应付账款	50	26	76
长期借款	230	100	330
长期应付款	80	60	140
负债合计	660	406	1 066
股本	430	500	930
资本公积(股本溢价)	64	80	144
盈余公积	200	60	260
未分配利润	176	44	220
所有者权益合计	870	684	1 554

M公司在记录与N公司合并时所确认的股本和股本溢价如下：

$$股本 = 1 \times 550 = 550(万元)$$

$$股本溢价 = 684 - 550 = 134(万元)$$

M公司编制的合并会计分录如下：

①借：银行存款　400 000
　　应收账款　1 200 000
　　原材料　1 000 000
　　生产成本　500 000
　　库存商品　1 500 000
　　固定资产　8 100 000
　　无形资产　300 000
　贷：短期借款　2 200 000
　　　应付账款　260 000
　　　长期借款　1 000 000
　　　长期应付款　600 000
　　　累计折旧　2 100 000
　　　股本　5 500 000
　　　资本公积——股本溢价　1 340 000

②借：管理费用　400 000
　贷：银行存款　400 000

按照传统理论的权益结合法还应结转被合并方在企业合并前实现的留存收益

中归属于合并方的部分:

③借:资本公积　　1 040 000
　　贷:盈余公积　　600 000
　　　　利润分配——未分配利润　　440 000

本例中,合并方发行股票的面值小于合并取得的被合并方净资产账面价值,形成资本公积(股本溢价)。因合并方的资本公积(股本溢价)总额198万元(64+134)大于被合并方合并前留存收益总额104万元(60+44),因此,能够将被合并方合并前实现的留存收益全额自"资本公积"项目转入"盈余公积"和"未分配利润"项目。

修订的权益结合法无须编制会计分录③。

【例1-16】沿用例1-15资料,M公司发行660万股、每股1元的普通股股票,换取N公司全部普通股股票。M公司在记录与N公司合并时所确认的股本和股本溢价如下:

$$股本 = 1 \times 660 = 660(万元)$$

$$股本溢价 = 684 - 660 = 24(万元)$$

M公司编制的合并会计分录如下:

①借:银行存款　　400 000
　　应收账款　　1 200 000
　　原材料　　1 000 000
　　生产成本　　500 000
　　库存商品　　1 500 000
　　固定资产　　8 100 000
　　无形资产　　300 000
　　贷:短期借款　　2 200 000
　　　　应付账款　　260 000
　　　　长期借款　　1 000 000
　　　　长期应付款　　600 000
　　　　累计折旧　　2 100 000
　　　　股本　　6 600 000
　　　　资本公积——股本溢价　　240 000

②借:管理费用　　400 000
　　贷:银行存款　　400 000

按照理论的权益结合法还应结转被合并方在企业合并前实现的留存收益中归属于合并方的部分:

③借:资本公积　　(640 000+240 000) 880 000
　　贷:盈余公积　　(880 000÷1 040 000×600 000)507 700

利润分配——未分配利润 (880 000 ÷ 1 040 000 × 440 000) 372 300

本例中，合并方发行股票的面值小于合并取得的被合并方净资产账面价值，形成资本公积（股本溢价）。因合并方的资本公积（股本溢价）总额 88 万元（64 + 24）小于被合并方合并前留存收益总额 104 万元，因此，不能将被合并方合并前实现的留存收益全额自“资本公积”项目转入“盈余公积”和“未分配利润”项目，而应以合并方资本公积（股本溢价）的贷方余额为限，将 N 公司留存收益按比例结转。

修订的权益结合法无须编制会计分录③。

【例 1 – 17】沿用例 1 – 15 资料，M 公司发行 800 万股、每股面值 1 元的普通股股票，换取 N 公司全部普通股股票。M 公司在记录与 N 公司合并时所确认的股本和冲减的资本公积等如下：

$$股本 = 1 \times 880 = 880（万元）$$

$$冲减的合并方资本公积和留存收益合计金额 = 880 - 684 = 196（万元）$$

$$冲减的合并方资本公积 = 64（万元）$$

$$冲减的合并方盈余公积 = 196 - 64 = 132（万元）（合并方盈余公积余额为 200 万元）$$

M 公司编制的合并会计分录如下：

	借方	贷方
①借：银行存款	400 000	
应收账款	1 200 000	
原材料	1 000 000	
生产成本	500 000	
库存商品	1 500 000	
固定资产	8 100 000	
无形资产	300 000	
资本公积——股本溢价	640 000	
盈余公积	1 320 000	
贷：短期借款		2 200 000
应付账款		260 000
长期借款		1 000 000
长期应付款		600 000
累计折旧		2 100 000
股本		8 800 000
②借：管理费用	400 000	
贷：银行存款		400 000

本例中，合并方发行的股票面值大于合并取得的被合并方净资产账面价值，其差额先将合并方的资本公积（股本溢价）总额 64 万元冲减为零，不足冲减的部分，又相应冲减了合并方的盈余公积 132 万元，因此，在传统理论权益结合法下，被合

并方合并前实现的留存收益也不再予以结转。

由上述例1－16和例1－17可以看出，当合并方发行在外的股份面值[例1－16为430＋660＝1 090（万元）；例1－17为430＋880＝1 310（万元）]大于合并各方的股本和股本溢价合计金额[430＋64＋500＋80＝1 074（万元）]时，虽然合并方的所有者权益金额等于参与合并各方的所有者权益合计金额，但是，合并方的留存收益金额不再等于参与合并各方留存收益的合计金额。从这个意义上讲，修订的权益结合法规定“被合并方在企业合并前实现的留存收益中归属于合并方的部分，不再由合并方的资本公积转入盈余公积和未分配利润”，也与这种情况类似。

2. 以支付现金、非现金资产方式进行吸收合并。以支付现金、非现金资产方式进行的吸收合并，所确认的净资产入账价值与支付的现金、非现金资产账面价值的差额，相应调整资本公积（股本溢价），资本公积（股本溢价）的余额不足冲减的，应冲减盈余公积和未分配利润。

【例1－18】沿用例1－15资料，若M公司以一批库存商品换取N公司全部普通股股票。该批库存商品账面价值为600万元，公允价值为700万元。M公司在记录与N公司合并时所确认的资本公积如下：

确认的资本公积＝684－600＝84（万元）

M公司编制的合并会计分录如下：

	借方	贷方
①借：银行存款	400 000	
应收账款	1 200 000	
原材料	1 000 000	
生产成本	500 000	
库存商品	1 500 000	
固定资产	8 100 000	
无形资产	300 000	
贷：短期借款		2 200 000
应付账款		260 000
长期借款		1 000 000
长期应付款		600 000
累计折旧		2 100 000
库存商品		6 000 000
资本公积——股本溢价		840 000
②借：管理费用	400 000	
贷：银行存款		400 000

按照传统理论的权益结合法还应结转被合并方在企业合并前实现的留存收益中归属于合并方的部分。

③借:资本公积　　1 040 000

　　贷:盈余公积　　600 000

　　　　利润分配——未分配利润　　440 000

修订的权益结合法无须编制会计分录③。

需要说明的是,按照现行税法规定,在新设合并中,需要对参与合并各方进行资产评估,按评估确认的公允价值计量合并日的资产、负债和净资产,因此,新设合并不适用权益结合法。

3. 吸收合并的合并日财务报表的编制。因被合并方在企业合并后丧失法人资格,在合并日,合并方应根据上述合并会计分录将被合并方所有的资产、负债均并入合并方的账簿,并结出合并后各账户新的余额,据以编制合并日资产负债表。

按照传统理论的权益结合法,在合并日,合并方还应根据参与合并各方自合并当期期初至合并日实现的收入、费用和损益情况,汇总编制自合并当期期初至合并日的利润表;根据参与合并各方自合并当期期初至合并日现金流入、流出情况,汇总编制自合并当期期初至合并日的现金流量表。

按照修订的权益结合法,在合并日,合并方可以不单独编制合并各方自合并当期期初至合并日的利润表和现金流量表,而以合并方自合并当期期初至合并日的利润表和现金流量表代之。

采用传统理论权益结合法核算的吸收合并,合并方在合并当期期末比较报表的编制应区别不同的情况:如果合并方在合并当期期末,仅需要编制个别财务报表、不需要编制合并财务报表的,合并方在编制前期比较报表时,无须对以前期间已经编制的比较报表进行调整;如果合并方在合并当期期末需要编制合并财务报表的,在编制前期比较合并财务报表时,应将吸收合并取得的被合并方前期有关财务状况、经营成果及现金流量等并入合并方前期合并财务报表。前期比较报表的具体编制原则和方法请参照控股合并比较报表的编制。

采用修订的权益结合法核算的吸收合并,如果合并方在合并当期期末,仅需要编制个别财务报表、不需要编制合并财务报表的,合并方在编制前期比较报表时,无须对以前期间已经编制的比较报表进行调整;如果合并方在合并当期期末需要编制合并财务报表的,在编制前期比较合并财务报表时,合并方在编制合并当期期末的比较报表时,不应将合并取得的被合并方前期有关财务状况、经营成果和现金流量等并入前期合并财务报表。这是因为,修订的权益结合法注重控制权力的取得,企业合并前,合并方和被合并方不属于同一个报告主体,被合并方合并前期的财务状况、经营成果和现金流量,与合并后的报告主体不具有相关性和可比性。

(二)控股合并的会计处理

采用权益结合法对控股合并进行会计处理,被合并方仍然保留法人资格,对被合并方的财务与经营政策等与可变回报的相关活动享有控制权的合并方作为母公司,被合并方作为子公司,组成企业集团。合并方在合并日主要涉及以下两方面的会计处理。

1. 对企业合并形成的对被合并方的长期股权投资的确认和计量。合并方应以合并日享有的被合并方所有者权益在最终控制方合并财务报表中的账面价值的份额作为长期股权投资的初始投资成本。合并方不论以支付现金、转让非现金资产或承担债务方式作为合并对价,还是以发行权益性证券作为合并对价,所确认的长期股权投资初始投资成本与所付出对价账面价值的差额应当调整资本公积,资本公积的余额不足以冲减的,调整留存收益,不能确认为商誉或当期损益。

2. 编制合并日合并财务报表。采用传统理论的权益结合法核算的控股合并,合并方应在合并日编制合并资产负债表、合并利润表和合并现金流量表。用以反映合并日形成的新的报告主体的财务状况、经营成果和现金流量。其编制方法参见本书第二章购并日合并财务报表的编制。

这里需要说明的是,将被合并方合并前实现的留存收益中属于合并方的份额,自合并方的资本公积转入盈余公积和未分配利润,应按以下规定编制调整分录。

(1)确认合并形成的长期股权投资后,合并方账面资本公积(股本溢价)的贷方余额大于被合并方在合并前实现的留存收益中属于合并方的份额,应当将被合并方合并前实现的留存收益中属于合并方的份额,全额自“资本公积”项目转入“盈余公积”和“未分配利润”项目。

(2)确认合并形成的长期股权投资后,合并方账面资本公积(股本溢价)的贷方余额小于被合并方在合并前实现的留存收益中属于合并方的份额,应以合并方资本公积(股本溢价)的贷方余额为限,将被合并方合并前实现的留存收益中属于合并方的份额,自“资本公积”项目转入“盈余公积”和“未分配利润”项目。

采用修订的权益结合法核算的控股合并,合并方在合并日可以只编制合并资产负债表,而合并利润表和合并现金流量表可以母公司自合并年度期初至合并日个别利润表和现金流量表代之;被合并方合并前实现的留存收益中属于合并方的份额,无须自合并方的资本公积转入盈余公积和未分配利润。

【例1-19】沿用例1-15资料,M公司发行550万股、每股面值1元的普通股股票,换取N公司股东持有的每股面值1元的500万股普通股股票进行控股合并,N公司保留法人资格,合并日M公司享有的N公司所有者权益在最终控制方合并财务报表中的账面价值的份额为684万元。M公司编制的合并会计分录如下(与合并相关费用的会计分录见例1-15):

借:长期股权投资	6 840 000	
贷:股本		5 500 000
资本公积		1 340 000

采用传统理论的权益结合法,在合并日合并工作底稿中,应编制如下调整分录

和抵销分录：

借：资本公积　　1 040 000
　贷：盈余公积　　600 000
　　　未分配利润　　440 000

借：股本　　5 000 000
　　资本公积　　800 000
　　盈余公积　　600 000
　　未分配利润　　440 000
　贷：长期股权投资　　6 840 000

采用修订的权益结合法，在合并日合并工作底稿中，无须编制调整分录，只编制母公司长期股权投资与子公司所有者权益各项目的抵销分录即可。

【例1－20】沿用例1－16资料，若M公司采用控股方式合并N公司，M公司发行了660万股、每股面值1元的普通股股票，换取N公司全部普通股股票。M公司编制的合并会计分录如下（与合并相关费用的会计分录见例1－15）：

借：长期股权投资　　6 840 000
　贷：股本　　6 600 000
　　　资本公积　　240 000

采用传统理论的权益结合法，因M公司确认长期股权投资后的股本溢价为88万元（64＋24），小于被合并方合并前实现的留存收益中属于合并方的份额104万元，因此，不能将被合并方合并前实现的留存收益全额自"资本公积"项目转入"盈余公积"和"未分配利润"项目，而应以合并方资本公积（股本溢价）的贷方余额为限，将N公司留存收益按比例结转。在合并日合并工作底稿中应编制的调整分录如下（抵销分录见例1－19）：

借：资本公积　　（640 000＋240 000）880 000
　贷：盈余公积　　（880 000÷1 040 000×600 000）507 700
　　　未分配利润　　（880 000÷1 040 000×440 000）372 300

采用修订的权益结合法无须编制这笔调整分录。

【例1－21】沿用例1－17资料，若M公司采用控股方式合并N公司，M公司发行了880万股每股面值1元、发行价格为1.5元的普通股股票，换取N公司全部普通股股票。本例中，合并方发行的股票面值大于合并取得的被合并方净资产账面价值，其差额先将合并方的资本公积（股本溢价）总额64万元冲减为零，不足冲减的部分，相应冲减合并方的盈余公积132万元，因此，被合并方合并前实现的留存收益不再予以结转（与合并相关费用的会计分录见例1－19）。

M公司编制的合并会计分录如下（抵销分录见例1－14）：

借：长期股权投资　　6 840 000

资本公积　　640 000
盈余公积　　1 320 000
贷:股本　　8 800 000

【例1－22】沿用例1－18资料,若M公司以一批库存商品换取N公司全部普通股股票。该批库存商品账面价值为600万元,公允价值为700万元。M公司编制的合并会计分录如下:

借:长期股权投资　　6 840 000
贷:库存商品　　6 000 000
资本公积　　840 000

采用传统理论的权益结合法,在合并日合并工作底稿中应编制的调整分录如下(抵销分录见例1－19):

借:资本公积　　1 040 000
贷:盈余公积　　600 000
未分配利润　　440 000

采用修订的权益结合法无须编制这笔调整分录。

在传统理论的权益结合法下,合并方作为母公司应编制合并日的合并资产负债表、合并利润表和合并现金流量表,其编制方法参见第二章第三节。

第四节　购买法与权益结合法的比较与选择

一、购买法与权益结合法的差异比较

(一)会计处理方法的差异比较

从上述对购买法和权益结合法的会计处理可以看出,这两种方法的差异主要表现在以下几个方面。

1. 购买方(或合并方)支付的合并对价的计量标准不同。在购买法下,购买方为实现企业合并所支付的合并对价按照现金资产、非现金资产和权益性证券的公允价值计量;在权益结合法下,支付非现金资产按原账面价值计量,发行的权益性证券按面值计量。

2. 购买方(或合并方)所取得的资产、负债的计量标准不同。在购买法下,将企业合并视为一种购买行为,更注重购买日被购买方的实有价值,因此,在吸收合并和新设合并情况下,购买方取得被购买方的资产和负债应当按照其公允价值计量;在控股合并情况下,虽然被购买方一般不需要按公允价值调整资产和负债的原账面价值,但是,购买方需要按照支付对价的公允价值计量所取得的长期股权投资,并在编制合并财务报表时,将子公司资产、负债和净资产的账面价值调整为公

允价值。在权益结合法下,将企业合并视为现有股东权益的联合,不存在购买行为,因此,不需要建立新的计量基础,不论是吸收合并还是控股合并,合并方均应当按照取得的被合并方的资产、负债或净资产的账面价值计量。

3. 对购买方(或合并方)支付的合并对价与取得的被购买方(或被合并方)净资产份额之间差额的会计处理不同。在购买法下,购买方发生的合并成本可能高于或低于所取得的可辨认净资产的公允价值,从而需要将两者的差额确认为商誉或计入当期损益(或负商誉)。在权益结合法下,合并方支付的合并对价账面价值(或发行股份面值总额)与取得的被合并方净资产账面价值的差额,应当调整资本公积;资本公积不足冲减的,调整留存收益。因此,在权益结合法下不会形成商誉或合并损益(或负商誉)。

4. 对被购买方(或被合并方)合并当年实现损益的处理不同。在购买法下,购买方只能将购买日后被购买方所实现的损益计入合并当期的利润表(或合并利润表),而不能把当年购买日前被购买方实现的损益计入利润表(或合并利润表)。在传统理论的权益结合法下,不论企业合并发生在合并年度的哪个月份,合并方都应将被合并方在合并年度实现的全部损益计入合并当期的利润表(或合并利润表)。修订的权益结合法不同于传统理论的权益结合法,对被购买方(或被合并方)合并当年实现损益的处理与购买法相同。

5. 对被购买方(或被合并方)留存收益的处理不同。在购买法下,购买方是通过支付现金、非现金资产或发行权益性证券为代价取得被购买企业的净资产,即所有者权益,其中包含留存收益。因此,被购买方的留存收益不能并入购买方的留存收益,购买方的留存收益还可能因合并商誉的处理而减少,或因合并损益(或负商誉)的处理而增加;而在传统理论的权益结合法下,由于把企业合并视为股东权益的联合,因此,被合并方的留存收益需要并入合并方的留存收益,而且,当合并方的股本溢价(或资本溢价)超过被合并方原留存收益总额时,合并方的留存收益就等于参与合并各方留存收益的合计金额。修订的权益结合法不同于传统理论的权益结合法,被合并方的留存收益,体现在购买方的资本公积中,不再予以结转。

6. 对比较财务报表的处理不同。采用传统理论的权益结合法核算的同一控制下的企业合并,在编制合并当期期末的比较报表时,应视同参与合并各方在最终控制方开始实施控制时,即以目前的状态存在。提供比较财务报表时,应对前期比较报表进行调整,重编可比期间财务报表。采用购买法核算的非同一控制下的企业合并,在编制合并当期期末的比较报表时,由于最终控制方在购买日开始实施对被购买方的控制,其所控制的经济资源在购买日前后明显发生变化,没有可比性,因此,提供比较财务报表时,无须对前期的比较财务报表进行调整。修订的权益结合法不同于传统理论的权益结合法,提供比较财务报表时,不将合并取得的被合并方前期有关财务状况、经营成果和现金流量等并入前期合并财务报表。

（二）理论依据的差异比较

1. 购买法的理论依据。推荐购买法进行企业合并会计处理基于以下理由。

(1)不论是吸收合并、新设合并还是控股合并,都客观存在着一个购买方,购买方以资产、负债或权益性证券为代价,取得被购买方的净资产。从这个意义上讲,企业合并行为的实质是购买行为,应当按照购买法进行会计处理。

(2)企业合并是参与合并的各企业经过磋商,在公平交易基础上达成的协议,是公平交易的结果。因此,不论购买方支付的对价,还是购买方取得的被购买方(或被合并方)的资产、负债或净资产都应按公允价值计量,而不能按原账面价值计量。

(3)在权益结合法下,由于各项资产均按合并前账面价值记账,在物价上涨和通货膨胀情况下,会助长合并方通过出售或合并资产的方式增加利润,掩盖其经营管理中存在的问题和经营损失。同时,由于合并方取得的资产是按较低账面价值计量的,合并后的企业必然成本偏低而利润偏高,从而造成两个不良后果:其一是增加企业的所得税负担;其二是在资产公允价值高于其账面价值的情况下,成本补偿不足,资本难以保全。

(4)传统理论的权益结合法编制的合并当期利润表和资产负债表会误导投资者和债权人的决策行为。在传统理论的权益结合法下,合并方要将被合并方合并当年的全部利润计入利润表,如果企业合并并非发生在年初,而是发生在年中或年末,就会增加合并当年的利润,掩盖合并方自身经营管理的不善,粉饰其经营业绩。此外,合并方的留存收益中包括被合并方的留存收益。在吸收合并情况下,这些留存收益可以用来发放现金股利。所有这些都会给投资者、债权人的决策造成误导。

2. 权益结合法的理论依据。推荐权益结合法进行企业合并会计处理基于以下理由。

(1)以发行权益性证券实现的企业合并,属于合并方与被合并各方的股东之间交换股权,是股权交换行为,是权益的结合,实质上并未发生企业购买行为,只是参与合并各方的股东经济资源的联合,形成一个新的会计主体,如同单个企业持续经营一样,参与合并各方的股东或所有者共同分担风险、共同分享利润。既然合并后的企业是参与合并各企业的继续,在合并过程中未发生购买交易,就不应采用购买法进行会计处理,而应采用权益结合法进行会计处理。

(2)权益结合性质的企业合并,既然并未发生购买行为,就应遵循持续经营假设和历史成本计量属性,对参与合并各方的资产、负债和净资产按原有账面价值计量,而不能按公允价值计量。采用按账面价值计量合并各方的资产、负债和净资产,可以确保购并方和被购并方计量属性的一致性和会计信息的可比性。

(3)在购买法下,购买方的资产、负债和净资产保持账面价值不变,而被购买方的资产、负债和净资产按公允价值计量，从而导致合并后的企业相同的资产和负债采用两种不同的计量属性，所提供会计信息的有用性受到极大影响。

(4)在购买法下，购买方取得的被购买方资产、负债和净资产按公允价值计量，由于公允价值一般高于其账面价值，所以，在合并以后年度所发生的成本、费用都会高于权益结合法，所实现的利润又会低于权益结合法，影响所有者权益回报率和市盈率的计算，不利于评价企业合并的经济效益。

(三)经济影响的差异比较

购买法和权益结合法在会计处理上的差异，会对购买方(或合并方)的财务报表产生以下直接影响：①购买法所确认的取得资产入账价值高于权益结合法；②权益结合法在合并当年确认的所有者权益低于购买法；③权益结合法在合并当年确认的利润高于购买法；④权益结合法在合并当年确认的留存收益高于购买法。

如果企业合并发生在年初，两种会计处理方法对购买方(或合并方)的本年和以后各年还会产生以下经济影响。

其一，在权益结合法下，合并方可以通过按现行公允价值出售所取得的资产，从而轻而易举地增加利润。

其二，在购买法下，由于购买方取得资产的公允价值高于账面价值，又需要确认商誉的减值损失，所以，其所确认的成本、费用高于权益结合法，而所确认的利润低于权益结合法，其差额便是资产公允价值和账面价值的差异以及商誉的减值损失。而权益结合法较低的成本、费用和较高的利润，不仅加重了企业的税负，而且还会造成企业补偿资金的不足，影响简单再生产的顺利进行。

其三，在传统理论的权益结合法下，由于被合并方的留存收益并入了合并方的留存收益，在吸收合并和新设合并情况下，可以用来向投资者发放利润或现金股利，从而提高了资本报酬率。

总之，权益结合法对合并方的财务报表会产生有利影响，可以提高企业在报表使用者、阅读者和社会公众中的形象。

二、购买法和权益结合法的选择

由上可见，采用购买法与权益结合法所依据的理论、计量基础以及对购并当期和以后各期的经济影响都存在很大差异。关于企业合并两种会计处理方法的选择，国外有许多理论研究与争论，有关机构也在不断调整相关政策。由于权益结合法会给并购企业带来有利影响，为了防止企业盲目地选择权益结合法，各国会计管理机构都对权益结合法的应用规定了一些具体条件。例如，美国在 1970 年就规定了采用权益结合法处理企业合并的 12 个条件，如，在开始实施企业合并前的两年内，每一个参与合并的企业都是自主经营的独立的企业；参与合并企业至少 90% 的有表决权的股份由实施合并企业发行有表决权的股份所换取；某一参与合并企业中，某普通股股东权益占全部股东权益的比率，在合并业务完成后仍保持不变；在完成合并后的企业，所有普通股股东仍能行使其表决权，不被剥夺表决权，也不受限制；合并后的企业不直接或间接地赎回为实施合并而发行的全部或部分普通股；除了合并前参与合并企业正常处置资产、清理闲置或多余的设备外，合并后的企业不准备在合并后两年内处置参与合并企业的相当部分的资产；等等。只有同时满足这些规定的所有条件，采用权益结合法才被认为是适宜的。至2001年，美国又发布会计准则，规定所有企业合并都必须采用购买法。目前，美国、加拿大和澳大利亚都禁止采用权益结合法。《国际财务报告准则第3号——企业合并》也规定，本准则范围内的所有企业合并都应当采用购买法进行会计处理，该准则将涉及同一控制下的企业合并、涉及两个或两个以上共同主体的企业合并排除在适用范围之外。我国《企业会计准则第20号——企业合并》规定，同一控制下的企业合并采用权益结合法进行会计处理，而非同一控制下的企业合并采用购买法进行会计处理。

企业合并会计处理方法的选择，对购并企业来说，存在是否可以自行选择某种企业合并会计处理方法，以及选择哪种会计处理方法更能如实反映企业合并实质的问题。对于会计信息使用者和监管机构来说，存在选择某一种企业合并会计处理方法是否能真实地反映企业合并后的财务状况和经营成果的问题。

从企业合并方式而言，吸收合并和控股合并，享有控制权的一方很容易确定，适宜选择购买法进行企业合并会计处理；而新设合并更体现合并各方的股权联合，适宜选择权益结合法。

从购并方支付对价的手段而言，如果企业合并是购并企业通过转让资产或承担债务形式换取被购并企业资产、负债或净资产来完成的，则购买法是最为适宜的方法；如果企业合并是购并企业通过发行权益性证券换取被购并企业股权来完成的，则可以选择权益结合法。

从参与企业合并的控制主体而言，同一控制下的企业合并适宜选择权益结合法；而非同一控制下的企业合并适宜选择购买法。

从相关政策和规范而言，《国际财务报告准则第3号——企业合并》和我国《企业会计准则第20号——企业合并》都提倡选择购买法，只是同一控制下的企业合并可以选择权益结合法。

从企业合并会计处理的发展趋势而言，购买法最终取代权益结合法是不可避免的。理由如下：

其一，在市场经济高度发展和经济全球化的背景下，独立核算、自负盈亏的法人企业之间的产权转让行为都构成一种交易，这种交易与企业从另一个企业购入单项或多项资产没有本质的区别。购并方所支付的合并对价（即合并成本）和所取得的资产或净资产以及承担的负债，均应按购并日的公允价值计量，两者之间的差额应确认为商誉或损益,从购并日起被购并方实现的损益才能并入购并方,购并方的留存收益中不包括被购并方在购并日前实现的留存收益。

其二,吸收合并和新设合并都要通过解散清算程序,都需要对被并购方的资产和负债进行评估,其评估值也就是购并日的公允价值,同时还可能要确定商誉或损益,因此,应当选择购买法进行会计处理,即新设合并也应采用购买法。

其三,通过发行权益性证券获得被购并企业的控制权,只是改变了企业并购所支付对价的形式,不能成为选择权益结合法的理由,更何况为换取被购并方股权所发行的权益性证券也是按公允价值计量的。

其四,购买法更能反映合并业务的经济实质是一种产权交易,即购买行为;而权益结合法只是将企业合并视为参与合并各方的股权联合,而忽视了企业合并的经济实质。

对于权益结合法的质疑主要表现在以下两个方面:①权益结合法不能体现企业合并的经济实质和公允价值计量属性;②权益结合法不仅会虚增企业合并当年和以后各年的利润,还会通过将取得的按原账面价值计量的资产按其公允价值出售,而操纵企业利润。

废止权益结合法,所有企业合并均采用单一的购买法,还会收到以下效果:①可以提高企业合并会计信息的可比性,有利于分析和判断企业合并的经济效益;②企业不必为达到运用权益结合法的条件而采取措施,还能降低企业合并费用。

第五节　企业合并涉及的所得税

企业合并涉及的所得税主要有两个方面:其一是企业合并作为一种资产转让交易,按其转让所得应计算缴纳的所得税;其二是企业合并完成后,合并方确认的取得资产、负债的账面价值与其计税基础的差异应当确认相关的递延所得税及所得税费用。

一、企业合并交易的所得税

如前所述,企业合并按其法律形式可以分为吸收合并、新设合并和控股合并;按其控制主体可以分为同一控制下的企业合并和非同一控制下的企业合并。财政部、国家税务总局财税[2009]59 号《关于企业重组业务企业所得税处理若干问题的通知》指出:“合并是指一家或多家企业将其全部资产和负债转让给另一家现存或新设企业,被合并企业股东换取合并企业的股权或非股权支付,实现两个或两个以上企业的依法合并”;“ 股权收购是指一家企业购买另一家企业的股权,以实现对被收购企业控制的交易,收购企业支付对价的形式包括股权支付、非股权支付或两者的组合。”可见,从所得税角度讲的合并仅指吸收合并和新设合并,而将控股合并称为股权收购。企业合并和股权收购交易的所得税税务处理区分不同条件分别适用一般性税务处理规定和特殊性税务处理规定。

(一)一般性税务处理的原则

股权收购和企业合并交易,除符合适用特殊性税务处理规定的以外,均按以下一般性税务处理规定进行处理。

1. 股权收购交易。被收购方应确认股权转让所得或损失;收购方取得股权的计税基础应以公允价值为基础;确定被收购企业的相关所得税事项原则上保持不变。

2. 企业合并交易。合并企业应按公允价值确定接受被合并企业各项资产和负债的计税基础;被合并企业及其股东都应按清算进行所得税处理;被合并企业的亏损不得在合并企业结转弥补。

企业清算的所得税处理包括以下内容:①全部资产均应按可变现价值或交易价格,确认资产转让所得或损失;②确认债权清理、债务清偿的所得或损失;③改变持续经营核算原则,对预提或待摊性质的费用进行处理;④依法弥补亏损,确定清算所得;⑤计算并缴纳清算所得税;⑥确定可向股东分配的剩余财产、应付股息等。

清算所得 = 企业的全部资产可变现价值或交易价格 − 资产的计税基础 −

清算费用 − 相关税费 +(−)债务清偿损益 − 依法弥补亏损

企业应将整个清算期作为一个独立的纳税年度计算清算所得。

(二)特殊性税务处理的原则

1. 采用特殊税务处理的条件。股权收购、企业合并同时符合下列条件的,适用特殊性税务处理规定:

(1)具有合理的商业目的,且不以减少、免除或者推迟缴纳税款为主要目的。

(2)被合并部分的资产或股权比例符合规定的比例。

(3)企业重组后的连续 12 个月内不改变重组资产原来的实质性经营活动。

(4)重组交易对价中涉及股权支付金额符合规定比例。

(5)企业重组中取得股权支付的原主要股东,在重组后连续 12 个月内,不得转让所取得的股权。

2. 特殊税务处理的规定。

(1)股权收购。收购企业购买的股权不低于被收购企业全部股权的 75%,且收购企业在该股权收购发生时的股权支付金额不低于其交易支付总额的 85%,可以选择按以下规定处理:被收购企业的股东取得收购企业股权的计税基础,以被收购股权的原有计税基础确定;收购企业取得被收购企业股权的计税基础,以被收购股权的原有计税基础确定;收购企业、被收购企业的原有各项资产和负债的计税基础和其他相关所得税事项保持不变。

其中,所称股权支付是指企业重组中购买、换取资产的一方支付的对价中,以本企业或其控股企业的股权、股份作为支付的形式;所称非股权支付是指以本企业的现金、银行存款、应收款项、本企业或其控股企业股权和股份以外的有价证券、存货、固定资产、其他资产以及承担债务等作为支付的形式。

(2)企业合并。企业股东在该企业合并发生时取得的股权支付金额不低于其交易支付总额的85%,以及同一控制下且不需要支付对价的企业合并,可以选择按以下规定处理:合并企业接受被合并企业资产和负债的计税基础,以被合并企业的原有计税基础确定;被合并企业合并前的相关所得税事项由合并企业承继;可由合并企业弥补被合并企业亏损;被合并企业股东取得合并企业股权的计税基础,以其原持有的被合并企业股权的计税基础确定。

可由合并企业弥补的被合并企业亏损的限额=被合并企业净资产公允价值×截至合并业务发生当年年末国家发行的最长期限的国债利率。

上述股权收购和企业合并交易各方对交易中股权支付暂不确认有关资产的转让所得或损失,其非股权支付仍应在交易当期确认相应的资产转让所得或损失,并调整相应资产的计税基础。

非股权支付对应的资产转让所得或损失=(被转让资产的公允价值-被转让资产的计税基础)×(非股权支付金额÷被转让资产的公允价值)

(3)企业发生涉及中国境内与境外之间(包括港澳台地区)的股权和资产收购交易,除应符合上述采用特殊税务处理的条件外,还应同时符合下列条件,才可选择适用特殊性税务处理规定:非居民企业向其100%直接控股的另一非居民企业转让其拥有的居民企业股权,没有因此造成以后该项股权转让所得预提税负担变化,且转让方非居民企业向主管税务机关书面承诺在3年(含3年)内不转让其拥有受让方非居民企业的股权;非居民企业向与其具有100%直接控股关系的居民企业转让其拥有的另一居民企业股权;居民企业以其拥有的资产或股权向其100%直接控股的非居民企业进行投资;财政部、国家税务总局核准的其他情形。居民企业以其拥有的资产或股权向其100%直接控股关系的非居民企业进行投资,其资产或股权转让收益如选择特殊性税务处理,可以在10个纳税年度内均匀计入各年度应纳税所得额。

可见,选择股权收购和企业合并交易的一般税务处理,被收购方应确认股权转让所得或损失,计算缴纳交易所得税,被合并方应按清算进行所得税处理;选择股权收购和企业合并的特殊税务处理,被收购方和被合并方对其非股权支付应在交易当期确认相应的资产转让所得或损失,计算缴纳交易所得税。

(三)企业合并交易税务处理举例

【例1-23】2010年1月1日,甲公司对乙公司实施吸收合并。合并日,乙公司净资产账面价值为1 000万元(资产2 000万元、负债1 000万元,假设资产、负债的账面价值等于其计税基础)。评估确认的乙公司净资产公允价值为1 100万元(资产2 100万元、负债1 000万元),上一年亏损额为60万元,假设乙公司股东原投入乙公司的股权投资成本为800万元,则增值300万元(即1 100 - 800),甲公司以前年度无亏损额。甲公司已发行在外的普通股400万股,每股面值1元。经双方协商,甲公司以360万股、每股1元的普通股和20万元购买乙公司。甲公司股票市价合并时为每股3元。甲、乙两公司的所得税税率均为25%。甲公司未弥补亏损前的所得额:2010年为800万元、2011年为900万元。截至合并交易发生当年年末国家发行的最长期限的国债利率为5%。

①甲公司股权支付额 = 360 × 3 = 1 080(万元)

股权支付额占交易总额的比例 = 1 080 ÷ (1 080 + 20)
= 98.18% > 85%

因此,适用企业重组的特殊税务处理,乙公司应就这项资产转让的非股权支付额确认相应的资产转让所得或损失,计算交易当期应缴纳的所得税。

乙公司股东取得的非股权支付对应的转让所得 = (被转让资产的公允价值 - 被转让资产的计税基础) ×
(非股权支付金额 ÷ 被转让资产的公允价值) =
(1 100 - 800) × (20 ÷ 1 100) = 5.454 545(万元)

乙公司股东应缴纳的企业合并交易所得税 = 5.454 545 × 25% = 1.363 636(万元)

乙公司编制的企业合并交易所得税会计分录如下。

借:所得税费用　　　13 636.36

　贷:应交税费——应交所得税　　　13 636.36

如果乙公司原确认的当期应纳税所得额、应交所得税和所得税费用已包含该项企业合并的股权转让收益并全额计税,则应相应调减应交所得税和所得税费用73.636 364万元(300 × 25% - 1.363 636)。

②乙公司股东取得新股的计税基础不是1 080万元,而是785.454 54万元(即800 - 20 + 5.454 545)。这就体现了财税[2009]59号文件第六条第四项规定的"被合并企业股东取得合并企业股权的计税基础,以其原持有的被合并企业股权的计税基础确定"。

③可由甲公司弥补的乙公司亏损的限额 = 乙公司净资产公允价值 × 截至合并业务发生当年年末国家发行的最长期限的国债利率 = 1 100 × 5% = 55(万元)

乙公司上年亏损60万元,甲公司可以税前弥补55万元,其余税后弥补。

2010年甲公司税后利润 = 800 × (1 - 25%) + 55 × 25%
= 600 + 13.75 = 613.75(万元)

2011年甲公司税后利润 = 900 × (1 - 25%) = 675(万元)

④甲公司接受乙公司的资产和负债的计税基础,以乙公司的原有计税基础确定。资产为2 000万元,负债为1 000万元。

按照企业会计准则规定,同一控制下的吸收合并,合并方取得的各项资产、负债均按被合并方原账面价值入账,如果被合并方资产、负债的原账面价值等于其计税基础,则无须作纳税调整;非同一控制下的吸收合并,购买方取得的各项资产、负债均按购买日公允价值入账,如果会计账面价值高于其计税基础,应作所得税纳税调整,确认应纳税暂时性差异,核算递延所得税负债;如果会计账面价值低于其计税基础,也应作所得税纳税调整,确认可抵扣暂时性差异,核算递延所得税资产。

【例1-24】沿用例1-23资料,假设甲公司以300万股、每股1元的普通股和200万元购买乙公司,清算费用及相关税费为10万元,债务清偿收益为20万元。其他资料同例1-23。

①甲公司股权支付额=300×3=900(万元)

股权支付额占交易总额的比例=900÷1 100=81.81%＜85%

因此,适用企业重组的一般税务处理,乙公司及其股东应按清算进行所得税处理,缴纳清算所得税。

乙公司应缴纳的清算所得税=(1 100-1 000-10+20-60)×25%=12.5(万元)

乙公司编制的企业合并交易所得税会计分录如下:

借:清算损益　　125 000

　贷:应交税费——应交所得税　　125 000

②乙公司上年亏损60万元,不能结转到甲公司弥补。

③甲公司接受乙公司各项资产和负债的计税基础应按公允价值确定。资产为2 100万元,负债为1 000万元。

如果甲公司和乙公司为非同一控制下的企业,甲公司应按乙公司净资产公允价值入账,其取得资产、负债的账面价值就等于其计税基础,无须作所得税纳税调整;如果甲公司和乙公司为同一控制下的企业,甲公司应按乙公司净资产账面价值入账,则需要作纳税调整,确认可抵扣暂时性差异或应纳税暂时性差异,核算递延所得税资产或递延所得税负债。

需要说明的是:无论是一般税务处理还是特殊税务处理,凡是收购企业或合并企业支付对价涉及非股权等其他非货币性资产的,均应按税法规定确认其非货币性资产的转让所得或损失。非股权支付对应的资产转让所得应该直接按照其公允价值扣除计税基础计算:控股合并的会计处理可比照吸收合并进行,不同的是,被收购企业不做清算处理,涉及的所得税计入当期所得税费用。

【例1-25】A公司与B公司为非同一控制下的企业,2010年12月,双方签订《股权转让协议》,A公司将持有的C公司80%的股权转让给B公司,交易价格为4 400万元。B公司支付现金400万元,向A公司股东定向增发股票2 000万股,每股面值1元,发行价格2元。A公司持有的C公司长期股权投资账面价值为2 000万元,计税基础为2 000万元,公允价值为4 400万元。

①B公司股权支付额=2 000×2=4 000(万元)

股权支付额占交易总额的比例=4 000/(4 000+400)

=90.91%＞85%

B 公司购买 A 公司持有的 C 公司股权为 80% >75%。

假设还同时符合规定的 5 个条件。因此,适用企业重组的特殊税务处理。

②B 公司(收购企业)的会计处理。

借:长期股权投资——C 公司　　44 000 000

　贷:实收资本(股本)　　20 000 000

　　资本公积　　20 000 000

　　银行存款　　4 000 000

如果 B 公司非股权支付额为存货、固定资产等非货币性资产,则须确认非货币性交换损益,计入当期损益,计算交纳所得税;B 公司收购 C 公司股权的计税基础为 2 000 万元,假设该项长期股权投资具备不确认递延所得税负债的条件(按照《企业会计准则第 18 号——所得税》规定,与子公司、联营企业投资等相关的应纳税暂时性差异,在同时具备两个条件时无须确认相应的递延所得税负债:能够控制暂时性差异转回的时间,在可预见的未来很可能不会转回);B 公司原有资产和负债的计税基础和其他所得税事项保持不变。

本例若为同一控制下的企业合并,且 B 公司原股本溢价 300 万元、盈余公积 200 万元。

借:长期股权投资——C 公司　　20 000 000

　资本公积　　3 000 000

　盈余公积　　1 000 000

　贷:实收资本(股本)　　20 000 000

　　银行存款　　4 000 000

如果 B 公司非股权支付额为存货、固定资产等非货币性资产,则须确认非货币性交换损益,计入当期损益,计算交纳所得税;B 公司收购 C 公司股权的账面价值和计税基础均为 2 000 万元,未产生暂时性差异,无须确认递延所得税。

③A 公司(被收购企业)的会计处理。

借:长期股权投资——B 公司　　40 000 000

　银行存款　　4 000 000

　贷:长期股权投资——C 公司　　20 000 000

　　投资收益　　24 000 000

A 公司非股权支付额对应的转让所得 =(被转让资产的公允价值 - 被转让资产的计税基础)×(非股权支付金额 ÷ 被转让资产的公允价值)=(4 400 - 2 000)×(400 ÷ 4 400)= 218.181 818(万元)

A 公司确认投资收益 2 400 万元,其中仅非股权支付额对应的资产转让所得 218.181 818 万元需要交纳所得税。

如果 A 公司单独交纳企业重组所得税,则:

应交企业重组所得税 = 218.181 818 × 25% = 54.545 4(万元)

借:所得税费用 545 454

贷:应交税费——应交所得税 545 454

如果 A 公司与经营业务一并缴纳企业重组所得税,且股权转让所得全部计入当期所得,则应调减当期应纳税所得额 2 181.818 182 万元(2 400 − 218.181 818)。

A 公司取得 B 公司股权的计税基础应在 B 公司原有计税基础 2 000 万元基础上调整。

调整后的 B 公司股权的计税基础 = 2 000 − 400 + 218.181 818 = 1 818.181 818(万元)

应纳税暂时性差异 = (资产的账面价值)4 000 − (计税基础)1 818.181 818 = 2 181.818 182(万元)

递延所得税负债 = 2 181.818 182 × 25% = 545.454 546(万元)

借:所得税费用 5 454 545.46

贷:递延所得税负债 5 454 545.46

C 公司仅股东发生变更,只需将"实收资本(或股本)"账户的股权结构作相应调整即可,无须做会计处理和纳税调整。

【例 1 − 26】A 公司与 B 公司为非同一控制下的企业,2010 年 12 月,双方签订《股权转让协议》,A 公司将持有的 C 公司 80% 的股权转让给 B 公司,交易价格 4 400万元。B 公司首先向 A 公司定向增发股票 1 000 万股,每股面值 1 元,发行价格 2 元;其次以商品支付购买价款,商品的公允价值为 1 000 万元,增值税税率为 17%,账面价值为 800 万元,A 公司仍作为库存商品入账;其余 1 230 万元以银行存款支付。A 公司持有的 C 公司长期股权投资账面价值为 2 000 万元,计税基础为 2 000万元,公允价值为 4 400 万元。

①B 公司股权支付额 = 1 000 × 2 = 2 000(万元)

股权支付额占交易总额的比例 = 2 000 ÷ (2 000 + 1 170 + 1 230) = 45.45% < 85%

因此,适用企业重组的一般税务处理。

②B 公司(收购企业)的会计处理

借:长期股权投资——C 公司 44 000 000

贷:实收资本(股本) 10 000 000

资本公积 10 000 000

主营业务收入 10 000 000

应交税费——应交增值税(销项税额) 1 700 000

银行存款 12 300 000

借:主营业务成本 8 000 000

贷:库存商品 8 000 000

B 公司应对非货币性资产交换做视同销售处理,计入当期损益,计算交纳所得税;B 公司取得股权的计税基础应为 4 400 万元,不形成暂时性差异。

如果为同一控制下的企业合并，且B公司原股本溢价800万元、盈余公积400万元。

借：长期股权投资——C公司　　20 000 000
　资本公积　　8 000 000
　盈余公积　　2 300 000
　贷：实收资本（股本）　　10 000 000
　　库存商品　　8 000 000
　　银行存款　　12 300 000

B公司收购C公司股权的账面价值为2 000万元，计税基础为4 400万元，会产生可抵扣暂时性差异，具备条件时应确认递延所得税资产。假设本例不具备确认递延所得税资产的条件。

③A公司（被收购方）的会计处理

借：长期股权投资——B公司　　20 000 000
　库存商品　　10 000 000
　应交税费——应交增值税（进项税额）　　1 700 000
　银行存款　　12 300 000
　贷：长期股权投资——C公司　　20 000 000
　　投资收益　　24 000 000

A公司取得B公司股权的计税基础为公允价值2 000万元；A公司受让存货计税基础为公允价值1 000万元；A公司确认的股权转让所得2 400万元计入当期损益，计算交纳所得税，无须做纳税调整。

C公司仅股东发生变更，只需将“实收资本（或股本）”账户的股权结构作相应调整即可，无须做会计处理和纳税调整。

二、购并日的递延所得税

按照《企业会计准则第20号——企业合并》的规定，在吸收合并和新设合并方式下，合并方取得的被合并方的资产和负债的入账价值的确定有以下两种做法：如果属于同一控制下的企业合并，应当按照合并日在合并方的账面价值计量；如果属于非同一控制下的企业合并，应当按照购买日的公允价值计量。

按照税法的规定，在吸收合并和新设合并方式下，如果适用特殊税务处理，合并企业接受被合并企业全部资产、负债的计税基础，须以被合并企业原计税基础确定；如果适用一般税务处理，合并企业接受被合并企业的有关资产、负债的计税基础，应以经评估确认的公允价值确定。

可见，至少在以下两种情况下，在合并日（或购买日），合并方（或购买方）取得的被合并方（或被购买方）资产和负债的账面价值与其计税基础会存在差异。

(1)适用一般税务处理的同一控制下的企业合并,企业会计准则要求合并方取得的被合并方的资产、负债按被合并方的账面价值计量;而税法规定,以合并方取得的资产、负债的公允价值作为计税基础。

(2)适用特殊税务处理的非同一控制下的企业合并,企业会计准则要求购买方取得的被购买方的资产、负债按公允价值计量;而税法规定,购买方取得的被购买方资产、负债按被购买方原计税基础作为计税基础。

不论上述哪种情况,在合并日(或购买日),合并方(或购买方)的资产负债表所列示的资产、负债的账面价值与其计税基础的差额,都应作为暂时性差异,确认递延所得税资产或递延所得税负债,同时调整商誉、损益或资本公积。

【例1-27】沿用例1-23资料。假设甲公司和乙公司为非同一控制下的企业,乙公司资产的账面价值为2 000万元,公允价值为2 100万元;乙公司负债的账面价值为1 000万元,公允价值为1 000万元;净资产账面价值为1 000万元,公允价值为1 100万元。经双方协商,甲公司以360万股、每股1元的普通股和20万元购买乙公司。按企业会计准则的规定,甲公司取得的乙公司资产按公允价值2 100万元计入合并日资产负债表。按税法规定,适用企业重组的特殊税务处理,资产的计税基础为2 000万元、负债的计税基础为1 000万元。

$$企业合并产生的应纳税暂时性差异=2\ 100-2\ 000=100(万元)$$

$$购并日形成的递延所得税负债=100\times25\%=25(万元)$$

$$合并成本=20+360\times3=1\ 100(万元)$$

$$商誉或损益=1\ 100-(2\ 100-1\ 000)+25=25(万元)$$

甲公司编制的企业合并会计分录如下:

借:相关资产　　21 000 000
　商誉　　250 000
　贷:相关负债　　10 000 000
　　递延所得税负债　　250 000
　　银行存款　　200 000
　　股本　　3 600 000
　　资本公积　　7 200 000

如果每股市价4元,则:

$$合并成本=20+360\times4=1\ 460(万元)$$

$$商誉或损益=1460-(2\ 100-1\ 000)+25=385(万元)$$

甲公司编制的企业合并会计分录如下:

借:相关资产　　21 000 000
　商誉　　3 850 000
　贷:相关负债　　10 000 000
　递延所得税负债　　250 000

银行存款 200 000
股本 3 600 000
资本公积 10 800 000

如果每股市价 2.5 元,则:

$$合并成本 = 20 + 360 \times 2.5 = 920(万元)$$

$$商誉或损益 = 920 - (2\ 100 - 1\ 000) + 25 = -155(万元)$$

甲公司编制的企业合并会计分录如下:

借:相关资产 21 000 000
　贷:相关负债 10 000 000
　　递延所得税负债 250 000
　　银行存款 200 000
　　股本 3 600 000
　　资本公积 5 400 000
　　营业外收入 1 550 000

【例 1-28】沿用例 1-24 资料。假设甲公司和乙公司为同一控制下的企业,乙公司资产的账面价值为 2 000 万元,公允价值为 2 100 万元;乙公司负债的账面价值为 1 000 万元,公允价值为 1 000 万元;净资产账面价值为 1 000 万元,公允价值为 1 100 万元。甲公司以 300 万股、每股 1 元的普通股和 200 万元购买乙公司。按企业会计准则的规定,甲公司取得的乙公司资产按原账面价值 2 000 万元计入合并日资产负债表。按税法规定,适用企业重组的一般税务处理,资产的计税基础为 2 100 万元,负债的计税基础为 1 000 万元。

$$企业合并产生的可抵扣暂时性差异 = 2\ 100 - 2\ 000 = 100(万元)$$

$$合并日形成的递延所得税资产 = 100 \times 25\% = 25(万元)$$

$$合并成本 = 300 + 200 = 500(万元)$$

$$资本公积 = (2\ 000 - 1000) - 500 + 25 = 525(万元)$$

甲公司编制的企业合并会计分录如下。

借:相关资产 20 000 000
　递延所得税资产 250 000
　贷:相关负债 10 000 000
　　银行存款 2 000 000
　　股本 3 000 000
　　资本公积 5 250 000

在控股合并下,如果属于非同一控制下的企业合并,当子公司为母公司的全资子公司时,在购买日,子公司可以按照评估确认的公允价值调整其可辨认资产、负债的账面价值,并以公允价值列示于个别财务报表和合并财务报表;子公司为母公司的非全资子公司时,在购买日,子公司不能按照评估确认的公允价值调整其可辨认资产、负债的账面价值，而是在合并财务报表中将子公司可辨认资产、负债的账面价值调整为公允价值。如果属于同一控制下的企业合并，不论子公司为母公司的全资子公司，还是非全资子公司，在个别财务报表和合并财务报表中，子公司可辨认资产、负债均以原账面价值计量。不论同一控制下的控股合并还是非同一控制下的控股合并，如果子公司资产负债的账面价值与其计税基础存在差异，都应在合并财务报表中确认递延所得税资产或递延所得税负债。

【例1-29】甲公司和乙公司属于非同一控制下的企业。2010年3月31日，甲公司发行500万股普通股股票，换取乙公司股东的股票，取得乙公司80%的股权，能对乙公司的财务与经营政策等相关活动实施控制。甲公司发行股票的面值为1元，市价为8元，支付佣金和手续费50万元，对乙公司资产评估发生的评估费用为3万元。购买日，乙公司资产账面价值为6 200万元，公允价值为8 000万元，其中固定资产账面价值为2 100万元，公允价值为3 150万元，无形资产账面价值为500万元，公允价值为1 250万元，其他可辨认资产和负债的账面价值与公允价值相同；乙公司所有者权益账面价值为3 200万元（其中股本1 000万元、资本公积500万元、盈余公积215万元、未分配利润1 485万元）。各公司的所得税税率均为25%，乙公司的股东对出售乙公司股权适用特殊税务处理，合并前乙公司各项可辨认资产、负债的账面价值与其计税基础相同。

$$甲公司对乙公司投资成本 = 500 \times 8 = 4\ 000（万元）$$

$$甲公司应计算的递延所得税负债 = (8\ 000 - 6\ 200) \times 25\% = 450（万元）$$

$$合并商誉（不完全商誉）= 4\ 000 - (3\ 200 + 8\ 000 - 6\ 200 - 450) \times 80\% = 4\ 000 - 3\ 640 = 360（万元）$$

$$完全商誉 = 360 \div 80\% = 450（万元）$$

$$非控股股东商誉（少数股东商誉）= 90（万元）$$

甲公司购买日编制的企业合并会计分录如下：

借：长期股权投资	40 000 000	
贷：股本		5 000 000
资本公积——股本溢价		35 000 000
借：资本公积	500 000	
贷：银行存款		500 000
借：管理费用	30 000	
贷：银行存款		30 000

甲公司编制购买日合并财务报表的调整及抵销分录如下：

借：固定资产	10 500 000	
无形资产	7 500 000	
贷：递延所得税负债		4 500 000
资本公积		13 500 000

借：实收资本（股本）　　10 000 000

资本公积　　（5 000 000 + 13 500 000）18 500 000

盈余公积　　2 150 000

未分配利润　　14 850 000

商誉　　3 600 000（4 500 000）

贷：长期股权投资　　40 000 000

非控制性权益　　9 100 000（10 000 000）

（少数股东权益）

［（10 000 000 + 18 500 000 + 2 150 000 + 14 850 000）×20% = 9 100 000；

9 100 000 + 900 000 = 10 000 000］

需要说明的是：

（1）非同一控制下的企业合并中，如果按税法规定适用特殊税务处理，收购方或合并方取得的被收购方或被合并方的资产、负债的计税基础为原账面价值（假设等于计税基础），计税时不认可商誉的价值，即商誉的计税基础为 0，于是就会导致按企业会计准则所确认的商誉与计税基础之间形成应纳税暂时性差异。对于商誉的账面价值与其计税基础不同产生的该应纳税暂时性差异，不确认与其相关的递延所得税负债。而如果按照会计准则规定在非同一控制下企业合并中确认了商誉，并且按照所得税法规的规定该商誉在初始确认时计税基础等于账面价值的，该商誉在后续计量过程中因会计准则规定与税法规定不同产生暂时性差异的，应当确认相关的所得税影响。

（2）在企业合并中，购买方在购买日取得的被购买方在以前期间发生的未弥补亏损等可抵扣暂时性差异，按照税法规定可以用于抵减以后年度应纳税所得额，但在购买日因不符合递延所得税资产的确认条件，未确认递延所得税资产。购买日后 12 个月内，如果取得新的或进一步的信息表明相关情况在购买日已经存在，预期被购买方在购买日可抵扣暂时性差异带来的经济利益能够实现的，购买方应当确认相关的递延所得税资产，同时减少由该企业合并所产生的商誉，商誉不足冲减的，差额部分确认为当期损益（所得税费用）。如果购买日后超过 12 个月，或在购买日不存在相关情况，但购买日以后出现新的情况导致可抵扣暂时性差异带来的经济利益预期能够实现的，确认与企业合并相关的递延所得税资产，应当计入当期损益（所得税费用），不得调整商誉。

【例 1-30】在非同一控制下的企业合并中，购买方甲公司取得被购买方乙公司在以前会计期间发生的未弥补亏损 500 万元，按税法规定可以抵减购买方以后年度应纳税所得额，形成可抵扣暂时性差异。但是，在购买日企业预计不能够产生足够的应纳税所得额用来抵扣购买日产生的可抵扣暂时性差异，不符合确认递延所得税资产的条件，购买日确认的商誉为 1 000 万元，假定购买日及未来期间企业适用的所得税税率为25%。在购买日之后7个月,企业预计能够产生足够的应纳税所得额用来抵扣购买日产生的可抵扣暂时性差异500万元。

如果产生足够的应纳税所得额的事实和环境在购买日已经存在,则购买方应进行如下会计处理:

借:递延所得税资产　　1 250 000

　贷:商誉　　1 250 000

如果产生足够的应纳税所得额的事实和环境在购买日后才出现,或者购买日后超过12个月出现,则购买方应进行如下会计处理:

借:递延所得税资产　　1 250 000

　贷:所得税费用　　1 250 000

本例中,如果购买日确认的商誉为100万元,则购买方应进行如下会计处理:

借:递延所得税资产　　1 250 000

　贷:商誉　　1 000 000

　　所得税费用　　250 000

思考题、练习题及阅读书目

一、思考题

1. 如何判断某项产权交易或事项是否属于企业合并?如何理解企业合并的实质和特征?

2. 如何判断某项企业合并属于同一控制下的企业合并还是非同一控制下的企业合并?

3. 如何确定合并日或购买日?如何确定购买方和合并方?

4. 在购买法下,如何确定企业合并成本?如何将合并成本分配到相关的资产和负债,并确认合并商誉或损益?

5. 通过多次交易实现的企业合并,在个别财务报表和合并财务报表上如何进行会计处理?

6. 在权益结合法下,如何确定长期股权投资初始投资成本?初始投资成本与支付对价账面价值的差额如何处理?

7. 吸收合并和控股合并在会计处理上有何区别?

8. 购买法和权益结合法提供的购并日合并财务报表,在资产、负债的确认和计量上有何不同?

9. 通过企业合并购买法和权益结合法的比较,说明权益结合法的应用条件受到严格限制的原因。

10. 如何确定企业购并日的交易所得税和递延所得税?

二、练习题

1. 练习、掌握非同一控制下的企业吸收合并购买法的会计处理。

[资料]2010 年 12 月 31 日，B 公司被 A 公司吸收合并，A 公司以银行存款 80 万元购买 B 公司全部净资产并承担债务。B 公司合并前资产、负债和所有者权益各项目的账面价值和公允价值如表 1－5 。A 公司用银行存款支付审计、咨询费等直接相关费用 1.7 万元、其他相关管理费 0.8 万元。A 公司和 B 公司为非同一控制下的企业。

表 1－5 单位：万元

<table>
<tr><th>资　产</th><th>账面价值</th><th>公允价值</th><th>负债及所有者权益</th><th>账面价值</th><th>公允价值</th></tr>
<tr><td>银行存款</td><td>3.2</td><td>3.2</td><td>短期借款</td><td>6.4</td><td>6.4</td></tr>
<tr><td>应收账款</td><td>6.4</td><td>6</td><td>应付账款</td><td>9</td><td>9</td></tr>
<tr><td>原材料</td><td>9</td><td>9</td><td>长期借款</td><td>13</td><td>13</td></tr>
<tr><td>库存商品</td><td>7</td><td>9</td><td>长期应付款</td><td>12</td><td>10.2</td></tr>
<tr><td>长期股权投资</td><td>12</td><td>14</td><td>股本</td><td>24</td><td rowspan="4">70.2</td></tr>
<tr><td>固定资产原值</td><td>60</td><td>64</td><td>资本公积</td><td>20</td></tr>
<tr><td>无形资产</td><td>4</td><td>3.6</td><td>盈余公积</td><td>7.2</td></tr>
<tr><td></td><td></td><td></td><td>未分配利润</td><td>10</td></tr>
<tr><td>资产合计</td><td>101.6</td><td>108.8</td><td>负债及所有者权益合计</td><td>101.6</td><td>108.8</td></tr>
</table>

[要求]

(1)计算企业合并成本、确认商誉并编制 A 公司购买 B 公司的会计分录。

(2)如果 A 公司以 60 万元购入 B 公司，实施吸收合并，其他资料相同，编制 A 公司购买 B 公司的会计分录。

2. 练习、掌握非同一控制下的企业吸收合并购买法的会计处理。

[资料]第 1 题资料中，若 A 公司发行 40 万股、每股面值 1 元的普通股股票，换取 B 公司 24 万股、面值 1 元的普通股股票。另支付股票发行费用 0.08 万元、直接相关费用 1.7 万元、其他管理费用 0.8 万元。A 公司股票每股市价 2 元，其他条件不变。

[要求] 计算企业合并成本、确认商誉并编制 A 公司购买 B 公司的会计分录。

3. 练习、掌握同一控制下的企业吸收合并权益结合法的会计处理。

[资料]甲公司与乙公司为同一控制下的企业，2010 年 12 月 31 日，甲公司吸收合并乙公司，合并前两公司所有者权益资料见表 1－6。甲公司发行 40 万股每股 1 元的普通股股票，换取乙公司 24 万股每股 1 元的普通股股票。甲公司股票每股市价 2 元。甲公司另支付审计费等 0.3 万元、注册登记费 0.1 万元、发行费用 0.08 万元。

表 1-6　　单位:万元

项　目	甲公司	乙公司	合计
股本	40	24	64
资本公积——股本溢价	6	30	36
盈余公积	25	6.2	31.2
未分配利润	10	1	11
净资产合计	81	61.2	142.2

[要求]按权益结合法和修订的权益结合法分别计算合并后形成的资本公积和留存收益,编制企业合并的会计分录,各项资产、负债科目简化为“净资产”列示。

4. 练习、掌握同一控制下的企业吸收合并权益结合法的会计处理。

[资料]第3题资料中,若甲公司发行66万股每股1元的普通股股票,换取乙公司24万股每股1元的普通股股票。甲公司股票每股市价2元。甲公司另支付股票发行手续费0.13万元、其他直接相关费用0.12万元。

[要求]按权益结合法和修订的权益结合法计算合并后形成的资本公积和留存收益,编制企业合并的会计分录,各项资产、负债科目简化为“净资产”列示。

5. 练习、掌握非同一控制下的企业控股合并的会计处理。

[资料]2010年12月31日,A公司以银行存款80万元购买B公司100%股权,并对B公司实施控制。其他资料同题1。

[要求]编制A公司对B公司长期股权投资的会计分录。

6. 练习、掌握同一控制下的企业控股合并的会计处理。

[资料]甲公司与乙公司为同一控制下的企业,2010年12月31日,甲公司对乙公司实施控股合并。有关资料见题3。

[要求] 编制甲公司对乙公司长期股权投资的会计分录。

7. 练习、掌握多次交易分步实现企业控股合并的会计处理。

[资料]甲公司于2011年1月1日以银行存款700万元取得了乙公司20%的股权,并对乙公司生产经营有重大影响,确认为长期股权投资并采用权益法核算。乙公司可辨认资产在该交易日的账面价值为1 600万元,公允价值为2 000万元,二者的差额是由固定资产增值200万元、土地使用权增值200万元引起的。假设乙公司在交易日没有负债,2011年1月1日的乙公司可辨认净资产资料见表1-7。

表 1-7　　单位:万元

项　目	账面价值	公允价值
股本	1 000	1 000
资本公积		400
盈余公积	200	200
未分配利润	400	400

截至2011年12月31日，乙公司当年实现利润1 200万元，按10%提取法定盈余公积，没有分配股利，另土地的市价又增值600万元，B公司账面价值未作调整。2011年12月31日乙公司可辨认净资产资料见表1-8。

表1-8 单位：万元

项　目	账面价值	公允价值
股本	1 000	1 000
资本公积		1 000
盈余公积	320	320
未分配利润	1 480	1 480

2012年1月1日，甲公司以银行存款3 600万元再次取得乙公司60%的股权，从而获得了对乙公司的控制权。

[要求]

(1)编制甲公司2011年取得乙公司20%股权和权益法核算的会计分录。

(2)编制2012年甲公司取得乙公司60%股权的会计分录。

(3)计算甲公司在编制购买日合并财务报表时的合并成本、应计入当期投资收益的金额、应确认的商誉和非控制性权益(少数股东权益)。

(4)编制甲公司购买日合并工作底稿中的调整分录和抵销分录。

8. 练习、掌握企业合并所得税的会计处理。

[资料] 丙公司与丁公司为非同一控制下的企业，2011年12月，双方签订《股权转让协议》，丙公司将持有的戊公司60%的股权转让给丁公司，交易价格2 200万元。丁公司支付现金200万元，向丙公司股东定向增发股票1 000万股，每股面值1元，发行价格2元。甲公司持有的戊公司长期股权投资账面价值为1 000万元，计税基础为1 000万元，公允价值为2 200万元。企业所得税税率均为25%。

[要求]

(1)判断该项企业合并交易适用哪种所得税税务处理规定？并进行相关的交易所得税和递延所得税的计算。

(2)分别编制丙公司和丁公司与企业合并相关的会计分录。

(3)本题若为同一控制下的企业合并，与非同一控制下的企业合并在会计处理上有何不同？

9. 练习、掌握购并日递延所得税的会计处理。

[资料]沿用第8题资料，但假设丁公司支付现金1 000万元，向丙公司股东定向增发股票600万股，每股面值1元，发行价格2元。

[要求]

(1)判断该项企业合并交易适用哪种所得税税务处理规定？并进行相关的交

易所得税和递延所得税的计算。

(2)分别编制丙公司和丁公司与企业合并相关的会计分录。

(3)本题若为同一控制下的企业合并,与非同一控制下的企业合并在会计处理上有何不同?

三、阅读书目

1. 教材第一章《企业合并》。

2.《国际财务报告准则第3号——企业合并》(2011年)。

3.《企业会计准则第20号——企业合并》(2006年)。

4.《企业会计准则——应用指南》(2006年),《企业会计准则第20号——企业合并》应用指南。

5.《企业会计准则讲解》,财政部会计司编写组,2010年,第二十一章《企业合并》。

6.《企业会计准则解释》第1至6号。

7. 理查德·贝克等著,赵小鹿译:《高级财务会计》,人民邮电出版社2011年版,第1章《企业并购核对其他实体的投资》。

8. 常勋主编:《高级财务会计》,辽宁人民出版社2009年版,第二篇第四章《企业合并、联营与合营》。

9. 陈信元主编:《高级财务会计》,上海财经大学出版社2011年版,第一章《企业合并》。

10. 陈保郎,主译:《普华永道国际财务报告准则实务指引》,第二十五章《业务合并》,中国财政经济出版社2011年版。

11. 中国注册会计师协会编:《2014年度注册会计师全国统一考试辅导教材——会计》,中国财政经济出版社2014年版,第二十四章《企业合并》。

12. 石本仁主编:《高级财务会计》,中国人民大学出版社2011年版,第二章《长期股权投资与企业合并》。

13. 张文贤主编:《高级财务会计》,首都经济贸易大学出版社2003年版,第五章第一节《企业合并》。

14. 杜兴强主编:《高级财务会计》,厦门大学出版社2008年版,第八章《企业合并》。

15. [美] E. 约翰·拉森著,张文贤主译:《现代高级会计》,东北财经大学出版社1999年版,第5章《企业合并》。

16.《高级财务会计》,中国注册会计师教育教材编审委员会2002年,第一篇第一章《企业合并》。

17.《企业会计准则第33号——合并财务报表》,2014年2月,第二章第六条至第十条。

第二章　购并日的合并财务报表

导　读

本章框图

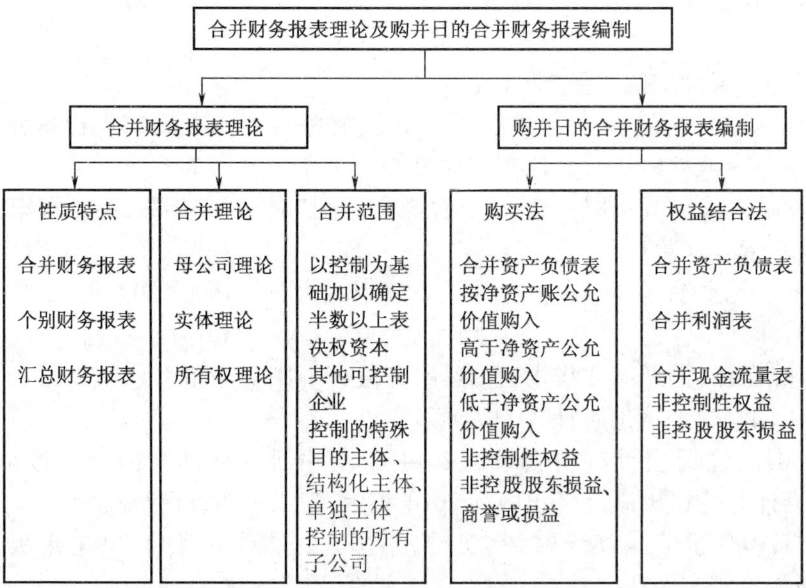

框图说明：合并财务报表是反映企业集团整体财务状况、经营成果和现金流量的财务报表，它与个别财务报表和汇总财务报表的编制理论和方法有着明显的区别。我国和世界绝大多数国家都是以实体理论或母公司理论为主确定合并范围和合并方法的。在购买法下，购买日只编制合并资产负债表，需要抵销的项目主要是母公司长期股权投资项目和子公司所有者权益项目的抵销处理，有时还会涉及内部债权债务的抵销处理。在抵销母公司长期股权投资项目和子公司所有者权益项目时应注意两个问题：一是需要分清子公司是否为全资子公司，是否需要确定非控制性权益（少数股东权益）和非控股股东损益（少数股东损益）；二是是否需要调整子公司资产和负债的账面价值。在权益结合法下，合并日需要编制合并资产负债表、合并利润表以及合并现金流量表。

第一节　合并财务报表概述

一、合并财务报表的性质和特点

如前所述,企业合并按其法律形式可以分为吸收合并、新设合并和控股合并三种类型。在吸收合并情况下,被合并企业已不复存在,合并后的企业仍然是一个单一的会计主体,只需编制个别财务报表,不存在编制合并财务报表问题。在新设合并情况下,参与合并的原有企业均不复存在,新组建的企业也仍然是一个单一的会计主体,只需编制个别财务报表,也不存在编制合并财务报表问题。在控股合并情况下,实施合并企业通过购买其他参与合并企业的股份,或发行权益性证券换取其他参与合并企业的股份,且这项长期股权投资占被投资单位50%以上表决权资本时,就可以控制被投资单位的财务与经营政策等相关活动。在这种情况下,实施合并企业作为投资企业则成为被合并方(或被投资单位)的母公司,被合并方(或被投资单位)则成为投资企业的子公司。母公司和被母公司控制的若干子公司,虽然彼此仍是独立的法律主体和会计主体,需要编制个别财务报表,但是,为了反映由母公司和子公司组成的企业集团的财务状况、经营成果和现金流量,就还需要由母公司编制合并财务报表。

合并财务报表,简称合并报表。它是以母公司和子公司组成的企业集团作为会计主体,以母公司和子公司单独编制的个别财务报表为基础,由母公司编制的综合反映企业集团整体财务状况、经营成果和现金流量的财务报表。合并财务报表与个别财务报表相比较,具有如下特点:

第一,合并财务报表反映的对象是由母公司和若干子公司组成的企业集团。合并财务报表反映的是企业集团综合的财务状况、经营成果和现金流量。企业集团只是经济意义上的会计主体,并不是法律意义上的会计主体。而个别财务报表反映的是具有法人资格的单个企业的财务状况、经营成果和现金流量。

第二,合并财务报表的编制者是企业集团中对其他企业拥有控制权的母公司。为了反映企业集团综合的财务状况、经营成果和现金流量,应由母公司编制合并财务报表。不是企业集团中所有企业都需编制合并财务报表,更不是所有企业都需编制合并财务报表。而每一个独立的法人企业都必须编制个别财务报表,在企业集团中母公司和子公司都应先编制个别财务报表。

第三,合并财务报表的编制基础是个别财务报表。企业个别财务报表是根据总账、明细账和其他有关资料编制的。而合并财务报表不需要依据以企业集团为对象设置的账簿资料,而是以纳入合并范围企业的个别财务报表为基础,再根据其他资料编制的。

第四，合并财务报表的编制方法有其独特性。企业编制个别财务报表有一套完整的会计核算方法体系，包括取得原始凭证、编制记账凭证、设置账户、登记账簿、调账、结账等，最后根据总账和明细账的资料计算填列个别财务报表。而合并财务报表的编制，是在对个别报表数据加总的基础上，通过编制调整分录、抵销分录和编制合并工作底稿等特殊的方法完成的。

目前，还有一些企业（或分公司）隶属于某一行政管理部门，这个主管部门与所属企业并无投资关系，所以无须编制合并财务报表。但是，为了掌握或了解整个行业或部门所属企业的财务状况和经营成果，主管部门应根据所属企业（或分公司）报送的个别报表编制汇总报表。合并财务报表与汇总报表比较，也有明显不同，具体如下：

第一，编制目的不同。合并财务报表编制目的是为了向投资者、债权人和其他有关方面提供财务会计信息；而汇总财务报表仅为满足有关行政管理部门和国家掌握或了解该部门或行业财务状况和经营成果的需要。

第二，编报范围不同。合并财务报表将被母公司控制的子公司纳入合并范围，与母公司不存在控制与被控制关系，或母公司实际难以控制的企业，并不纳入合并范围；而汇总财务报表仅以隶属关系作为依据确定编报范围，凡属于其下属企业，并管理其财务的企业，均纳入编报范围。

第三，编制方法不同。编制汇总财务报表时，仅将所属企业个别报表相同项目简单加总即可完成，无须像编制合并财务报表那样编制调整分录、抵销分录和工作底稿。

合并财务报表具有以下局限性：

其一，合并财务报表难以满足母公司和子公司债权人的信息需求。合并财务报表提供的是反映企业集团整体财务状况、经营成果和现金流量的信息，而企业集团只是合并财务报表的会计主体，而非法律主体。合并财务报表不能反映作为法律主体的母公司和各子公司的偿债能力、盈利能力、营运能力等，而母公司和子公司的债权人对企业的债权清偿权通常是针对法律主体，而不是企业集团。可见，合并财务报表不能满足母公司和子公司债权人的信息需求。

其二，合并财务报表不能满足利益相关者的信息需求。合并财务报表掩盖了不同地区、行业的子公司之间盈利能力、风险水平的差异。由于不同地区、不同行业的财务指标衡量标准不同，对合并财务报表提供的信息进行财务分析和财务预测远不如对个别财务报表进行的财务分析和财务预测，对利益相关者做出决策更有意义。

其三，合并财务报表不能为股东提供评估或预测股利分配的相关信息。股利分派取决于每个既是会计主体又是法律主体独立企业的盈利状况、留存收益积累、资产结构和法律限制。即使企业集团合并净利润丰厚、具有大量的留存收益和有较强的支付能力，也不能说明母公司及其子公司都可以分派现金股利和股票股利。母公司及其子公司能否分派股利，取决于个别财务报表提供的财务状况、经营成果和现金流量信息。

其四，合并财务报表提供的信息具有较大的模糊性。母公司对纳入合并范围的众多子公司分别采用购买法和权益结合法编制购并日和购并日后合并财务报表，由于各项资产、负债和净资产的计量属性不尽相同，合并后的财务状况和经营成果就难以体现企业集团的真实状况。

对合并财务报表性质、特点和局限性的认识，有利于遵循实质重于形式的原则、重要性原则和成本效益原则，简化合并财务报表的编制工作，而不拘泥于细节。

2006 年我国颁发的《企业会计准则》规定，企业集团母公司应当编制合并财务报表，没有豁免的规定。2014 年 2 月，财政部正式颁发的修订后的《企业会计准则第 33 号——合并财务报表》规定，母公司应当编制合并财务报表。如果母公司是投资性主体，且不存在为其投资活动提供相关服务的子公司，则不应当编制合并财务报表，该母公司以公允价值计量其对所有子公司的投资，且公允价值变动计入当期损益。《国际财务报告准则第 10 号——合并财务报表》规定了豁免的条件，指出当满足下列所有条件时，母公司无须编制合并财务报表：①母公司是全资子公司，或者是另一个主体部分拥有的子公司，并且其他全部所有者（包括无投票权的所有者）已经知悉而且也不反对母公司不列报合并财务报表；②母公司的债务或权益工具未在公开市场上交易（国内或国外的证券交易所，或者当地或地区性市场的柜台交易市场）；③母公司没有以公开发行任何类型的工具，向证券交易委员会或其他监管机构报送过或正在报送财务报表；④母公司的最终控制方或任一中间母公司遵循 IFRS 编制了可供公开适用的合并财务报表。

二、合并财务报表的合并理论

合并财务报表最早出现于 19 世纪末的美国。在第一次世界大战时期，美国的大部分控股公司开始编制合并财务报表。至 20 世纪中叶，美国又规定上市公司必须编制合并财务报表，致使编制合并财务报表的企业增多。受美国的影响，西方发达国家在第二次世界大战后陆续做出了拥有子公司的企业编制合并财务报表的规定。经过长期的会计实践，目前国际上形成了母公司理论、实体理论和所有权理论三种编制合并财务报表的合并理论。这三种合并理论的区别主要表现在企业集团的界定、合并范围的确定和合并方法的选择三个方面。

（一）母公司理论

母公司理论将母公司控制的企业集团作为合并财务报表的反映对象，将子公司定义为被母公司所控制的企业，将企业集团定义为母公司及其全体子公司。由于母公司理论强调了母公司对子公司的控制权，它必将合并财务报表视为母公司本身财务报表反映范围的扩大,也必将认为合并财务报表主要是为母公司的股东和债权人服务的。以此为出发点,母公司理论在确定合并范围时,通常以法定控制权为依据,凡是能够为母公司所控制的被投资单位均可纳入合并范围;凡是不能为母公司所控制的被投资单位均排斥在合并范围之外。在母公司理论下所采用的合并财务报表的编制方法也是从母公司本身的股东利益考虑的。例如,对于非控制性权益(少数股东权益)在合并资产负债表中,通常视为负债处理,不包含在合并所有者权益中;对于非控股股东损益(少数股东损益)视为费用处理,不包含在合并净利润中;对于合并商誉或损益只确认属于母公司的部分,即列示不完全商誉或称部分商誉;对于子公司的资产、负债和净资产,母公司享有的部分按公允价值计量,而非控制性股东享有的部分按账面价值计量;对于内部销售收入的抵销,也仅抵销控制性股权(多数股权)的份额,将属于非控制性股权(少数股权)的份额视同对外销售已实现的收入;等等。

(二)实体理论

实体理论将由母公司和子公司构成的企业集团视为一个经济联合体,作为合并财务报表的反映对象。实体理论并不强调母公司对子公司的控制权,它强调的是企业集团中所有成员企业所构成的经济实体。因此,它认为合并财务报表是为企业集团所有的股东和债权人服务的。以此为出发点,实体理论在确定合并范围时,通常并不强调母公司对子公司的控制权,而是更注重其成员企业的经济资源、实现的利润等对企业集团整体经济实力的影响。在实体理论下所采用的合并财务报表的编制方法也是从构成经济实体的各成员企业的股东利益考虑的,它对构成企业集团的控制性股权(多数股权)的股东和非控制性股权(少数股权)的股东都视为共同组成的经济实体的股东同等对待。例如,将非控制性权益(少数股东权益)也视为股东权益的一部分,计入合并所有者权益;对非控股股东损益(少数股东损益)也视为合并的经济实体的净损益,计入合并净利润中;对于子公司的资产、负债和净资产,无论母公司享有的部分还是非控制性股东享有的部分,均按公允价值计量;对于合并商誉或损益既确认母公司享有的部分,也确认非控制性权益(少数股东权益)享有的部分,即列示完全商誉或称全部商誉;对于内部销售收入,不区分控制性股权(多数股权)和非控制性股权(少数股权)的份额,全额予以抵销。

(三)所有权理论

母公司理论和实体理论很难解决从属于两个或两个以上企业集团的企业合并财务报表编制的问题。如某一合营企业 C,由 A,B 两个企业各投资 50% 的资本形成。A,B 两个企业各拥有 C 企业 50% 的股份,C 企业受 A,B 两个企业共同控制。在这种情况下,C 企业纳入哪个投资企业的合并范围?它既不适用于母公司理论(因为 C 企业隶属于具有同等股份的母公司),也不适用于实体理论(因为 C 企业隶属于具有同等股份的两个经济实体)，于是便产生了所有权理论。所有权理论既不强调母公司对子公司的控制关系，也不强调由各成员企业组成的经济实体，而是注重投资企业对被投资单位的财务和经营决策等具有重大影响的所有权。在所有权理论下，投资企业按拥有所有权的被投资单位资产、负债和当期实现净收益所占的比例计入合并财务报表，这称为比例合并法。

上述三种合并财务报表的基本理论，虽然都有其合理性，但也各有其缺陷。母公司理论将非控制性权益视为一种负债，将非控股股东损益视为一种费用，混淆了所有者权与负债、损益与费用的概念，会导致会计信息使用者的误解和困惑；母公司理论将子公司的资产、负债和净资产采用两种不同的计量属性导致合并金额难以解释。实体理论确认的完全商誉，是子公司的整体购买价格与子公司净资产公允价值的差额，这就假设了非控股股东也按照母公司的价格水平支付对价与享有子公司净资产公允价值的差额形成商誉，因而其确认的商誉具有推理性质，而缺乏真实性。所有权理论强调的是母公司实际享有的子公司资产、负债、收入、费用、净资产等的金额，而不是母公司实际控制的金额，这就违背了合并财务报表编制以控制为基础的原则，因此，只适用于合营企业。

为了规避某个单一合并理论的弊端，现在在各国编制合并财务报表的会计实务中，通常并非依据某项单一的合并理论，往往以某一合并理论为主，再吸收其他合并理论的合理部分。美国和英国的合并财务报表实务主要采用的是母公司理论；德国的合并财务报表实务更多地采用的是实体理论；《国际会计准则第27号——合并财务报表和单独财务报表》中，基本采用的是母公司理论。2011年5月发布的《国际财务报告准则第10号——合并财务报表》基本采用的是实体理论。1995年我国颁发的《合并财务报表暂行规定》主要采用母公司理论；2006年我国颁发的《企业会计准则第33号——合并财务报表》在确定合并范围时采用的是母公司理论，而在非控制性权益(少数股东权益)和非控股股东损益(少数股东损益)的列示和内部交易的抵销上采用的是实体理论。由于合营和联营企业属于被两个或两个以上的投资者共同控制或重大影响的企业，不属于被母公司控制的子公司，因此，我国目前不采用所有权理论。2014年2月，我国修订的合并财务报表准则与《国际财务报告准则第10号——合并财务报表》趋同，基本采用实体理论。

三、合并财务报表的合并范围

合并财务报表的合并范围是指母公司在编制合并财务报表时，应将哪些被投资单位纳入编报范围之内，而将哪些被投资单位排除在编报范围之外。合并范围的确定是编制合并财务报表的首要条件。合并财务报表合并范围的确定主要取决于合并财务报表所采用的合并理论。此外，合并范围的确定还应考虑国际惯例、各国的一贯做法和各国法律的要求。如前所述,国际会计准则、美国和英国的会计准则主要都是采用母公司理论;我国于 1995 年颁发的《合并财务报表暂行规定》和 2006 年颁发的《企业会计准则第 33 号——合并财务报表》也主要是采用母公司理论。在母公司理论下,主要以母公司对企业集团中其他被投资单位拥有控制权为依据确定合并范围。因此,我国《企业会计准则第 33 号——合并财务报表》指出,合并财务报表的合并范围应当以控制为基础予以确定,母公司应当将其控制的所有子公司,无论是小规模的子公司还是经营业务性质特殊的子公司,均纳入合并财务报表的合并范围。

国际会计准则理事会于 2011 年 5 月 12 日发布的《国际财务报告准则第 10 号——合并财务报表》(IFRS 10),重新界定了控制的含义,指出对被投资方的控制是指投资方通过参与被投资方,承担或享有其可变回报,并通过对被投资方的权力,有能力影响这些回报时,投资方即控制被投资方。当且仅当投资方满足下列所有条件时,投资方才控制被投资方:①拥有对被投资方的权力;②能够通过参与被投资方,承担或享有其可变回报;③能够行使对被投资方的权力,以影响回报投资方的金额。相对于 2008 年修订的《国际会计准则第 27 号——合并财务报表和单独财务报表》(IAS 27),以上定义均未发生实质性变动。

2014 年 2 月,财政部颁发的修订后的《企业会计准则第 33 号——合并财务报表》采用了和国际财务报告准则趋同的控制定义,指出“控制,是指投资方拥有对被投资方的权力,通过参与被投资方的相关活动而享有可变回报,并且有能力运用对被投资方的权力影响其回报金额”;“相关活动,是指对被投资方的回报产生重大影响的活动。被投资方的相关活动应当根据具体情况进行判断,通常包括商品或劳务的销售和购买、金融资产的管理、资产的购买和处置、研究与开发活动以及融资活动等”;“投资方应当在综合考虑所有相关事实和情况的基础上对是否控制被投资方进行判断。一旦相关事实和情况变化导致对控制定义所涉及的相关要素发生变化的,投资方应当进行重新评估。”

《国际财务报告准则第 10 号——合并财务报表》指出,母公司是指控制了一个或多个主体的一个主体;子公司是指被另一个主体控制的一个主体;企业集团是指母公司及其子公司。2014 年 2 月,财政部颁发的修订后的《企业会计准则第 33 号——合并财务报表》指出:“母公司,是指控制一个或一个以上主体(含企业、被投资单位中可分割的部分,以及企业所控制的结构化主体等,下同)的主体。子公司,是指被母公司控制的主体。”

纳入合并范围的、被母公司控制的被投资单位可以概括为以下几种情况。

(一)母公司拥有其半数以上(不包括半数)表决权资本的被投资单位

这里所说的表决权资本是指有限责任公司的投资者的出资额,股份有限公司的普通股。当母公司拥有被投资单位半数以上的表决权资本时,就成为被投资单位的最大股东，就能够拥有对被投资单位的控制权，应当将该被投资单位认定为子公司，但有确凿证据表明其不能主导被投资单位相关活动的除外。在这种情况下，子公司的生产经营活动就成为母公司生产经营活动的一个组成部分，需要将子公司的个别报表所反映的财务状况、经营成果和现金流量纳入合并财务报表，以综合反映以母公司为主的企业集团的财务状况、经营成果和现金流量。母公司拥有被投资单位半数以上表决权资本，又具体表现为以下 4 种情况。

1. 母公司直接拥有被投资单位半数以上的表决权资本。例如，甲公司直接拥有乙公司发行的普通股股票的 55%，乙公司便成为甲公司的子公司。甲公司在编制合并财务报表时，应将乙公司纳入合并范围。

需要说明的是，持有半数以上表决资本是否能够控制被投资单位，关键在于投资单位是否拥有主导被投资单位的现实能力，是否是实质性的权利。例如，被投资单位被政府、法院接管；又例如，被投资单位的公司章程规定，与相关活动有关的决策必须由出席会议的投资单位所持有的 2/3 以上的表决权通过。在这两种情况下，即使投资单位拥有被投资单位半数以上的表决权资本，也没有现实能力和实质性权利控制被投资单位，下同。

2. 母公司间接拥有被投资单位半数以上的表决权资本。例如，甲公司拥有乙公司 80% 的表决权资本，而乙公司又拥有丙公司 60% 的表决权资本。这时，甲公司通过其子公司——乙公司间接拥有丙公司 60% 的表决权资本，从而使丙公司也成为甲公司的子公司。甲公司在编制合并财务报表时，也应将丙公司纳入合并范围。

3. 母公司直接和间接拥有被投资单位半数以上的表决权资本。例如，甲公司拥有丙公司 30% 的表决权资本，即不足半数以上表决权资本。但甲公司拥有乙公司 80% 的表决权资本，而乙公司拥有丙公司 35% 的表决权资本。这时，甲公司直接拥有丙公司 30% 的表决权资本，甲公司通过其子公司——乙公司间接拥有丙公司 35% 的表决权资本，这两项表决权资本之和达到 65%，从而使丙公司成为甲公司的子公司。甲公司编制合并财务报表时，也应将丙公司纳入合并范围。

在上述第二种情况下，母公司通过子公司而对子公司的子公司拥有半数以上表决权资本；在第三种情况下，母公司直接拥有被投资单位半数以下表决权资本，但同时又通过间接方式拥有该被投资单位一定数量的表决权资本，直接拥有和间接拥有合计超过被投资单位半数以上表决权资本。在这两种情况下，确定合并范围时应注意三个问题：

其一，母公司通过子公司间接拥有被投资单位的表决权资本，必须以母公司对该子公司拥有控制权为前提条件。在上述第二种情况下，如果甲公司仅拥有乙公司 40% 的表决权资本，则不能将丙公司作为甲公司的子公司，不能将丙公司纳入甲公司的合并范围。

其二，在计算间接控制的比例时，直接采用子公司拥有其被投资单位表决权资本的比例，而不将母公司拥有子公司的表决权资本比例与子公司拥有其被投资单位表决权资本的比例相乘。在上述第二种情况下，甲公司拥有乙公司80%的表决权资本，乙公司拥有丙公司60%的表决权资本，则甲公司间接拥有丙公司60%的表决权资本，而不是间接拥有48%（即80%×60%）的表决权资本。由此可见，合并范围的确定是定性的问题，而不是定量的问题，持股比例的计算应采用上述加法原则。为了适当地扩大合并范围，以便充分反映企业集团的经营成果和财务状况，无须进行严格的定量计算，这与在编制抵销分录时应抵销金额的计算是不相同的。

其三，以控制为依据确定合并财务报表的合并范围，应当强调实质重于形式，综合考虑所有相关事项和因素。在确定能否控制被投资单位时，还应当考虑企业和其他企业持有的被投资单位的当期可转换的可转换公司债券、当期可执行的认股权证等潜在的表决权因素。不仅要考虑本企业在被投资单位的潜在表决权，还要同时考虑其他企业或个人在被投资单位的潜在表决权；不仅要考虑可能会提高本企业在被投资单位持股比例的潜在表决权，还要考虑可能会降低本企业在被投资单位持股比例的潜在表决权。

4. 多层控股和相互持股。在大规模的企业集团中通常会存在多层控股和相互持股的情况。在这种情况下，合并范围的确定和实际合并股权的计算所采用的是双重标准。

在多层控股和相互持股的情况下，合并范围应比照上述间接控股的原则和方法来确定。在编制合并财务报表时不论采用一次合并方法还是采用多层合并方法，应当采用母公司实际持用子公司的股权比例来计算母公司享有子公司的净利润、内部交易应抵销的金额等指标。而实际合并股权比例的计算不应采用确定合并范围的加法原则，而应采用乘法原则。仍以上述第二和第三情况为例，在第二种情况下，甲公司间接持有丙公司的实际股权比例应为48%（80%×60%），在第三种情况下，甲公司间接持有丙公司的实际股权比例应为28%（80%×35%）。

（二）被母公司控制的其他被投资单位

应当说，合并范围的确定是以母公司控制被投资单位为依据的，当母公司通过直接和间接的方式未能拥有被投资单位半数以上表决权资本时，如果母公司通过其他方式可以对被投资单位实施控制时，这些为母公司控制的被投资单位也应当纳入合并财务报表的合并范围。

母公司拥有被投资单位半数或以下的表决权资本，满足下列条件之一的，视为母公司能够控制的被投资单位，将其认定为子公司，纳入合并财务报表的合并范围。但有证据表明母公司不能实施控制的除外。

1. 母公司拥有被投资单位半数或以下的表决权资本，但通过与其他表决权持有人之间的协议能够控制半数以上表决权行使的被投资单位。

这种情况是指母公司与共同投资于这个被投资单位的其他投资方签订协议，受托管理其权益，从而在该被投资单位拥有半数以上的表决权，可以对该被投资单位的财务和经营政策等与可变回报相关的活动实施控制。

2. 综合分析判断母公司拥有的半数以下表决权资本，但足以使其目前有能力主导被投资方相关活动的被投资单位。

以控制为依据确定合并财务报表的合并范围，应当强调实质重于形式，综合考虑所有相关事项和因素，主要包括下列事实和情况：

(1)母公司拥有的表决权资本相对于其他投资方拥有的表决权资本份额的大小，以及其他投资方拥有表决权资本的分散程度。如果其他投资方拥有的表决权资本极为分散，不足以形成超过投资方表决权份额的集合体，在这种情况下，母公司就有能力以低于半数的表决权资本主导被投资单位的相关活动，对被投资单位实施控制。

(2)母公司和其他投资方持有的被投资单位具有实质性权利的潜在表决权，如当期可转换公司债券、当期可执行认股权证等。在确定能否控制被投资单位时，应当考虑母公司和其他投资方持有的被投资单位的当期可转换的可转换公司债券、当期可执行的认股权证等潜在的表决权因素。在此基础上，如果母公司已拥有的表决权资本和具有实质性权利的潜在表决权资本超过被投资单位表决权资本的半数以上，则母公司就有主导被投资单位的相关活动，对被投资单位实施控制。

(3)其他协议、章程产生的权利。包括以下几种情况：

第一，根据章程或协议，有权决定被投资单位的财务和经营政策等与可变回报相关的活动。这种情况是指被投资单位的章程、协议等文件中明确规定其财务和经营政策等与可变回报的相关活动受母公司的管理控制，从而使母公司实际拥有对被投资单位的控制权。

第二，有权任免被投资单位的董事会或类似权力机构的多数成员。这种情况是指母公司有权任免被投资单位董事会的董事、股东大会代表、监事会等多数成员，从而实现对被投资单位的控制。这种情况是以董事会或类似权力机构能够控制被投资单位为前提的。

第三，在被投资单位的董事会或类似机构占有半数以上表决权。这种情况是指母公司在被投资单位董事会等权力机构的会议上，通过多数投票权控制该被投资单位的财务和经营政策等与可变回报相关的活动，以实现对该被投资单位的控制。这种情况也是以董事会或类似权力机构能够控制被投资单位为前提的。

(4)被投资单位以往的表决权行使情况等其他相关事实和情况。

3. 被投资单位的相关活动由合同安排所决定，而不取决于表决权的行使，投资单位在评价是否拥有对被投资单位控制权时，应主要考虑以下因素：①被投资单位的设立目的;②投资单位能否任命或批准被投资单位的关键管理人员;③投资单位能否出于其自身利益决定或否决被投资单位的重大交易;④投资单位能否掌控被投资单位董事会等类似权力机构成员的任命程序,或者从其他表决权持有人手中获得代理权;⑤投资单位与被投资单位的关键管理人员或董事会等类似权力机构中的多数成员是否存在关联方关系。等等。

投资单位与被投资单位之间存在某种特殊关系的,在评价投资单位是否拥有对被投资单位控制权时,应适当考虑这种特殊关系的影响。特殊关系通常包括:被投资单位的关键管理人员是母公司的现任或前任职工、被投资单位的经营依赖于母公司、被投资单位活动的重大部分有母公司参与其中或者是以母公司的名义进行、母公司自被投资单位承担可变回报的风险或享有可变回报的收益远超过其持有的表决权或其他类似权利的比例等。

当考虑上述因素后,判断母公司能够主导被投资单位相关活动,则母公司拥有对被投资单位的控制权。

上述三种情况都表明,该被投资单位已成为母公司事实上的子公司,应纳入合并财务报表的合并范围。

4. 关于投资性主体。2014 年 2 月,财政部正式颁发的修订后的《企业会计准则第 33 号——合并财务报表》规定:

如果母公司是投资性主体,则母公司应当仅将为其投资活动提供相关服务的子公司(如有)纳入合并范围并编制合并财务报表;其他子公司不应当予以合并,母公司对其他子公司的投资应当按照公允价值计量且其变动计入当期损益。

当母公司同时满足下列条件时,该母公司属于投资性主体:①该公司是以向投资者提供投资管理服务为目的,从一个或多个投资者处获取资金;②该公司的唯一经营目的,是通过资本增值、投资收益或两者兼有而让投资者获得回报;③该公司按照公允价值对几乎所有投资的业绩进行考量和评价。母公司属于投资性主体的,通常情况下应当符合下列所有特征:①拥有一项以上投资;②拥有一个以上投资者;③投资者不是该主体的关联方;④其所有者权益以股权或类似权益方式存在。

投资性主体的母公司本身不是投资性主体,则应当将其控制的全部主体,包括那些通过投资性主体所间接控制的主体,纳入合并财务报表范围。

当母公司由非投资性主体转变为投资性主体时,除仅将为其投资活动提供相关服务的子公司纳入合并财务报表范围编制合并财务报表外,企业自转变日起对其他子公司不再予以合并,并视同在转变日处置子公司但保留剩余股权的原则进行会计处理。

当母公司由投资性主体转变为非投资性主体时,应将原未纳入合并财务报表范围的子公司于转变日纳入合并财务报表范围,原未纳入合并财务报表范围的子公司在转变日的公允价值视同为购买的交易对价。

5. 投资单位在判断是否控制被投资单位时，应当确定其自身是以主要责任人还是代理人的身份行使决策权，在其他单位拥有决策权的情况下，还需要确定其他单位是否以其代理人的身份代为行使决策权。

代理人仅代表主要责任人行使决策权，不控制被投资单位。投资单位将被投资单位相关活动的决策权委托给代理人的，应当将该决策权视为自身直接持有。

（三）母公司控制的特殊目的主体、结构化主体和单独主体

母公司控制的特殊目的主体是指母公司根据其特定经营业务的需要直接或间接设立的分公司、生产线、营业部等非法人单位。判断母公司能否控制特殊目的主体应当考虑如下主要因素：①母公司为融资、商品或劳务等特定经营业务的需要直接或间接设立特殊目的主体，以支持其主要经营活动。②母公司具有控制或获得控制特殊目的主体或其资产的决策权。如母公司拥有单方面终止特殊目的主体的权利、变更特殊目的主体章程的权力、对变更特殊目的主体章程的否决权等。③母公司通过章程、合同、协议等具有获取特殊目的主体大部分利益的权力。如以未来净现金流量、利润、净资产等方式，获取从特殊目的主体中分配的大部分经济利益的权力以及在清算中获取大部分剩余权益的权力。④母公司通过章程、合同、协议等承担了特殊目的主体的大部分风险。如母公司通过向特殊目的主体提供大部分资本的其他投资者做出获得固定回报的承诺，而使提供大部分资本的其他投资者实际承担有限风险，母公司保留了特殊目的主体的剩余权益风险即所有权风险。

结构化主体，是指在确定其控制方时没有将表决权或类似权利作为决定因素而设计的主体，主导该主体相关活动的依据通常是合同或相应安排。结构化主体包括证券化工具、资产支持融资、部分投资基金等。结构化主体通常具有下列一项或多项特征：①经营活动受到限定；②设立目标受到限定；③在不存在次级财务支持情况下，其所拥有的权益不足以对所从事的活动进行融资；④以多项基于合同相关联的工具向投资者进行融资，导致信用风险集中或其他风险集中。

投资方通常应当对是否控制被投资方整体进行判断。但极个别情况下，有确凿证据表明同时满足下列条件并且符合相关法律法规规定的，投资方应当将被投资方的一部分视为被投资方可分割的部分，即单独主体，进而判断是否控制该单独主体：①该单独主体的资产是偿付该单独主体负债或该单独主体其他权益的唯一来源，不能用于偿还该单独主体以外的被投资方的其他负债；②除与该单独主体相关的各方外，其他方不享有与该单独主体资产相关的权利，也不享有与该单独主体资产剩余现金流量相关的权利。

判断为母公司能够控制的特殊目的主体、结构化主体和单独主体的，也应纳入合并财务报表的合并范围。

（四）不纳入合并范围的被投资单位

这主要包括以下三种情况：

1. 共同控制主体。控制是指一个企业能够决定另一个企业的财务和经营政策,并能据以从另一个企业的经营活动中获取利益的权利。而与其他投资者共同控制的被投资单位,合同约定其同受两方或多方控制。某一个投资企业单方面实际上是控制不了这个共同控制主体的;共同控制不完全符合控制的定义,共同控制主体不是母公司的子公司。因此,在我国《企业会计准则第 33 号——合并财务报表》中不再将原采用比例合并法核算的合营企业纳入合并范围,并同时取消了比例合并法的适用,而是规定对合营企业采用权益法进行核算。

2. 已宣告被清理整顿的原子公司和已宣告破产的原子公司。当期被宣告清理整顿的被投资单位和已宣告破产的被投资单位,在当期已经由董事会、股东大会或人民法院指定的有关人员组成的清算组对其进行日常管理,在清算期间,被投资单位不再开展与清算无关的经营活动。因此,母公司不再控制该被投资单位,不能将该被投资单位继续认定为母公司的子公司。

3. 母公司不能控制的其他被投资单位。母公司不能控制的其他被投资单位,如联营企业,不能认定为子公司。

4. 投资性主体的豁免。如果母公司是投资性主体,则只能将那些为投资性主体的投资活动提供相关活动的子公司纳入合并范围,其他子公司不应予以合并。

可见,母公司应当将其控制的所有子公司纳入合并财务报表的合并范围,不论子公司规模的大小、子公司向母公司转移资金能力是否受到严格限制,也不论子公司的业务性质与母公司和企业集团内其他子公司是否有明显差别,均应纳入合并财务报表的合并范围。

四、合并财务报表的种类、编制原则与前提

(一)合并财务报表的种类

合并财务报表至少应包括合并资产负债表、合并利润表、合并现金流量表、合并所有者权益变动表和附注。

合并资产负债表是反映由母公司和子公司组成的企业集团在某一特定日期的资产、负债和所有者权益的财务报表。根据合并资产负债表,可以分析企业集团的财务状况。合并资产负债表是以母公司和子公司的个别资产负债表为基础,抵销企业集团内部交易的影响后编制的。

合并利润表是反映由母公司和子公司组成的企业集团在某一会计期间的收入、费用和净利润形成的财务报表。根据合并利润表,可以分析企业集团在某一会计期间的经营成果。合并利润表是以母公司和子公司的个别利润表为基础,抵销企业集团内部交易的影响后编制的。

合并现金流量表是反映由母公司和子公司组成的企业集团在一定会计期间的现金流入、流出数量以及现金净增减情况的财务报表。根据合并现金流量表,可以

分析企业集团获取现金及其等价物的能力，并可进一步揭示企业集团财务状况优劣的具体原因。合并现金流量表正表及其补充资料既可以以母公司和子公司的个别现金流量表为基础，抵销企业集团内部交易的影响后编制，也可以以合并资产负债表和合并利润表为基础，采用与个别现金流量表相同的方法编制。

合并所有者权益变动表是反映由母公司和子公司组成的企业集团在某一会计期间各所有者权益项目增减变动情况的财务报表。根据合并所有者权益变动表，可以分析企业集团某一会计期间各所有者权益项目增减变动的情况及其原因。合并所有者权益变动表是以母公司和子公司的个别所有者权益变动表为基础，抵销内部交易的影响后编制的。合并所有者权益变动表也可以根据合并资产负债表和合并利润表进行编制。

（二）合并财务报表的编制原则

我国《企业会计准则——基本准则》规定了8项会计信息质量要求。《中华人民共和国会计法》明令提出，必须保证财务会计报告的真实、完整。《企业财务会计报告条例》为保证财务报表的真实、完整做出了若干具体规定。合并财务报表和个别财务报表的编制都必须遵循有关会计法规、企业会计准则、会计条例规定的原则和要求。

财务报表编制的基本原则和要求包括客观性、完整性、及时性、准确性和一致性。所谓客观性，是指合并财务报表应当以真实、可靠的个别财务报表为基础，如实反映企业集团的生产经营和财务状况，不能弄虚作假或隐瞒重要事实。所谓完整性，是指合并财务报表应按照国家统一规定的格式和内容填列，以完整反映企业集团的全貌，不能遗漏项目和人为地缩小或扩大合并范围。所谓及时性，是指应当按照法律、行政法规和国家统一会计制度规定的合并财务报表提供的期限，及时编制并对外提供，不得拖沓、延误编报和提供的时间。所谓准确性，是指合并财务报表各项合并金额的计算应当准确无误，当期各种合并财务报表相应项目的数字应相互一致，每一张合并财务报表相关项目的数字应有机联系，核对无误，每一张合并财务报表的本期与上期有关的数字应相互衔接。所谓一致性，是指同一企业不同会计期间和同一期间的不同企业财务报表相互可比。总之，合并财务报表的编制应遵循与个别财务报表编制相一致的原则：准则、内容完整、数字真实、计算准确、编报及时、相互可比。

由于个别财务报表是反映每一个实行独立核算的法律主体和会计主体的财务状况、经营成果和现金流量的财务报表，而合并财务报表是反映由母公司和子公司组成的单纯的经济主体——企业集团的财务状况、经营成果和现金流量的财务报表，因此，编制合并财务报表除须遵循财务报表编制的一般原则外，还应遵循以下特殊原则。

1. 以个别财务报表为基础的原则。由于企业集团并非独立的法律实体和会计实体，它本身不单独设置账户、登记账簿，因此，合并财务报表不可能根据它自身的账簿资料来编制，又由于企业集团所属子公司往往很多，直接根据母公司和各个子公司的账簿资料编制合并财务报表难以操作，这样，编制合并财务报表最可行的方法，也是国际惯例，就是根据母公司和子公司所提供的个别财务报表的数据，运用编制调整分录、抵销分录和工作底稿的特殊方法来完成。

2. 一体性原则。既然合并财务报表是反映由母公司和子公司组成的企业集团的财务状况和经营成果等情况的，那么在编制合并财务报表时就应当将企业集团作为一个整体，视为一个会计主体。为此，在合并财务报表上所报告的资产、负债、所有者权益、收入、费用和利润等信息，都应从企业集团整体考虑。例如，合并财务报表所提供的应收账款、应付账款等往来款项数据，应为企业集团各成员企业对企业集团以外的单位和个人的债权、债务，不应包括企业集团各成员企业彼此之间的债权、债务。又如，合并财务报表所提供的产品销售收入等数据，应为企业集团各成员企业将产品出售给企业集团以外的单位或个人而实现的收入，不应包括企业集团内部各成员企业之间购销业务实现的内部销售收入。

按照一体性原则的要求，在编制合并财务报表时，应根据个别财务报表各项目的合计金额，通过编制抵销分录，将内部债权、债务以及内部销售收入等予以抵销，再求得各项目的合并金额。

3. 重要性原则。重要性是会计信息质量的一般要求。合并财务报表的编制所强调的重要性原则主要是出于以下考虑：

（1）企业集团中的母公司和若干子公司经营范围往往各异，跨越各行各业，而不同行业经营活动存在很大差异。例如，在以汽车生产和销售为主的企业集团中，可能包括汽车运输公司、建筑安装公司等子公司。运输收入、工程价款结算收入对该类子公司是重要的项目，而对企业集团而言，其所占的份额可能微不足道。这样，在设计合并财务报表项目时，则可不单独列示。但是，对企业集团具有重要意义的汽车销售收入，则应单独列示营业收入项目。可见，应按重要性原则设计合并财务报表的项目，决定对个别财务报表项目的取舍。

（2）企业集团中母公司与子公司、子公司相互之间的内部交易有时很多，有些对企业集团财务状况和经营成果有较大影响，有些则影响不大。对于那些是否予以抵销对企业集团财务状况和经营成果均无明显影响的内部交易，可以不作抵销处理；而对于那些不予抵销处理就会对企业集团的财务状况和经营成果产生重大影响的内部交易，则必须进行抵销处理。例如，企业集团中某一成员企业将其生产的价值 100 万元的产品出售给另一个成员企业作为固定资产，它既涉及销货方内部销售收入的抵销，也涉及购买方固定资产原值中和当年计提的折旧中包含的未实现内部利润的抵销，必须编制相应的抵销分录予以抵销。而如果企业集团中某一成员企业将使用过的价值 3 万元的固定资产出售给另一成员企业作为固定资产使用，则对企业集团总体财务状况和经营成果影响不大，则不必编制抵销分录予以抵销。可见,应按重要性原则决定抵销内容的取舍。

（三）合并财务报表的编制前提

合并财务报表是以个别财务报表为基础编制的,而企业集团的母公司和境内外子公司的会计期间、会计政策、计量单位有时并不一致,为了全面地、准确地反映企业集团的财务状况和经营成果,在编制合并财务报表时必须明确以下前提条件,并做好相应的准备工作。

1. 统一母公司和子公司的会计政策。会计政策是指企业在会计确认、计量和报告中所采用的原则、基础和会计处理方法。如果母公司和子公司采用不同的会计政策,个别财务报表的相同项目反映的内容和金额就不具有相同的基础,丧失了可比性。将具有不同口径的不可比的指标进行合并,难以如实反映企业集团的财务状况、经营成果和现金流量。为此,在编制合并财务报表前,应统一母公司和子公司的会计政策。子公司的会计政策与母公司不一致的,应当按照母公司的会计政策对子公司财务报表进行必要的调整,或者要求子公司按照母公司的会计政策另行编制财务报表。上述做法不切实可行的,母公司应当根据子公司资产负债表日与母公司资产负债表日之间发生的重大交易或事项的影响,对子公司最近一期的财务报表进行必要调整后予以合并。前提是子公司资产负债表日与母公司资产负债表日相差不超过 3 个月,并且该差异在前后各期应当保持一致,不得随意变更。

2. 统一母公司和子公司的会计期间和资产负债表日。合并财务报表和个别财务报表一样,是反映一定日期会计主体的财务状况和一定会计期间会计主体的经营成果及现金流量的。因此,只有母公司和子公司的会计期间和资产负债表日一致,根据相同会计期间和资产负债表日的个别财务报表编制的合并财务报表,才能提供企业集团财务状况和经营成果的准确、可靠的信息。为此,在编制合并财务报表时,母公司应当统一子公司的会计期间和资产负债表日,使子公司的会计期间和资产负债表日与母公司保持一致。子公司的会计期间和资产负债表日与母公司不一致的,应当按照母公司的会计期间和资产负债表日对子公司财务报表进行调整,或者要求子公司按照母公司的会计期间和资产负债表日另行编制财务报表。

3. 将以外币表示的子公司个别财务报表折算为记账本位币。在母公司和子公司所采用的货币计量单位不同时,应按母公司记账本位币编制合并财务报表。母公司的境外子公司一般采用所在国或地区的货币作为记账本位币,母公司的外币业务比较多的境内子公司也可能采用某种外币作为记账本位币。为了对母公司和子公司的财务报表进行合并,必须统一计量单位,将子公司提供的外币财务报表折算为以母公司记账本位币表示的财务报表。国际上通用的外币折算方法有现行汇率法、流动与非流动项目法、货币与非货币性项目法和时态法。我国《企业会计准则第19号——外币折算》采用的是现行汇率法,即资产负债表的资产、负债项目采用资产负债表日的即期汇率折算,所有者权益项目除“未分配利润”项目外,其他项目采用发生时的即期汇率(历史汇率)折算;利润表的收入和费用项目采用交易发生日的即期汇率或即期汇率的近似汇率(平均汇率)折算;外币财务报表折算差额在所有者权益项目下单独作为“外币折算差额”项目列示。

4. 子公司除了应当向母公司提供财务报表外,还应当在个别财务报表附注中向母公司提供下列资料:

(1)采用的与母公司不一致的会计政策及其影响金额。当子公司与母公司所采用的会计政策不同,但差异不大,并对财务状况和经营成果影响不大时,母公司可以不按母公司本身规定的会计政策对子公司财务报表进行调整,母公司可以直接根据个别财务报表编制合并财务报表。当子公司与母公司所采用的会计政策不同,且差异较大,并对财务状况和经营成果影响较大时,应当按照母公司的会计政策对子公司财务报表进行必要的调整,或者要求子公司按照母公司的会计政策另行编制财务报表,再根据调整后的个别财务报表编制合并财务报表。不论上述哪种情况,子公司在个别财务报表附注中均应对采用与母公司不一致的会计政策及其影响金额予以说明。

(2)与母公司不一致的会计期间和资产负债表日的说明。如果境外子公司受所在国或地区的法律、惯例的限制,与母公司会计期间和资产负债表日不一致,又未单独编报与母公司会计期间和资产负债表报表日一致的个别财务报表,应在附注中说明资产负债表日和会计期间的起止日期,并应以附表的形式列示与母公司不同期间的相关信息,以便母公司对其个别财务报表按母公司的会计期间进行调整。如果子公司已按母公司的会计期间重新编制个别财务报表,也应说明其调整的情况及金额。

(3)与母公司及与其他子公司相互之间的所有内部交易的相关资料。从一体性原则出发,企业集团内各成员企业之间的内部交易在编制合并财务报表时应予以抵销。为此,个别报表附注中必须提供如下资料:①内部债权、债务;②内部利息收入、利息支出;③母公司内部投资收益及其他综合收益;④内部应收款项计提的坏账准备和其他内部购销形成资产计提的减值准备的增减变动情况;⑤内部销售收入;⑥内部固定资产交易形成的固定资产原值中包含的未实现内部利润,以及累计折旧中包含的未实现内部利润;⑦内部购销形成的存货及其包含的未实现内部利润;⑧内部购销形成的固定资产的处置情况;⑨内部现金流量等。

(4)所有者权益变动的有关资料。子公司所有者权益的变动资料,可能涉及母公司和少数股东所拥有的股权份额的变动、子公司的利润分配情况,还可能涉及子公司期初、期末未分配利润的变动等情形。这些均和编制合并财务报表时母公司长期股权投资与子公司所有者权益各项目的抵销、母公司内部投资收益的抵销、合并所有者权益变动表项目的抵销等密切相关,子公司应在个别财务报表附注中予以说明。

(5)编制合并财务报表所需要的其他资料。

五、合并财务报表的编制程序

如上所述,除了合并现金流量表附注可以采用与个别现金流量表相同的方法编制、合并所有者权益变动表也可以根据合并资产负债表和合并利润表编制外,合并财务报表一般采用编制调整分录、抵销分录和合并工作底稿的特殊方法来编制。这种特殊方法编制的合并财务报表的程序如下。

(一)对子公司个别财务报表进行调整

合并财务报表的编制应与企业合并的会计处理相衔接。母公司在编制合并财务报表时,首先应对子公司进行分类,分为采用权益结合法的同一控制下企业合并取得的子公司和采用购买法进行的非同一控制下企业合并取得的子公司两类。

对于采用权益结合法的同一控制下企业合并取得的子公司,如果其采用的会计政策、会计期间、资产负债表日与母公司不一致,则应根据重要性原则进行判断,符合重要性的,应当按照母公司的会计政策、会计期间和资产负债表日,对子公司个别财务报表进行调整。对子公司会计政策、会计期间和资产负债表日的调整,可以通过子公司按照母公司的会计政策、会计期间和资产负债表日重新编制个别财务报表完成,也可以由母公司根据子公司提供的相关资料通过编制合并工作底稿完成。

对于采用购买法的非同一控制下企业合并取得的子公司,除了需要考虑子公司采用的会计政策、会计期间和资产负债表日与母公司不一致,需要调整子公司个别财务报表外,还应根据母公司备查登记簿中记录的购买日子公司可辨认资产和负债的公允价值,对子公司个别财务报表进行调整,以便在合并财务报表中反映子公司资产、负债和净资产的公允价值。将子公司资产、负债和净资产的账面价值调整为公允价值,可以在编制合并工作底稿前先调整子公司个别财务报表相关数据,重编子公司个别财务报表,也可以在合并工作底稿中通过编制调整分录完成。《企业会计准则讲解》推荐在合并工作底稿中予以调整。

(二)设计合并工作底稿

合并工作底稿是编制合并财务报表的手段。应当说,编制合并财务报表不是必须借助于合并工作底稿,但是,如果合并财务报表项目多,需要抵销的内部交易也多,合并财务报表编制就很复杂,而此时不借助于合并工作底稿,就很可能遗漏项目和应抵销的内部交易。为了及时地、准确地编制合并财务报表,并便于审核和查找错误，通常需要借助于合并工作底稿。

在合并工作底稿中应设计合并财务报表项目名称、母公司和子公司个别财务报表各项目的金额、个别财务报表各项目的合计金额、调整分录、抵销分录、非控制性权益（少数股东权益）和合并金额等栏目。

（三）将母公司和子公司的个别财务报表的数据过入合并工作底稿，并求出各项目的合计金额

在编制合并财务报表时，应将母公司和子公司的个别资产负债表、个别利润表、个别现金流量表和个别所有者权益变动表各项目的数据过入合并工作底稿的相应栏目，并在合并工作底稿"合计金额"栏将个别财务报表各项目的数据加总出合计金额，以作为抵销内部交易并最终求出合并财务报表各项目合并金额的基础。

（四）编制调整分录和抵销分录

在合并工作底稿中，应对子公司个别财务报表数据作两方面调整，并编制调整分录。其一是将非同一控制下企业合并取得的子公司各项可辨认资产、负债和净资产的账面价值调整为公允价值，并相应调整当期的折旧额、摊销额和发出额，及其对当期损益的影响；其二是将母公司个别财务报表按成本法确认的长期股权投资的投资收益调整为权益法，但是，如果以长期股权投资成本法为基础编制合并财务报表，则无须作这项调整。本书下文均在合并工作底稿中将长期股权投资由成本法转为权益法。

合并工作底稿中母公司和子公司个别财务报表各项目的合计金额是个别财务报表的简单加总，必须将母公司与子公司、子公司相互之间发生的内部交易的影响予以抵销，以剔除合计金额中重复计算的因素，这就需要根据个别财务报表及其附注中提供的有关资料编制抵销分录。编制抵销分录是编制合并财务报表的关键步骤。抵销分录编制得是否真实、完整、准确，是否符合以个别财务报表为基础的原则、一体性原则和重要性原则，直接影响到合并工作底稿中合并金额的有用性。

为缩减合并工作底稿的篇幅，为统一排列调整分录和抵销分录的顺序号，本书将调整分录和抵销分录统一编号，并顺序列示于合并工作底稿的"调整分录、抵销分录"栏目中。

（五）计算合并财务报表各项目的合并金额

在个别财务报表加总后的合计金额的基础上，根据调整分录、抵销分录，加上该项目的调增金额，减去该项目的减少金额，即可求得合并财务报表各该项目的合并金额。具体计算方法如下：

1. 资产类、成本费用类和利润分配类的各项目，应根据各该项目加总的合计金额，加上各该项目调整分录与抵销分录借方发生额，减去各该项目调整分录与抵销分录贷方发生额，计算确定其合并金额。

2. 负债类、所有者权益类、收入类和利润类各项目，应根据各该项目加总的合计金额，加上各该项目调整分录与抵销分录贷方发生额，减去各该项目调整分录与抵销分录借方发生额，计算确定其合并金额。

3. 对于合并非全资子公司资产负债表中的非控制性权益（少数股东权益）的金额，视同抵销分录借方发生额处理。

（六）填列合并财务报表

通过上述步骤，在合并工作底稿的“合并金额”栏，已计算确定出合并财务报表中资产、负债、所有者权益、收入、费用和利润各项目的合并金额，可据以填列正式的合并资产负债表、合并利润表和合并利润分配表。

表 2－1 为合并工作底稿的格式和内容。

表 2－1　合并工作底稿

年　　　　　　　　　　单位：

项　目	母公司			子公司			合计金额	抵销分录		非控制性权益（少数股东权益）	合并金额
	报表金额	调整分录		报表金额	调整分录			借方	贷方		
		借方	贷方		借方	贷方					
（利润表项目）											
营业收入											
营业成本											
营业税金及附加											
销售费用											
管理费用											
财务费用											
资产减值损失											
公允价值变动收益											
投资收益											
营业利润											
营业外收入											
营业外支出											
其中：非流动资产处置损失											
利润总额											
所得税费用											

续表

项　目	母公司			子公司			合计金额	抵销分录		非控制性权益（少数股东权益）	合并金额
	报表金额	调整分录		报表金额	调整分录			借方	贷方		
		借方	贷方		借方	贷方					
（所有者权益变动表项目）											
未分配利润（年初）											
归属于母公司所有者的净利润											
利润分配											
提取盈余公积											
对所有者的分配											
其他											
未分配利润（年末）											
归属于非控股股东（少数股东）的未分配利润（年初）											
非控股股东损益（少数股东损益）											
对非控股股东（少数股东）的利润分配											
归属于非控股股东（少数股东）的未分配利润（年末）											
资本公积（年初）											
可供出售金融资产公允价值变动净额											
权益法下被投资单位其他所有者权益变动的影响											
与计入所有者权益项目相关的所得税影响											
其他											

续表

项　目	母公司			子公司			合计金额	抵销分录		非控制性权益（少数股东权益）	合并金额
	报表金额	调整分录借方	调整分录贷方	报表金额	调整分录借方	调整分录贷方		借方	贷方		
净利润											
非控股股东损益（少数股东损益）											
归属于母公司所有者的净利润											
其他综合收益											
综合收益总额											
归属于母公司所有者的综合收益总额											
归属于非控股股东（少数股东）的综合收益总额											
资本公积（年末）											
盈余公积（年初）											
提取盈余公积											
盈余公积（年末）											
（资产负债表项目）											
流动资产：											
货币资金											
交易性金融资产											
应收票据											
其中：内部应收票据											
应收账款											
其中：内部应收账款											
预付账款											
其中：内部预付账款											
应收利息											
其中：内部应收股利											
应收股利											
其中：内部应收股利											
其他应收款											
其中：内部其他应收款											

续表

项　目	母公司			子公司			合计金额	抵销分录		非控制性权益（少数股东权益）	合并金额
	报表金额	调整分录		报表金额	调整分录			借方	贷方		
		借方	贷方		借方	贷方					
存货											
其中：内部购入存货											
流动资产合计											
非流动资产：											
可供出售金融资产											
持有至到期投资											
其中：持有内部债券											
长期应收款											
其中：内部长期应收款											
长期股权投资											
其中：对子公司投资											
投资性房地产											
固定资产											
其中：内部购入固定资产											
在建工程											
工程物资											
固定资产清理											
无形资产											
其中：内部购入无形资产											
开发支出											
商誉											
递延所得税资产											
非流动资产合计											
资产总计											
流动负债：											
短期借款											
应付票据											

续表

项　目	母公司			子公司			合计金额	抵销分录		非控制性权益（少数股东权益）	合并金额
	报表金额	调整分录		报表金额	调整分录			借方	贷方		
		借方	贷方		借方	贷方					
其中：内部应付票据											
应付账款											
其中：内部应付账款											
预收账款											
其中：内部预收账款											
应付职工薪酬											
应交税费											
应付利息											
其中：内部应付利息											
应付股利											
其中：内部应付股利											
其他应付款											
其中：内部其他应付款											
流动负债合计											
非流动负债：											
长期借款											
应付债券											
其中：内部应付债券											
长期应付款											
其中：内部长期应付款											
专项应付款											
预计负债											
递延所得税负债											
非流动负债合计											
负债合计											
所有者权益（或股东权益）：											
实收资本											

续表

项目	母公司			子公司			合计金额	抵销分录		非控制性权益（少数股东权益）	合并金额
	报表金额	调整分录		报表金额	调整分录			借方	贷方		
		借方	贷方		借方	贷方					
资本公积											
其中：可供出售金融资产公允价值变动											
盈余公积											
未分配利润											
非控制性权益（少数股东权益）											
所有者权益合计											
负债及所有者权益总计											
（现金流量表项目）											
经营活动产生的现金流量：											
销售商品提供劳务收到的现金											
收到的税费返还											
收到其他与经营活动有关的现金											
经营活动现金流入小计											
购买商品接受劳务支付的现金											
支付给职工及为职工支付的现金											
支付的各项税费											
支付的其他与经营活动有关的现金											
经营活动现金流出小计											
经营活动产生的现金流量净额											

续表

项　目	母公司			子公司			合计金额	抵销分录		非控制性权益（少数股东权益）	合并金额
	报表金额	调整分录		报表金额	调整分录			借方	贷方		
		借方	贷方		借方	贷方					
投资活动产生的现金流量：											
收回投资收到的现金											
取得投资收益收到的现金											
处置固定资产、无形资产和其他长期资产收回的现金净额											
处置子公司及其他营业单位收到的现金净额											
收到其他与投资活动有关的现金											
投资活动现金流入小计											
购置固定资产、无形资产和其他长期资产支付的现金											
投资支付的现金											
取得子公司及其他经营单位支付的现金净额											
支付其他与投资活动有关的现金											
投资活动现金流出小计											
投资活动产生的现金流量净额											
筹资活动产生的现金流量：											
吸收投资收到的现金											

续表

项　目	母公司			子公司			合计金额	抵销分录		非控制性权益（少数股东权益）	合并金额
	报表金额	调整分录		报表金额	调整分录			借方	贷方		
		借方	贷方		借方	贷方					
其中：子公司吸收非控股股东（少数股东）投资收到的现金											
取得借款收到的现金											
收到其他与筹资活动有关的现金											
筹资活动现金流出小计											
偿还债务支付的现金											
分配股利利润或偿还利息支付的现金											
其中：子公司支付给非控股股东（少数股东）的股利或利润											
支付其他与筹资活动有关的现金											
筹资活动现金流出小计											
筹资活动产生的现金净流量											
汇率变动对现金及现金等价物的影响											
现金及现金等价物净增加额											
期初现金及现金等价物余额											
期末现金及现金等价物余额											

第二节　购买法下购买日合并财务报表的编制

一、购买法下购买日合并财务报表的特点

为了反映企业集团成立时的财务状况，企业集团中的控股公司即母公司应在购买日编制母公司和子公司组成的企业集团的合并财务报表。

购买法下购买日合并财务报表的编制与在权益结合法下合并日合并财务报表的编制以及与购买日后的合并财务报表相比较，具有以下特点：

（一）在购买法下，购买日只编制合并资产负债表

这是因为，在购买法下，企业集团当年已实现的利润仅指母公司本身当年已实现的利润，不包括被购买的子公司截至购买日当年已实现的利润。也就是说，被购买的子公司在购买日后所实现的利润才能包括在企业集团购并当年实现的利润中。由此可见，在购买日，企业集团的利润实现和分配情况，就是指母公司自身的利润实现和分配情况，完全可以由母公司本身个别利润表和所有者权益变动表提供，无须另行编制合并利润表和合并所有者企业变动表及合并现金流量表等。

（二）购买日的合并财务报表应在购买日编制

母公司应根据母公司和子公司提供的购买日个别财务报表及有关资料，编制购买日合并财务报表。按现行制度规定，上市公司应在 6 月 30 日和 12 月 31 日提供合并财务报表。如果控股合并的购买日正好是 6 月 30 日或 12 月 31 日，那么，这种半年末或年末的合并财务报表也正是购买日合并财务报表。但是，如果控股合并的购买日不在半年末或年末，则母公司应在控股权取得日即购买日编制合并财务报表。以下案例均假设购买日为 12 月 31 日。

（三）购买日合并财务报表的编制可以采用简便的方法

如上文所述，合并财务报表有特殊的编制方法，即编制调整分录、抵销分录和合并工作底稿。但是，由于购买日合并财务报表的编制主要涉及以下两个方面：①母公司对子公司长期股权投资项目与子公司所有者权益项目的抵销；②母公司与子公司、子公司相互之间债权、债务的抵销。因此，在实际工作中，如果涉及的资产、负债、所有者权益项目少，内部债权、债务也不多，在编制购买日合并财务报表时，也可以不借助于合并工作底稿，而直接依据个别财务报表和有关资料编制。

（四）非控制性权益（少数股东权益）的初始确认

在编制购买日合并财务报表时，应将子公司区分为全资子公司和非全资子公司，对于非全资子公司应初始确认非控制性权益（少数股东权益）。

如果子公司为母公司的全资子公司，说明母公司拥有子公司全部股权，母公司

对子公司长期股权投资的金额可以与子公司所有者权益各项目的金额直接抵销。如果子公司为母公司的非全资子公司,说明母公司未拥有子公司全部股权,在编制合并财务报表时,需要先将子公司所有者权益总额计算分解为母公司所占的份额和非控制性股权(少数股权)所占的份额,而非控制性股权(少数股权)所占有的份额称为非控制性权益(少数股东权益)。在不同的合并理论下,对非控制性权益(少数股东权益)的处理方法是不同的。下文中,我们将依据《企业会计准则第33号——合并财务报表》及其应用指南,采用实体理论处理非控制性权益(少数股东权益),将少数股东权益在合并资产负债表中所有者权益项目下以"非控制性权益(少数股东权益)"项目列示。而在母公司理论下,将非控制性权益(少数股东权益)在合并资产负债表中视同负债,在负债项目下以"非控制性权益(少数股东权益)"项目列示。

(五)合并差额和被购买方净资产账面价值的调整

按《国际财务报告准则第3号——企业合并》、《国际财务报告准则第10号——合并财务报表》和我国《企业会计准则第20号——企业合并》、《企业会计准则第33号——合并财务报表》的规定,在非同一控制下的企业合并中采用购买法核算,购买方应当按照确定的企业合并成本作为长期股权投资的初始投资成本,购买方合并成本大于合并中所取得的被购买方可辨认净资产公允价值份额的差额,在合并财务报表中确认为商誉;购买方合并成本小于合并中所取得的被购买方可辨认净资产公允价值份额的差额,经复核后合并成本仍小于合并中所取得的被购买方可辨认净资产公允价值份额的,其差额在合并财务报表中计入当期损益,以后年度调整期初留存收益。同时,在控股合并方式下,由于企业购并完成后,子公司继续以独立的法人企业存在,并持续经营,因此,一般不允许按评估确认的公允价值调整被购买方的资产、负债和净资产的账面价值。这样,在抵销母公司对子公司表决权资本投资和拥有的子公司净资产账面价值时,往往会出现差额,这个差额称为合并差额。合并差额由以下两部分构成:其一是母公司长期股权投资成本与子公司净资产公允价值之间的差额,我们称这种差额为合并商誉或合并损益(或合并负商誉);其二是子公司净资产公允价值与其账面价值之间的差额,我们称这种差额为价值差额。在编制合并财务报表时,应当首先以购买日确定的各项可辨认资产、负债及或有负债的公允价值为基础对子公司的个别财务报表进行调整,亦即将子公司各项可辨认资产、负债及或有负债的账面价值调整为公允价值,然后再将母公司的长期股权投资成本与子公司净资产公允价值予以抵销,以此确认合并商誉或合并损益。

(六)资产、负债和净资产存在两种计量标准

在购买日及购买日后的合并财务报表上,母公司的资产、负债和净资产以账面价值列示,而子公司的资产、负债和净资产按公允价值列示。

下文中,我们主要阐述运用合并工作底稿和编制调整分录、抵销分录的方法编制购买日合并财务报表。本章例题均不考虑所得税影响。

二、拥有子公司全部股权的合并处理

投资企业购入被投资单位全部股权时,一般可分为以下三种情况:①以净资产公允价值购入;②以高于净资产公允价值购入;③以低于净资产公允价值购入。

这里需要说明的是,我国《企业会计准则讲解》指出,在非同一控制下的企业合并中,购买方通过企业合并取得被购买方100%股权的,被购买方可以按照合并中确定的可辨认资产、负债的公允价值调整其账面价值。除此之外,被购买方不应因企业合并将有关资产、负债的账面价值调整为公允价值。可以看出,《企业会计准则讲解》允许母公司的全资子公司对其资产、负债的计量选择公允价值或账面价值。本书为便于对照比较合并全资子公司和合并非全资子公司的合并财务报表的主要区别,并列示同一被购买方作为全资子公司或作为非全资子公司的相同的个别财务报表资料,因此,全资子公司的个别财务报表仍按原账面价值计量,并未调整为公允价值。将其账面价值调整为公允价值也通过在合并工作底稿上编制调整分录完成。

(一)按净资产公允价值购入(且公允价值等于账面价值)

当投资企业按被投资单位净资产公允价值购入被投资单位全部股权时,被投资单位净资产公允价值可能等于其账面价值,也可能高于或低于其账面价值。被投资单位净资产公允价值高于或低于其账面价值的抵销处理可参见例2-2和例2-3。如果被投资单位净资产公允价值等于其账面价值,就相当于按被投资单位账面价值购入全部股权,则可以将母公司对子公司长期股权投资项目与子公司所有者权益各项目直接抵销。

【例2-1】M公司和N公司为非同一控制下的企业。2010年12月31日,M公司以控股合并方式购买N公司全部股权,采用购买法核算。M公司和N公司2010年12月31日合并前个别资产负债表见表2-2,假设本例中N公司各项资产和负债的账面价值与公允价值(一)相等,M公司用银行存款以N公司净资产账面价值684万元购入N公司全部股权。M公司的应收账款中有10万元为应收N公司的货款。

购买日,M公司编制的控股合并会计分录如下:

借:长期股权投资 6 840 000

　贷:银行存款 6 840 000

上述会计分录表明,M公司以684万元银行存款取得了N公司全部发行在外的股份,成为N公司的唯一股东。由于N公司仍是持续经营的独立的法人实体,则M公司便成为由M公司和N公司组成的企业集团的母公司,N公司成为M公司的子公司。为了反映由M公司和N公司组成的企业集团在组建时的财务状况，就需要根据购买日M公司和N公司的个别资产负债表编制购买日合并资产负债表。

表2-2　M公司和N公司个别资产负债表资料

2010年12月31日　　单位:万元

项　目	M公司	N公司		
		账面价值	公允价值(一)	公允价值(二)
货币资金(银行存款)	750	40	40	40
应收账款	30	120	120	100
存货	50	300	300	270
固定资产	650	600	600	670
无形资产	50	30	30	40
资产总计	1 530	1 090	1 090	1 120
短期借款	300	220	220	220
应付账款	50	26	26	26
长期借款	230	100	100	100
长期应付款	80	60	60	50
实收资本(股本)	430	500	500	500
资本公积	64	80	80	120
盈余公积	200	60	60	60
未分配利润	176	44	44	44
负债及所有者权益总计	1 530	1 090	1 090	1 120

从一体性原则出发，M公司以684万元取得了N公司全部股权，形成M公司对其子公司——N公司的长期股权投资，只是将M公司的684万元资金拨付给N公司，不会引起企业集团资产、负债和所有者权益的增减变动。但是，将M公司、N公司的个别资产负债表相关项目加总的结果，不仅使得资产增加了684万元，而且使得所有者权益也增加了684万元。因此，在编制合并财务报表时，必须将母公司对子公司长期股权投资项目与子公司所有者权益各项目予以抵销，编制抵销分录如下：

借：实收资本(股本)　　5 000 000
　　资本公积　　800 000
　　盈余公积　　600 000

未分配利润　　440 000

贷:长期股权投资　　6 840 000

除此之外,在购买日编制合并资产负债表时,还应抵销母公司与子公司以及子公司相互之间的债权、债务,从而使得合并资产负债表合并金额反映的债权、债务,都是企业集团对企业集团以外的单位和个人的债权、债务,而不包括企业集团内部成员企业之间的债权、债务。为此,编制抵销分录如下:

借:应付账款　　100 000

贷:应收账款　　100 000

M公司所编制的合并工作底稿见表2-3。

表2-3　M公司合并工作底稿

2010年12月31日　　单位:万元

项　目	M公司	N公司	合计金额	调整分录、抵销分录		合并金额
				借方	贷方	
货币资金	66	40	106			106
应收账款	30	120	150		(2)10	140
存货	50	300	350			350
长期股权投资	684		684		(1)684	
固定资产	650	600	1 250			1 250
无形资产	50	30	80			80
资产总计	1 530	1 090	2 620		694	1 926
短期借款	300	220	520			520
应付账款	50	26	76	(2)10		66
长期借款	230	100	330			330
长期应付款	80	60	140			140
实收资本(股本)	430	500	930	(1)500		430
资本公积	64	80	144	(1)80		64
盈余公积	200	60	260	(1)60		200
未分配利润	176	44	220	(1)44		176
负债及所有者权益总计	1 530	1 090	2 620	694		1 926

M公司据以编制的购买日合并资产负债表见表2-4。

表 2－4　M 公司合并资产负债表　　会合 01 表

编制单位：M 公司　　2010 年 12 月 31 日　　单位：万元

资　　产	期末余额	年初余额	负债和所有者权益	期末余额	年初余额
流动资产：		略	流动负债：		略
货币资金	106		短期借款	520	
交易性金融资产			交易性金融负债		
应收票据			应付票据		
应收账款	140		应付账款	66	
预付款项			预收款项		
应收利息			应付职工薪酬		
其他应收款			应交税费		
存货	350		应付利息		
一年内到期的非流动资产 资产			其他应付款		
其他流动资产			一年内到期的非流动负债		
流动资产合计			其他流动负债		
非流动资产：			流动负债合计	586	
可供出售金融资产			非流动负债：		
持有至到期投资			长期借款	330	
长期应收款			应付债券		
长期股权投资			长期应付款	140	
投资性房地产			专项应付款		
固定资产	1 250		预计负债		
在建工程			递延所得税负债		
工程物资			其他非流动负债		
固定资产清理			非流动负债合计	470	
生产性生物资产			负债合计	1 056	
油气资产			所有者权益（或股东权益）：		
无形资产	80		实收资本（股本）	430	
开发支出			资本公积	64	
商誉			减：库存股		
长期待摊费用			盈余公积	200	
递延所得税资产			未分配利润	176	

续表

资　　产	期末余额	年初余额	负债和所有者权益	期末余额	年初余额
其他非流动资产			外币报表折算差额		
非流动资产合计			归属于母公司所有者权益合计		
			非控制性权益(少数股东权益)		
			所有者权益合计	870	
资产总计	1 926		负债和所有者权益总计	1 926	

对上述合并资产负债表说明如下：

(1)本例中假设内部应收账款未计提坏账准备。内部应收账款坏账准备的抵销处理，将在第三章中阐述。

(2)当投资企业按被投资单位净资产账面价值购并被投资单位时，不会形成商誉和价值差额，因而也不涉及价值差额的分摊和合并商誉或损益(或负商誉)的处理。

(3)编制购买日合并资产负债表时，母公司和子公司各项目加总的合计金额主要应抵销以下相互对应的项目。

第一，母公司对子公司长期股权投资项目与子公司所有者权益各项目的抵销。通过这项抵销处理，排除了母公司对子公司投资的资金下拨行为引起的个别财务报表重复计算的长期股权投资和所有者权益，在合并资产负债表上如实反映企业集团的资产和所有者权益。

第二，母公司与子公司以及子公司之间相互的债权、债务的抵销。通过这项抵销处理，排除企业集团内部债权债务，在合并资产负债表上如实反映企业集团对企业集团以外的单位和个人的债权、债务。

(4)经过上述抵销后，母公司对子公司的表决权资本投资被并入合并财务报表的子公司的各项资产和负债所取代，即被子公司的净资产金额所取代，子公司的所有者权益各项目被母公司的所有者权益所取代。在子公司为母公司全资子公司的情况下，子公司的投资者就是母公司，子公司的所有者权益是母公司所有者权益中的一部分。对于企业集团而言，合并财务报表反映的所有者权益就是母公司的所有者权益，所反映的长期股权投资只能是企业集团中的成员企业对企业集团以外的单位和个人的投资。

(二)高于净资产公允价值购入(且公允价值高于账面价值)

当投资企业按高于被投资单位净资产公允价值购入被投资单位全部股权时，母公司对子公司长期股权投资项目的金额就会高于子公司所有者权益各项目的合计金额，从而形成合并差额。

【例2－2】沿用例2－1资料，假设M公司以银行存款740万元购入N公司全部股权。

从表2－1可以看出，购买日N公司净资产账面价值684万元，净资产公允价值(二)为724万元(1 120－396)。也就是说，M公司以高于N公司净资产公允价值16万元、高于N公司净资产账面价值56万元的价值购入N公司全部股权。而高于N公司净资产账面价值56万元的差额，由以下两部分组成：①净资产公允价值高于其账面价值的差额40万元；②M公司购买价格高于N公司净资产公允价值的差额16万元。

本例中，母公司投资成本、子公司净资产公允价值和账面价值的关系见图2－1。

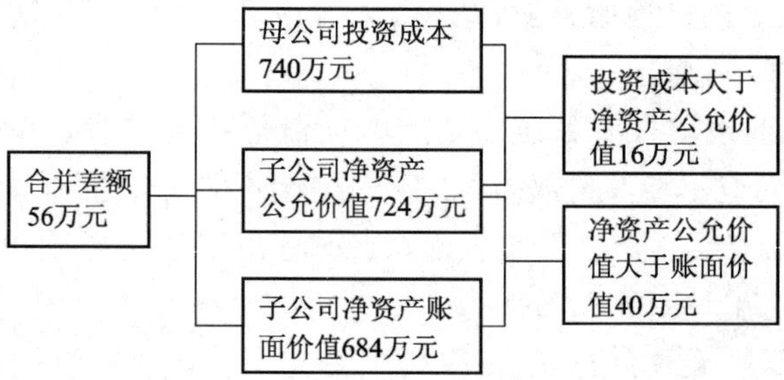

图2－1

对于这两项差额如何进行处理，是购买日合并财务报表编制的重点和难点问题，也是各国现行合并财务报表实务中存在差异的问题。下面仅叙述两种观点。

1. 将母公司投资成本超过子公司净资产账面价值的差额，在合并财务报表中，按其不同性质分别处理。将母公司投资成本超过子公司净资产公允价值的差额确认为商誉，将子公司净资产公允价值与其账面价值的差额调整各项可辨认资产、负债的价值。

在例2－2中，购买日应编制企业合并会计分录如下：

借：长期股权投资　　　　7 400 000

　贷：银行存款　　　　　　7 400 000

在编制购买日合并资产负债表时，应作如下会计处理：

母公司投资成本高于子公司净资产公允价值的差额16万元在合并财务报表中确认为合并商誉；子公司净资产公允价值高于其账面价值的差额40万元，将子公司可辨认资产和负债的账面价值调整为公允价值。其具体计算过程可通过编制合并差额分配表进行，见表2－5。

表 2－5　M 公司合并差额分配表

2010 年 12 月 31 日　　　　单位:万元

投资成本			740
减:N 公司净资产账面价值			684
投资成本高于净资产账面价值差额			56
净资产公允价值高于其账面价值的分配:			
公允价值	账面价值	差异调整	
应收账款	100	120	－20
存货	270	300	－30
固定资产	670	600	70
无形资产	40	30	10
长期应付款	(50)	(60)	10
合　计	1 030	990	40
减:可辨认资产、负债的调整额			40
合并商誉(即投资成本高于净资产公允价值的差额)			16

根据表 2－5 编制调整分录和抵销分录。

(1)将子公司各项资产、负债及或有负债的账面价值调整为公允价值

借:固定资产　　700 000
　　无形资产　　100 000
　　长期应付款　　100 000
　贷:应收账款　　200 000
　　　存货　　300 000
　　　资本公积　　400 000

(2)将母公司长期股权投资项目与子公司所有者权益各项目予以抵销,并确认商誉

借:实收资本(或股本)　　5 000 000
　　资本公积　　(800 000＋400 000) 1 200 000
　　盈余公积　　600 000
　　未分配利润　　440 000
　　商誉　　160 000
　贷:长期股权投资　　7 400 000

(3)将内部债权债务予以抵销

借:应付账款　　100 000
　贷:应收账款　　100 000

合并工作底稿见表 2－6。

表2-6　M公司合并工作底稿

2010年12月31日　　单位:万元

项　目	M公司	N公司	合计金额	调整分录、抵销分录		合并金额
				借方	贷方	
货币资金	10	40	50			50
应收账款	30	120	150		(1)20	120
					(3)10	
存货	50	30	350		(1)30	320
长期股权投资	740		740		(2)740	
固定资产	650	600	1 250	(1)70		1 320
无形资产	50	30	80	(1)10		90
商誉				(2)16		16
资产总计	1 530	1 090	2 620	96	800	1 916
短期借款	300	220	520			520
应付账款	50	26	76	(3)10		66
长期借款	230	100	330			330
长期应付款	80	60	140	(1)10		130
实收资本(股本)	430	500	930	(2)500		430
资本公积	64	80	144	(2)120	(1)40	64
盈余公积	200	60	260	(2)60		200
未分配利润	17	44	220	(2)44		176
负债及所有者权益总计	1 530	1 090	2 620	744	40	1 916

在例2-2中,如果子公司资产、负债的公允价值低于其账面价值,也应比照例2-2,首先将子公司各项资产、负债的账面价值调整为公允价值,同时冲减资本公积,然后再抵销母公司对子公司长期股权投资与子公司所有者权益项目。

《国际财务报告准则第3号——企业合并》、《国际财务报告准则第10号——合并财务报表》要求采用这种方法编制购买日合并资产负债表。国际上很多国家也采用这种方法。我国《企业会计准则第20号——企业合并》、《企业会计准则第33号——合并财务报表》的应用指南及其讲解,也要求采用这种方法编制购买日合并资产负债表。

2. 将母公司投资成本超过子公司净资产账面价值的差额,直接调整子公司资产、负债和所有者权益的账簿记录。

前文指出,在控股合并后,子公司仍然作为独立的法人企业持续经营,按照国际会计准则和会计惯例,子公司的各项资产、负债和所有者权益在个别财务报表中应遵循历史成本原则,按合并前的账面价值反映。但是,随着市场经济和有价证券交易的发展,历史成本原则受到严重冲击,更多的学者和实务工作者都指出,企业合并业务足以证明,被母公司控制的子公司虽然还保留了原来的法人资格,但它已经是企业集团的成员企业,并在母公司的控制下开展生产经营活动,执行母公司制定的会计政策、财务政策和经营政策,而且母公司为了取得对子公司的控制权付出了代价。因此,子公司应按公允价值对其净资产进行计价,这种观点被称为"下推会计"。美国证券交易委员会曾鼓励被母公司控制的子公司采用"下推会计"。

采用"下推会计"时,由于在子公司的账簿上和个别财务报表上对资产、负债和所有者权益按公允价值计价,因此,就免去了在编制合并财务报表时对投资成本的分配,从而极大地简化了合并财务报表的编制程序。现举例说明如下。

在例2－2中,应通过编制合并差额调整表,调整子公司有关账户的账面余额至公允价值,见表2－7。

表2－7　合并差额调整表

2010年12月31日　　单位:万元

N公司账户名称	账面价值	调整金额	调整后账面价值
银行存款	40		40
应收账款	120	－20	100
库存商品等	300	－30	270
固定资产	810	80	890
累计折旧	－210	－10	－220
无形资产	30	10	40
资产总计	1 090	30	1 120
短期借款	220		220
应付账款	26		26
长期借款	100		100
长期应付款	60	－10	50
实收资本(股本)	500	40	500
其他投入资本			40
资本公积	80		80
盈余公积	60		60
未分配利润	44		44
负债及所有者权益总计	1 090	30	1 120

从表2－7可以看出，经过上述合并差额的调整，N公司各项资产、负债的账面价值均由原来的账面价值调整为公允价值，由此而引起的所有者权益的增加以“其他投入资本”或“资本公积”单独列示于所有者权益项目中。根据表2－7，N公司编制的账簿调整会计分录如下：

借：固定资产　　800 000
　　无形资产　　100 000
　　长期应付款　　100 000
　贷：应收账款　　200 000
　　　库存商品等　　300 000
　　　累计折旧　　100 000
　　　其他投入资本（或资本公积）　　400 000

由于子公司N公司已将各项资产、负债调整为公允价值，合并工作底稿上抵销分录的编制就变得简单了，只需编制抵销分录并确认商誉即可。

（1）借：实收资本（或股本）　　5 000 000
　　　　资本公积　　800 000
　　　　其他投入资本　　400 000
　　　　盈余公积　　600 000
　　　　未分配利润　　440 000
　　　　商誉　　160 000
　　贷：长期股权投资　　7 400 000
（2）借：应付账款　　100 000
　　贷：应收账款　　100 000

第二种方法编制的合并工作底稿略。

我国企业会计准则也允许全资子公司采用类似“下推会计”的方法，在子公司的账簿和个别财务报表上将其可辨认资产、负债和净资产的账面价值调整为公允价值。但笔者认为，价值差额调整资本公积项目，可以不单独设置“其他投入资本”账户和资产负债表相关项目，为此，N公司编制的账簿调整会计分录和M公司在合并工作底稿上编制的抵销分录参见例2－1。

（三）低于净资产公允价值购入（且公允价值高于账面价值）

当投资企业按低于被投资单位净资产公允价值购入被投资单位全部股权时，母公司对子公司长期股权投资项目的金额就会低于子公司所有者权益各项目公允价值的合计金额，高于或者低于子公司所有者权益各项目账面价值的合计金额。对于这个差额有三种处理方法。

1. 将母公司投资成本小于子公司净资产公允价值的差额计入当期损益，将子公司净资产公允价值与其账面价值的差额调整各项可辨认资产、负债的价值。

【例2-3】现仍沿用例2-1资料，假设M公司以600万元购入N公司全部股权。购买日N公司净资产账面价值684万元，净资产公允价值为724万元，M公司对N公司投资成本低于N公司净资产公允价值124万元，N公司净资产公允价值高于账面价值40万元。企业集团按净利润的10%提取法定盈余公积。M公司编制的企业合并会计分录如下：

借：长期股权投资　6 000 000
　贷：银行存款　6 000 000

M公司购买日编制的调整分录和抵销分录如下：

(1)借：固定资产　700 000
　　　无形资产　100 000
　　　长期应付款　100 000
　　贷：应收账款　200 000
　　　　存货　300 000
　　　　资本公积　400 000

(2)借：实收资本(股本)　5 000 000
　　　资本公积　1 200 000
　　　盈余公积　600 000
　　　未分配利润　440 000
　　贷：长期股权投资　6 000 000
　　　　营业外收入　1 240 000

由于购买日不编制合并利润表，因此，将调整的营业外收入124万元在合并资产负债表的“未分配利润”项目列示。

借：实收资本(股本)　5 000 000
　资本公积　1 200 000
　盈余公积　600 000
　未分配利润　440 000
　贷：长期股权投资　6 000 000
　　未分配利润　1 240 000

在合并当期期末编制的合并财务报表中，还需要将母公司长期股权投资项目与子公司所有者权益差额调增当期营业外收入，计入合并当期损益。以后年度编制合并财务报表时，应调增期初未分配利润124万元。

(3)将内部债权债务予以抵销

借：应付账款　100 000
　贷：应收账款　100 000

据以编制的购买日合并工作底稿见表2-8。

表2－8　M公司合并工作底稿

2010年12月31日　　　　单位：万元

项　目	M公司	N公司	合计金额	调整分录、抵销分录		合并金额
				借方	贷方	
货币资金	150	40	190			190
应收账款	30	120	150		(1)20 (3)10	120
存货	50	300	350		(1)30	320
长期股权投资	600		600		(2)600	
固定资产	650	600	1 250	(1)70		1 320
无形资产	50	30	80	(1)10		90
资产总计	1 530	1 090	2 620	80	660	2 040
短期借款	300	220	520			520
应付账款	50	26	76	(3)10		66
长期借款	230	100	330			330
长期应付款	80	60	140	(1)10		130
实收资本(股本)	430	500	930	(2)500		430
资本公积	64	80	144	(2)120	(1)40	64
盈余公积	200	60	260	(2)60		200
未分配利润	176	44	220	(2)44	(2)124	300
负债及所有者权益总计	1 530	1 090	2 620	744	164	2 040

这里需要说明的是：

(1)在会计实务中，合并工作底稿的合并资产负债表的“未分配利润”栏的合并金额来源于合并所有者权益变动表的“未分配利润——年末”栏。

(2)本例中，如果子公司资产、负债的公允价值低于其账面价值，也应比照例2－3，首先将子公司各项资产、负债的账面价值调整为公允价值，同时冲减资本公积，然后再抵销母公司对子公司长期股权投资与子公司所有者权益项目。

《国际财务报告准则第3号——企业合并》、《国际财务报告准则第10号——合并财务报表》和我国《企业会计准则第20号——企业合并》、《企业会计准则第33号——合并财务报表》的应用指南及其讲解，均要求采用这种方法编制购买日合并资产负债表。

2. 采用下推会计方法，在子公司的账簿和个别财务报表上对资产、负债和所有者权益按公允价值计价，由此而引起的所有者权益的增加以“其他投入资本(或资本公积)”单独列示于所有者权益项目中;母公司对子公司长期股权投资成本低于子公司净资产公允价值的差额,直接调整购买日的留存收益。

N公司编制的账簿调整会计分录如下:

借:固定资产　800 000
　无形资产　100 000
　长期应付款　100 000
　贷:应收账款　200 000
　　库存商品等　300 000
　　累计折旧　100 000
　　其他投入资本(或资本公积)　400 000

由于N公司已将各项资产、负债调整为公允价值,合并工作底稿上只编制如下抵销分录:

(1)借:实收资本(股本)　5 000 000
　　资本公积　800 000
　　其他投入资本　400 000
　　盈余公积　600 000
　　未分配利润　440 000
　贷:长期股权投资　6 000 000
　　营业外收入(或未分配利润)　1 240 000

(2)借:应付账款　100 000
　贷:应收账款　100 000

合并工作底稿略。

3. 将母公司投资成本低于子公司净资产账面价值的差额,先分配计入有关资产价值,若仍有余额则作为负商誉处理。

其具体做法是,先将子公司可辨认净资产的账面价值调整为公允价值;然后,再将子公司可辨认净资产公允价值大于投资成本的差额,按公允价值比例冲减除长期证券投资以外的非流动资产,若尚有余额,则记作负商誉。通常,应编制的合并差额分配表,见表2-9。

表2-9　合并差额分配表

2010年12月31日　　单位:万元

投资成本	600
减:N公司净资产公允价值	724
投资成本高于净资产公允价值差额(负商誉)	-124
净资产公允价值高于其账面价值差额的分配:(724-684=40)	

续表

	公允价值	账面价值	差异调整
应收账款	100	120	-20
存　货	270	300	-30
固定资产	670	600	70
无形资产	40	30	10
长期应付款	(50)	(60)	10
合　计	1 030	990	40

负商誉 124 万元的分配：

	公允价值大于账面价值	负商誉分配额	分配后金额	可冲减账面价值	负商誉
固定资产	70	117.02	-47.02	600	0
无形资产	10	6.98	3.02	30	0

负商誉分配计算如下。

$$固定资产分配比率 = 670 \div (670 + 40) = 94.37\%$$

$$无形资产分配比率 = 40 \div (670 + 40) = 5.63\%$$

$$固定资产分配的负商誉 = 124 \times 94.37\% = 117.02(万元)$$

$$无形资产分配的负商誉 = 124 \times 5.63\% = 6.98(万元)$$

依据表 2-10 及有关资料编制的调整分录和抵销分录如下：

(1)借：无形资产　30 200
　　长期应付款　100 000
　　合并差额　840 000
　贷：应收账款　200 000
　　存货　300 000
　　固定资产　470 200

(2)借：实收资本(股本)　5 000 000
　　资本公积　800 000
　　盈余公积　600 000
　　未分配利润　440 000
　贷：长期股权投资　6 000 000
　　合并差额　840 000

(3)借：应付账款　100 000
　贷：应收账款　100 000

合并工作底稿略。

有些国家采用这种做法处理这类合并差额,有些学者也坚持这种做法,反对将母公司投资成本小于子公司净资产公允价值的差额计入当期损益。其理由主要有:这种差额可能是对未来损失或费用的预计,不属于当期损益;立即将差额确认为当期损益不能真实反映差额形成的原因。《国际财务报告准则第 3 号——企业合并》附件《结论基础》中指出,将差额分配到被购买方各项可辨认净资产上的价值减项将不可避免地存在随意性,不仅不能真实反映,而且对各项目最终确认的金额将既不是成本,也不是公允价值。因此,此准则拒绝了这种观点和做法。上述第三种做法编制的调整分录和抵销分录,就是对国际财务报告准则观点的最好印证。

三、拥有子公司部分股权的合并处理

当投资企业购入被投资单位 50% 以上又不足 100% 的普通股股份时,投资企业仍然拥有对被投资单位的控制权,成为被投资单位的母公司,被投资单位成为母公司的子公司,需要由母公司编制合并财务报表。在这种情况下,子公司的普通股股份还有少部分被母公司以外的股东所持有。由于这部分股份在子公司全部股权中不足 50%,因而称为非控制性股权(少数股权),非控制性股权(少数股权)持有者称为非控股股东(少数股东)。非控股股东(少数股东)应拥有的子公司净损益的份额,称为非控股股东损益(少数股东损益),非控股股东(少数股东)拥有的子公司净资产份额,称为非控制性权益(少数股东权益)。在合并财务报表中应反映非控制性权益(少数股东权益)和非控股股东损益(少数股东损益)。对非控制性权益(少数股东权益)和非控股股东损益(少数股东损益)如何在合并财务报表中予以反映,主要取决于人们对非控制性股权(少数股权)性质的理解。

(一)非控制性股权(少数股权)的性质

在本章第一节我们介绍过合并财务报表的三种合并理论。但是因受共同控制的被投资单位不再纳入合并范围和比例合并法的废止,所有权理论已经失去现实意义。这里仅探讨在母公司理论和实体理论下对非控制性股权(少数股权)性质的认识。

在母公司理论下,把合并财务报表视为母公司自身个别财务报表的扩展或修正。因此,将非控股股东(少数股东)对子公司净资产的要求权视为负债;将非控股股东(少数股东)应拥有的子公司净收益视为费用;合并资产负债表所列示的股东权益(或所有者权益),为减去非控制性权益(少数股东权益)后的股东权益;合并利润表所列示的净利润,为减去非控股股东(少数股东)拥有净利润后的余额。在按购买法编制合并财务报表时,母公司拥有子公司净资产的份额按公允价值合并;非控股股东(少数股东)拥有子公司净资产的份额按原来账面价值合并。

在实体理论下,认为合并财务报表在于提供由母公司和子公司组成的企业集团的财务状况、经营成果和现金流量。因此,将非控股股东(少数股东)对子公司净资产的要求权,在合并资产负债表中也列入所有者权益项目,并以“非控制性权益(少数股东权益)"单独列示于"未分配利润"项目下;将非控股股东(少数股东)应拥有的子公司净利润,在合并利润表中也列入合并净利润项目,并以"非控股股东损益(少数股东损益)"项目单独列示于"净利润"项目下。在按购买法编制合并财务报表时,子公司净资产中,不论母公司拥有的份额还是非控股股东(少数股东)拥有的份额,均以公允价值合并。

在合并财务报表实务中,《国际财务报告准则第10号——合并财务报表》以及多数国家的会计准则包括我国的《企业会计准则第33号——合并财务报表》,对非控制性权益(少数股东权益)和非控股股东损益(少数股东损益)的处理都主要采用实体理论。

(二)按净资产公允价值购入部分股权(且公允价值等于账面价值)

【例2-4】沿用例2-1资料,假设M公司以547.2万元购入N公司80%股权,且购入时N公司各项资产、负债的账面价值与公允价值相等,并假设M公司应收账款中有应收N公司货款10万元。

在母公司拥有子公司部分股权情况下,母公司购买日编制合并资产负债表时,应先计算子公司净资产中母公司和非控股股东(少数股东)各拥有的金额。计算结果如下:

母公司拥有的子公司净资产 = 684 × 80% = 547.2(万元)

非控股股东(少数股东)拥有的子公司净资产 = 684 × 20% = 136.8(万元)

M公司编制的抵销分录如下:

(1)借:实收资本(股本) 5 000 000
　　资本公积 800 000
　　盈余公积 600 000
　　未分配利润 440 000
　贷:长期股权投资 5 472 000
　　非控制性权益(少数股东权益) 1 368 000

(2)借:应付账款 100 000
　贷:应收账款 100 000

M公司在购买日编制的合并工作底稿和合并资产负债表见表2-10和表2-11。

表2-10 M公司合并工作底稿

2010年12月31日　　单位:万元

项　目	M公司	N公司	合计金额	调整分录、抵销分录		非控制性权益(少数股东权益)	合并金额
				借方	贷方		
货币资金	202.8	40	242.8				242.8
应收账款	30	120	150		(2)10		140
存货	50	300	350				350

续表

项　目	M公司	N公司	合计金额	调整分录、抵销分录		非控制性权益(少数股东权益)	合并金额
				借方	贷方		
长期股权投资	547.2		547.2		(1)547.2		
固定资产	650	600	1 250				1 250
无形资产	50	30	80				80
资产总计	1 530	1 090	2 620		557.2		2 062.8
短期借款	300	220	520				520
应付账款	50	26	76	(2)10			66
长期借款	230	100	330				330
长期应付款	80	60	140				140
负债合计	660	406	1 066	10			1 056
实收资本(股本)	430	500	930	(1)500			430
资本公积	64	80	144	(1)80			64
盈余公积	200	60	260	(1)60			200
未分配利润	176	44	220	(1)44			176
非控制性权益(少数股东权益)						(1)136.8	136.8
所有者权益合计	870	684	1 554	684		136.8	1 006.8
负债及所有者权益总计	1 530	1 090	2 620	694		136.8	2 062.8

表2－11　M公司合并资产负债表(简表)

2010年12月31日　　　　单位:万元

资　产	期末余额	负债及所有者权益	期末余额
货币资金	242.8	短期借款	520
应收账款	140	应付账款	66
存货	350	长期借款	330
长期股权投资		长期应付款	140
固定资产	1 250	实收资本	430
无形资产	80	资本公积	64
		盈余公积	200
		未分配利润	176
		非控制性权益(少数股东权益)	136.8
总计	2 062.8	总 计	2 062.8

对表2－10和表2－11作如下说明：

第一，本书主要采用实体理论说明合并财务报表的编制方法，因此，非控制性权益(少数股东权益)在合并资产负债表中归属于所有者权益项目，以“非控制性权益(少数股东权益)”项目单独列示，计入所有者权益合计金额。如果采用母公司理论，应将“非控制性权益(少数股东权益)”项目列示于“所有者权益合计”项目之下，并视同为负债。

第二，在实体理论下，虽然母公司未能拥有子公司全部股权，但子公司所有者权益项目应全额抵销，不能只抵销子公司所有者权益项目中母公司拥有的份额。只有将子公司所有者权益中非控股股东(少数股东)拥有的份额同时予以抵销，才能在合并财务报表上确认非控制性权益(少数股东权益)。

第三，非控股股东(少数股东)拥有的子公司所有者权益各项目的份额一般无须分项列示，而仅以“非控制性权益(少数股东权益)”项目列示总额，这主要基于重要性原则。

(三)高于净资产公允价值购入部分股权

【例2－5】沿用例2－4资料，M公司以600万元购入N公司净资产公允价值724万元的80%。

当投资企业以高于被投资单位净资产公允价值购入被投资单位50%以上股权时，母公司对子公司长期股权投资的金额就会高于其拥有的子公司净资产份额的金额，从而形成合并差额。合并差额由以下两部分组成：①母公司投资成本高于其拥有子公司净资产公允价值份额形成的商誉；②母公司拥有子公司净资产公允价值份额与其账面价值份额的差额。对于合并差额的两个组成部分在合并财务报表中的处理，与母公司拥有子公司全部股权一样，有以下四种处理方法。

1. 采用实体理论，确认不完全商誉。将母公司投资成本超过子公司净资产账面价值的差额，在合并财务报表中，按其不同性质分别处理。将母公司投资成本超过拥有子公司净资产公允价值份额的差额确认为商誉；将子公司净资产公允价值与其账面价值的差额全额调整各项可辨认资产、负债的价值。

M公司购买日编制的企业合并会计分录如下：

	借方	贷方
借：长期股权投资	6 000 000	
贷：银行存款		6 000 000

在编制购买日合并资产负债表时，应编制的调整分录和抵销分录如下：

(1)将子公司各项资产、负债的账面价值调整为公允价值

	借方	贷方
借：固定资产	700 000	
无形资产	100 000	
长期应付款	100 000	
贷：应收账款		200 000

　　　存货　　　　　　　　　　　　　　　　　　　　　　　　　　300 000
　　　资本公积　　　　　　　　　　　　　　　　　　　　　　　　400 000

(2)将母公司长期股权投资项目与子公司所有者权益各项目予以抵销,并确认商誉和非控制性权益(少数股东权益)

借:实收资本(股本)　　　　　　　　　　　　　　　　　　　　5 000 000
　　资本公积　　　　　　　　　　　　　　　　　　　　　　　1 200 000
　　盈余公积　　　　　　　　　　　　　　　　　　　　　　　　600 000
　　未分配利润　　　　　　　　　　　　　　　　　　　　　　　440 000
　　商誉　　　　　　　　　　(6 000 000 - 7 240 000 × 80%)208 000
　贷:长期股权投资　　　　　　　　　　　　　　　　　　　　　6 000 000
　　　非控制性权益　　　　　　　　　　　(7 240 000 × 20%)1 448 000
　　　(少数股东权益)

(3)将内部债权债务予以抵销

借:应付账款　　　　　　　　　　　　　　　　　　　　　　　　100 000
　贷:应收账款　　　　　　　　　　　　　　　　　　　　　　　100 000

M 公司在购并日编制的合并工作底稿见表 2 - 12,合并资产负债表略。

表 2 - 12　M 公司合并工作底稿

2010 年 12 月 31 日　　　　　　　　单位:万元

项　目	M 公司	N 公司	合计金额	调整分录、抵销分录		非控制性权益(少数股东权益)	合并金额
				借方	贷方		
货币资金	150	40	190				190
应收账款	30	120	150		(1)20 (3)10		120
存货	50	300	350		(1)30		320
长期股权投资	600		600		(2)600		
固定资产	650	600	1 250	(1)70			1 320
无形资产	50	30	80	(1)10			90
商誉				(2)20.8			20.8
资产总计	1 530	1 090	2 620	100.8	660		2 060.8
短期借款	300	220	520				520
应付账款	50	26	76	(3)10			66
长期借款	230	100	330				330
长期应付款	80	60	140	(1)10			130

续表

项　目	M公司	N公司	合计金额	调整分录、抵销分录		非控制性权益(少数股东权益)	合并金额
				借方	贷方		
负债合计	660	406	1 066	20			1 046
实收资本(股本)	430	500	930	(2)500			430
资本公积	64	80	144	(2)120	(1)40		64
盈余公积	200	60	260	(2)60			200
未分配利润	176	44	220	(2)44			176
非控制性权益(少数股东权益)						(2)144.8	144.8
所有者权益合计	870	684	1 554	724	40	144.8	1 014.8
负债及所有者权益总计	1 530	1 090	2 620	744	40	144.8	2 060.8

《国际会计准则第27号——合并财务报表和单独财务报表》和我国《企业会计准则第20号——企业合并》、《企业会计准则第33号——合并财务报表》的应用指南及其讲解,均要求采用这种方法编制购买日合并资产负债表。

2.采用实体理论,确认完全商誉。将子公司净资产公允价值与其账面价值的差额全额调整各项可辨认资产、负债的价值,将子公司净资产整体市场价值与其可辨认净资产公允价值的差额确认为商誉。

本例中的有关会计处理如下:

子公司整体市场价值 = 600 ÷ 80% = 750(万元)

子公司非控股股东取得20%股权的推定成本 = 750 × 20% = 150(万元)

子公司完全商誉 = 750 − 724 = 26(万元)

其中:

归属于母公司的商誉 = 600 − 724 × 80% = 20.8(万元)

归属于非控股股东的商誉 = 150 − 724 × 20% = 5.2(万元)

抵销分录如下:

借:实收资本(股本)　　5 000 000
　　资本公积　　1 200 000
　　盈余公积　　600 000
　　未分配利润　　440 000
　　商誉　　260 000
　贷:长期股权投资　　6 000 000
　　　非控制性权益(少数股东权益)　　(7 500 000 × 20%)1 500 000

《国际财务报告准则第3号——企业合并》允许采用这种方法确认合并商誉。合并工作底稿略。

3. 采用母公司理论。将母公司投资成本超过子公司净资产账面价值的差额，在合并财务报表中，按其不同性质分别处理。将母公司投资成本超过子公司净资产公允价值的差额确认为商誉，将子公司净资产公允价值与其账面价值的差额按母公司持股比例调整各项可辨认资产、负债的价值。

合并差额的分配可通过编制合并差额分配表进行。合并差额分配表见表2-13。

表2-13　M公司合并差额分配表

2010年12月31日　　　　单位：万元

投资成本					600
减：拥有的N公司净资产账面价值					547.2
投资成本高于净资产账面价值差额					52.8
净资产公允价值高于其账面价值的分配：					
	公允价值	账面价值	差额	母公司持股比例	母公司拥有分配额
应收账款	100	120	-20	80%	-16
存货	270	300	-30	80%	-24
固定资产	670	600	70	80%	56
无形资产	40	50	10	80%	8
长期应付款	(50)	(60)	10	80%	8
合计	1 030	990	40	80%	32
减：母公司拥有的可辨认净资产调整额					32
合并商誉(即投资成本高于净资产公允价值的差额)					20.8

M公司编制的调整分录和抵销分录如下：

(1)借：固定资产　　560 000
　　　无形资产　　80 000
　　　长期应付款　　80 000
　　贷：应收　　160 000
　　　存货　　240 000
　　　资本公积　　320 000

(2)借：实收资本(股本)　　5 000 000
　　　资本公积　　1 120 000

盈余公积　　600 000

未分配利润　　440 000

商誉　　208 000

贷:长期股权投资　　6 000 000

非控制性权益（少数股东权益）　　(6 840 000 × 20%) 1 368 000

(3)借:应付账款　　100 000

贷:应收账款　　100 000

M 公司在购并日编制的合并工作底稿和合并资产负债表略。

从合并差额分配和合并商誉确认的计算可以看出,在母公司理论下,只将母公司取得的子公司净资产的份额由账面价值调整为公允价值,子公司非控股股东(少数股东)拥有的子公司净资产按原账面价值计量;合并商誉的计算仅考虑母公司投资成本与取得的相对应的子公司净资产公允价值的差额。由于非控股股东(少数股东)拥有的净资产并未发生产权交易,非控股股东(少数股东)的权益并未发生变化,因此,从理论上分析,这种做法不无道理。但是,这种做法有明显的缺陷,调整后的子公司资产、负债和净资产价值,既不是历史成本,也不是公允价值,影响会计信息的可理解性和有用性。

4. 采用下推会计观点。将母公司投资成本超过子公司净资产账面价值的差额,直接调整子公司资产、负债和所有者权益的账簿记录。

在实体理论下,子公司净资产应按全额调整为公允价值,而不能只将母公司拥有的子公司净资产份额调整为公允价值。同时,合并差额将发生变化,计算如下:

$$\text{N公司净资产购买价款} = 600 \div 80\% = 750\text{(万元)}$$

$$\text{N公司应分配的合并差额} = 750 - 684 = 66\text{(万元)}$$

其中:

$$\text{价值差额} = 724 - 684 = 40\text{(万元)}$$

$$\text{合并商誉} = 750 - (684 + 40) = 26\text{(万元)}$$

$$\text{非控制性权益(少数股东权益)} = 750 \times 20\% = 150\text{(万元)}$$

$$\text{母公司合并商誉} = 26 \times 80\% = 20.8\text{(万元)}$$

$$\text{非控股股东商誉(少数股东商誉)} = 26 \times 20\% = 5.2\text{(万元)}$$

将 N 公司资产、负债和净资产账面价值调整为公允价值并登记入账时,编制的调整会计分录参见第一种做法(但其借、贷方均应为会计科目名称,且存货项目须参照第一章例题转为会计科目)。编制购买日合并资产负债表时,应编制的抵销分录如下(内部债权债务的抵销分录略):

借:实收资本(股本)　　5 000 000

资本公积　　1 200 000

盈余公积　　600 000

　　未分配利润　　440 000
　　商誉　　260 000
　贷:长期股权投资　　6 000 000
　　非控制性权益　　(7 500 000×20%)1 500 000
　　(少数股东权益)

这种做法所确认的商誉包含归属于非控股股东(少数股东)商誉,其所确认的商誉和非控制性权益(少数股东权益)可能更为准确。但是,鉴于归属于非控股股东(少数股东)商誉是假设和推算的结果,并不是产权交易实际发生的投资成本与拥有的被投资权益净资产公允价值份额的差额。同时,按照相关企业会计准则的规定,非企业合并交易取得的长期股权投资所包含的商誉计入初始投资成本,不予确认商誉。因此,我国《企业会计准则第20号——企业合并》不推荐这种会计处理方法。

在母公司理论下,则只确认归属于母公司的商誉,抵销分录如下:

借:实收资本(股本)　　5 000 000
　　资本公积　　1 200 000
　　盈余公积　　600 000
　　未分配利润　　440 000
　　商誉　　208 000
贷:长期股权投资　　6 000 000
　　非控制性权益　　(7 2400 000×20%)1 448 000
　　(少数股东权益)

合并工作底稿和购买日合并资产负债表略。

(四)低于净资产公允价值购入部分股权

当投资企业以低于被投资单位净资产公允价值购入被投资单位50%以上股权时,母公司对子公司长期股权投资的金额就会低于其拥有的子公司净资产公允价值份额,拥有的子公司净资产公允价值份额也会高于或者低于其拥有的子公司净资产账面价值份额。对于合并差额有五种处理方法。

1. 采用实体理论。确认不完全收益,将母公司投资成本小于子公司净资产公允价值份额的差额计入当期损益,将子公司净资产公允价值与其账面价值的差额全额调整各项可辨认资产、负债的价值。

【例2-6】沿用例2-5资料,M公司以480万元购入N公司净资产账面价值684万元和公允价值724万元的80%,其投资成本低于其拥有N公司净资产账面价值67.2万元(547.2-480)、低于公允价值99.2万元(579.2-480)。N公司净资产公允价值高于其账面价值40万元。

M公司在购买日编制的企业合并会计分录如下:

借：长期股权投资　4 800 000
　贷：银行存款　4 800 000

购买日编制的调整分录和抵销分录如下：

(1)借：固定资产　700 000
　　无形资产　100 000
　　长期应付款　100 000
　贷：应收账款　200 000
　　存货　300 000
　　资本公积　400 000

(2)借：实收资本(股本)　5 000 000
　　资本公积　1 200 000
　　盈余公积　600 000
　　未分配利润　440 000
　贷：长期股权投资　4 800 000
　　非控制性权益(少数股东权益)　(7 240 000 × 20%) 1 448 000
　　营业外收入(或未分配利润)　992 000

(3)借：应付账款　100 000
　贷：应收账款　100 000

据以编制的购买日合并工作底稿见表2-14。

表2-14　M公司合并工作底稿

2010年12月31日　　单位：万元

项　目	M公司	N公司	合计金额	调整分录、抵销分录		非控制性权益(少数股东权益)	合并金额
				借方	贷方		
货币资金	270	40	310				310
应收账款	30	120	150		(1)20 (3)10		120
存货	50	300	350		(1)30		320
长期股权投资	480		480		(2)480		
固定资产	650	600	1 250	(1)70			1 320
无形资产	50	30	80	(1)10			90
资产总计	1 530	1 090	2 620	80	540		2 160
短期借款	300	220	520				520
应付账款	50	26	76	(3)10			66

续表

项　目	M公司	N公司	合计金额	调整分录、抵销分录		非控制性权益(少数股东权益)	合并金额
				借方	贷方		
长期借款	230	100	330				330
长期应付款	80	60	140	(1)10			130
负债合计	660	406	1 066	20			1 046
实收资本(股本)	430	500	930	(2)500			430
资本公积	64	80	144	(2)120	(1)40		64
盈余公积	200	60	260	(2)60			200
未分配利润	176	44	220	(2)44	(2)99.2		275.2
非控制性权益(少数股东权益)						(2)144.8	144.8
所有者权益合计	870	684	1 554	724	139.2	144.8	1 114
负债及所有者权益总计	1 530	1 090	2 620	744	139.2	144.8	2 160

2. 采用实体理论。确认完全收益，将子公司净资产公允价值与其账面价值的差额全额调整各项可辨认资产、负债的价值，将子公司净资产整体市场价值与其可辨认净资产公允价值的差额确认为收益。

例2-6中的有关会计处理如下。

子公司整体市场价值 = 480 ÷ 80% = 600(万元)

子公司非控股股东取得20%股权的推定成本 = 600 × 20% = 120(万元)

子公司完全收益 = 724 - 600 = 124(万元)

其中：

归属于母公司的收益 = 724 × 80% - 480 = 99.2(万元)

归属于非控股股东的收益 = 724 × 20% - 120 = 24.8(万元)

抵销分录如下：

借：实收资本(股本)　　5 000 000
　　资本公积　　1 200 000
　　盈余公积　　600 000
　　未分配利润　　440 000
　贷：长期股权投资　　4 800 000
　　　非控制性权益(少数股东权益)　　(6 000 000 × 20%) 1 200 000
　　　营业外收入　　1 240 000

合并工作底稿略。

3. 采用母公司理论。将母公司投资成本低于子公司净资产公允价值的差额计入当期损益，将子公司净资产公允价值与其账面价值的差额按母公司持股比例调整各项可辨认资产、负债的价值。

有关调整和抵销分录参见例2－5第三种做法。

4. 将合并差额先分配于有关资产价值，若仍有余额则确认为负商誉。在这种处理方法下，按实体理论编制的合并差额分配表见表2－15。

表2－15　合并差额分配表

2010年12月31日　　单位：万元

投资成本			480
减：拥有N公司净资产公允价值			579.2
负商誉			−99.2
净资产公允价值高于其账面价值的分配：			
	公允价值	账面价值	差额调整
应收账款	100	120	−20
存货	270	300	−30
固定资产	670	600	70
无形资产	40	30	10
长期应付款	(50)	(60)	10
合　计	1030	990	40

负商誉分配：

	公允价值大于账面价值	负商誉分配额	冲减账面价值	总调整金额
固定资产	70	93.615	23.615	−23.615
无形资产	10	5.585	0	4.415

负商誉分配比率计算如下：

$$固定资产分配比率 = 670 \div (670 + 40) = 94.37\%$$

$$无形资产分配比率 = 40 \div (670 + 40) = 5.63\%$$

$$固定资产分配的负商誉 = 99.2 \times 94.37\% = 93.615(万元)$$

$$无形资产分配的负商誉 = 99.2 \times 5.63\% = 5.585(万元)。$$

据表2－15及有关资料编制的调整分录和抵销分录如下：

	借方	贷方
(1)借：无形资产	44 150	
长期应付款	100 000	
合并差额	592 000	
贷：应收账款		200 000
存货		300 000

固定资产　236 150

(2)借:实收资本(股本)　5 000 000

资本公积　800 000

盈余公积　600 000

未分配利润　440 000

贷:长期股权投资　4 800 000

非控制性权益(少数股东权益)　1 249 600

合并差额　592 000

在实体理论下,如果还需推算出 N 公司非控股股东(少数股东)取得 20% 股权的价款 120 万元(480 ÷ 80% × 20%),并进而计算出非控股股东(少数股东)投资成本低于其拥有的 N 公司净资产公允的差额 24.8 万元(724 × 20% − 120)。本例中负商誉则为124 万元(724 − 480 − 120),负商誉分配表见表 2 − 16。

表 2 − 16　负商誉分配表

2010 年 12 月 31 日　　单位:万元

项　目	公允价值大于账面价值	负商誉分配	总调整金额
固定资产	70	124 × 94.37% = 117.02	−47.020 0
无形资产	10	124 × 5.63% = 6.98	3.020 0

据表 2 − 16 和有关资料编制的调整分录和抵销分录如下:

(1)借:无形资产　30 200

长期应付款　100 000

合并差额　840 000

贷:应收账款　200 000

存货　300 000

固定资产　470 200

(2)借:实收资本(股本)　5 000 000

资本公积　800 000

盈余公积　600 000

未分配利润　440 000

贷:长期股权投资　4 800 000

非控制性权益(少数股东权益)　1 200 000

合并差额　840 000

合并工作底稿略。

5. 下推会计方法。与前述相近,此处略。

第三节　权益结合法下合并日合并财务报表的编制

一、权益结合法下合并日合并财务报表编制的特点

当企业合并满足规定的条件时,可以采用权益结合法进行企业合并的会计处理。在我国,同一控制下的企业合并应采用权益结合法进行企业合并的会计处理。权益结合法下的企业合并形成母子公司关系的,母公司应当编制合并日的合并财务报表。在权益结合法下,合并日合并财务报表的编制具有以下特点。

第一,在合并日除了需要编制合并资产负债表外,还需要编制合并利润表和合并现金流量表。由于传统理论的权益结合法将企业合并视为合并前各企业股东权益在合并后新企业的联合和继续,因此,被合并方在合并前当年实现的利润,也要包括在合并后企业的利润中;同时,合并前被合并方的现金流入、流出也需要纳入合并后企业的现金流量中。为此,在合并日,母公司不仅需要编制合并资产负债表,也需要编制合并利润表和合并现金流量表。

在修订的权益结合法下,合并日也可不编制合并利润表和合并现金流量表,而以母公司个别利润表和个别现金流量表替代。

第二,被合并方的各项资产、负债及净资产,应当按其账面价值计量。因被合并方采用的会计政策与合并方不一致的,应按规定进行调整,以调整后的账面价值计量。既然权益结合法将企业合并视为股东权益的结合,不是合并方购买被合并方产权的交易行为,而且母公司在取得被投资单位股权时,一般不需要支付现金,主要采用发行权益性证券方式以换取被投资单位原有股东的普通股,因此,在权益结合法下,一般不存在购买价格。这样,不论合并方还是被合并方的资产、负债和净资产在合并资产负债表上均按账面价值计量,而不需要按公允价值计量。又由于合并方按取得的被合并方净资产的账面价值作为长期股权投资的初始投资成本,在编制合并日合并资产负债表时,只需抵销母公司对子公司长期股权投资和子公司所有者权益各项目,无须确认合并商誉或损益。

第三,在编制合并日合并利润表和合并现金流量表时,按照传统理论的权益结合法,合并利润表应当包括参与合并各方自合并当期期初至合并日所发生的收入、费用和利润;合并现金流量表应当包括参与合并各方自合并当期期初至合并日的现金流量。同时将母公司与子公司、子公司相互之间以现金投资或收购股权增加的投资所产生的现金流量予以抵销。

修订的权益结合法下,合并利润表应合并被合并方从合并日开始实现的净利

润；合并现金流量表应当合并被合并方从合并日开始形成的现金流量。

第四，如果参与合并各方在合并日前没有发生过内部交易，可将母公司和子公司在合并日编制的个别报表上的各相应项目金额直接相加求出合并金额；如果母公司和子公司在合并前的当年发生了相互之间的购销业务或债权、债务，那么，在编制合并日合并财务报表时，除了应抵销母公司对子公司长期股权投资与子公司所有者权益外，还应抵销与内部交易相关的内部销售收入和销售成本、内部利息收入和利息支出、内部应收款项和应付款项、内部现金流量等；如果在合并日前母公司持有子公司部分股权，则公司间发放的股利也应予以抵销，其抵销方法参见第三章。

修订的权益结合法下，在合并日合并财务报表中无须再抵销企业集团内部销售收入和销售成本、内部利息收支以及内部现金流量。

二、拥有子公司全部股权的合并日合并财务报表的编制

（一）以转让资产方式实现的企业合并

【例2－7】甲公司和乙公司为同一控制下的企业，2010年10月1日甲公司以银行存款600万元收购了乙公司100%的股权，乙公司当日将款项划拨给原投资者。2010年9月30日，甲、乙两公司个别财务报表资料见表2－17至表2－19。

表2－17 资产负债表（简表）

2010年9月30日　　单位：万元

项　目	甲公司	乙公司	
		账面价值	公允价值
货币资金（银行存款）	640	20	20
应收账款	100	180	150
存货	160	200	180
固定资产	900	300	400
资产总计	1 800	700	750
短期借款	190	50	50
应付账款	10	5	5
长期借款	300	145	145
负债合计	500	200	200
实收资本（股本）	800	250	250
资本公积	250	75	125
盈余公积	100	50	50
未分配利润	150	125	125
所有者权益合计	1 300	500	550
负债及所有者权益总计	1 800	700	750

表 2-18 利润表

2010 年 1~9 月　　单位:万元

项　目	甲公司	乙公司
一、营业收入	600	300
减:营业成本	350	150
营业税金及附加	4	2
销售费用	16	8
管理费用	38.5	18
财务费用(收益以"-"列示)	10.5	7
资产减值损失	30	17.5
加:公允价值变动收益(损失以"-"号列示)		
投资收益(损失以"-"号列示)		
其中:对联营企业和合营企业的投资收益		
二、营业利润(亏损以"-"号列示)	151	97.5
加:营业外收入	19	
减:营业外支出 其中:非流动资产处置损失	5	2.5
三、利润总额(亏损以"-"号列示)	165	95
减:所得税费用	50	30
四、净利润	115	65
五、每股收益		
(一)基本每股收益		
(二)稀释每股收益		
六、其他综合收益		
七、综合收益总额	115	65

表 2-19 现金流量表

2010 年 1~9 月　　单位:万元

项　目	甲公司	乙公司
一、经营活动产生的现金流量		
销售商品、提供劳务收到的现金	650	240
收到的税费返还		
收到其他与经营活动有关的现金		
经营活动现金流入小计	650	240
购买商品接受劳务支付的现金	175	100

续表

项　目	甲公司	乙公司
支付给职工以及为职工支付的现金	150	90
支付的各项税费	95	50
支付其他与经营活动有关的现金	30	10
经营活动现金流出小计	450	250
经营活动产生的现金流量净额	200	-10
二、投资活动产生的现金流量		
收回投资收到的现金	10	
取得投资收益收到的现金		
处置固定资产、无形资产和其他长期资产收回的现金净额	12	15
处置子公司及其他经营单位收到的现金净额		
收到其他与投资活动有关的现金		
投资活动现金流入小计	22	15
购建固定资产、无形资产和其他长期资产支付的现金	127	10
投资支付的现金		
取得子公司及其他经营单位支付的现金净额		
支付其他与投资活动有关的现金		1
投资活动现金流出小计	127	11
投资活动产生的现金流量净额	-105	4
三、筹资活动产生的现金流量		
吸收投资收到的现金		
取得借款收到的现金	100	50
收到其他与筹资活动有关的现金		
筹资活动现金流入小计	100	50
偿还债务支付的现金	150	40
分配股利、利润或偿付利息支付的现金	10	6.5
支付其他与筹资活动有关的现金		
筹资活动现金流出小计	160	46.5
筹资活动产生的现金流量净额	-60	3.5
四、汇率变动对现金的影响		
五、现金及现金等价物净增加额	35	-2.5

续表

项　目	甲公司	乙公司
加:期初现金及现金等价物余额	605	22.5
六、期末现金及现金等价物余额	640	20
补充资料:		
1. 净利润调节为经营活动现金流量		
净利润	115	65
加:资产减值准备	40	20
固定资产折旧、油气资产折耗、生产性生物资产折旧	60	25
无形资产摊销		
长期待摊费用摊销		
处置固定资产、无形资产和其他长期资产的损失(收益以"-"号填列)	-2	-1.5
固定资产报废损失(收益以"-"号填列)		
公允价值变动损失(收益以"-"号填列)		
财务费用(收益以"-"号填列)	9	6
投资损失(收益以"-"号填列)		
递延所得税资产减少(增加以"-"号填列)		
递延所得税负债增加(减少以"-"号填列)		
存货的减少(增加以"-"号填列)	-25	-100
经营性应收项目的减少(增加以"-"号填列)	8	5
经营性应付项目的增加(减少以"-"号填列)	-5	-29.5
其他		
经营活动产生的现金流量净额	200	-10
2. 不涉及现金收支的投资和筹资活动		
债务转为资本		
一年内到期的可转换公司债券		
融资租入固定资产		
3. 现金及现金等价物净变动情况		
现金的期末余额	640	20
减:现金的期初余额	605	22.5
加:现金等价物的期末余额		
减:现金等价物的期初余额		
现金及现金等价物净增加额	35	-2.5

假设母公司和子公司执行相同的会计政策、会计期间和资产负债表日相同，无须对个别报表进行调整。甲公司“资本公积”项目金额250万元中含股本溢价170万元。个别财务报表补充资料中涉及的甲、乙公司内部交易的资料有：①甲公司的应收账款中有当年销售商品应收乙公司货款4万元；②甲公司当年的营业收入中包含对乙公司的商品销售收入15万元；③乙公司存货中包含当期从甲公司购入商品形成的存货9万元，企业集团平均毛利率35%。

10月1日合并日，甲公司应编制的会计分录如下：

借：长期股权投资　　5 000 000
　资本公积　　1 000 000
　贷：银行存款　　6 000 000

甲公司据以登记入账后，重新编制合并日财务报表，再据以编制合并日合并财务报表，甲公司在合并工作底稿中编制的抵销分录如下：

(1)借：实收资本（股本）　　2 500 000
　　资本公积　　750 000
　　盈余公积　　500 000
　　未分配利润　　1 250 000
　贷：长期股权投资　　5 000 000

(2)借：应付账款　　40 000
　贷：应收账款　　40 000

(3)借：营业收入　　150 000
　贷：营业成本　　150 000

(4)借：营业成本　　(90 000×35%)31 500
　贷：存货　　31 500

(5)借：经营活动现金流量——购买商品接受劳务支付的现金
　　(150 000－40 000)110 000
　贷：经营活动现金流量——销售商品提供劳务收到的现金　　110 000

(6)借：投资活动现金流量——投资支付的现金　　6 000 000
　贷：筹资活动现金流量——吸收投资收到的现金　　6 000 000

除此之外，还应以甲公司股本溢价金额为限，结转乙公司留存收益中属于甲公司的份额。由于甲公司股本溢价仅有70万元(170－100)，因此，应按比例结转。

$$\text{应结转子公司盈余公积}=70\div175\times50=20(\text{万元})$$

$$\text{应结转子公司未分配利润}=70\div175\times125=50(\text{万元})$$

在合并工作底稿中编制的调整分录如下：

(7)借：资本公积　　700 000
　贷：盈余公积　　200 000

未分配利润　　500 000

上述抵销分录和调整分录(3)至(7)只在传统理论权益结合法下编制,在修订的权益结合法下无须编制。

2010 年 10 月 1 日,甲公司编制的合并工作底稿见表 2-20。

表 2-20　合并工作底稿

编制单位:甲公司　　2010 年 10 月 1 日　　单位:万元

项目	甲公司	乙公司	合计金额	抵销分录、调整分录		非控股股权(少数股权)	合并金额
				借方	贷方		
(利润表部分)							
一、营业收入	600	300	900	(3)15			885
减:营业成本	350	150	500	(4)3.15	(3)15		488.15
营业税金及附加	4	2	6				6
销售费用	16	8	24				24
管理费用	38.5	18	56.5				56.5
财务费用	10.5	7	17.5				17.5
资产减值损失	30	17.5	47.5				47.5
加:公允价值变动收益							
投资收益							
二、营业利润	151	97.5	248.5	18.15	15		245.35
加:营业外收入	19		19				19
减:营业外支出	5	2.5	7.5				7.5
三、利润总额	165	95	260	18.15	15		256.85
减:所得税费用	50	30	80				80
四、净利润	115	65	180	18.15	15		176.85
(一)归属于母公司所有者的净利润							
(二)非控股股东收益(少数股东收益)							
五、每股收益(略)							
六、其他综合收益							
(略)							
七、综合收益总额(略)							

续表

项目	甲公司	乙公司	合计金额	抵销分录、调整分录		非控股股权（少数股权）	合并金额
				借方	贷方		
（资产负债表部分）							
货币资金	40	20	60				60
交易性金融资产							
应收票据							
应收账款	100	180	280		（2）4		276
预付账款							
应收股利							
应收利息							
存货	160	200	360		（4）3.15		356.85
可供出售金融资产							
持有至到期投资							
投资性房地产							
长期股权投资	500		500		（1）500		
持有到期投资							
固定资产	900	300	1 200				1 200
固定资产净额							
生产性生物资产							
递延所得税资产							
无形资产							
商誉							
资产总计	1 700	700	2 400		507.15		1 892.85
短期借款	190	50	240				240
交易性金融资产							
应付票据							
应付账款	10	5	15	（2）4			11
预收账款							
应付职工薪酬							
应交税费							
应付利息							

续表

项目	甲公司	乙公司	合计金额	抵销分录、调整分录		非控股股权(少数股权)	合并金额
				借方	贷方		
应付股利							
预计负债							
长期借款	300	145	445				445
应付债券							
长期应付款							
专项应付款							
递延所得税负债							
负债合计	500	200	700	4			696
实收资本(或股本)	800	250	1 050	(1)250			800
资本公积	150	75	225	(1)75 (7)70			80
盈余公积	100	50	150	(1)50	(7)20		120
未分配利润	150	125	275	(1)125 18.15 #	(7)50 15#		196.85
减:库存股							
非控制性权益(少数股东权益)							
所有者权益合计	1 200	500	1 700	518.15	15		1 196.85
负债及所有者权益总计	1 700	700	2 400	522.15	15		1 892.85
(现金流量表部分)							
一、经济活动产生的现金流量:							
销售商品、提供劳务收到的现金	650	240	890		(5)11		879
收到的税费返还							
收到的其他与经营活动有关的现金							
现金流入小计	650	240	890		11		879
购买商品、接受劳务支付的现金	175	100	275	(5)11			264
支付给职工以及为职工支付的现金	150	90	240				240

续表

项目	甲公司	乙公司	合计金额	抵销分录、调整分录		非控股股权（少数股权）	合并金额
				借方	贷方		
支付的各项税费	95	50	145				145
支付的其他与经营活动有关的现金	30	10	40				40
现金流出小计	450	250	700	11			689
经营活动产生的现金流量净额	200	-10	190	11	11		190
二、投资活动产生的现金流量：							
收回投资收到的现金	10		10				10
取得投资收益收到的现金							
处置固定资产、无形资产和其他长期资产收回的现金净额	12	15	27				2
收到其他与投资活动有关的现金							
现金流入小计	22	15	37				37
购建固定资产、无形资产和其他长期资产支付的现金	127	10	137				137
投资支付的现金	600		600	(6)600			
支付的其他与投资活动有关的现金		1	1				1
现金流出小计	727	11	738	600			138
投资活动产生的现金流量净额	-705	4	-701	600			-101
三、筹资活动产生的现金流量：							
吸收投资收到的现金		600	600		(6)600		
其中：子公司吸收非控股股东（少数股东）权益性投资收到的现金							

续表

项目	甲公司	乙公司	合计金额	抵销分录、调整分录		非控股股权（少数股权）	合并金额
				借方	贷方		
取得借款收到的现金	100	50	150				150
收到其他与筹资活动有关的现金							
现金流入小计	100	650	750		600		150
偿还债务所支付的现金	150	40	190				190
分配股利、利润或偿付利息支付的现金 其中：子公司支付非控股股东（少数股东）的股利	10	6.5	16.5				16.5
支付的其他与筹资活动有关的现金							
其中：子公司依法减资支付给少数股东的现金							
现金流出小计	160	46.5	206.5				206.5
筹资活动产生的现金流量净额	-60	603.5	543.5		600		-56.5
四、汇率变动对现金的影响额							
五、现金及现金等价物净增加额	-565	597.5	32.5	611	611		32.5
加：期初现金及现金等价物余额	605	22.5	627.5				627.5
六、期末现金及现金等价物余额	40	620	660	611	611		660

注：#为期末未分配利润的合并金额，除应抵销125万元和50万元外，还应考虑利润表抵销项目引起的变化。

甲公司应根据合并工作底稿编制合并日合并资产负债表、合并利润表和合并现金流量表。为了有助于会计信息使用者了解合并利润表中净利润的构成，发生企业合并的当期,合并方在合并利润表中的"净利润"项下应单列"其中:被合并方在合并前实现的净利润"项目,以反映合并当期期初至合并日自被合并方带入的损益。合并日合并财务报表略。

在修订的权益结合法下,合并日可以仅编制合并资产负债表。

【例2-8】如果甲公司以银行存款470万元取得乙公司100%股权,则合并日应编制的会计分录如下:

	借	贷
借:长期股权投资	5 000 000	
贷:银行存款		4 700 000
资本公积		300 000

甲公司据以登记入账后,2010年10月1日,参照例2-7编制合并日个别财务报表。甲公司个别资产负债表的"银行存款"项目金额为170万元,"长期股权投资"项目金额为500万元,"资本公积"项目金额为280万元(其中股本溢价200万元),资产总计与负债及所有者权益总计均为1 830万元。甲公司和乙公司个别现金流量表的相关项目也应作相应调整。再参照表2-20根据个别财务报表编制合并日合并工作底稿和合并财务报表。在传统理论的权益结合法下,被合并方在合并前实现的留存收益应予以调整,调整时应在冲减资本公积的同时,结转子公司盈余公积50万元、未分配利润125万元,在合并工作底稿中应编制如下调整分录:

	借	贷
借:资本公积	1 750 000	
贷:盈余公积		500 000
未分配利润		1 250 000

在修订的权益结合法下,在合并工作底稿中无须编制上述调整分录,也无须编制合并利润表和合并现金流量表。

(二)以发行权益性证券方式实现的企业合并

【例2-9】仍以M公司控股合并N公司为例。如果M公司、N公司同为华西公司控制下的企业,2010年12月31日,M公司发行550万股每股面值1元的普通股股票,换取N公司股东持有的N公司每股1元的500万股普通股股票,同时发生审计、评估等直接相关费用40万元,发行证券的手续费等5万元。M公司和N公司在2010年12月31日的资产负债表见表2-21,本例不涉及的报表项目略,个别利润表和现金流量表略。M公司资本公积中有发行股票溢价收入3万元。M公司应收账款中有10万元为应收N公司当年货款。M公司营业收入中有25万元为对N公司销售商品取得的。N公司存货中有5万元为当年向M公司购货形成的,M公司当期销售毛利率为20%。当年M公司收到N公司货款15万元。

表 2-21　M 公司和 N 公司个别资产负债表资料

2010 年 12 月 31 日　　　　单位:万元

项　　目	M 公司	N 公司	合　计
货币资金(银行存款)	750	40	790
应收账款	30	120	150
存货	50	300	350
固定资产	650	600	1 250
无形资产	50	30	80
资产总计	1 530	1 090	2 620
短期借款	300	220	520
应付账款	50	26	76
长期借款	230	100	330
长期应付款	80	60	140
负债合计	660	406	1 066
实收资本(股本)	430	500	930
资本公积	64	80	144
盈余公积	200	60	260
未分配利润	176	44	220
所有者权益合计	870	684	1 554
负债及所有者权益总计	1 530	1 090	2 620

根据《企业会计准则第 20 号——企业合并》的规定,合并方取得的资产和负债应按被合并方的账面价值计量,净资产账面价值与支付的合并对价账面价值(或发生股份面值总额)的差额,应当调整资本公积;资本公积不足冲减的,调整留存收益。合并方为进行企业合并发生的各项直接相关费用,包括为进行企业合并而支付的审计费用、评估费用、法律服务费用等,应当于发生时计入当期损益。企业合并中发行权益性证券发生的手续费、佣金等费用,应当抵减权益性证券溢价收入,溢价收入不足冲减的,冲减留存收益。因而,M 公司对 N 公司长期股权投资成本应为 684 万元,M 公司银行存款减少 45 万元,列支管理费用 40 万元,冲减溢价收入 5 万元,形成股本溢价 134 万元,未分配利润减少 40 万元。

M 公司应编制的合并会计分录如下:

(1)借:长期股权投资　　6 840 000

　　贷:股本　　5 500 000

　　　　资本公积　　1 340 000

(2)借:管理费用　　400 000
　　资本公积　　50 000
　贷:银行存款　　450 000

在合并日,M 公司编制合并财务报表时,应编制如下抵销分录和调整分录:

(1)借:实收资本(股本)　　5 000 000
　　资本公积　　800 000
　　盈余公积　　600 000
　　未分配利润　　440 000
　贷:长期股权投资　　6 840 000

(2)借:应付账款　　100 000
　贷:应收账款　　100 000

(3)借:营业收入　　250 000
　贷:营业成本　　250 000

(4)借:营业成本　　(50 000×20%) 10 000
　贷:存货　　10 000

(5)借:经营活动现金流量——购买商品接受劳务支付的现金　　150 000
　贷:经营活动现金流量——销售商品提供劳务收到的现金　　150 000

(6)借:资本公积　　1 040 000
　贷:盈余公积　　600 000
　　未分配利润　　440 000

在修订的权益结合法下,无须编制抵销分录和调整分录(3)至(6)。

现将 M 公司编制的合并工作底稿的资产负债表部分列示于表 2-22。

表 2-22　M 公司合并工作底稿

2010 年 12 月 31 日　　单位:万元

项目	M 公司	N 公司	合计金额	抵销分录、调整分录		合并金额
				借方	贷方	
货币资金	705	40	745			745
应收账款	30	120	150		(2)10	140
存货	50	300	350		(4)1	349
长期股权投资	684		684		(1)684	
固定资产	650	600	1 250			1 250
无形资产	50	30	80			80
资产总计	2 169	1 090	3 259		695	2 564

续表

项目	M公司	N公司	合计金额	抵销分录、调整分录		合并金额
				借方	贷方	
短期借款	300	220	520			520
应付账款	50	26	76	(2)10		66
长期借款	230	100	330			330
长期应付款	80	60	140			140
负债合计	660	406	1 066	10		1 056
实收资本(股本)	980	500	1 480	(1)500		980
资本公积	193	80	273	(1)80 (6)104		89
盈余公积	200	60	260	(1)60	(6)60	260
未分配利润	136	44	180	(1)44 (4)1	(6)44	179
所有者权益合计	1 509	684	2 193	789	104	1 508
负债及所有者权益总计	2 169	1 090	3 259	799	104	2 564

三、拥有子公司部分股权的合并日合并财务报表的编制

拥有子公司部分股权时,其合并利润表和合并现金流量表的编制与拥有子公司全部股权的编制方法基本相同,这里仅阐述合并日合并资产负债表的编制方法。在编制合并资产负债表时,应首先确认非控制性权益(少数股东权益),然后再编制抵销分录。

【例2-10】沿用例2-7资料。如果甲公司以480万元取得乙公司80%的股权,甲公司“资本公积”项目金额250万元中含股本溢价170万元,则合并日10月1日甲公司编制的合并会计分录如下:

借:长期股权投资　　4 000 000
　资本公积　　800 000
　贷:银行存款　　4 800 000

甲公司在编制合并日合并财务报表时,首先计算非控制性权益(少数股东权益)和应结转的乙公司留存收益,再编制抵销分录和调整分录。

非控制性权益(少数股东权益)=500×20%=100(万元)

应结转子公司盈余公积=90÷175×50=25.714 3(万元)

应结转子公司未分配利润=90÷175×125=64.285 7(万元)

合并日编制的抵销分录和调整分录如下：

(1)借:实收资本(股本)　2 500 000
　　资本公积　750 000
　　盈余公积　500 000
　　未分配利润　1 250 000
　贷:长期股权投资　4 000 000
　　非控制性权益(少数股东权益)　(5 000 000×20%)1 000 000

(2)借:应付账款　40 000
　贷:应收账款　40 000

(3)借:营业收入　150 000
　贷:营业成本　150 000

(4)借:营业成本　(90 000×35%)31 500
　贷:存货　31 500

(5)借:经营活动现金流量——购买商品接受劳务支付的现金　110 000
　贷:经营活动现金流量——销售商品提供劳务收到的现金　110 000

(6)借:投资活动现金流量——投资支付的现金　4 800 000
　贷:筹资活动现金流量——吸收投资收到的现金　4 800 000

(7)借:资本公积　900 000
　贷:盈余公积　257 143
　　未分配利润　642 857

在修订的权益结合法下,无须编制抵销分录和调整分录(3)至(7)。

2010 年 10 月 1 日,甲公司编制的合并工作底稿见表 2－23。

表 2－23　合并工作底稿

2010 年 10 月 1 日　　单位:万元

项　目	甲公司	乙公司	合计金额	抵销分录、调整分录		非控股股权(少数股权)	合并金额
				借方	贷方		
(利润表部分)							
一、营业收入	600	300	900	(3)15			885
减:营业成本	350	150	500	(4)3.15	(3)15		488.15
营业税金及附加	4	2	6				6
管理费用	38.5	18	56.5				56.5
销售费用	16	8	24				24

续表

项　　目	甲公司	乙公司	合计金额	抵销分录、调整分录		非控股股权(少数股权)	合并金额
				借方	贷方		
财务费用	10.5	7	17.5				17.5
资产减值损失	30	17.5	47.5				47.5
加:公允价值变动净收益(减:净损失)							
投资净收益(减:净损失)	19		19				19
二、营业利润	170	97.5	267.5	18.15	15		264.35
加:营业外收入							
减:营业外支出	5	2.5	7.5				7.5
三、利润总额	165	95	260				256.85
减:所得税费用	50	30	80	18.15	15		80
四、净利润	115	65	180	18.15	15		176.85
(一)归属于母公司所有者的净利润							
(二)非控股股东(少数股东)收益							
五、每股收益							
六、其他综合收益							13
七、综合收益总额	115	65	180	18.15	15		176.85
(资产负债表部分)							
货币资金	160	20	180				180
交易性金融资产							
应收票据							
应收账款	100	180	280		(2)4		276
预付账款							
应收股利							
应收利息							
存货	160	200	360		(4)3.15		356.85
可供出售金融资产							
持有至到期投资							
投资性房地产							

续表

项　目	甲公司	乙公司	合计金额	抵销分录、调整分录		非控股股权（少数股权）	合并金额
				借方	贷方		
长期股权投资	400		400		(1)400		
固定资产	900	300	1 200				1 200
生产性生物资产							
递延所得税资产							
无形资产							
商誉							
资产总计	1 720	700	2 420		407.15		2 012.85
短期借款	190	50	240				240
交易性金融资产							
应付票据							
应付账款	10	5	15	(2)4			11
预收账款							
应付职工薪酬							
应交税费							
应付利息							
应付股利							
预计负债							
长期借款	300	145	445				445
应付债券							
长期应付款							
专项应付款							
递延所得税负债							
负债合计	500	200	700	4			696
实收资本（或股本）	800	250	1 050	(1)250			800
资本公积	170	75	245	(1)75 (7)90			80
盈余公积	100	50	150	(1)50	(7)25.7143		125.7145
未分配利润	150	125	275	(1)125 18.15 #	(7)64.2857 15#		211.1357
非控制性权益（少数股东权益）						(1)100	100

续表

项　目	甲公司	乙公司	合计金额	抵销分录、调整分录		非控股股权(少数股权)	合并金额
				借方	贷方		
减:库存股							
所有者权益合计	1 220	500	1 720	608.15	105	100	1 316.85
负债及所有者权益总计	1 720	700	2 420	612.15	105	100	2 012.85
(现金流量表部分)							
一、经济活动产生的现金流量:							
销售商品、提供劳务收到的现金	650	240	890		(5)11		879
收到的税费返还							
收到的其他与经营活动有关的现金							
现金流入小计	650	240	890		11		879
购买商品、接受劳务支付的现金	175	100	275	(5)11			264
支付给职工以及为职工支付的现金	150	90	240				240
支付的各项税费	95	50	145				145
支付的其他与经营活动有关的现金	30	10	40				40
现金流出小计	450	250	700	11			689
经营活动产生的现金流量净额	200	-10	190	11	11		190
二、投资活动产生的现金流量:							
收回投资收到的现金	10		10				10
取得投资收益收到的现金							
处置固定资产、无形资产和其他长期资产收回的现金净额	12	15	27				27
收到其他与投资活动有关的现金							

续表

项　目	甲公司	乙公司	合计金额	抵销分录、调整分录		非控股股权（少数股权）	合并金额
				借方	贷方		
现金流入小计	22	15	37				37
购建固定资产、无形资产和其他长期资产支付的现金	127	10	137				137
投资支付的现金	480		480	(6)480			
支付的其他与投资活动有关的现金		1	1				1
现金流出小计	607	11	618	480			138
投资活动产生的现金流量净额	-585	4	-581	480			-101
三、筹资活动产生的现金流量：							
吸收投资收到的现金		480	480		(6)480		
其中：子公司吸收非控股股东（少数股东）权益性投资收到的现金							
取得借款收到的现金	100	50	150				150
收到其他与筹资活动有关的现金							
现金流入小计	100	530	630		480		150
偿还债务所支付的现金	150	40	190				190
分配股利、利润或偿付利息支付的现金	10	6.5	16.5				16.5
其中：子公司支付非控股股东（少数股东）的股利							
支付的其他与筹资活动有关的现金							
其中：子公司依法减资支付给非控股股东（少数股东）的现金							
现金流出小计	160	46.5	206.5				206.5

续表

项　目	甲公司	乙公司	合计金额	抵销分录、调整分录		非控股股权(少数股权)	合并金额
				借方	贷方		
筹资活动产生的现金流量净额	-60	483.5	423.5		480		-56.5
四、汇率变动对现金的影响额							
五、现金及现金等价物净增加额	-445	477.5	32.5	491	491		32.5

在修订的权益结合法下，在合并工作底稿中无须列示合并利润表和合并现金流量表部分。

【例2-11】沿用例2-9资料，2010年12月31日，M公司发行440万股、每股面值1元的普通股股票，换取N公司股东持有的N公司每股1元的400万股普通股股票，同时发生审计、评估等相关直接费用32万元，发行证券的手续费等4万元。

M公司对N公司长期股权投资成本应为547.2万元(684×80%)。M公司银行存款减少36万元，其中列支管理费用32万元，冲减资本公积4万元。

合并日，M公司编制的合并会计分录如下：

(1)借：长期股权投资　5 472 000
　　贷：股本　4 400 000
　　　　资本公积　1 072 000

(2)借：管理费用　320 000
　　　　资本公积　40 000
　　贷：银行存款　360 000

M公司编制合并日合并财务报表时，编制的抵销分录和调整分录如下：

(1)借：实收资本(股本)　5 000 000
　　　　资本公积　800 000
　　　　盈余公积　600 000
　　　　未分配利润　440 000
　　贷：长期股权投资　5 472 000
　　　　非控制性权益(少数股东权益)　(6 840 000×20%)1 368 000

(2)借：应付账款　100 000
　　贷：应收账款　100 000

(3)借：营业收入　250 000

　　贷:营业成本　　250 000

(4)借:营业成本　　(50 000×20%)10 000

　　贷:存货　　10 000

(5)借:经营活动现金流量——购买商品接受劳务支付的现金　　150 000

　　贷:经营活动现金流量——销售商品提供劳务收到的现金　　150 000

(6)结转子公司留存收益中归属于母公司的部分

借:资本公积　　832 000

　贷:盈余公积　　480 000

　　未分配利润　　352 000

在修订的权益结合法下,无须编制抵销分录和调整分录(3)至(6)。

M 公司编制的合并工作底稿中的资产负债表部分见表 2-24。

表 2-24　M 公司合并工作底稿

2010 年 12 月 31 日　　单位:万元

项　目	M 公司	N 公司	合计金额	抵销分录、调整分录		非控股股权(少数股权)	合并金额
				借方	贷方		
货币资金	714	40	754				754
应收账款	30	120	150		(2)10		140
存货	50	300	350		(4)1		349
长期股权投资	547.2		547.2		(1)547.2		
固定资产	650	600	1 250				1 250
无形资产	50	30	80				80
资产总计	2 041.2	1 090	3 131.2		558.2		2 573
短期借款	300	220	520				520
应付账款	50	26	76	(2)10			66
长期借款	230	100	330				330
长期应付款	80	60	140				140
负债合计	660	406	1 066	10			1 056
实收资本(股本)	870	500	1 370	(1)500			870
资本公积	167.2	80	247.2	(1)80 (6)83.2			84
盈余公积	200	60	260	(1)60	(6)48		248
未分配利润	144	44	188	(1)44 (4)1	(6)35.2		178.2

续表

项　　目	M 公司	N 公司	合计金额	抵销分录、调整分录		非控股股权（少数股权）	合并金额
				借方	贷方		
非控制性权益（少数股东权益）						(1)136.8	136.8
所有者权益合计	1 381.2	684	2065.2	768.2	83.2	(1)136.8	1 517
负债及所有者权益总计	2 041.2	1 090	3 131.2	778.2	83.2	136.8	2 573

四、比较报表的编制

在传统理论的权益结合法下，将企业合并视为参与合并各方的股权联合，并假设在最终控制方开始实施控制时即以目前的状态存在，因此，在编制合并当期期末的比较报表时，应对前期比较报表进行调整。在编制合并资产负债表的比较报表时，由于企业合并发生在当期，前期合并方资产负债表上并不存在对被合并方的长期股权投资，因此，在将被合并方前期的有关资产、负债并入后，因合并而增加的净资产不能按被合并方原来的所有者权益项目和金额合并，而应将其一并调整为所有者权益项下的资本公积（资本溢价或股本溢价）。

【例 2－12】沿用例 2－7 资料，甲公司和乙公司为同一控制下的企业，2010 年 10 月 1 日甲公司收购了乙公司 100% 的股权。假定甲公司与乙公司在 2009 年未发生内部交易。

甲、乙公司 2009 年 12 月 31 日个别资产负债表资料见表 2－25。

表 2－25　资产负债表（简表）

2009 年 12 月 31 日　　　　单位：万元

项　　目	甲公司	乙公司
货币资金（银行存款）	500	40
应收账款	90	80
存货	100	150
固定资产	910	310
资产总计	1 600	580
短期借款	150	30
应付账款	35	10
长期借款	230	105
负债合计	415	145
实收资本（股本）	800	250
资本公积	250	75

续表

项　　目	甲公司	乙公司
盈余公积	88.5	43.5
未分配利润	46.5	66.5
所有者权益合计	1 185	435
负债及所有者权益总计	1 600	580

在合并工作底稿中编制的调整分录如下：

(1)借：实收资本　　2 500 000
　　资本公积　　750 000
　　盈余公积　　435 000
　　未分配利润　　665 000
　贷：资本公积　　4 350 000

同时，对于乙公司在2009年以前实现的留存收益中归属于甲公司的部分应自资本公积转入留存收益。

(2)借：资本公积　　1 100 000
　贷：盈余公积　　435 000
　　　未分配利润　　665 000

合并资产负债表比较报表合并工作底稿见表2－26。

表2－26　比较资产负债表合并工作底稿

2009年12月31日　　单位：万元

项　目	甲公司	乙公司	调整分录借方	调整分录贷方	合并金额
货币资金（银行存款）	500	40			540
应收账款	90	80			170
存货	100	150			250
固定资产	910	310			1 220
资产总计	1 600	580			2 180
短期借款	150	30			180
应付账款	35	10			45
长期借款	230	105			335
负债合计	415	145			560
实收资本（股本）	800	250	(1)250		800
资本公积	250	75	(1)75 (2)110	(1)435	575

续表

项　目	甲公司	乙公司	调整分录借方	调整分录贷方	合并金额
盈余公积	88.5	43.5	(1)43.5	(2)43.5	132
未分配利润	46.5	66.5	(1)66.5	(2)66.5	113
所有者权益合计	1 185	435	545	545	1 620
负债及所有者权益总计	1 600	580	545	545	2 180

根据比较资产负债表合并工作底稿,即可编制比较合并资产负债表。

合并利润表和合并现金流量表的比较报表编制比较简单。在比较期间没有发生内部交易的情况下,可以将合并方和被合并方的比较报表相关项目的金额分别求和,即可作为比较合并财务报表各项目的合并金额;而在比较期间发生内部交易的情况下,可以比照合并日合并利润表和合并现金流量表的编制方法,在合并工作底稿中编制抵销分录,抵销内部交易重复计算的营业收入、营业成本和现金流量后,编制比较合并利润表和比较合并现金流量表。

在修订的权益结合法下,合并方在编制合并当期期末的比较报表时,不应将合并取得的被合并方前期有关财务状况、经营成果和现金流量等并入前期合并财务报表。也就是说,在修订的权益结合法下,合并当期的比较报表不包含当年被合并子公司的个别财务报表资料,因此无须作上述比较报表的调整。

本章中,我们分别采用购买法和权益结合法对购并日合并财务报表的编制作了论述。从中可以看出,权益结合法下合并日合并财务报表的编制比较简单,但是,其权益结合法的应用受到严格限制;购买法下购买日合并财务报表的编制,由于涉及子公司净资产在合并财务报表上按公允价值计价,还涉及合并商誉或损益(或负商誉)的处理,因而较为复杂,但是,合并的结果更能体现市场经济条件下企业合并的实质,提供的会计信息较为准确,也更有相关性。如果在购买法下采用下推会计的观点,则将大大简化合并财务报表的编制工作。由于权益结合法下的合并财务报表的编制较为简单,因此,本书第三章将重点论述购买法下购买日后合并财务报表的编制方法。鉴于第三章内容较多,因此,仅根据我国《企业会计准则第 33 号——合并财务报表》及《企业会计准则解释》的相关规定,探讨购并日后合并财务报表的编制,不再介绍其他学者的观点和各国的不同会计处理方法。

思考题、练习题及阅读书目

一、思考题

1. 简述合并财务报表的三种合并理论的区别及其对合并财务报表编制的影响。

2. 如何确定合并财务报表的合并范围?

3. 购并日合并财务报表有什么特点?

4. 购买法和权益结合法的购并日合并财务报表的编制程序和编制方法有何区别?

5. 说明调整分录、抵销分录和会计分录的性质及其区别。

6. 在购买法下,母公司等于、高于、低于子公司净资产公允价值购入子公司全部或部分股权,在合并财务报表编制上的异同。

7. 为什么需要确认完全商誉? 在合并财务报表中如何确认完全商誉?

8. 如何理解下推会计? 我国企业适用下推会计吗?

9. 在权益结合法下,如何编制合并日合并资产负债表、合并利润表和合并现金流量表? 采用修订的权益结合法还有必要编制合并日合并利润表和合并现金流量表吗?

二、练习题

1. 练习、掌握全资子公司情况下购买日合并财务报表的编制,不考虑所得税影响。

[资料]2010 年 12 月 31 日,甲公司采用控股合并方式购买乙公司 100% 的股权,支付价款 200 万元。甲、乙两公司为非同一控制下的企业。甲、乙两公司购买日编制的个别资产负债表及乙公司净资产公允价值资料见表 2 – 27。

表 2 – 27　　单位:万元

资产负债表项目	甲公司	乙公司	乙公司净资产公允价值
银行存款	8	5	5
交易性金融资产	44	3	3
应收账款	84	21	21
存货	144	36	40
长期股权投资	200	30	30
固定资产	700	150	170
无形资产	40	10	12
资产总计	1 220	255	281
短期借款	64	16	16
应付账款	90	23	23
长期借款	156	30	30

续表

<table>
<tr><th>资产负债表项目</th><th>甲公司</th><th>乙公司</th><th>乙公司净资产公允价值</th></tr>
<tr><td>长期应付款</td><td>100</td><td>34</td><td>34</td></tr>
<tr><td>股本</td><td>440</td><td>60</td><td rowspan="4">+26
=178</td></tr>
<tr><td>资本公积</td><td>200</td><td>61</td></tr>
<tr><td>盈余公积</td><td>70</td><td>17</td></tr>
<tr><td>未分配利润</td><td>100</td><td>14</td></tr>
<tr><td>负债及所有者权益总计</td><td>1 220</td><td>255</td><td>281</td></tr>
</table>

另外,甲公司应收账款中有20万元为应收乙公司货款,未计提坏账准备。

[要求]

(1)分配合并差额并确认商誉。

(2)编制购买日合并财务报表的调整分录和抵销分录。

(3)编制合并工作底稿。

2. 练习、掌握全资子公司情况下购买日合并财务报表的编制,不考虑所得税影响。

[资料]2010年12月31日,甲公司采用控股合并方式购买乙公司100%的股权,支付价款100万元。甲、乙两公司为非同一控制下的企业。甲、乙两公司购买日编制的个别资产负债表及乙公司净资产公允价值资料见表2-28。

表2-28　　单位:万元

资产负债表项目	甲公司	乙公司	乙公司净资产公允价值
银行存款	8	5	5
交易性金融资产投资	144	3	3
应收账款	84	21	21
存货	144	36	21
长期股权投资	100	30	30
固定资产	700	150	130
无形资产	40	10	12
资产总计	1 220	255	222
短期借款	64	16	16
应付账款	90	23	23
长期借款	156	30	30

续表

<table>
<tr><th>资产负债表项目</th><th>甲公司</th><th>乙公司</th><th>乙公司净资产公允价值</th></tr>
<tr><td>长期应付款</td><td>100</td><td>34</td><td>34</td></tr>
<tr><td>股本</td><td>440</td><td>60</td><td rowspan="4">119</td></tr>
<tr><td>资本公积</td><td>200</td><td>61</td></tr>
<tr><td>盈余公积</td><td>70</td><td>17</td></tr>
<tr><td>未分配利润</td><td>100</td><td>14</td></tr>
<tr><td>负债及所有者权益总计</td><td>1 220</td><td>255</td><td>222</td></tr>
</table>

另外，甲公司应收账款中有20万元未应收乙公司货款，未计提坏账准备。

[要求]

(1)分配合并差额并确认损益。

(2)编制购买日合并财务报表的调整分录和抵销分录。

(3)编制合并工作底稿。

3. 练习、掌握非全资子公司情况下购买日合并财务报表的编制，不考虑所得税影响。

[资料]2010年12月31日，甲公司采用控股合并方式购买乙公司80%的股权，支付价款161.6万元，对乙公司实施控制。甲、乙两公司为非同一控制下的企业。甲、乙两公司购买日编制的个别资产负债表及乙公司净资产公允价值资料见表2-27。其他资料同本章练习题1。

[要求]

(1)分配合并差额并确认不完全商誉和完全商誉。

(2)编制购买日合并财务报表的调整分录和抵销分录(分别按不完全商誉和完全商誉编制)。

(3)编制合并工作底稿。

4. 练习非全资子公司情况下购买日合并财务报表的编制，不考虑所得税影响。

[资料]沿用练习题2资料，如果甲公司以90.2万元购入乙公司80%的股权。其他资料同本章练习题2。

[要求]

(1)分配合并差额并确认损益(分别按不完全损益和完全损益确认)。

(2)编制购买日合并财务报表的调整分录和抵销分录。

(3)编制合并工作底稿。

5. 练习、掌握权益结合法下合并日合并财务报表的编制，不考虑所得税影响。

[资料]沿用练习题1资料，甲公司和乙公司为同一控制下的企业。甲公司发行80万股、每股面值1元、市价2元的普通股股票，换取乙公司股东持有的乙公司

普通股股票的80%，另支付股票发行费用0.16万元、其他相关费用0.54万元。其他资料同本章练习题1。

［要求］

(1)编制甲公司取得乙公司80%股权的相关会计分录。

(2)编制合并日合并财务报表的抵销分录。

(3)编制合并工作底稿。

三、阅读书目

1. 教材第二章《购并日的合并财务报表》。

2.《国际财务报告准则》(2011年)、《国际财务报表准则第3号——企业合并》、《国际财务报告准则第10号——合并财务报表》。

3.《企业会计准则第20号——企业合并》,2006年。

4.《企业会计准则——应用指南》2006年、《企业会计准则第20号——企业合并》应用指南、《企业会计准则第33号——合并财务报表》应用指南。

5.《企业会计准则讲解》,人民出版社(2010年版),第二十一章《企业合并》、第三十四章《合并财务报表》第二节《合并资产负债表》。

6.《企业会计准则解释》第1至6号。

7. 理查德·贝克等著,赵小鹿译:《高级财务会计》,人民邮电出版社(2011年版),第一章《企业并购核对其他实体的投资》、第三章《报告主体与合并财务报表》、第四章《全资子公司的合并》、第五章《非全资子公司的合并》。

8. 李玉环著:《合并财务报表》,经济科学出版社(2011年版),第一章《合并财务报表概述》、第二章《合并财务报表的合并范围与编制原则及程序》、第三章《长期股权投资与所有者权益的合并处理(一)》。

9. 常勋主编:《高级财务会计》,辽宁人民出版社(2009年版),第二篇第四章《企业合并、联营与合营》;第五章《合并财务报表的编制》第一节和第二节。

10. 陈信元主编:《高级财务会计》,上海财经大学出版社(2011年版),第一章《企业合并》、第二章《购并日的合并财务报表》。

11. 陈保郎主译:《普华永道国际财务报告准则实务指引第二十五章业务合并》,中国财政经济出版社(2011年版)。

12. 中国注册会计师协会编:《2014年度注册会计师全国统一考试辅导教材·会计》,中国财政经济出版社(2014年版),第二十四章《企业合并》、第二十五章《合并财务报表》第一至五节。

13. 石本仁主编:《高级财务会计》,中国人民大学出版社(2011年版),第二章《长期股权投资与企业合并》、第三章《合并财务报表编制的基本程序与方法》第一、二节。

14. 张文贤主编:《高级财务会计》,首都经济贸易大学出版社(2003年版),第五章《合并财务报表》第二、三、四节。

15. [美] E. 约翰 · 拉森著，张文贤主译：《现代高级会计》，东北财经大学出版社（1999 年版），第六章《购受日的合并财务报表》。

16. 中国注册会计师教育教材编审委员会：《高级财务会计》（2002 年版），第一篇第二章《购并日的合并财务报表》。

17.《企业会计准则第 33 号——合并财务报表》，2014 年 2 月。

第三章　购并日后的合并财务报表

导　读

本章框图

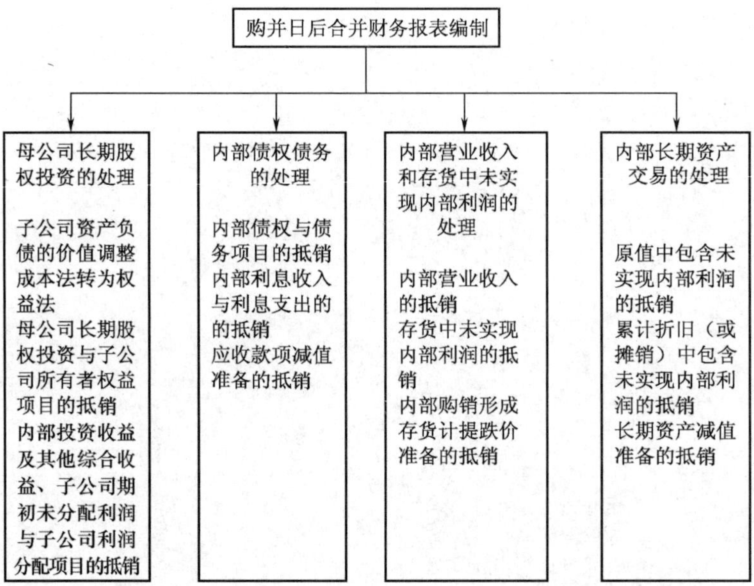

框图说明:购并日后合并财务报表的编制涉及的调整项目有两大项:一是将子公司资产、负债和净资产的账面价值调整为公允价值;二是将母公司对子公司长期股权投资核算由成本法转为权益法核算。涉及的抵销项目有四大类八大项,其中八大项为:①母公司长期股权投资与子公司所有者权益项目的抵销;②母公司内部投资收益、子公司期初未分配利润与子公司利润分配项目的抵销;③内部债权债务项目的抵销;④内部利息收入和利息支出的抵销;⑤内部营业收入和存货中包含的未实现内部销售利润的抵销;⑥内部长期资产交易的抵销;⑦内部交易形成的资产计提的减值准备的抵销;⑧内部现金流量的抵销。其中第①②⑦⑧项可以归于第一大类,与母公司长期股权投资项目直接相关的抵销;第③④⑤⑧项可以归于第二大类，与内部债权债务相关的抵销；第⑤⑦⑧项可以归于第三大类，与内部存货交易相关的抵销；第⑥⑦⑧项可以归于第四大类，与内部长期资产交易相关的抵销。在编制调整分录和抵销分录时，除第二章涉及的注意事项外，还应注意以下问题：①哪些抵销项目涉及跨年度连续编报调整期初未分配利润；②子公司资产、负债账面价值的调整与商誉的确认或留存收益的调整；③内部交易形成的资产计提的减值准备抵销的方法；④资产逆销与顺销在抵销处理上的区别；⑤内部交易形成资产中包含的未实现内部利润及计提的资产减值准备对母公司长期股权投资、内部投资收益、非控制性权益（少数股东权益）和非控股股东损益（少数股东损益）抵销的影响。关于合并现金流量表和合并所有者权益变动表的编制所需要抵销的项目虽然也可以归于以上四大类抵销项目中，但是，一方面，合并现金流量表和合并所有者权益变动表还可以采用其他方法编制；另一方面，也为了使合并工作底稿简捷易读，所以这两张合并财务报表将单独阐述。

第一节　母公司对子公司长期股权投资的处理

在企业合并以后的各会计期间，不论企业合并采用购买法还是权益结合法，不论是同一控制下的控股合并还是非同一控制下的控股合并，母公司所编制的购并日后合并财务报表都比购并日复杂得多。这是因为：其一，需要编制的合并财务报表种类多了，为了全面、完整地反映企业集团的财务状况、经营成果和现金流量，各报告期末母公司都必须编制合并资产负债表、合并利润表、合并现金流量表和合并所有者权益变动表四张基本报表及其附注说明；其二，需要抵销的项目多了，母公司与子公司以及子公司相互之间会发生商品购销、劳务的供受、债权债务、投资筹资、利润形成与分配等繁多的内部交易，都应予以抵销处理；其三，涉及跨年度连续编报调整期初未分配利润；其四，涉及内部交易形成的固定资产折旧、无形资产摊销的抵销处理；其五，涉及合并商誉的减值测试和内部交易形成资产计提减值准备的抵销处理；等等。关于购并日后合并财务报表的编制，需要说明以下几点。

第一，合并财务报表编制程序中，最关键的环节是编制调整分录、抵销分录和合并工作底稿，因此，我们在论述合并财务报表编制方法时，主要讨论如何编制调整分录和抵销分录，并在合并工作底稿上计算出各项目的合并金额，不分别单独论述每一张合并财务报表的编制方法。

第二，本章第一至四节所论述的调整、抵销处理项目，主要涉及合并资产负债表和合并利润表合并金额的编制；本章第五节探讨合并现金流量表和合并所有者权益变动表的编制。

第三，采用不同的企业合并会计处理方法，其购并日和购并日后的合并财务报表的编制方法都是有区别的。在购买法下,需要以购买日子公司各项可辨认资产、负债的公允价值为基础,将各会计期末子公司可辨认资产、负债的账面价值调整为公允价值,同时还会涉及商誉的减值处理等。于是导致购买法比权益结合法的购并日后合并财务报表的编制要复杂一些。因此,本章将主要以购买法为例说明购买日后合并财务报表的编制方法,而对在权益结合法下合并日后合并财务报表的编制方法仅作简要说明。也就是说,本章主要探讨购买日后非同一控制下控股合并的合并财务报表的编制方法。

一、长期股权投资核算的会计处理方法及其转换

长期股权投资的后续计量有成本法和权益法两种方法。按照2014年3月财政部颁发的修订后的《企业会计准则第2号——长期股权投资》的规定,投资企业对被投资单位具有共同控制或重大影响的长期股权投资应当采用权益法核算;投资企业对被投资单位实施控制的长期股权投资应当采用成本法核算。可见,不论同一控制下的企业合并还是非同一控制下的企业合并,母公司对子公司的长期股权投资日常核算应当采用成本法。但是,按照2006年颁发的《企业会计准则第33号——合并财务报表》和《国际财务报告准则》的规定,在编制合并财务报表时,应当按照权益法调整母公司对子公司的长期股权投资。

修订后的《企业会计准则第2号——长期股权投资》规定,对被投资单位无控制、无共同控制、无重大影响的长期股权投资改按《企业会计准则第22号——金融工具确认和计量》核算,不再按成本法核算。2014年2月颁发的修订后的《企业会计准则第33号——合并财务报表》未明确在编制合并财务报表时,对子公司投资是按成本法列示,还是按权益法列示。本书在编制合并财务报表时对子公司投资仍按权益法列示,在会计实务中也可以按成本法列示。

(一)长期股权投资核算的成本法和权益法

采用成本法核算长期股权投资时,长期股权投资应当按照初始投资成本计量。追加或收回投资应当调整长期股权投资的成本。被投资单位宣告分配现金股利或利润时,投资企业应当按持股比例计算享有的金额,并确认为当期投资收益,不调整长期股权投资的账面价值。

采用权益法核算该项长期股权投资,有如下特点:

1. 长期股权投资初始投资成本大于投资时应享有被投资单位可辨认净资产公允价值份额的,不调整长期股权投资的初始投资成本;长期股权投资初始投资成本小于投资时应享有被投资单位可辨认净资产公允价值份额的,其差额计入当期损益,同时调整长期股权投资的初始投资成本。

2. 投资企业取得长期股权投资后,应当按照应享有的或应分担的被投资单位实现的净损益的份额,确认投资损益并调整长期股权投资账面价值。投资企业按

照被投资单位宣告分派的现金股利或利润计算应分得的部分，相应减少长期股权投资账面价值。投资企业确认被投资单位发生的净亏损，应以长期股权投资账面价值以及其他实质上构成对被投资单位净投资的长期权益减至零为限。投资企业负有承担额外损失的情况除外。被投资单位以后实现净利润的，投资企业在其投资分享额弥补未确认的亏损分担额后，恢复确认收益分享额。

3. 投资企业在确认应享有的被投资单位净损益的份额时，应当以取得投资时被投资单位各项可辨认资产等的公允价值为基础，对被投资单位的净利润进行调整后确认。

4. 投资企业对被投资单位净损益以外的其他原因导致的净资产变动，其经济实质表明属于投资企业利得或损失的，应确认其他综合收益并调整长期股权投资的账面价值。

5. 投资企业计算确认应享有或应分担被投资单位的净损益时，与被投资单位之间发生的未实现内部交易损益按照持股比例计算属于投资企业的部分，应当予以抵销，在此基础上确认投资损益。投资企业对于纳入其合并范围的子公司与该投资企业的联营企业及合营企业之间发生的未实现内部交易损益，也应当按照上述原则进行抵销，在此基础上确认投资损益。投资企业与被投资单位发生的未实现内部交易损失，按照《企业会计准则第 8 号——资产减值》等规定属于资产减值损失的，应当全额确认。

（二）成本法与权益法的转换

成本法转为权益法有两种情况：一是在个别财务报表中，投资企业因处置投资导致对被投资单位的影响能力由控制转为具有重大影响或者与其他投资方一起实施共同控制，首先应按处置或收回投资的比例结转应终止确认的长期股权投资成本，在此基础上，对剩余股权应当由成本法改按权益法核算，并视同取得时即采用权益法核算进行调整。二是母公司在编制合并财务报表时，如果对子公司投资按权益法列示，则需要在合并工作底稿中将母公司对子公司按成本法核算的长期股权投资按权益法进行调整。

在个别财务报表上，投资企业因追加投资等原因由原来对被投资单位实施共同控制或重大影响达到对被投资单位实施控制的，应当由权益法改按成本法核算，比照通过多次交易实现的企业合并进行会计处理。

可见，母公司对其子公司长期股权投资的日常核算应当采用成本法，但是，在编制合并财务报表时，如果需要对子公司投资按权益法列示，则应当通过编制调整分录，将以成本法核算的长期股权投资账面价值和投资收益，按权益法的要求进行调整。

下面以实例说明在编制合并财务报表时，如何在合并工作底稿上将长期股权投资的投资收益由成本法调整为权益法。

【例3-1】甲公司和乙公司为非同一控制下的企业，均为增值税一般纳税企业，所得税税率为25%。有关业务资料如下：

(1)2010年1月1日，甲公司以1 550万元取得乙公司60%股权，对乙公司实施控制。2009年1月1日，乙公司净资产公允价值为2 550万元，其中股本1 500万元，资本公积100万元，盈余公积250万元，未分配利润700万元。

(2)2010年4月10日，乙公司董事会提出利润分配方案，分配现金股利100万元，提取盈余公积45万元；4月20日，股东大会审议通过董事会的利润分配方案，并于当日对外宣告利润分配方案；5月15日，乙公司实际发放现金股利。

(3)2010年，乙公司实现的净利润为600万元。

(4)2011年5月1日，乙公司董事会提出利润分配方案，按2009年实现的净利润提取10%法定盈余公积，分配现金股利200万元，分配股票股利100万元。并于6月2日在股东大会上获得批准并实施，6月10日发放现金股利。

(5)2011年，乙公司可供出售金融资产公允价值上升50万元。

(6)2011年，乙公司实现净利润1 000万元。

2010年甲公司资产负债表和利润表有关项目数字如下：

按成本法确认的长期股权投资项目余额 = 1 550(万元)

按成本法确认的投资收益 = 60 (万元)

在编制合并财务报表时，应作如下调整：

按权益法确认的长期股权投资项目余额 = 1 550 - 100 × 60% + 600 × 60% = 1 850(万元)

按权益法确认的投资收益 = 600 × 60% = 360(万元)

在编制合并财务报表时，将长期股权投资由成本法转为权益法，应编制如下调整分录：

借：长期股权投资　　(18 500 000 - 15 500 000)3 000 000

　贷：投资收益　　3 000 000

合并商誉 = 1 550 - 2 550 × 60% = 20(万元)

2011年，甲公司资产负债表和利润表有关项目数字如下：

按成本法确认的长期股权投资项目余额 = 1 550(万元)

按成本法确认的投资收益 = 200 × 60% = 120(万元)

在合并财务报表时，应作如下调整：

按权益法确认的长期股权投资项目余额

= 1 850 - 200 × 60% + 50 × 75% × 60% + 1 000 × 60%

= 1 850 - 120 + 22.5 + 600 = 2 352.5(万元)

按权益法确认的投资收益 = 1 000 × 60% = 600(万元)

合并商誉 = 20(万元)

在编制合并财务报表时，将长期股权投资由成本法转为权益法，应编制如下调整分录：

借：长期股权投资　　(23 525 000 - 15 500 000)8 025 000
　贷：投资收益　　(6 000 000 - 1 200 000)4 800 000
　　资本公积　　225 000
　　未分配利润——年初　　3 000 000

这里需要说明的是，长期股权投资核算权益法可以分为简单权益法（不完全权益法）和复杂权益法（完全权益法）。

简单权益法（不完全权益法）的特征有：①长期股权投资初始投资成本按购买成本计量；②会计期末，将享有的被投资单位账面净利润的份额确认为投资损益，并相应调整长期股权投资账面价值；③收到现金股利或利润时，冲减长期股权投资账面价值。

复杂权益法（完全权益法）除具有简单权益法的特征外，对长期股权投资的初始计量和后续计量还包括以下内容：①调整初始投资成本小于按持股比例享有的被投资企业净资产公允价值的差额，并计入当期损益，同时调增长期股权投资初始投资成本；②在计算享有的被投资单位净利润份额时，应先将被投资单位各项可辨认资产、负债的账面价值调整为公允价值，同时调整相关的折旧和摊销；③在计算母公司享有的子公司净利润份额时，还应先抵销母公司与子公司之间未实现内部交易损益；④在计算投资企业享有被投资企业净利润份额时，投资企业与其联营企业、合营企业之间未实现的内部交易损益也应予以抵销。

我国日常对联营企业、合营企业投资采用简单权益法核算，而在编制个别财务报表和合并财务报表时，应将母公司对子公司长期股权投资核算的成本法或对联营企业、合营企业投资核算的简单权益法转换为复杂权益法。

二、母公司对子公司长期股权投资项目与子公司所有者权益项目的抵销处理

母公司对子公司进行表决权资本投资，表现为以下两种情况。

第一种情况，母公司放弃现金或非现金资产取得对子公司长期表决权资本投资。在这种情况下，母公司某项现金或非现金资产减少，而长期股权投资增加，并列示于母公司个别财务报表；而在子公司的账簿上，增加了现金或非现金资产，同时也增加了所有者权益，并列示于子公司个别财务报表。母公司根据个别财务报表编制合并工作底稿时，其加总的合计金额栏，资产和所有者权益项目发生增减变动。但是，从企业集团这个会计主体看，母公司对子公司的长期股权投资相当于母公司将其资金拨付给内部核算单位，并不会引起企业集团资产、负债和所有者权益的增减变动。因此，母公司在编制合并财务报表时，应在合计金额的基础上，将母公司对子公司长期股权投资与子公司所有者权益项目予以抵销。

第二种情况，母公司通过发行普通股股票，换取子公司股东持有的子公司普通

股股票。在这种情况下,母公司长期股权投资增加,同时所有者权益增加,并列示于母公司个别财务报表;而子公司的账簿上,所有者权益金额没有发生变化,只是子公司的股东已由原有投资者变为母公司。母公司根据个别财务报表编制合并工作底稿时,其加总的合计金额栏,资产和所有者权益项目同时以相等金额增加。但是,从企业集团这个会计主体看,母公司发行普通股股票交换子公司原有股东持有的子公司股票,并不会引起企业集团资产增加;同时,企业集团的所有者权益金额就是母公司所有者权益金额,合计金额栏明显重复计算了子公司所有者权益。因此,母公司在编制合并报表时,应在合计金额的基础上,将母公司对子公司长期股权投资项目和子公司所有者权益项目予以抵销。

如果子公司之间相互进行长期股权投资,也应当比照母公司对子公司长期股权投资项目与子公司所有者权益项目的抵销方法进行抵销处理。

本章例题按《企业会计准则第33号——合并财务报表》及其应用指南和讲解的规定编制合并工作底稿,不再涉及"下推会计"等其他处理方法。

(一)拥有子公司全部股权的抵销处理

母公司拥有子公司全部股权时,子公司可称为母公司的全资子公司。在这种情况下,应将母公司对子公司长期股权投资金额与子公司所有者权益各项目的金额全额抵销。具体抵销时又有以下三种情况。

1. 按子公司净资产公允价值购入(且公允价值等于其账面价值)。在这种情况下,应先在合并工作底稿中,根据个别财务报表资料通过编制调整分录将母公司长期股权投资由成本法调整为权益法,然后再抵销母公司对子公司长期股权投资与子公司所有者权益各项目。

【例3-2】沿用例2-1资料。假设2010年12月31日,M公司以684万元购入N公司全部股权。2011年N公司实现净利润80万元(假设为已抵销企业集团内部交易后的净利润,后例均同),宣告分配现金股利50万元,提取盈余公积12万元。M公司和N公司2011年12月31日个别资产负债表资料见表3-1,其中M公司应收N公司股利50万元。

表3-1 M公司和N公司个别资产负债表资料

2011年12月31日　　单位:万元

资　产	M公司	N公司	负债及所有者权益	M公司	N公司
货币资产	361.6	144	短期借款	370	120
交易性金融资产	72		应付票据	90	60
应收票据	80	100	应付账款	227	76
应收账款	108	90	应付股利	200	50

续表

资　产	M公司	N公司	负债及所有者权益	M公司	N公司
应收股利	50		应付职工薪酬	30	1
预付账款	34		长期借款	210	100
存货	208	200	应付债券	160	
持有到期投资		100	长期应付款	50	60
长期股权投资	684		实收资本(股本)	430	500
(对子公司)			资本公积	64	80
固定资产	560	520	盈余公积	236	72
无形资产	45	27	未分配利润	135.6	62
资产总计	2 202.6	1 181	负债及所有者权益总计	2 202.6	1 181

应编制如下调整分录和抵销分录:

(1)将长期股权投资由成本法转为权益法

借:长期股权投资　　(800 000 - 500 000)300 000

　贷:投资收益　　300 000

(2)将母公司长期股权投资与子公司所有者权益各项目予以抵销

借:实收资本(股本)　　5 000 000

　资本公积——年初　　800 000

　盈余公积——年初　　600 000

　　　　——本年　　120 000

　未分配利润——年初　　440 000

　　　　　——本年　　(800 000 - 500 000 - 120 000)180 000

　贷:长期股权投资　　(6 840 000 + 300 000)7 140 000

(3)借:应付股利　　500 000

　　贷:应收股利　　500 000

合并工作底稿略。

需要说明以下三点:

第一,调整分录(1)既涉及合并资产负债表项目的调整,也涉及合并利润表的调整。

第二,抵销分录(2)既涉及合并资产负债表的抵销,也涉及合并所有者权益变动表的抵销,为了合并所有者权益变动表的抵销,“实收资本(或股本)”、“资本公积”、“盈余公积”和“未分配利润”项目,应分别注明年初余额和本年增加金额。

第三,如果子公司除净损益以外所有者权益发生增减变动,如子公司持有的可供出售金融资产公允价值变动计入资本公积的金额,在成本法下不确认母公司享有的份额,而在权益法下应当予以确认。因此,在编制合并财务报表时,也应在编制合并工作底稿中编制调整分录,由成本法调整为权益法。假设母公司在子公司除净损益以外所有者权益的其他变动中所享有的份额为50万元,则应编制如下调整分录:

借:长期股权投资　　500 000

　贷:资本公积——其他资本公积　　500 000

以后年度连续编报时,应与母公司享有的子公司净损益的份额一并调整长期股权投资。本例调整的享有净损益金额为30万元 ,调整的享有净损益以外的金额为50万元,在下年度编制合并工作底稿时,应编制如下调整分录:

借:长期股权投资　　800 000

　贷:未分配利润——年初　　300 000

　　资本公积——年初　　500 000

2. 高于子公司净资产公允价值购入(且子公司公允价值高于其账面价值)。在这种情况下,首先应当调整子公司净资产公允价值大于其账面价值的差额,将子公司相关资产、负债的账面价值调整为公允价值;其次将母公司长期股权投资由成本法调整为权益法,需要注意的是,在权益法下,投资企业在确认应享有的被投资单位净损益的份额时,应当以取得投资时被投资单位各项可辨认资产等的公允价值为基础,对被投资单位的净利润进行调整后确认;再次,将母公司对子公司长期股权投资成本大于子公司净资产公允价值的差额,确认为商誉。

【例3-3】沿用例2-2资料。假设2010年12月31日,M公司以740万元购入N公司全部股权724万元。2011年N公司实现净利润80万元,宣告分派现金股利50万元,提取盈余公积12万元;M公司实现净利润195.6万元,提取盈余公积36万元,宣告分派现金股利200万元。不考虑所得税因素。2011年12月31日M公司和N公司个别资产负债表资料见表3-1。

根据表3-1,在编制合并财务报表时,应当以购买日确定的N公司各项可辨认资产、负债的公允价值为基础对子公司财务报表进行调整。调整时,需要编制价值差额摊销表和相应的调整分录和抵销分录。价值差额摊销表见表3-2,其中应收账款和存货已于2010年收回和生产领用;固定资产和无形资产均采用直线法按10年计提折旧和摊销,固定资产为生产设备;商誉不予摊销,应进行减值测试,如果本期末商誉发生减值,应将减值损失计入当期损益,并将商誉按减值后的净额列示于合并财务报表,假设本期商誉未发生减值。

表 3－2　价值差额摊销表　　单位:万元

项目	价差构成	当年摊销额				累计摊销额	尚待摊销额
		营业成本	管理费用	资产减值损失	合计		
应收账款	－20			－20	－20	－20	0
存货	－30	－30			－30	－30	0
固定资产	70	7			7	7	63
无形资产	10		1		1	1	9
长期应付款	10		2		2	2	8
合计	40	－23	3	－20	－40	－40	80

应编制如下调整分录和抵销分录:

(1)借:固定资产　700 000
　　无形资产　100 000
　　长期应付款　100 000
　贷:应收账款　200 000
　　存货　300 000
　　资本公积　400 000

(2)借:应收账款　200 000
　　存货　300 000
　　管理费用　30 000
　贷:固定资产　70 000
　　无形资产　10 000
　　长期应付款　20 000
　　营业成本　230 000
　　资产减值损失　200 000

(3)借:长期股权投资　(800 000－500 000＋400 000)700 000
　贷:投资收益　700 000

(4)借:实收资本(股本)　5 000 000
　　资本公积——年初　1 200 000
　　盈余公积——年初　600 000
　　　　——本年　120 000
　　未分配利润——年初　440 000
　　　　——本年
　　(800 000－500 000－120 000＋400 000)580 000

商誉 160 000

贷:长期股权投资 (7 400 000 + 700 000)8 100 000

(5)借:应付股利 500 000

贷:应收股利 500 000

合并工作底稿略。

3. 低于子公司净资产公允价值购入(且公允价值高于其账面价值)。在这种情况下,首先,将子公司各项资产、负债和净资产的账面价值调整为公允价值;其次,应在合并工作底稿中将母公司长期股权投资由成本法调整为权益法;再次,将母公司长期股权投资与子公司所有者权益各项目予以抵销,并将初始投资成本小于购买日子公司净资产公允价值的差额调整留存收益。

【例 3 - 4】沿用第二章例 2 - 3 资料,2010 年 12 月 31 日,M 公司以 600 万元购入 N 公司全部股权。2011 年 N 公司实现净利润 80 万元,宣告分派现金股利 50 万元,提取盈余公积 12 万元;M 公司实现净利润 220 万元,宣告分派现金股利 224.4 万元,提取盈余公积金 36 万元。2011 年 12 月 31 日,M 公司"长期股权投资"账户余额为 600 万元,N 公司所有者权益各项目总额为 714 万元(684 + 80 - 50),两者差额为 114 万元,包含两项内容:①长期股权投资初始投资成本低于子公司净资产账面价值 84 万元;②按成本法确认的投资收益低于按权益法确认的投资收益 30 万元。

2011 年 12 月 31 日,M 公司在编制合并工作底稿和合并财务报表时,可比照表 3 - 2 编制价值差额摊销表,据以编制的调整分录和抵销分录(1)至(3)和(5)同例 3 - 3,抵销分录(4)如下:

(4)借:实收资本(股本) 5 000 000

资本公积——年初 1 200 000

盈余公积——年初 600 000

——本年 120 000

未分配利润——年初 440 000

——本年

(800 000 - 500 000 - 120 000 + 400 000)580 000

贷:长期股权投资 (6 000 000 + 700 000)6 700 000

未分配利润——年初 1 240 000

其合并工作底稿略。

(二)拥有子公司部分股权的抵销处理

母公司拥有子公司部分股权时,子公司可称为非全资子公司。在这种情况下,应将母公司对子公司长期股权投资金额与子公司所有者权益中母公司所拥有的份额相抵销。子公司所有者权益中不属于母公司的份额,在合并财务报表中称为非控制性权益(少数股东权益)。在合并工作底稿中编制抵销分录时,应先将子公司所有者权益总额按母公司和非控股股东(少数股东)持股比例,计算出母公司拥有的份额和非控制性权益(少数股东权益),再按以下三种情况进行抵销处理。

1. 按子公司净资产公允价值购入部分股权(且公允价值等于其账面价值)。在这种情况下,应先在合并工作底稿中根据个别财务报表资料,通过编制调整分录将母公司长期股权投资由成本法调整为权益法,然后再抵销母公司对子公司长期股权投资与子公司所有者权益各项目,并同时确认非控制性权益(少数股东权益)。

【例3-5】沿用例2-5和例3-2资料,2010年12月31日,M公司以547.2万元购入N公司80%股权。2010年N公司实现净利润80万元,宣告分派现金股利50万元,提取盈余公积金12万元。M公司和N公司2010年12月31日个别资产负债表的简化表格见表3-3。

表3-3 单位:万元

资 产	M公司	N公司	负债及所有者权益	M公司	N公司
流动资产	1 040.4	534	流动负债	917	307
长期股权投资			长期负债	420	160
对子公司	547.2		实收资本(股本)	430	500
其他投资		100	资本公积	64	80
固定资产	560	520	盈余公积	236	72
无形资产	45	27	未分配利润	125.6	62
资产总计	2 192.6	1 181	负债及所有者权益总计	2 192.6	1 181

据表3-3可知,N公司所有者权益总额为714万元,M公司拥有571.2万元,非控股股东(少数股东)拥有142.8元,应编制如下调整分录和抵销分录:

(1)将长期股权投资由成本法转为权益法

借:长期股权投资 〔(800 000-500 000)×80%〕240 000

　贷:投资收益 240 000

(2)将母公司长期股权投资与子公司所有者权益各项目予以抵销

借:实收资本(股本) 5 000 000

　资本公积——年初 800 000

　盈余公积——年初 600 000

　　　　——本年 120 000

　未分配利润——年初 440 000

　　　　——本年 (800 000-500 000-120 000)180 000

贷:长期股权投资 (5 472 000 + 240 000)5 712 000

非控制性权益(少数股东权益) 1 428 000

(3)借:应付股利 400 000

贷:应收股利 400 000

合并工作底稿略。

2. 高于子公司净资产公允价值购入部分股权(且公允价值高于其账面价值)。在这种情况下,首先,应将子公司各项资产、负债和净资产的账面价值调整为公允价值;其次,将母公司长期股权投资由成本法调整为权益法;再次,抵销母公司对子公司长期股权投资和子公司所有者权益各项目,并同时确认商誉和非控制性权益(少数股东权益)。

【例3-6】沿用例2-5和例3-3资料,2010年12月31日,M公司以600万元购入N公司净资产公允价值的80%。2011年,M公司实现净利润185.6万元,宣告分派现金股利200万元,提取盈余公积金36万元;N公司实现净利润80万元,宣告分派现金股利50万元,提取盈余公积金12万元。2011年12月31日,M公司和N公司个别资产负债表资料见表3-4。

2011年12月31日,M公司在编制合并工作底稿和合并财务报表时,可比照表3-2先编制价值差额摊销表,再据以编制如下调整分录和抵销分录:

(1)借:固定资产 700 000

无形资产 100 000

长期应付款 100 000

贷:应收账款 200 000

存货 300 000

资本公积 400 000

(2)借:应收账款 200 000

存货 300 000

管理费用 30 000

贷:固定资产 70 000

无形资产 10 000

长期应付款 20 000

营业成本 230 000

资产价值损失 200 000

(3)借:长期股权投资 [(800 000 - 500 000 + 400 000) × 80%]560 000

贷:投资收益 560 000

(4)经过调整后的子公司所有者权益总额为794万元、母公司长期股权投资为656万元(600 + 56),确认的非控制性权益(少数股东权益)为158.8万元(794 ×

20%)。由于商誉经测试未发生减值,仍为购买日确认的 20.8 万元。

借:实收资本(股本)　5 000 000

　资本公积——年初　1 200 000

　盈余公积——年初　600 000

　　　　——本年　120 000

　未分配利润——年初　440 000

　　　　——本年　(800 000 - 500 000 - 120 000 + 400 000)580 000

　商誉　208 000

　贷:长期股权投资　(6 000 000 + 560 000)6 560 000

　　非控制性权益(少数股东权益)　1 588 000

如果确认完全商誉,应确认完全商誉 26 万元(见本书第二章),非控制性权益(少数股东权益)为 164 万元。

借:实收资本(股本)　5 000 000

　资本公积——年初　1 200 000

　盈余公积——年初　600 000

　　　　——本年　120 000

　未分配利润——年初　440 000

　　　　——本年　(800 000 - 500 000 - 120 000 + 400 000)580 000

　商誉　260 000

　贷:长期股权投资　(6 000 000 + 560 000)6 560 000

　　非控制性权益

　　(少数股东权益)　[1 500 000 + (300 000 + 400 000) × 20%]1 640 000

(5)借:应付股利　400 000

　　贷:应收股利　400 000

据此编制的合并工作底稿见表 3 - 4。

表 3 - 4　M 公司合并工作底稿

2011 年 12 月 31 日　　单位:万元

项目	M 公司	N 公司	合计金额	抵销分录、调整分录		非控股股权(少数股权)	合并金额
				借方	贷方		
货币资金	445.6	144	589.6				589.6
交易性金融资产	72		72				72
应收票据	80	100	180				180
应收账款	108	90	198	(2)20	(1)20		198

续表

项目	M公司	N公司	合计金额	抵销分录、调整分录		非控股股权(少数股权)	合并金额
				借方	贷方		
预付账款	34		34				34
应收股利	40		40		(5)40		
存货	208	200	408	(2)30	(1)30		408
长期股权投资	600		600	(3)56	(4)656		
持有至到期投资		100	100		(2)7		100
固定资产	560	520	1 080	(1)70	(2)1		1 143
无形资产	45	27	72	(1)10			81
商誉				(4)20.8			20.8
资产总计	2 192.6	1 181	3 373.6	206.8	754		2 826.4
短期借款	370	120	490				490
应付票据	90	60	150				150
应付账款	227	76	303				303
应付职工薪酬	30	1	31				31
应付股利	200	50	250	(5)40			210
长期借款	210	100	310				310
应付债券	160		160				160
长期应付款	50	60	110	(1)10	(2)2		102
负债合计	1 337	467	1 804	50	2		1 756
实收资本(股本)	430	500	930	(4)500			430
资本公积	64	80	144	(4)120	(1)40		64
盈余公积	236	72	308	(4)72			236
未分配利润	125.6	62	187.6	(4)102	(2)40 (3)56		181.6
非控制性权益(少数股东权益)						(4)158.8	158.8
所有者权益合计	855.6	714	1 569.6	794	136	158.8	1 070.4
负债及所有者权益总计	2 192.6	1 181	3 373	844	138	158.8	2 826.4

如果确认完全商誉，则表3-4确认的完全商誉应为26万元(见本书第二章)，非控制性权益(少数股东权益)为164万元。

3. 低于子公司净资产公允价值购入部分股权(且公允价值大于账面价值)。在这种情况下,首先,将子公司各项资产、负债和净资产的账面价值调整为公允价值;其次,应在合并工作底稿中将母公司长期股权投资由成本法调整为权益法;再次,将母公司长期股权投资与子公司所有者权益各项目予以抵销,并将初始投资成本小于购买日子公司净资产公允价值的差额调整留存收益。

【例3-7】沿用例2-8和例3-4资料。假设2010年12月31日,M公司以480万元购入N公司净资产账面价值684万元、公允价值724万元的80%,2011年,N公司实现净利润80万元,宣告分派现金股利50万元,提取盈余公积12万元;M公司实现净利润220万元,宣告分派现金股利224.4万元,提取盈余公积金36万元。M公司长期股权投资账户余额应为480万元。2011年12月31日,M公司和N公司个别资产负债表及合并工作底稿资料见表3-5。

应编制的调整分录和抵销分录(1)至(3)和(5)与例3-6相同,抵销分录(4)如下:

(4)

借:实收资本(股本)　　5 000 000
　　资本公积——年初　　1 200 000
　　盈余公积——年初　　600 000
　　　　　　——本年　　120 000
　　未分配利润——年初　　440 000
　　　　　　　——本年　(800 000-500 000-120 000+400 000)580 000
贷:长期股权投资　　(4 800 000+560 000)5 360 000
　　非控制性权益(少数股东权益)　　(7 940 000×20%)1 588 000
　　未分配利润——年初　　992 000

表3-5　M公司合并工作底稿

2011年12月31日　　　　单位:万元

项　目	M公司	N公司	合计金额	抵销分录、调整分录		非控股股权(少数股权)	合并金额
				借方	贷方		
货币资金	565.6	144	709.6				709.6
交易性金融资产	72		72				72
应收票据	80	100	180				180
应收账款	108	90	198	(2)20	(1)20		198
预付账款	34		34				34
应收股利	40		40		(5)40		

续表

项　目	M公司	N公司	合计金额	抵销分录、调整分录		非控股股权(少数股权)	合并金额
				借方	贷方		
存货	208	200	408	(2)30	(1)30		408
长期股权投资	480		480	(3)56	(4)536		
持有至到期投资		100	100				100
固定资产	560	520	1 080	(1)70	(2)7		1 143
无形资产	45	27	72	(1)10	(2)1		81
资产总计	2 192.6	1 181	3 373.6	186	634		2 925.6
短期借款	370	120	490				490
应付票据	90	60	150				150
应付账款	227	76	303				303
应付职工薪酬	30	1	31				31
应付股利	200	50	250	(5)40			210
长期借款	210	100	310				310
应付债券	160		160				160
长期应付款	50	60	110	(1)10	(2)2		102
负债合计	1 337	467	1 804	50	2		1 756
实收资本(股本)	430	500	930	(4)500			430
资本公积	64	80	144	(4)120	(1)40		64
盈余公积	236	72	308	(4)72			236
未分配利润	125.6	62	187.6	(4)102	(2)40 (3)56 (4)99.2		280.8
非控制性权益(少数股东权益)						(4)158.8	158.8
所有者权益合计	855.6	714	1 569.6	794	235.2	158.8	1 169.6
负债及所有者权益总计	2 192.6	1 181	3 373.6	844	237.2	158.8	2 925.6

如果确认完全收益，则表3－5确认的完全收益应为124万元(见本书第二章)，非控制性权益(少数股东权益)为134万元。

借：实收资本(股本)　　　　5 000 000

　　资本公积——年初　　　　1 200 000

盈余公积——年初　600 000
　　——本年　120 000
未分配利润——年初　440 000
　　——本年　(800 000 - 500 000 - 120 000 + 400 000) 580 000
贷:长期股权投资　(4 800 000 + 560 000) 5 360 000
　非控制性权益(少数股东权益)
　　[1 200 000 + (300 000 + 400 000) × 20%] 1 340 000
　未分配利润——年初　1 240 000

合并工作底稿略。

(三)商誉减值

企业合并所形成的商誉,至少应当在每年年度终了进行减值测试。吸收合并和新设合并所形成的商誉反映在企业设置的“商誉”账户和个别财务报表的“商誉”项目。控股合并所形成的商誉,通过在合并工作底稿中编制抵销分录确认,并列示于合并资产负债表的“商誉”项目。商誉发生的减值损失,应当冲减吸收合并和新设合并形成商誉的账面价值或冲减控股合并形成商誉的合并资产负债表“商誉”项目。

1. 商誉减值测试的特殊性。企业合并所形成的商誉难以与其相关的资产分离,属于不可辨认的资产,难以独立产生现金流量。因此,商誉应当结合与其相关的资产组或资产组组合进行减值测试。这些相关的资产组或资产组组合应当是能够从企业合并的协调效益中收益的资产组或资产组组合,但不应当大于按照分部报告准则所确定的报告分部。

为了进行包括商誉在内的资产组或资产组组合的减值测试,应当自购买日起按照合理的方法将商誉的账面价值分摊至相关的资产组,难以分摊至资产组的,应当将其分摊至相关的资产组组合。分摊时,应当按照各资产组或资产组组合的公允价值占相关资产组或资产组组合公允价值总额的比例进行分摊。公允价值难以可靠计量的,应当按照各资产组或资产组组合的账面价值占相关资产组或资产组组合账面价值总额的比例进行分摊。

企业因重组等原因改变了其报告结构,从而影响到已分摊商誉的一个或若干个资产组或资产组组合构成的,应当按照合理的分摊方法,将商誉重新分摊至受影响的资产组或资产组组合。

对于已分摊商誉的资产组或资产组组合,不论是否存在可能发生减值的迹象,每年年末都应当通过比较包含商誉在内的资产组或资产组组合的账面价值与可收回金额,进行减值测试。当包含商誉在内的资产组或资产组组合的可收回金额低于其账面价值时,应当确认相应的减值损失,并按顺序将其抵减商誉和各项资产的账面价值。

2. 商誉减值测试的方法。

首先,应当判断与商誉相关的资产组或资产组组合有无减值迹象。存在下列迹象的,表明资产组或资产组组合可能发生了减值。

(1)预计的市价当期大幅度下跌,其跌幅明显高于因时间的推移或正常使用而预计的下跌。

(2)企业经营所处的经济、技术或者法律等环境以及资产所处的市场在当期或将在近期发生重大变化,从而对企业产生不利影响。

(3)有证据表明资产已经陈旧过时或者其实体已经损坏。

(4)资产已经或者将被闲置、终止使用或者计划提前处置。

(5)企业内部报告的证据表明资产的经济绩效已经低于或者将低于预期,如资产所创造的净现金流量或者实现的营业利润(或者亏损)远远低于(或者高于)预计金额等。

(6)其他表明资产可能已经发生减值的迹象。

其次,如果与商誉相关的资产组或资产组组合存在减值迹象,则对不包含商誉的资产组或资产组组合进行减值测试,计算可收回金额,并与相关的账面价值相比较,确认相应的减值损失。

可收回金额的估计,应当根据其公允价值减去处置费用后的净额与其预计未来现金流量的现值两者之间较高者确定。通常需要同时估计包含商誉在内的资产组或资产组组合的公允价值减去处置费用的净额和预计未来现金流量的现值,只要其中一项超过了包含商誉在内的资产组或资产组组合的账面价值,就表明资产组或资产组组合没有发生减值。

如果资产组或资产组组合可收回金额低于其账面价值,应当确认相应的减值损失。

再次,对包含商誉的资产组或资产组组合进行减值测试,比较这些相关资产组或资产组组合包含所分摊商誉的账面价值与可收回金额,如果相关资产组或资产组组合的可收回金额低于其账面价值,应当就其差额确认资产减值损失。

减值损失金额应当先抵减分摊至资产组或资产组组合中商誉的账面价值,再根据资产组或资产组组合中除商誉之外的其他各项资产的账面价值所占的比重,按比例抵减其他各项资产的账面价值。

以上资产账面价值的抵减,应作为各项资产(包括商誉)的减值损失处理,计入当期损益,并形成相应的资产减值准备。抵减后的各项资产账面价值不得低于以下三者之一的较高者:①该资产的公允价值减去处置费用后的净额;②该资产预计未来现金流量的现值;③零。因此而导致的未能分摊的减值损失,应当按照相关资产组或资产组组合中其他各项资产的账面价值所占的比重,再次进行分配。

3. 吸收合并和新设合并形成商誉减值的会计处理示例。

【例3－8】2007年1月1日，甲公司支付银行存款1 240万元吸收合并乙公司，乙公司在购买日各项资产的公允价值为2 000万元，各项负债的公允价值为800万元，净资产公允价值为1 200万元，企业合并形成的商誉为40万元（1 240－1 200）。甲公司取得的与商誉相关的资产组由A、B、C三台设备构成，其取得成本分别为40万元、60万元和100万元。使用年限均为10年，以年限平均法计提折旧，预计净残值为零。A、B、C三台设备均无法单独产生现金流量。至2010年12月31日前，每年年末对由A、B、C三台设备构成的资产组进行减值测试都未出现过减值迹象。

2011年12月31日，包含商誉在内的该资产组发生减值迹象。A、B、C三台设备的账面价值分别为：20万元、30万元和50万元，账面价值合计为100万元；A设备公允价值减去处置费用后的净额为15万元，B、C设备无法合理估计公允价值和处置费用。该资产组未来现金流量的现值为60万元。

购买日按照设备账面价值的比例，分摊到A、B、C设备的商誉分别为8万元、12万元和20万元。2011年12月31日，包含商誉在内的资产组账面价值为140万元。

（1）不包含商誉的资产组减值损失＝100－60＝40（万元）

（2）包含商誉的资产组减值损失＝140－60＝80（万元）

减值损失的分摊见表3－6。

表3－6

单位：万元

项　目	商誉	设备A	设备B	设备C	合计
商誉和不含商誉的设备账面价值	40	20	30	50	140
包含商誉的设备账面价值	－40	28	42	70	140
可收回金额					60
减值损失					80
抵减商誉的账面价值		－8	－12	－20	－40
抵减商誉后的减值损失					40
减值损失的分摊比例		20%	30%	50%	
分摊的减值损失		－5	－12	－20	－37
分摊后的账面价值	0	15	18	30	
尚未分摊的减值损失					3
二次分摊减值损失的比例			37.5%	62.5%	
二次分摊的减值损失			－1.125	－1.875	－3
确认的减值损失总额	40	5	13.125	21.875	80
二次分摊后的账面价值	0	15	16.875	28.125	60

甲公司编制如下会计分录：

借:资产减值损失——商誉	400 000	
——A 设备	50 000	
——B 设备	131 250	
——C 设备	218 750	
贷:商誉减值准备		400 000
固定资产减值准备——A 设备		50 000
——B 设备		131 250
——C 设备		218 750

4. 控股合并形成商誉减值的会计处理。控股合并形成商誉减值与吸收合并、新设合并形成商誉减值在会计处理上有以下不同：

(1)无须编制商誉减值的会计分录。这是因为:①企业合并形成的商誉,并不在母公司账簿和个别报表中反映,只是在母公司编制合并财务报表时,通过编制合并工作底稿,抵销母公司长期股权投资与子公司所有者权益各项目时予以确认,并列示于合并资产负债表的;②商誉的减值,应在合并工作底稿中以调整分录列示,从而抵减合并资产负债表确认的商誉价值,并增加合并利润表的资产减值损失,减少合并营业利润。

例 3 - 8 若为控股合并,则甲公司在合并工作底稿中应编制如下抵销分录：

借:资产减值损失	800 000	
贷:商誉——商誉减值准备		400 000
固定资产——固定资产减值准备		400 000

以后会计期间在编制合并财务报表时,对于以前会计期间计提的商誉减值准备应当调整期初未分配利润,编制如下抵销分录：

借:未分配利润——年初	800 000	
贷:商誉——商誉减值准备		400 000
固定资产——固定资产减值准备		400 000

(2) 合并商誉的两种不同抵销方法。在控股合并方式下,在合并财务报表中按以下两种方法确认商誉价值。

第一,只确认归属于母公司的商誉。在这种方法下,合并商誉是母公司的合并成本与其拥有的子公司净资产公允价值份额的差额,即归属于母公司股东权益的商誉,不包括子公司归属于非控制性权益(少数股东权益)的商誉。因此,当包含商誉在内的资产组发生减值时,首先抵销的只是归属于母公司的商誉。

第二,确认包含归属于非控制性权益(少数股东权益)商誉的完全商誉。因此,当包含商誉在内的资产组发生减值时,首先抵销的应是包含归属于子公司非控制性权益(少数股东权益)商誉在内的完全商誉账面价值,并确认包含归属于非控制性权益（少数股东权益）商誉在内的商誉减值损失。这种处理方法更为合理，这是因为，在对商誉相关的资产组或资产组组合进行减值测试时，由于其可收回金额预计包括了归属于非控制性权益（少数股东权益）商誉价值部分，为了使测试建立在一致的基础上，企业应当调整资产组或资产组组合的账面价值，使其包含归属于非控制性权益（少数股东权益）的商誉，然后再将其与可收回金额进行比较，确定资产组是否发生减值。

【例3－9】例3－8资料中，假设甲公司支付992万元取得乙公司80%的股权。其他资料不变。

（1）归属于母公司甲公司的商誉＝992－1 200×80%＝32（万元）

（2）归属于乙公司非控制性权益（少数股东权益）的商誉

＝（992÷80%－1 200）×20%＝8（万元）

（3）母公司不包含商誉的资产组减值损失＝100－60＝40（万元）

（4）母公司包含商誉的资产组减值损失＝132－60＝72（万元）

（5）考虑归属于子公司非控制性权益（少数股东权益）商誉的资产减值损失

＝140－60＝80（万元）

（6）非控制性权益（少数股东权益）商誉的减值损失＝8（万元）

（7）不确认归属于非控制性权益商誉，确认商誉减值时也不考虑非控制性权益（少数股东权益）商誉的减值损失，分摊见表3－7。

表3－7　　单位：万元

项　目	商誉	设备A	设备B	设备C	合计
账面价值	32	20	30	50	132
可收回金额					60
减值损失					72
抵减商誉的账面价值	－32				－32
抵减商誉后的减值损失					40
减值损失的分摊比例		20%	30%	50%	
分摊的减值损失		－5	－12	－20	－37
分摊后的账面价值	0	15	18	30	
尚未分摊的减值损失					30
二次分摊减值损失的比例			37.5%	62.5%	
二次分摊的减值损失			－1.125	－1.875	－3
确认的减值损失总额	32	5	13.125	21.875	72
二次分摊后的账面价值	0	15	16.875	28.125	60

控股合并方式下，购并日后发生的商誉减值损失，应在合并工作底稿中作如下调整分录：

借：资产减值损失　　720 000

　贷：商誉——商誉减值准备　　320 000

　　固定资产——固定资产减值准备　　400 000

以后会计期间在编制合并财务报表时，对于以前会计期间计提的商誉减值准备应当调整期初未分配利润，编制如下抵销分录：

借：未分配利润——年初　　720 000

　贷：商誉——商誉减值准备　　320 000

　　固定资产——固定资产减值准备　　400 000

（8）采用实体理论确认不完全商誉时，确认商誉减值也需考虑非控制性权益（少数股东权益）商誉，则需要调整归属于非控制性权益（少数股东权益）的商誉。这是因为，在合并财务报表中确认的商誉，是母公司的合并成本与其拥有的子公司净资产份额的差额，即归属于母公司股东权益的商誉，不包括子公司归属于非控制性权益（少数股东权益）的商誉。因此，在对商誉相关的资产组或资产组组合进行减值测试时，由于其可收回金额的预计包括了归属于非控制性权益（少数股东权益）的商誉价值部分，为了使测试建立在一致的基础上，企业应当调整资产组或资产组组合的账面价值，使其包含归属于非控制性权益（少数股东权益）的商誉，然后再将其与可收回金额进行比较，确定资产组是否发生减值。

如果资产组或资产组组合发生减值，首先应抵减包含非控制性权益（少数股东权益）商誉在内的商誉的账面价值，并确认包含非控制性权益（少数股东权益）应负担商誉在内的商誉减值损失。但是，在合并财务报表中只反映归属于母公司的商誉及其减值损失，因此需要将商誉减值损失在母公司和非控股股东（少数股东）之间进行分摊，确定确认归属于母公司的商誉减值损失。其减值损失的分摊见表3－8。

表3－8　　单位：万元

项　目	商誉	设备A	设备B	设备C	合计
账面价值	32	20	30	50	132
未确认的归属于非控制性权益（少数股东权益）的商誉价值	8				8
调整后的账面价值	40	20	30	50	140
可收回金额					60
减值损失					80

续表

项　目	商誉	设备 A	设备 B	设备 C	合计
抵减商誉的账面价值	-40				-40
抵减商誉后的减值损失					40
减值损失的分摊比例		20%	30%	50%	
分摊的减值损失		-5	-12	-20	-37
分摊后的账面价值	0	15	18	30	
尚未分摊的减值损失					3
二次分摊减值损失的比例			37.5%	62.5%	
二次分摊的减值损失			-1.125	-1.875	-3
确认的减值损失总额	40	5	13.125	21.875	80
二次分摊后的账面价值	0	15	16.875	28.125	60

购并日后发生的商誉减值损失,应在合并工作底稿中编制的调整分录和抵销分录同(7)。

(9)采用实体理论,确认完全商誉的减值损失分摊见表3-9。

表3-9　　单位:万元

项　目	商誉	设备 A	设备 B	设备 C	合计
账面价值	40	20	30	50	140
可收回金额					60
减值损失					80
抵减商誉的账面价值	-40				-40
抵减商誉后的减值损失					40
减值损失的分摊比例		20%	30%	50%	
分摊的减值损失		-5	-12	-20	-37
分摊后的账面价值	0	15	18	30	
尚未分摊的减值损失					3
二次分摊减值损失的比例			37.5%	62.5%	
二次分摊的减值损失			-1.125	-1.875	-3
确认的减值损失总额	40	5	13.125	21.875	80
二次分摊后的账面价值	0	15	16.875	28.125	60

控股合并方式下,购并日后发生的商誉减值损失,应在合并工作底稿中作如下调整分录:

借:资产减值损失　　800 000

　贷:商誉——商誉减值准备　　400 000

　　固定资产——固定资产减值准备　　400 000

以后会计期间在编制合并财务报表时,对于以前会计期间计提的商誉减值准备应当调整期初未分配利润,编制如下抵销分录:

借:未分配利润——年初　　800 000

　贷:商誉——商誉减值准备　　400 000

　　固定资产——固定资产减值准备　　400 000

需要说明的是:考虑到商誉、固定资产、无形资产等资产发生减值后价值回升的可能性较小,通常属于永久性减值,同时又为了防止企业通过计提和转回资产减值准备人为地调节利润,上述资产减值一经确认,在以后会计期间就不得转回,只有在处置、出售或其他原因引起已计提减值准备的资产减少时,才能将已计提的减值准备予以转出。

【例3-10】沿用例3-6资料。假设2010年12月31日,M公司以600万元购入N公司净资产公允价值的80%。购买日N公司净资产公允价值为724万元,合并财务报表的不完全合并商誉为20.8万元、完全合并商誉为26万元。合并商誉分配于由甲、乙两项资产组成的资产组。2011年经过减值测试,资产组没有发生减值。2012年末,该资产组可辨认资产账面价值312万元,其中甲固定资产292万元、乙无形资产20万元。该资产组的可收回金额为220万元。有关会计处理如下:

(1)确定2012年末该资产组的账面价值。资产组的账面价值包含三部分内容:资产组可辨认资产的账面价值、归属于母公司的商誉和归属于子公司非控股股东(少数股东)的商誉。根据例3-6可知:

$$归属于母公司的商誉=600-724\times80\%=20.8(万元)$$

$$归属于非控股股东(少数股东)的商誉=(600\div80\%-724)\times20\%=5.2(万元)$$

$$该资产组账面价值=312+20.8+5.2=338(万元)$$

(2)计算资产组减值损失=338-220=118(万元)

(3)分配资产组减值损失

$$商誉减值损失=20.8+5.2=26(万元)$$

$$可辨认资产减值损失=118-26=92(万元)$$

$$确认减值损失后的该资产组账面价值=312-92=220(万元)$$

在合并财务报表中确认不完全商誉的情况下,确认的商誉减值损失为20.8万元。

在合并财务报表中确认完全商誉的情况下,确认的商誉减值损失为26万元。

(4)可辨认资产减值损失的分配:

$$固定资产减值损失 = 92 \times 292 \div 312 = 86.1(万元)$$

$$无形资产减值损失 = 92 \times 20 \div 312 = 5.9(万元)$$

(5)编制调整分录(抵销分录)

①确认商誉减值损失

确认不完全商誉情况下:

借:资产减值损失　　208 000

　贷:商誉——商誉减值准备　　208 000

确认完全商誉情况下:

借:资产减值损失　　260 000

　贷:商誉——商誉减值准备　　260 000

②确认可辨认资产减值损失

借:资产减值损失　　920 000

　贷:固定资产——固定资产减值准备　　861 000

　　无形资产——无形资产减值准备　　59 000

在合并资产负债表中,合并固定资产减少86.1万元,合并无形资产减少5.9万元,合并商誉为零,未分配利润减少112.8(或118)万元。

在合并利润表中,合并资产减值损失增加112.8(或118)万元,合并营业利润、利润总额和净利润均减少112.8(或118)万元。

在合并所有者权益变动表中,合并本年净利润减少112.8(或118)万元、合并未分配利润减少112.8(或118)万元。

(四)长期股权投资减值准备的抵销

母公司于期末(至少年末)应对长期股权投资进行检查,当发现某项长期股权投资有减值迹象时,应估计其未来可收回金额,并按可收回金额低于长期股权投资账面价值的差额计提长期股权投资减值准备,并列示于个别财务报表。可收回金额应当根据投资的公允价值减去处置费用后的净额与投资带来预计未来现金流量的现值两者之间的较高者确定。投资的公允价值减去处置费用后的净额与投资带来预计未来现金流量的现值,只要有一项超过了资产的账面价值,就表明资产没有发生减值,不要再估计另一个金额。投资的可收回金额低于其账面价值的差额应确认为长期股权投资减值损失,计入当期损益,同时计提相应的长期股权投资减值准备。长期股权投资减值准备计提后,均不允许转回。

在编制合并财务报表时,随着母公司对子公司长期股权投资的抵销,长期股权投资计提的减值准备理应随之抵销。

【例3-11】假设M公司2011年年末计提的长期股权投资减值准备为80万元,此前未计提过长期股权投资减值准备。2012年确认的长期股权投资减值准备为100万元,补提的减值准备和确认的减值损失为20万元。

(1)2011年末M公司编制的会计分录:

借:资产减值损失　　800 000

　贷:长期股权投资减值准备　　800 000

(2)编制合并财务报表时应作如下抵销处理:

借:长期股权投资——减值准备　　800 000

　贷:资产减值损失　　800 000

(3)2012年末M公司编制的会计分录:

借:资产减值损失　　200 000

　贷:长期股权投资减值准备　　200 000

(4)编制合并财务报表时应作如下抵销处理:

①借:长期股权投资——减值准备　　800 000

　　贷:未分配利润——年初　　800 000

②借:长期股权投资——减值准备　　200 000

　　贷:资产减值损失　　200 000

也可将①②两笔抵销分录合并为:

借:长期股权投资——减值准备　　1 000 000

　贷:未分配利润——年初　　800 000

　　资产减值损失　　200 000

以后各期的抵销处理比照第二年进行,在编制第一笔抵销分录时,应将上期末长期股权投资减值准备余额调整当期的期初未分配利润。

但也有一种观点认为,长期股权投资的减值实质上是子公司整体净资产减值,如果在抵销长期股权投资的同时相应抵销减值准备,就会高估企业集团的资产,因此,不应抵销长期股权投资减值准备,但应将其归入其他项目。

三、母公司内部投资收益等项目与子公司利润分配有关项目的抵销处理

母公司内部投资收益,是指母公司对子公司权益性资本投资的投资收益。如果子公司是母公司的全资子公司,母公司内部投资收益就等于子公司取得的各项收入减去相配比的各项费用以及所得税后的余额,也可以说,母公司对某一个全资子公司的投资收益就是该子公司当期实现的净利润。如果子公司是母公司的非全资子公司,母公司对某一非全资子公司的投资收益,应以该子公司当期实现的净利润乘以母公司持股比例求得。在编制合并利润表时,一方面,母公司个别利润表中按成本法列示了对子公司权益性投资的投资收益,在编制合并财务报表时,又在工作底稿上按权益法调整了长期股权投资和投资收益,在未作这项抵销之前,合并工作底稿上的母公司投资收益正好相当于拥有子公司净利润的份额;另一方面,子公

司个别利润表上也列示了子公司各项收入，与收入相配比的成本、费用、所得税和净利润。通过编制合并工作底稿，将母公司和子公司的营业收入、营业成本、期间费用、营业外收支等相应项目的金额加总出的合计金额，自然重复反映了子公司本期实现的净利润，因此，在编制合并利润表时，需要将母公司对子公司权益性资本投资的投资收益予以抵销，也就是将母公司的内部投资收益还原为企业集团的收入、成本和费用。

由于合并所有者权益变动表中的本年利润分配的项目是从企业集团角度反映母公司对其股东的利润分配和提取盈余公积情况，因此，子公司个别所有者权益变动表本年利润分配各项目的金额必须予以抵销。

由于母公司对子公司权益性资本投资，先采用成本法核算，在编制合并财务报表时又按权益法进行了调整，子公司个别所有者权益变动表的期初未分配利润项目，作为子公司以前会计期间实现净利润的一部分，必然包括在母公司以前会计期间的投资收益中，即包括在母公司期初未分配利润中。与此相类似，子公司期末未分配利润也必然包括在母公司期末未分配利润中。因此，必然将子公司期初、期末未分配利润项目予以抵销。

(一)拥有子公司全部股权情况下的抵销处理

在母公司拥有子公司全部股权的情况下，子公司本期实现的净利润全部为母公司所享有，形成母公司对子公司权益性资本投资的投资收益，根据个别财务报表资料可编制抵销分录为：借记"投资收益"、"未分配利润——年初"项目，贷记"提取盈余公积"、"对所有者的分配"和"未分配利润——年末"项目。

1. 按子公司净资产公允价值购入子公司全部股权(且公允价值等于其账面价值)。

【例3－12】沿用例3－2资料。假设2010年12月31日，M公司以684万元的对价取得N公司全部股权，购买日N公司净资产公允价值为724万元。2011年M公司和N公司个别利润表和个别所有者权益变动表资料见表3－10。M公司转让投资的投资收益为20万元。假设M公司和N公司均无其他综合收益，未发生影响损益的内部交易(后例均同)。

表3－10　个别利润表和所有者权益变动表资料

2011年　　　　单位：万元

项　　目	M公司	N公司	合计金额
一、营业收入	1 000	800	1 800
减：营业成本	700	645	1 345
营业税金及附加	5	3	8
销售费用	3	2	5
管理费用	50	39	89

续表

项　　目	M公司	N公司	合计金额
财务费用	12	5	17
资产减值损失			
加:公允价值变动净收益(减:净损失)			
投资净收益(减:净损失)	70		70
二、营业利润	300	106	406
加:营业外收入	10	19	29
减:营业外支出	20	5	25
三、利润总额	290	120	410
减:所得税	94.4	40	134.4
四、净利润	195.6	80	275.6
加:期初未分配利润	176	44	220
五、可供分配利润	371.6	124	495.6
减:提取盈余公积	36	12	48
对所有者的分配	200	50	250
六、期末未分配利润	135.60	62	197.6

根据表3-10及例3-2资料,编制2011年合并财务报表时,除应编制例3-2的四笔调整分录和抵销分录外,还应再编制下列抵销分录(5):

(5)借:投资收益　　800 000
　　未分配利润——年初　　440 000
　贷:提取盈余公积　　120 000
　　对所有者的分配　　500 000
　　未分配利润——年末　　620 000

合并工作底稿略。

这里需要说明的是,子公司当期实现的净利润应为扣除内部逆流交易未实现利润后的金额。在会计实务中,这笔抵销分录的编制有两种做法。其一,这笔抵销分录可以在抵销内部交易后,根据子公司个别利润表提供的净利润扣除内部逆流交易未实现利润,求得合并基础上子公司已实现的净利润后进行编制;其二,先根据子公司个别利润表编制如上抵销分录,在抵销内部交易后,再根据内部逆流交易未实现利润调整抵销。这两种做法请参见后文中内部存货交易的抵销处理和内部固定资产交易的抵销处理。以下两种情况购入子公司全部股权也需做出这个说明,不再赘述。

2. 高于子公司净资产公允价值购入子公司全部股权(且公允价值大于其账面价值)。

【例3－13】沿用例3－3资料。假设2010年12月31日,M公司以740万元的对价取得N公司全部股权,购买日N公司净资产公允价值为724万元。2011年N公司实现净利润80万元,宣告分派现金股利50万元,提取盈余公积12万元。2011年M公司和N公司个别利润表和个别所有者权益变动表资料见表3－10。M公司转让投资的投资收益为20万元。

根据表3－10及例3－3资料,应编制的调整分录和抵销分录(1)至(5)同例3－3,抵销分录(6)如下:

(6)借:投资收益　　(800 000 +400 000)1 200 000
　　　未分配利润——年初　　440 000
　　贷:提取盈余公积　　120 000
　　　对所有者的分配　　500 000
　　　未分配利润——年末　　1 020 000

其合并工作底稿见表3－11。

表3－11　M公司合并工作底稿

2011年12月31日　　单位:万元

项　目	M公司	N公司	合计金额	调整分录抵销分录		合并金额
				借方	贷方	
一、营业收入	1 000	800	1 800			1 800
减:营业成本	700	645	1 345		(2)23	1 322
营业税金及附加	5	3	8			8
销售费用	3	2	5			5
管理费用	50	39	89	(2)3		92
财务费用	12	5	17			17
资产减值损失					(2)20	－20
加:公允价值变动净收益(减:净损失)						
投资净收益(减:净损失)	70		70	(6)120	(3)70	20
二、营业利润	300	106	406	123	113	396
加:营业外收入	10	19	29			29
减:营业外支出	20	5	25			25
三、利润总额	290	120	410	123	113	400
减:所得税	94.4	40	134.4			134.4

续表

项　　目	M公司	N公司	合计金额	调整分录抵销分录		合并金额
				借方	贷方	
四、净利润	195.6	80	275.6	123	113	265.6
(一)归属于母公司所有者的净利润						265.6
(二)非控股股东(少数股东)损益						
五、每股收益						
六、年初未分配利润	176	(6)44	220	44		176
七、可供分配利润	371.6	124	495.6	167	113	441.6
提取盈余公积	36	12	48		(6)12	36
对所有者的分配	200	50	250		(6)50	200
八、年末未分配利润	135.6	62	197.6	(4)102 269	(6)102 277#	205.6

说明：

第一，由于例3－13沿用例3－3资料，而且例3－3的抵销分录(2)(3)(4)也涉及合并利润表和合并所有者权益变动表编制的抵销处理，因此，例3－11的抵销分录顺序号与例3－3相连续，将内部投资收益的抵销作为抵销分录(6)。与例3－3相同的调整分录和抵销分录(1)至(5)不再重复列示。

第二，"年末未分配利润"项目行的抵销分录栏中的借方269万元，是"年初未分配利润"项目行以上各项目借方发生额的合计数167万元，加上"年初未分配利润"项目行以下各项目借方发生额102万元的合计数；"年末未分配利润"项目行的抵销分录栏中的贷方277万元，是"年初未分配利润"项目行以上各项目贷方发生额的合计数113万元，加上"年初未分配利润"项目行以下各项目贷方发生额164万元的合计数；"年末未分配利润"项目行的合并金额205.6万元，是将"年末未分配利润"项目的合计金额197.6万元加277万元、减269万元求得的。

第三，合并工作底稿中合并资产负债表部分的"未分配利润"项目行的抵销分录金额及其合并金额，应来自于合并所有者权益变动表部分的"年末未分配利润"项目行的金额。但因本书合并资产负债表抵销编制在先，而合并利润表和合并所有者权益变动表抵销编制在后，因此，合并资产负债表部分的"未分配利润"项目行的抵销分录金额及其合并金额没有根据合并所有者权益变动表部分的"年末未分配利润"行金额填列。在实务中，应特别注意合并资产负债表的"未分配利润"项目金额与合并所有者权益变动表的"年末未分配利润余额"核对相符。

3. 低于子公司净资产公允价值购入子公司全部股权(且公允价值大于其账面价值)。

【例3－14】沿用例3－4资料。假设2010年12月31日,M公司以600万元的对价取得N公司全部股权,购买日N公司净资产公允价值为724万元。2011年M公司和N公司个别利润表和个别所有者权益变动表资料见表3－12。M公司转让投资的投资收益为20万元。应编制的调整分录和抵销分录,除抵销分录(4)外,与例3－13是相同的,抵销分录(4)请参见例3－4,不再重复列示。

其合并工作底稿见表3－12。

表3－12　M公司合并工作底稿

2011年12月31日　　　　单位:万元

项　目	M公司	N公司	合计金额	调整分录抵销分录		合并金额
				借方	贷方	
一、营业收入	1 000	800	1 800			1 800
减:营业成本	700	645	1 345		(2)23	1 322
营业税金及附加	5	3	8			8
管理费用	50	39	89	(2)3		92
销售费用	3	2	5			5
财务费用	12	5	17			17
资产减值损失						
加:公允价值变动净收益(减:净损失)					(2)20	-20
投资净收益(减:净损失)	70		70	(6)120	(3)70	20
二、营业利润	300	106	406	123	113	396
加:营业外收入	10	19	29			29
减:营业外支出	20	5	25			25
三、利润总额	290	120	410	123	113	400
减:所得税	94.4	40	134.4			134.4
四、净利润	195.6	80	275.6	123	113	265.6
(一)归属于母公司所有者的净利润						265.6
(二)少数股东损益						
五、每股收益						
六、年初未分配利润	176	44	220	(6)44	(4)124	300
七、可供分配利润	371.6	124	495.6	167	237	565.6
提取盈余公积	36	12	48		(6)12	36
对所有者的分配	200	50	250		(6)50	200
八、年末未分配利润	135.6	62	197.6	(4)102	(6)102	329.6
				269	401	

可以看出，不论母公司以子公司净资产公允价值，还是高于或低于子公司净资产公允价值购入子公司全部股权，这项抵销处理的抵销分录项目都是相同的，只是相关项目的金额不尽相同而已。

（二）拥有子公司部分股权情况下的抵销处理

在母公司拥有子公司部分股权的情况下，子公司本期实现的净利润，应按母公司和子公司非控股股东（少数股东）的持股比例，分别计算出母公司内部投资收益和非控股股东损益（少数股东损益），根据个别财务报表资料可编制如下抵销分录：借记"投资收益"、"非控股股东损益（少数股东损益）"和"未分配利润——年初"项目，贷记"提取盈余公积"、"对所有者的分配"和"未分配利润——年末"项目。

1. 按子公司净资产公允价值份额购入子公司部分股权（且公允价值等于其账面价值）。

【例3－15】沿用例2－5和例3－5资料。假设2010年12月31日，M公司以547.2万元购入N公司80%股权。2011年，N公司实现净利润80万元，宣告分派现金股利50万元，提取盈余公积12万元。

根据表3－10及例3－5资料，编制2011年合并财务报表时，除应编制例3－5的三笔调整分录和抵销分录外，还应再编制下列抵销分录(4)。

(4)借：投资收益	640 000	
非控股股东损益（少数股东损益）	160 000	
未分配利润——年初	440 000	
贷：提取盈余公积		120 000
对所有者的分配		500 000
未分配利润——年末		620 000

合并工作底稿略。

这里需要说明的是，子公司当期实现的净利润应为扣除内部逆流交易未实现利润后的金额。在会计实务中，这笔抵销分录的编制有两种做法。其一，这笔抵销分录可以在抵销内部交易后，根据子公司个别利润表提供的净利润扣除内部逆流交易未实现利润，求得合并基础上子公司已实现的净利润后进行编制；其二，先根据子公司个别利润表编制如上抵销分录，在抵销内部交易后，再根据内部逆流交易未实现利润予以调整抵销。这两种做法请参见后文中内部存货交易的抵销处理和内部固定资产交易的抵销处理。与拥有子公司全部股权的抵销处理不同的是，内部交易未实现利润会影响非控股股东损益（少数股东损益）和非控制性权益（少数股东权益）的金额，关于此及其理论界的不同观点，请参见内部存货交易的抵销处理。以下两种情况购入子公司部分股权也需做出这个说明，不再赘述。

2. 高于子公司净资产公允价值份额购入子公司部分股权（且公允价值大于其账面价值）。

【例3－16】沿用例3－6资料。假设2010年12月31日，M公司以600万元购入N公司净资产公允价值的80%。2011年N公司实现净利润80万元，宣告分派现金股利50万元，提取盈余公积12万元；M公司实现净利润185.6元，宣告分派现金股利200万元，提取盈余公积36万元，M公司转让投资的投资收益20万元。

根据表3－10及例3－6资料，编制2010年合并财务报表时，除应编制例3－6的5笔调整分录和抵销分录外，还应再编制下列抵销分录(6)：

(6)借：投资收益　　[(800 000＋400 000)×80%]960 000
　　非控股股东损益（少数股东损益）　　240 000
　　未分配利润——年初　　440 000
　贷：提取盈余公积　　120 000
　　对所有者的分配　　500 000
　　未分配利润——年末　　1 020 000

其合并工作底稿见表3－13。

表3－13　M公司合并工作底稿

2011年12月31日　　单位：万元

项　　目	M公司	N公司	合计金额	抵销分录、抵销分录		非控股股权（少数股权）	合并金额
				借方	贷方		
一、营业收入	1 000	800	1 800				1 800
减：营业成本	700	645	1 345		(2)23		1 322
营业税金及附加	5	3	8				8
销售费用	3	2	5				5
管理费用	50	39	89	(2)3			92
财务费用	12	5	17				17
资产减值损失					(2)20		－20
加：公允价值变动收益							
（减：损失）							
投资收益（减：损失）	60		60	(6)96	(3)56		20
二、营业利润	290	106	396	99	99		396
加：营业外收入	10	19	29				29
减：营业外支出	20	5	25				25

续表

项　　目	M公司	N公司	合计金额	抵销分录、抵销分录		非控股股权(少数股权)	合并金额
				借方	贷方		
三、利润总额	280	120	400	99	99		400
减:所得税	94.4	40	134.4				134.4
四、净利润	185.6	80	265.6	99	99		265.6
(一)归属于母公司所有者的净利润							241.6
(二)非控股股东收益(少数股东损益)						(6)24	24
五、每股收益							
六、年初未分配利润	176	44	220	(6)44			176
七、可供分配利润	361.6	124	485.6	143	99	24	417.6
提取盈余公积	36	12	48		(6)12		36
对所有者的分配	200	50	250		(6)50		200
八、年末未分配利润	125.6	62	187.6	(4)102	(6)102		181.6
				245	263	24	

3. 低于子公司净资产公允价值份额购入子公司部分股权(且公允价值大于账面价值)。

【例3-17】沿用例3-7资料,假设2010年12月31日,M公司以480万元购入N公司净资产账面价值684万元、公允价值724万元的80%,低于享有的子公司公允价值份额99.2万元,购买日调增未分配利润99.2万元。2011年,M公司和N公司个别利润表和个别所有者权益变动表资料见表3-10。M公司转让投资的投资收益20万元。与第一大类抵销相对应,也有四种处理方法。但是涉及合并利润表和合并所有者权益变动表编制的抵销处理,与前述母公司高于子公司净资产公允价值取得子公司部分股权相比较,仅第(4)笔抵销分录不同。其调整分录和抵销分录参见例3-7和例3-16。

其合并工作底稿见表3-14。

表3-14　M公司合并工作底稿

2011年12月31日　　单位:万元

项　　目	M公司	N公司	合计金额	调整分录、抵销分录		非控股股权(少数股权)	合并金额
				借方	贷方		
一、营业收入	1 000	800	1 800				1 800
减:营业成本	700	645	1 345		(2)23		1 322
营业税金及附加	5	3	8				8
销售费用	3	2	5				5
管理费用	50	39	89	(2)3			92
财务费用	12	5	17				17
资产减值损失					(2)20		-20
加:公允价值变动收益(减:损失)							
投资收益(减:损失)	60		60	(6)96	(3)56		20
二、营业利润	290	106	396	99	99		396
加:营业外收入	10	19	29				29
减:营业外支出	20	5	25				25
三、利润总额	280	120	400	99	99		400
减:所得税	94.4	40	134.4				134.4
四、净利润	185.6	80	265.6	99	99		265.6
(一)归属于母公司所有者的净利润							241.6
(二)非控股股东损益(少数股东损益)						(6)24	24
五、每股收益							
六、年初未分配利润	176	44	220	(6)44	(4)99.2		275.2
七、可供分配利润	361.6	124	485.6	143	198.2	24	516.8
提取盈余公积	36	12	48		(4)12		36
对所有者的分配	200	50	250		(6)50		200
八、年末未分配利润	125.5	62	187.6	(4)102 245	(6)102 362.2	24	280.8

上述例题中的合并工作底稿,仅为说明合并工作底稿的编制方法,因此,仅涉及第一大类抵销处理,并未涉及企业集团内部母公司与子公司、子公司相互之间内

部购销、内部融资等内部交易的影响。因此,还不是当期最终的合并金额。

(三)子公司净资产公允价值与账面价值差额的调整对以后年度连续编报的影响

前述可知,母公司在编制合并财务报表时,应在合并工作底稿中将子公司资产、负债的账面价值调整为公允价值,并将其按价值转移方式调整子公司各期损益,进而影响母公司内部投资收益。在以后年度连续编制合并财务报表时,则需要调整期初未分配利润。

以例3-13为例,假设2012年N公司实现的净利润100万元,对所有者分配现金股利50万元。在编制2011年合并工作底稿时编制了如下调整分录和抵销分录:

(1)借:固定资产　　700 000
　　无形资产　　100 000
　　长期应付款　　100 000
　贷:应收账款　　200 000
　　存货　　300 000
　　资本公积　　400 000

(2)借:应收账款　　200 000
　　存货　　300 000
　　管理费用　　30 000
　贷:固定资产　　70 000
　　无形资产　　10 000
　　长期应付款　　20 000
　　营业成本　　(300 000 - 70 000)230 000
　　资产减值损失　　200 000

(3)借:长期股权投资　　(800 000 - 500 000 + 400 000)700 000
　贷:投资收益　　700 000

在编制2012年合并财务报表时,在合并工作底稿中,应相应作如下调整分录:

(1)借:固定资产　　700 000
　　无形资产　　100 000
　　长期应付款　　100 000
　贷:应收账款　　200 000
　　存货　　300 000
　　资本公积　　400 000

(2)借:应收账款　　200 000
　　存货　　300 000

营业成本　　(700 000 ÷ 10)70 000

管理费用　　(100 000 ÷ 10 + 100 000 ÷ 5)30 000

贷:固定资产　　140 000

无形资产　　20 000

长期应付款　　40 000

未分配利润——年初　　400 000

(3)借:长期股权投资　　1 100 000

贷:未分配利润——年初　　700 000

投资收益　　(1 000 000 - 70 000 - 30 000 - 500 000)400 000

四、权益结合法下合并日后的合并财务报表

本节上文主要探讨了按购买法处理企业合并的情况下,购买日后合并财务报表的编制方法。如果采用权益结合法处理企业合并业务,合并日后合并财务报表的编制将变得简单化。这是因为,在权益结合法下:第一,在合并财务报表中母公司和子公司的资产、负债和净资产均按账面价值计价,无须将子公司的资产、负债和净资产调整为公允价值;第二,由于合并方支付的合并对价与取得的净资产账面价值的差额已调整资本公积和留存收益,因此,母公司对子公司长期股权投资账面价值与拥有子公司所有者权益的份额相等,不存在商誉或损益的确认问题;第三,合并日后合并财务报表的编制中,权益结合法与购买法仅在第一大类的抵销处理上有所不同,而其他内部交易的抵销处理基本相同。因此在以后各节均不再分别叙述权益结合法与购买法的区别。

(一)母公司拥有子公司全部股权的抵销处理

【例3-18】沿用例3-2和例3-12资料。假设2010年12月31日,M公司以684万元取得N公司全部股权,采用权益结合法进行企业合并的会计处理。2011年N公司实现净利润80万元,宣告分配现金股利50万元。M公司和N公司2011年12月31日个别资产负债表资料见表3-1,个别利润表及所有者权益变动表资料见表3-10。

2011年12月31日,M公司在合并工作底稿上应编制如下调整和抵销分录:

(1)借:长期股权投资　　(800 000 - 500 000)300 000

贷:投资收益　　300 000

(2)借:实收资本(股本)　　5 000 000

资本公积——年初　　800 000

盈余公积——年初　　600 000

——本年　　120 000

未分配利润——年初　　440 000

——本年 180 000

贷:长期股权投资 (6 840 000 + 300 000)7 140 000

(3)借:应付股利 500 000

贷:应收股利 500 000

(4)借:投资收益 800 000

未分配利润——年初 440 000

贷:提取盈余公积 120 000

对所有者的分配 500 000

未分配利润——年末 620 000

合并工作底稿略。

(二)母公司拥有子公司部分股权的抵销处理

【例3-19】沿用例3-15资料。假设2010年12月31日,M公司以547.2万元购入N公司80%股权。2011年,N公司实现净利润80万元,宣告分派现金股利50万元,提取盈余公积金12万元。2011年12月31日,M公司在合并工作底稿上应编制如下调整和抵销分录:

借:长期股权投资 〔(800 000 - 500 000)×80%〕240 000

贷:投资收益 240 000

(2)借:实收资本(股本) 5 000 000

资本公积——年初 800 000

盈余公积——年初 600 000

——本年 120 000

未分配利润——年初 440 000

——本年 180 000

贷:长期股权投资 (5 472 000 + 240 000)5 712 000

非控制性权益(少数股东权益) (7 140 000×20%)1 428 000

(3)借:应付股利 400 000

贷:应收股利 400 000

(4)借:投资收益 640 000

非控股股东损益(少数股东损益) 160 000

未分配利润——年初 440 000

贷:提取盈余公积 120 000

对所有者的分配 500 000

未分配利润——年末 620 000

合并工作底稿略。

第二节　企业集团内部债权、债务的处理

一、企业集团的内部交易

在购并日后，企业集团内部母公司与子公司之间或子公司相互之间，往往会发生商品购销业务、劳务供受业务、资金借贷业务、资产租赁业务等。在控股合并情况下，由于母公司和子公司均是独立的企业法人和会计主体，因此，在个别财务报表上就会出现以下结果：①某一成员企业确认了收入，而另一成员企业则确认了成本费用；②某一成员企业确认了债权，而另一成员企业则确认了债务。但是，根据一体性原则，合并财务报表应反映企业集团的收入、成本费用、债权、债务。也就是说，只有成员企业将其生产的商品或劳务销售、提供给企业集团以外的单位或个人，才能确认收入；只有成员企业从企业集团以外的单位或个人购进商品或接受劳务，才能确认成本费用；只有成员企业与企业集团以外的单位或个人的债权、债务，才能确认为债权、债务。为此，母公司在编制合并财务报表时，必须对企业集团内部交易在个别财务报表上所反映的内部收入、内部成本费用、内部债权债务予以抵销。与此相关，企业集团内部交易的损益对成本费用的影响，在购买企业未向企业集团以外的单位或个人出售之前，也应予以抵销，如内部购销业务形成的存货或固定资产中包含的未实现内部销售利润，内部债权债务所引起的利息收入和利息支出，均应随之进行抵销。

经过上述企业集团内部交易的抵销，才能排除企业集团内部交易对个别财务报表的影响，防止在合并财务报表上虚增资产、负债、收入、成本费用和利润，从而如实反映企业集团整体的财务状况、经营成果和现金流量。这里还需要指出的是，对内部交易产生的未实现内部利润对母公司确认的投资收益和对子公司长期股权投资的影响也应予以抵销。

由于企业集团内部交易的抵销处理较为复杂，我们将分三节予以探讨，本节仅涉及与企业集团内部债权、债务有关的抵销处理。它主要涉及以下3个项目的抵销：①内部债权与内部债务项目的抵销；②内部利息收入和利息支出的抵销；③内部应收款项坏账准备和债券投资减值准备的抵销。

二、内部债权与债务项目的抵销处理

（一）短期内部债权与债务项目的抵销处理

企业集团内部交易所引起的短期内部债权、债务，在编制合并资产负债表时需要进行抵销处理的项目主要有以下几方面：①内部应收账款与内部应付账款；②内部应收票据与内部应付票据；③内部预付账款与内部预收账款；④内部应收股利与

内部应付股利;⑤内部其他应收款与内部其他应付款。

与上节所述母公司对子公司长期股权投资相关项目抵销不同的是,需要抵销的企业集团内部交易的项目和金额不能从个别财务报表中直接取得,而需要依据个别财务报表附注说明所提供的内部交易资料得出。

【例3-20】假设2011年12月31日M公司应收账款120万元(计提的坏账准备12万元)中有20万元为应收N公司的货款;应收票据80万元中有10万元为应收N公司的商业汇票;应收股利50万元全部为应收N公司股利。在编制合并资产负债表时,应编制如下抵销分录:

(1)借:应付账款　　200 000
　　贷:应收账款　　200 000

(2)借:应付票据　　100 000
　　贷:应收票据　　100 000

(3)借:应付股利　　500 000
　　贷:应收股利　　500 000

关于企业集团内部债权、债务项目的抵销,还需要说明以下几点。

第一,上例涉及的内部应收账款和内部应付账款的抵销,以及内部应收票据和内部应付票据的抵销,都是由于母公司M公司对子公司N公司顺销商品方向形成的内部债权、债务的抵销。如果还有子公司N公司向母公司M公司逆销商品方向形成的内部债权、债务,在编制抵销分录时,应将M公司和N公司的内部应收项目和内部应付项目按相同项目汇总后编制抵销分录。例如,N公司应收票据100万元中有30万元为M公司应付票据,则上例抵销分录(2)的金额应为40万元。如果子公司有若干个,那么,应先将母公司和子公司的内部债权、债务按合并财务报表项目名称求出合计数,再按合计金额编制抵销分录。

第二,上例中,如果N公司向M公司预付账款余额为8万元,则还应编制如下抵销分录:

借:预收账款　　80 000
　贷:预付账款　　80 000

(二)内部长期债权投资与内部应付债券的抵销处理

企业集团内部债券交易可以分为以下两种类型:一是企业集团内部直接债券交易;二是企业集团内部间接债券交易。

1. 企业集团内部直接债券交易的抵销处理。企业集团内部直接债券交易,是指企业集团内某一成员企业直接购买其他成员企业发行的公司债券,并一般将其确认为持有至到期投资。从企业集团看,这种内部直接借贷行为属于内部资金调度,应当予以抵销。由于债券发行企业的应付债券的账面价值与债券购买企业的持有至到期投资的账面价值相等,两者之间无差额,因此,可以比照短期内部债权债务予以抵销，直接借记“应付债券”项目，贷记“持有至到期投资”项目。

假设例 3－20 资料中还有以下资料：M 公司应付债券 160 万元中有 100 万元为应付 N 公司债券款，N 公司持有到期投资中有 100 万元为直接购买的 M 公司发行的债券，则编制的抵销分录为：

(4)借：应付债券 1 000 000

　　贷：持有至到期投资 1 000 000

2. 企业集团内部间接债券交易的抵销处理。企业集团内部间接债券交易，是指企业集团内部某一成员企业从企业集团外部单位（如证券公司）购买其他成员企业发行的公司债券。由于发行企业的发行价格与购买企业的购买价格不同，内部应付债券账面价值与内部持有至到期投资账面价值额就会不相等，在将内部应付债券与内部持有至到期投资抵销时，就涉及两者之间差额的处理，以及持有期内利息收入与利息支出的差额处理。我国现行《企业会计准则讲解》是将内部持有至到期投资账面价值与内部应付债券账面价值的差额计入合并利润表的“投资收益”项目或“财务费用”项目。

例 3－20 中，如果内部应付债券账面价值为 100 万元，内部持有至到期投资账面价值为 105 万元，则抵销分录(4)如下：

(4)借：应付债券 1 000 000

　　　投资收益（财务费用） 50 000

　　贷：持有至到期投资 1 050 000

反之，则如下：

借：应付债券 1 050 000

　贷：持有至到期投资 1 000 000

　　　投资收益（财务费用） 50 000

我国企业会计准则对企业集团内部间接债券交易的抵销采用了上例较为简单的方法。从理论上说，企业集团内部某个成员从企业集团外部单位购买其他成员企业发行的公司债券，就企业集团而言则发生了债券的推定赎回业务。由于购买成本大于或者小于应付债券账面价值，从企业集团来看就实现了债券赎回损益，但是，这种损益并未在成员企业的个别财务报表中予以确认。在编制合并财务报表时，由于抵销的内部应付债券账面价值与内部持有至到期投资账面价值不一致，其差额则构成一项损益，这项损益可以称为推定赎回损益。如果持有至到期投资账面价值大于应付债券账面价值则发生了推定赎回损失；如果应付债券账面价值大于持有至到期投资账面价值则发生了推定赎回利得。对于推定赎回损益的处理涉及以下两个问题。

其一是推定赎回损益归属于母公司还是归属于子公司？目前有以下三种

观点：

第一，取决于债券赎回方向。这种观点认为，子公司购买母公司发行的债券，类似于存货顺销，为母公司应付债券发生损益，其推定损益应归属于母公司，与子公司非控制性权益（少数股东权益）和非控股股东损益（少数股东损益）无关；母公司购买子公司发行的债券，类似于存货逆销，为子公司应付债券损益，其推定赎回损益应归属于子公司，并按持股比例分配给子公司的母公司和非控股股东（少数股东），影响合并财务报表的非控制性权益（少数股东权益）和非控股股东损益（少数股东损益）。

第二，归属于母公司。这种观点认为，子公司是独立的会计主体和法律主体，非控股股东（少数股东）享有的该实体的权益和损益应根据其个别财务报表确定，与企业集团内部交易抵销无关，因此，企业集团内部债券赎回损益与子公司非控制性权益（少数股东权益）和非控股股东损益（少数股东损益）无关，应全部归属于母公司。我国在2008年以前采用这种做法。

第三，不考虑债券赎回方向，债券赎回损益按持股比例分配归属于母公司和非控股股东（少数股东）。这种观点认为，在实体理论下，非控股股东（少数股东）也是企业集团的所有者，非控制性权益（少数股东权益）计入合并所有者权益，非控股股东损益（少数股东损益）计入合并净利润，非控股股东（少数股东）有义务负担企业集团的内部交易损益，因此不论子公司购买母公司发行的债券，还是母公司购买子公司发行的债券，其债券赎回损益都属于企业集团内部的交易损益，应当按持股比例分配给母公司和非控股股东（少数股东）。我国自2008年起至今采用这种做法。

其二是推定赎回损益是计入交易当期损益还是在债券持有期内比照债券溢、折价分期摊销？我国现行做法是将其计入交易当期损益，但从理论上说，也可以随着债券溢、折价分期摊销计入各期损益。计入当期损益的理由是，对企业集团而言，债券推定赎回损益属于已经实现的损益，但是在交易双方的个别财务报表上并未予以确认，在编制合并财务报表时应当通过抵销处理予以确认，转作当期投资收益或财务费用。分期计入各期损益的理由是，对于个别财务报表而言，推定赎回损益是尚未实现的损益，它是在持有期内通过各期应付债券溢、折价摊销和利息费用的确认与各期持有至到期投资溢、折价摊销和利息收入的确认而实现的。

【例3－21】2010年12月31日，甲公司取得乙公司80%的股权，实现对乙公司的实质性控制。2011年1月，甲公司发行在外的债券面值为300万元，溢价为3万元，票面利率为6%。2011年1月5日，乙公司用银行存款28.5万元从证券市场购入甲公司发行在外的债券的10%，并准备持有至到期。

乙公司购入债券的成本＝28.5（万元）

$$甲公司10\%债券的账面价值=(300+3)\times10\%=30.3(万元)$$

$$债券推定赎回利得=30.3-28.5=1.8(万元)$$

在合并工作底稿中编制的抵销分录存在以下两种做法。

其一,计入交易当期损益:

借:应付债券　303 000

　贷:持有至到期投资　285 000

　　投资收益(财务费用)　18 000

交易日以后会计期末编制合并财务报表时,对上述应付债券与持有至到期投资抵销计入当期损益的金额,应调整期初未分配利润:

借:应付债券　18 000

　贷:未分配利润——年初　18 000

按上述三种不同的观点,分配债券赎回推定损益。

按上述第一、二种观点,债券赎回损益归属于母公司,无须进行分配处理。

按上述第三种观点,分配债券赎回损益,确认的非控股股东损益(少数股东损益)和非控制性权益(少数股东权益)的调整金额如下:

$$归属于母公司的份额=1.8\times80\%=1.44(万元)$$

$$归属于非控股股东(少数股东)的份额=1.8\times20\%=0.36(万元)$$

借:长期股权投资　14 400

　非控股股东损益(少数股东损益)　3 600

　贷:投资收益　14 400

　　非控制性权益(少数股东损益)　3 600

如果在第一大类抵销时未考虑债券赎回损益的调整,还应在合并工作底稿中补充抵销上笔调整分录的长期股权投资和投资收益。

借:投资收益　14 400

　贷:长期股权投资　14 400

其二,确认债券赎回损益,在持有期内摊销计入各期损益:

借:应付债券　303 000

　贷:持有至到期投资　285 000

　　债券赎回损益　18 000

交易日以后会计期末编制合并财务报表时,利息收入与利息支出及债券赎回损益的抵销处理见本节“内部利息收入与利息支出的抵销处理”。

【例3-22】2010年12月31日,甲公司取得乙公司80%的股权,实现对乙公司的实质性控制。2011年1月,乙公司发行在外的债券面值为300万元,溢价为3万元,票面利率为6%。2011年1月5日,甲公司用银行存款32.3万元从证券市场购入乙公司发行在外的债券的10%,并准备持有至到期。

$$甲公司购入债券的成本 = 32.3(万元)$$

$$乙公司 10\% 债券的账面价值 = (300 + 3) \times 10\% = 30.3(万元)$$

$$债券推定赎回损失 = 32.3 - 30.3 = 2(万元)$$

在合并工作底稿中编制的抵销分录存在以下两种做法。

其一,计入交易当期损益:

借:应付债券　　303 000

　投资收益(财务费用)　　20 000

　贷:持有至到期投资　　323 000

交易日以后会计期末编制合并财务报表时,对上述应付债券与持有至到期投资抵销计入当期损益的金额,应调整期初未分配利润:

借:未分配利润——年初　　20 000

　贷:持有至到期投资　　20 000

按上述三种不同的观点,分配债券赎回推定损益。

按上述第一、三种观点,分配债券赎回损益,确认的非控股股东损益(少数股东损益)和非控制性权益(少数股东权益)的调整金额如下:

$$归属于母公司的份额 = 2 \times 80\% = 1.6(万元)$$

$$归属于非控股股东(少数股东)的份额 = 2 \times 20\% = 0.4(万元)$$

借:投资收益　　16 000

　非控制性权益(少数股东权益)　　4 000

　贷:长期股权投资　　16 000

　　非控股股东损益(少数股东损益)　　4 000

如果在第一大类抵销时未考虑债券赎回损益的调整,还应在合并工作底稿中补充抵销上笔调整分录的长期股权投资和投资收益。

借:长期股权投资　　16 000

　贷:投资收益　　16 000

其二,确认债券赎回损益,在持有期内摊销计入各期损益:

借:应付债券　　303 000

　债券赎回损益　　20 000

　贷:持有至到期投资　　323 000

交易日以后会计期末编制合并财务报表时,利息收入与利息支出及债券赎回损益的抵销处理见本节“内部利息收入与利息支出的抵销处理”。

三、内部应收款项坏账准备、债券投资减值准备的抵销处理

在采用备抵法核算坏账损失、为应收款项(包括应收账款和其他应收款等)计提坏账准备的情况下,母公司和子公司都对其应收款项计提了坏账准备,并列示于

个别财务报表。在编制合并财务报表时,随着内部应收款项的抵销,也必须将内部应收款项计提的坏账准备予以抵销。这里需要说明的是,在合并资产负债表中,"应收账款"和"其他应收款"等项目是抵减坏账准备后的净额填列的,但是,为了区分内部债权、债务项目的抵销与内部应收款项计提坏账准备的抵销,在抵销分录中抵销的坏账准备以"应收账款(或其他应收款等)——坏账准备"项目列示,在编制合并工作底稿时填列在"应收账款(或其他应收款等)"项目。在抵销内部应收款项坏账准备时,借记"应收账款(或其他应收款等)——坏账准备"项目,贷记"资产减值损失"项目。由于内部应收款项坏账准备的抵销,同时也抵销了当期资产减值损失,从而使当期合并净利润、合并期末未分配利润增加。因此,在以后年度连续编制合并财务报表时,必须对根据个别财务报表加总的期初未分配利润金额予以调整,使之与上期合并期末未分配利润相一致。这是因为,上期合并所有者权益变动表中的合并期末未分配利润,与本期编制所有者权益变动表时,根据母公司和子公司的个别报表加总的期初未分配利润存在差额,而这个差额就是上期编制合并财务报表时抵销的内部应收款项坏账准备的金额。为了使合并所有者权益变动表中的本期期初未分配利润与上期合并所有者权益变动表中的期末未分配利润相等,必须将上期抵销的内部应收款项计提的坏账准备对本期期初未分配利润的影响予以抵销,借记"应收账款(或其他应收款等)——坏账准备"项目,贷记"未分配利润——年初"项目。

可见,内部应收款项坏账准备的抵销处理,既涉及当期期末对当期计提的内部应收款项坏账准备的抵销处理,也涉及在以后各年连续编制合并财务报表时,对上期内部应收款项计提的坏账准备对本期期初未分配利润影响的抵销处理。下面以内部应收账款坏账准备为例说明应收款项坏账准备的抵销处理。

(一)当期内部应收款项坏账准备的抵销处理

【例3-23】假设本章例题中,2010年12月31日M公司控股合并N公司时,内部应收账款10万元,计提的坏账准备0.4726万元。在编制购并日合并财务报表时,在将内部应收账款和内部应付账款相互抵销后,还应编制如下抵销分录:

借:应收账款——坏账准备　　4 726

　贷:资产减值损失　　4 726

在购买法下,购买日无须编制合并利润表和合并所有者权益变动表,合并留存收益只包括母公司的留存收益,这笔抵销分录一般不予编制。在权益结合法下,合并日还须编制合并利润表,合并留存收益还包括母公司在合并日拥有的子公司留存收益,因而一般需要编制上述抵销分录,以便按照一体性原则反映企业集团合并日的合并净利润和合并期末未分配利润。由于一般采用购买法进行企业合并的会计处理,我们假设2010年12月31日合并日合并财务报表编制时,不作上述抵销分录,并将 2010 年 12 月 31 日抵销内部应收账款坏账准备视为零。

【例 3-24】假设 2011 年 12 月 31 日 M 公司应收账款中有 20 万元为应收 N 公司货款,企业合并后应收账款坏账准备按当期应收账款余额的 10% 计提,当期计提的内部应收账款坏账准备为 2 万元。编制如下抵销分录:

借:应收账款——坏账准备　　20 000

　贷:资产减值损失　　20 000

由于该项抵销,使得合并净利润和合并期末未分配利润比个别财务报表加总金额增加 2 万元。

(二)以后年度连续编制合并财务报表时内部应收账款坏账准备的抵销处理

按前文所述,在以后各年连续编制合并财务报表时,应包括以下两项抵销处理:首先,应将上期抵销的内部应收账款计提的坏账准备对本期期初未分配利润的影响予以抵销;其次,对于本期内部应收账款在个别财务报表中补提或冲销的坏账准备金额予以抵销。

在以后年度的个别财务报表上对内部应收账款坏账准备的处理有以下三种情况。

1. 内部应收账款余额本期与上期相等。在这种情况下,由于本期内部应收账款余额与上期相等,本期末在个别报表上无须补提或冲销内部应收账款坏账准备,所以,在抵销期末内部应收账款和内部应付账款后,只需将上期内部应收账款计提的坏账准备对本期期初未分配利润的影响予以抵销。

【例 3-25】沿用例 3-24 资料,假设 2012 年 12 月 31 日 M 公司对 N 公司内部应收账款余额仍为 20 万元,N 公司个别财务报表中内部应付账款余额也仍为 20 万元,本期末未补提或冲销坏账准备。则抵销分录如下:

借:应收账款——坏账准备　　20 000

　贷:未分配利润——年初　　20 000

通过在合并工作底稿上作如上抵销分录,一方面将个别财务报表上内部应收账款计提的坏账准备全部抵销;另一方面,也调整了本期期初合并未分配利润,使其与上期期末合并未分配利润相一致。

2. 内部应收账款余额本期大于上期。在这种情况下,由于内部应收账款余额本期大于上期,在个别财务报表上对内部应收账款补提了坏账准备,所以,对于当期补提的坏账准备也应予以抵销。

【例 3-26】沿用例 3-24 资料,假设 2012 年 12 月 31 日 M 公司对 N 公司内部应收账款余额为 30 万元,在个别资产负债表上补提坏账准备 1 万元($10\times10\%$),则在合并工作底稿中应编制如下抵销分录:

(1)借:应收账款——坏账准备　　20 000

　　贷:未分配利润——年初　　20 000

（2）借：应收账款——坏账准备　　10 000

　　贷：资产减值损失　　10 000

通过以上两笔抵销分录，将 2012 年 12 月 31 日内部应收账款坏账准备余额 3 万元全部抵销。

3. 内部应收账款余额本期小于上期。在这种情况下，由于内部应收账款余额本期小于上期，在个别财务报表上冲销了前期多计提的内部应收账款坏账准备，所以，对于本期冲销的坏账准备也应予以抵销。

【例 3－27】沿用例 3－24 资料，假设上例 M 公司 2012 年 12 月 31 日对 N 公司的内部应收账款余额为 15 万元，在个别资产负债表上冲销的坏账准备 0.5 万元（5×10%），则在合并工作底稿上应编制如下抵销分录：

（1）借：应收账款——坏账准备　　20 000

　　贷：未分配利润——年初　　20 000

（2）借：资产减值损失　　5 000

　　贷：应收账款——坏账准备　　5 000

通过以上两笔抵销分录，将 2012 年 12 月 31 日内部应收账款坏账准备余额 1.5万元全部抵销。

从例 3－25、例 3－26、例 3－27 可以看出，以后各年在合并工作底稿上抵销内部应收账款坏账准备时，不论是编制一笔抵销分录，还是编制两笔抵销分录，最终都要将个别财务报表上内部应收账款坏账准备余额全部抵销。第一笔抵销分录的金额应为上期内部应收账款坏账准备的余额，本例为 2 万元（20×10%）；第二笔抵销分录的金额应为本期补提或冲销的内部应收账款坏账准备的发生额。如果当期既无须补提内部应收账款坏账准备，又无须冲销内部应收账款坏账准备，则只作第一笔抵销分录。在第三期编制合并财务报表时，必须先将与第二期内部应收账款期末余额相应的坏账准备予以抵销，然后再将本期（第三期）内部应收账款期末余额与第二期内部应收账款期末余额相比较，计算出本期（第三期）内部应收账款补提或冲销的坏账准备金额，并予以抵销。以后各期依此类推。其抵销分录的编制方法与第二期的三种情况相同。

【例 3－28】假设 M 公司 2012 年 12 月 31 日资料如例 3－26，内部应收账款期末余额为 30 万元，内部应收账款计提的坏账准备为 3 万元。2013 年 12 月 31 日 M 公司对 N 公司的内部应收账款余额为 28 万元，比上期减少 2 万元，本期 M 公司对内部应收账款冲销坏账准备 0.2 万元（2×10%），M 公司个别财务报表上内部应收账款坏账准备余额为 2.8 万元（3－0.2）。在第三期的合并工作底稿上应编制如下抵销分录。

（1）借：应收账款——坏账准备　　30 000

　　贷：未分配利润——年初　　30 000

(2)借:资产减值损失　　2 000

　　贷:应收账款——坏账准备　　2 000

上述第一笔抵销分录,将上期(第二期)内部应收账款计提的坏账准备予以抵销,同时调整了本期(第三期)合并期初未分配利润,使之与上期(第二期)合并期末未分配利润相一致;上述第二笔抵销分录,将本期(第三期)内部应收账款减少2万元而冲销的坏账准备予以抵销。通过上述两笔抵销分录,将本期(第三期)内部应收账款坏账准备余额全部抵销。

母公司和子公司对内部其他应收款项计提坏账准备时,应比照内部应收账款坏账准备进行抵销处理。

同理,随着内部债券投资与内部应付债券的抵销 ,内部债券投资计提的减值准备也应予以抵销。

【例3-29】2011年12月31日,N公司持有M公司发行的公司债券账面价值100万元,可收回金额90万元,计提的减值准备为10万元。2011年12月31日,公司债券账面价值106.3万元,可收回金额91.3万元,补提减值准备5万元。在合并工作底稿上应编制如下抵销分录:

2011年末:

借:持有至到期投资——持有至到期投资减值准备　　100 000

　　贷:资产减值损失　　100 000

2012年末:

(1)借:持有至到期投资——持有至到期投资减值准备　　100 000

　　贷:未分配利润——年初　　100 000

(2)借:持有至到期投资——持有至到期投资减值准备　　50 000

　　贷:资产减值损失　　50 000

四、内部利息收入与利息支出的抵销处理

企业集团内部成员企业之间的债权、债务,还可能发生内部利息收入和内部利息支出。例如,内部购销业务采用商业汇票结算方式结算,若为带息票据,销货企业要确认利息收入,购货企业要确认利息支出,并在各自的个别利润表中予以反映;又如,某成员企业持有另一成员企业发行的债券,发行债券的成员企业要确认利息支出,而购买债券的成员企业要确认利息收入,并在各自的个别利润表中分别以财务费用(或在建工程)和投资收益予以反映。根据一体性原则,从企业集团整体看,企业集团内部各成员企业之间相互提供信贷或发行和购买债券,是企业集团内部的资金调拨行为。因此,在编制合并财务报表时,随着企业集团内部债权、债务的抵销,也必须相应抵销因内部债权、债务而产生的内部利息收入和内部利息支出。

与内部债券投资与内部应付债券抵销相对应，内部利息收入与内部利息支出的抵销也分两种类型。

其一是企业集团内部直接债券交易所产生的利息收入和利息支出，因两者的金额相等，在抵销时不会出现差额。

其二是企业集团内部间接债券交易所产生的利息收入和利息支出，因两者的金额不相等，在抵销时就会出现差额。这个差额的处理涉及两种做法，一是将这个差额忽略不计，按其中较小的金额进行抵销；二是将其计入财务费用。

【例 3 - 30】2011 年 1 月 1 日，M 公司筹集固定资产购建资金，按面值发行公司债券，2011 年 12 月 31 日，应付债券账面价值为 160 万元，其中含利息 10 万元；N 公司在债券发行日直接购入 M 公司债券，并且认为持有至到期投资。2011 年 12 月 31 日，N 公司持有至到期投资账面价值为 100 万元，其中利息 6.3 万元。在 2011 年的个别财务报表上，M 公司确认应付债券利息支出为 10 万元，其中对 N 公司内部利息支出 6.3 元。M 公司将利息支出的 60% 予以资本化，计入在建工程成本，40% 计入财务费用。N 公司确认的该项内部持有至到期投资的投资收益为 6.3 万元。在合并工作底稿上应编制如下抵销分录：

借：投资收益　　63 000
　贷：在建工程　　37 800
　　财务费用　　25 200

【例 3 - 31】沿用例 3 - 21。假设 2010 年 12 月 31 日，甲公司取得乙公司 80% 的股权，实现对乙公司的实质性控制。2011 年 1 月，甲公司发行在外的债券面值为 300 万元，溢价为 3 万元，票面利率为 6%，债券利息支出计入财务费用。2011 年1 月5 日，乙公司用银行存款 28.5 万元从证券市场购入甲公司发行在外的债券的 10%，并准备持有至到期。应付债券大于持有至到期投资的差额为 1.8 万元。乙公司购入债券 3 年后债券到期，假设债券溢、折价按直接法摊销。

2011 年末的会计处理如下：

甲公司确认 10% 应付债券利息支出 $=30\times6\%-0.3\div3=1.7$（万元）

乙公司确认债券投资利息收入 $=30\times6\%+1.5\div3=2.3$（万元）

其一，将应付债券与持有至到期投资的差额计入当期损益，将各期利息收入与利息支出按其较小者予以抵销。

甲公司 10% 应付债券账面价值 $=30+0.3\div3\times2=30.2$（万元）

乙公司持有至到期投资账面价值 $=30-1.5\div3\times2=29$（万元）

（1）借：应付债券　　302 000
　　贷：持有至到期投资　　290 000
　　　财务费用　　12 000

(2)借:投资收益　　17 000

　　贷:财务费用　　17 000

在合并财务报表中,在债券持有期三年内每年少抵销利息收入0.6万元,三年合计少抵销利息收入1.8万元;同时合并财务报表中确认的内部债券损益每年递减0.6万元,恰好等于交易当期合并财务报表中确认的财务费用1.8万元。也就是说,利息收入与利息支出的差额体现在应付债券与持有至到期投资的抵销中。

上述抵销分录(1)导致当期合并净利润增加1.2万元。按照前述第一、二种观点,债券赎回损益归属于母公司,无须进行分配处理。

按上述第三种观点,分配债券赎回损益,确认的非控股股东损益(少数股东损益)和非控制性权益(少数股东权益)的调整金额如下。

$$归属于母公司的份额 = 1.2 \times 80\% = 0.96(万元)$$

$$归属于非控股股东(少数股东)的份额 = 1.2 \times 20\% = 0.24(万元)$$

借:长期股权投资　　9 600

　　非控股股东损益(少数股东损益)　　2 400

　贷:投资收益　　9 600

　　非控制性权益(少数股东损益)　　2 400

如果在第一大类抵销时未考虑债券赎回损益的调整,还应在合并工作底稿中补充抵销上笔调整分录的长期股权投资和投资收益:

借:投资收益　　9 600

　贷:长期股权投资　　9 600

2012年年末编制合并财务报表时,应先调整期初未分配利润:

借:应付债券　　12 000

　贷:未分配利润——年初　　12 000

$$甲公司10\%应付债券账面价值 = 30 + 0.3 \div 3 \times 1 = 30.1(万元)$$

$$乙公司持有至到期投资账面价值 = 30 - 1.5 \div 3 \times 1 = 29.5(万元)$$

A. 借:应付债券　　301 000

　　贷:持有至到期投资　　295 000

　　　财务费用　　6 000

B. 借:投资收益　　17 000

　　贷:财务费用　　17 000

其二,将应付债券与持有至到期投资的差额计入推定赎回损益,将各期利息收入与利息支出的差额作为推定赎回损益的实现。

2011年年末的会计处理如下:

A. 借:应付债券　　302 000

　　贷:持有至到期投资　　229 000

　　　推定赎回损益　　12 000

B. 借:投资收益　　23 000

　　贷:财务费用　　17 000

　　　财务费用　　6 000

上述抵销分录导致当期合并净利润增加 1.2 万元。按照前述第一、二种观点，债券赎回损益归属于母公司,无须进行分配处理。

按上述第三种观点,分配债券赎回损益,确认的非控股股东损益和非控制性权益的调整金额如下:

归属于母公司的份额 = 1.2 × 80% = 0.96(万元)

归属于非控股股东(少数股东)的份额 = 1.2 × 20% = 0.24(万元)

借:长期股权投资　　9 600

　非控股股东损益(少数股东损益)　　2 400

　贷:投资收益　　9 600

　　非控制性权益(少数股东损益)　　2 400

如果在第一大类抵销时未考虑债券赎回损益的调整,还应在合并工作底稿中补充抵销上笔调整分录的长期股权投资和投资收益:

借:投资收益　　9 600

　贷:长期股权投资　　9 600

2012 年年末编制合并财务报表时,应先调整期初未分配利润:

借:应付债券　　12 000

　贷:未分配利润——年初　　12 000

甲公司 10% 应付债券账面价值 = 30 + 0.3 ÷ 3 × 1 = 30.1(万元)

乙公司持有至到期投资账面价值 = 30 − 1.5 ÷ 3 × 1 = 29.5(万元)

(1)借:应付债券　　301 000

　　贷:持有至到期投资　　295 000

　　　债券赎回损益　　6 000

(2)借:投资收益　　23 000

　　贷:财务费用　　17 000

　　　财务费用　　6 000

可见,在交易日后的合并财务报表中,每年有 0.6 万元推定赎回损益与利息收入抵销,三年抵销利息收入 1.8 万元。也就是说,每年抵销利息收入中的已实现推定赎回损益 0.6 万元,三年合计抵销推定赎回损益 1.8 万元。

从上述抵销分录(1)(2)可以看出,交易日后各期末的合并财务报表抵销分录中,列示的“推定赎回损益”项目总额每年递减 0.6 万元,至第三年末为零。它表明,以个别财务报表为基础编制合并财务报表时,1.8 万元推定赎回损益每年实现 0.6 万元,至第三年年末 1.8 万元全部实现。

以此类推,内部应付债券到期时,在个别财务报表上,该项应付债券和持有至到期投资账面价值(面值)相等,并均已转销;在合并财务报表上,只需将当期利息收入与利息支出及其差额予以抵销即可。

需要说明的是:①我国《企业会计准则应用指南》没有设置“推定赎回损益”项目,故在合并财务报表实务中,“推定赎回损益”项目可以“财务费用”项目代之;②如果采用实际利率法,各年确认的利息收入、利息费用和推定赎回损益实现金额将不会相等。

第三节　内部营业收入及存货中未实现内部利润的处理

在企业集团内部母公司与子公司之间、子公司相互之间发生的商品购销、劳务供受活动,称为内部营业活动。在企业集团内部各成员企业之间发生内部营业活动的情况下,购销或供受双方作为独立的会计主体,都从自身的角度分别进行了核算。销售商品或提供劳务的企业确认了商品销售收入或劳务收入并计算了营业利润,其营业利润中包含了企业集团内部营业利润;购买商品或接受劳务企业则以支付的价款作为取得商品或劳务的成本入账,其商品或劳务成本中包含了企业集团内部营业利润。根据一体性原则,内部营业收入和内部营业利润应予以抵销,下面仅以内部商品购销业务为例说明内部营业收入及存货中包含的未实现内部利润的处理。

在内部商品购销业务中,购买企业对其从内部成员企业购进的商品可能用于对外销售,也可能作为固定资产等劳动资料在生产经营过程中使用。购买企业将购进的商品作为劳动资料使用将在本章第四节阐述,本节仅阐述购买企业将购进的商品用于对外销售。在购买企业将从内部成员企业购进的商品用于对外销售的情况下,当期购进的商品可能出现以下三种情况:①内部购进的商品全部实现对外销售;②内部购进的商品全部未实现对外销售而形成期末存货;③内部购进的商品部分实现对外销售,部分形成期末存货。

在编制合并财务报表时,与企业集团内部购销活动所确认的收入和成本有关的抵销处理主要包括以下两项内容:①内部销售收入的抵销;②存货中包含的未实现内部利润的抵销。在连续编制合并财务报表的情况下,还涉及上期内部购销形成存货中包含的未实现内部利润对本期期初未分配利润的影响进行抵销。可见,内部销售收入和存货中包含的未实现内部利润的抵销是相互联系的,而且当期和以后各期连续编报合并财务报表的抵销调整内容是不完全相同的。

企业集团内部商品购销活动的价格通常是由母公司决定的。母公司制定的商品价格有以下三种情况:①商品价格高于其成本,在这种情况下,销货企业的个别财务报表上会确认内部商品销售利润,购货企业取得的商品成本包含企业集团未实现内部利润,如果形成期末存货,其期末存货自然包含未实现内部利润,母公司在编制合并财务报表时,既要抵销内部销售收入和销售成本,又要抵销内部购销形成存货中包含的未实现内部利润;②商品价格等于其成本,在这种情况下,销货企业的个别财务报表中不会确认内部商品销售利润,购货企业取得的商品成本不包含企业集团未实现内部利润,如果形成期末存货,其期末存货也不包含未实现内部利润,母公司在编制合并财务报表时,只需要抵销内部销售收入和销售成本;③商品价格低于其成本,在这种情况下,销货企业的个别财务报表上会确认内部商品销售亏损,购货企业取得的商品成本包含企业集团未实现内部亏损,如果形成期末存货,其期末存货自然包含未实现内部亏损,母公司在编制合并财务报表时,既要抵销内部销售收入和销售成本,又要抵销内部购销形成存货中包含的未实现内部亏损。鉴于一般情况下商品的销售价格都会高于其成本,且第二种情况的抵销处理比第一种情况简单、第三种情况期末存货中包含的未实现内部亏损与第一种情况的抵销分录正好相反,可以比照第一种情况进行抵销处理,因此,下面仅阐述第一种情况下的抵销处理。

一、当期内部销售收入和存货中包含的未实现内部利润的抵销处理

(一)当期内部销售收入的抵销处理

在企业集团内部购销活动中,销售企业在本期确认销售收入、结转销售成本,并计算销售毛利。如果购买企业将内部购入的商品全部实现对外销售,也要在本期确认销售收入、结转销售成本,并计算销售毛利。也就是说,同一购销业务,在销货企业和购货企业的个别利润表中都作了反映。但根据一体性原则,从企业集团整体看,这一购销活动只实现了一次销售,即内部购买企业将其从内部购进的商品实现对外销售。内部销售企业将其存货销售给另一成员企业,相当于企业集团内部的物资调拨行为,不会增加商品价值,不应确认销售收入,也不会实现利润。也就是说,从企业集团整体看,这一购销活动的销售收入只是内部购买企业对外销售商品所实现的销售收入,其销售成本只是内部销售企业销售该项商品的成本。但是,由于在个别利润表上购销双方都反映了营业收入、营业成本,因此,在编制合并财务报表时,必须将重复反映的营业收入和营业成本予以抵销。在合并工作底稿上编制如下抵销分录:借记“营业收入”项目,贷记“营业成本”项目,其金额为内部销售企业的销售收入、内部购买企业的购货成本。在不考虑购货费用的情况下,销售企业的销售收入就是购买企业的购货成本。

（二）当期内部购销形成存货中包含的未实现内部利润的抵销处理

如果内部购买企业未将从内部购进的商品全部实现对外销售，而是：①部分对外销售、部分形成期末存货；②全部形成期末存货。在这样的情况下，除了要比照上述方法抵销内部销售收入和销售成本外，还应抵销内部购销形成存货中包含的未实现内部利润。这是因为，当内部购买企业将从内部购进的商品形成期末存货时，其期末存货价值中包括两部分内容：一是企业集团真正的存货成本即销售企业的销售成本；二是销售企业的销售毛利。从企业集团整体看，既然内部购销活动实际上只是企业集团内部的物资调拨行为，就不应增加商品的价值，在合并财务报表上，内部购销形成的存货中就不应包含未实现内部利润，因此，必须将内部购销形成存货中包含的未实现内部利润予以抵销。在合并工作底稿上，可按以下两种方法编制抵销分录。

1. 将购买企业形成存货部分的内部销售收入、内部销售成本和存货中包含的未实现内部利润单独予以抵销。在这种方法下，在合并工作底稿中，先将购买企业内部购销商品中已实现对外销售部分的销售收入予以抵销，借记“营业收入”项目，贷记“营业成本”项目；再将未实现对外销售的部分内部销售收入予以抵销，借记“营业收入”项目，贷记“营业成本”项目和“存货”项目。

2. 将当期内部销售收入、内部销售成本全额抵销，再抵销内部购销形成存货中包含的未实现内部利润。在这种方法下，在合并工作底稿中，先将当期内部销售收入全额抵销，借记“营业收入”项目，贷记“营业成本”项目；然后，再将内部购销形成存货中包含的未实现内部利润，借记“营业成本”项目，贷记“存货”项目。

对于当期内部销售收入和存货中包含的未实现内部利润的抵销处理举例如下。

【例3－32】2011年，M公司个别利润表中营业收入为1 000万元，其中对N公司内部销售收入为200万元；营业成本为700万元，其中对N公司内部销售成本为160万元，销售毛利率为20%［（200－160）÷200］；N公司已将内部购进的商品在本期全部实现对外销售，售价220万元。在合并工作底稿中应编制如下抵销分录：

借：营业收入	2 000 000	
贷：营业成本		2 000 000

【例3－33】沿用例3－32资料。假设N公司内部购进的商品未实现对外销售而全部形成期末存货，在合并工作底稿中应作如下抵销分录：

方法一：

借：营业收入	2 000 000	
贷：营业成本		1 600 000
存货		400 000

方法二：

(1)借：营业收入　　2 000 000

　　贷：营业成本　　2 000 000

(2)借：营业成本　　400 000

　　贷：存货　　(2 000 000×20%)400 000

【例3－34】沿用例3－32资料。假设N公司内部购进的商品中，当期销售60%，其销售成本为120万元，销售收入为132万元，另40%形成期末存货，存货金额为80万元。在合并工作底稿中应编制如下抵销分录：

方法一：

(1)借：营业收入　　1 200 000

　　贷：营业成本　　(2 000 000×60%)1 200 000

(2)借：营业收入　　(2 000 000×40%) 800 000

　　贷：营业成本　　(1 600 000×40%)640 000

　　　　存货　　(800 000×20%)160 000

方法二：

(1)借：营业收入　　2 000 000

　　贷：营业成本　　2 000 000

(2)借：营业成本　　160 000

　　贷：存货　　160 000

按方法二编制的合并工作底稿见表3－15。需要说明的是，为了在合并工作底稿中清晰明了地反映因企业集团内部交易对合并财务报表相关项目的影响，本章以下诸例列示的简化合并工作底稿中，均不列示第一大类抵销分录。但在会计实务中，这些抵销内部交易的抵销分录应比照第一大类抵销分录(1)～(6)列示于完整的合并工作底稿中，再求得相关项目的合并金额。

表3－15　合并工作底稿

2011年12月31日　　单位：万元

项　目	M公司	N公司	合计金额	抵销分录		非控股股权(少数股权)	合并金额
				借方	贷方		
营业收入	1 000	800	1 800	(1)200			1 600
营业成本	700	645	1 345	(2)16	(1)200		1 161
营业税金及附加	5	3	8				8
营业利润	300	106	406	216	200		390
……							
存货	208	200	408		(2) 16		392

二、以后年度连续编制合并财务报表时，内部销售收入和存货中包含的未实现内部利润的抵销处理

上期内部购销形成的期末存货中包含的未实现内部利润的抵销，一方面使得合并资产负债表中存货的合并金额减少，另一方面使得合并利润表中合并净利润减少，最终影响合并资产负债表和合并所有者权益变动表中合并期末未分配利润减少。在以后年度连续编制合并财务报表时，合并工作底稿上的当期期初未分配利润的合计金额，是以母公司和子公司的本期个别财务报表为基础加总求得的，它与上期个别财务报表的期末未分配利润的合计金额是相同的，但往往和上期合并财务报表中的期末未分配利润合并金额不一致。但是，在连续编制合并财务报表的情况下，上期合并期末未分配利润的金额应当就是本期合并期初未分配利润的金额。为此，必须将上期编制合并财务报表时抵销的内部购销形成存货中包含的未实现内部利润对本期期初未分配利润的影响进行抵销，以调整本期期初未分配利润金额，使之与上期合并财务报表中的合并期末未分配利润金额相一致。

在以后年度连续编制合并财务报表时，对内部销售收入和存货中包含的未实现内部利润的抵销处理，应按以下步骤进行。

第一，将上年抵销的存货价值中包含的未实现内部利润对本期期初未分配利润的影响进行抵销。也就是说，按照上期抵销的内部购销形成的存货的价值中包含的未实现内部利润的金额，借记“未分配利润——年初”项目，贷记“营业成本”项目。这笔抵销分录，一方面将根据个别财务报表求得的期初未分配利润的合计金额，抵减期初存货中包含的未实现内部利润，从而使得本期合并期初未分配利润与上期合并财务报表的合并期末未分配利润金额相一致；另一方面则假设上期内部购销形成的存货在本期实现对外销售，从而期初内部购货形成的存货价值中包含的未实现内部利润在本期视同为已实现的利润，冲减当期营业成本。如果上期内部购销形成的存货在本期并未实现对外销售，将在第三个步骤中予以调整。

第二，将本期发生的内部购销活动所形成的内部销售收入和内部销售成本予以抵销。也就是说，将企业集团内部销售企业的内部销售收入的金额，借记“营业收入”项目，贷记“营业成本”项目。

第三，将期末内部购销形成的存货价值中包含的未实现内部利润予以抵销。也就是说，将子公司和母公司个别财务报表补充资料中提供的内部购销形成存货中包含的未实现内部利润的金额予以抵销，借记“营业成本”项目，贷记“存货”项目。这笔抵销分录，一方面通过增加本期营业成本抵减了期末内部购销形成存货价值中的未实现内部销售利润，从而减少了合并利润和合并净利润金额；另一方面

则将上期结转形成的和本期内部购货形成的存货中包含的未实现内部利润抵减了存货项目的合计金额,从而使得存货项目的合并金额反映企业集团实实在在的存货成本,不再包含未实现内部利润。具体抵销方法举例如下。

【例 3－35】沿用例 3－34 资料。假设上期内部购销形成的存货为 80 万元,毛利率 20%。2012 年 M 公司向 N 公司销售商品收入为 100 万元,销售成本为 80 万元,销售毛利率仍为 20%。N 公司本期内部购销形成的存货实现的对外销售收入为 157.5 万元,销售成本为 126 万元,期末内部购销形成的存货为 54 万元(80＋100－126)。在合并财务报表工作底稿中应编制如下抵销分录:

(1)借:未分配利润——年初　160 000

　　贷:营业成本　160 000

(2)借:营业收入　1 000 000

　　贷:营业成本　1 000 000

(3)借:营业成本　108 000

　　贷:存货　(540 000×20%)108 000

【例 3－36】沿用例 3－35 资料。假设期初内部购销形成存货为 800 件,若 2012 年 M 公司向 N 公司销售商品收入 100 万元,每件售价与上期相同为 0.1 万元,共1 000件,销售成本 70 万元,本期销售毛利为 30%,存货发出采用先进先出法,本期 N 公司内部购销形成的存货实现的对外销售数量为 1 260 件,销售收入 157.5 万元。

$$期末内部购销形成的存货价值 = 80 + 100 - 0.1 \times 800 - 0.1 \times 460 = 54(万元)$$

$$期末存货中包含的未实现内部利润 = (800 + 1\,000 - 800 - 460) \times 0.1 \times 30\% = 54 \times 30\% = 16.2(万元)$$

应编制如下抵销分录(3):

借:营业成本　162 000

　贷:存货　162 000

【例 3－37】假设例 3－36 中,存货采用加权平均法发出,则应计算加权平均毛利率,以调整期末存货中包含的未实现内部销售利润。

$$加权平均毛利率 = (80 \times 20\% + 100 \times 30\%) \div (80 + 100) = 25.56\%$$

$$期末存货中包含的未实现内部利润 = (800 + 1000 - 1260) \times 0.1 \times 25.56\% = 54 \times 25.56\% = 13.802\,4(万元)$$

应编制如下抵销分录(3):

借:营业成本　138 024

　贷:存货　138 024

现将据例 3－35 编制的合并工作底稿列示于表 3－16。

表3－16 M公司合并工作底稿

2012年12月31日　　单位:万元

项　　目	M公司	N公司	合计金额	抵销分录		非控股股权(少数股权)	合并金额
				借方	贷方		
营业收入	1 500	500	2 000	(2)100			1 900
营业成本	1 200	400	1 600	(3)10.8	(1)16 (2)100		1 494.8
营业税金及附加	8	2	10				10
营业利润	292	98	390	110.8	116		395.2
……							
期初未分配利润	135.6	62	197.6	(1)16			181.6
……							
存货	104	100	204		(3)10.8		193.2

三、存货逆销情况下,内部销售收入和存货中包含未实现内部利润的抵销处理

内部购销业务形成的存货中包含的未实现内部利润的抵销处理,在纳入合并范围的子公司为母公司的非全资子公司的情况下,还取决于销售方向。所谓销售方向是指存货从母公司流向子公司还是从子公司流向母公司。通常,将存货从母公司流向子公司称为顺销,或向下销售,而将存货从子公司流向母公司称为逆销或向上销售。

不论顺销还是逆销,在编制合并财务报表时,都要抵销内部销售收入和内部销售成本的金额,并同时抵销期末存货中包含的未实现内部利润的金额,这与销售方向是无关的。但是,在不同销售方向下,期末存货中包含的未实现内部利润,对母公司个别利润表和合并利润表的影响是不同的,除非子公司为母公司的全资子公司,无非控股股权(少数股权)。

(一)顺销对合并净利润的影响

在顺销情况下,母公司将其产品销售给非全资子公司,并在子公司全部或部分形成期末存货。从企业集团看,期末存货中包含的未实现内部利润包括在母公司个别利润表的净利润中,与子公司个别利润表的净利润无关。也就是说,子公司本期净利润不受顺销时企业集团期末存货中包含的未实现内部利润的影响,子公司本期净利润全部是已经实现的利润。进而我们可以推论出,子公司非控股股东损益(少数股东损益)不受企业集团内部购销业务的影响。

【例3－38】假设M公司拥有N公司80%股权。2011年,M公司向N公司销

售商品，销售收入200万元，销售成本160万元，销售毛利率20%，N公司当期销售60%，销售收入132万元，销售成本120万元，销售毛利12万元。假设M公司当期实现的净利润为220万元，N公司当期实现的净利润90万元。N公司内部购销形成的存货价值80万元，包含未实现内部利润16万元。由于是顺销业务，这16万元未实现内部利润是反映在M公司净利润220万元中的，而N公司的净利润90万元已在当期全部实现。N公司的非控股股东损益（少数股东损益）为18万元（90×20%），不受企业集团内部购销业务中包含的未实现内部利润的影响。假设不考虑其他因素，在合并利润表上的合并净利润294万元（220+90－16）中属于母公司的份额应为276万元（220－16+90×80%），非控股股东损益（少数股东损益）为18万元。简化的合并工作底稿见表3－17。

表3－17　M公司合并工作底稿

2011年12月31日　　单位：万元

项　　目	M公司	N公司	合计金额	抵销分录		非控股股权（少数股权）	合并金额
				借方	贷方		
营业收入	1 000	800	1 800	(1)200			1 600
营业成本	700	645	1 345	(2)16	(1)200		1 161
营业税金及附加	5	3	8				8
……							
营业利润	300	106	406	216	200		390
……							
净利润	220	90	310	216	200		294
归属于母公司的净利润							276
非控股股东损益（少数股东损益）							18
存货	208	200	408		(2) 16		392

（二）逆销对合并净利润的影响

在逆销情况下，母公司的非全资子公司将其产品销售给母公司，并在母公司全部或部分形成期末存货，从企业集团看，期末存货中包含的未实现内部利润包括在子公司个别财务报表中。也就是说，子公司本期净利润受逆销时企业集团期末存货中包含的未实现内部利润的影响，进而使得子公司非控股股东损益（少数股东损益）受到企业集团内部购销业务的影响，而母公司本身净利润并不受影响。

【例3－39】假设例3－38中，N公司向M公司逆向销售商品，M公司净利润220万元，N公司净利润90万元，其他资料相同。这时，M公司存货中包含的未实现内部销售利润16万元，是反映在N公司个别利润表的净利润90万元中的，而M公司220万元的净利润全部实现了。N公司非控股股东损益（少数股东损益）应为14.8万元[（90－16）×20%]，M公司投资收益为59.2万元[（90－16）×80%]。假设不考虑其他因素，合并利润表上的合并净利润294万元（220＋90－16）中属于母公司的份额为279.2万元[220＋（90－16）×80%]，非控股股东损益（少数股东损益）为14.8万元。简化的合并工作底稿见表3－18。

表3－18　M公司合并工作底稿

2011年12月31日　　　　单位：万元

项　　目	M公司	N公司	合计金额	抵销分录		少数股权	合并金额
				借方	贷方		
营业收入	1 000	800	1 800	（1）200			1 600
营业成本	700	645	1 345	（2）16	（1）200		1 161
营业税金及附加	5	3	8				8
……							
营业利润	300	106	406	216	200		390
……							
净利润	220	90	310	216	200		294
归属于母公司的净利润							279.2
非控股股东损益（少数股东损益）存货							14.8
	208	200	408		（2）16		392

可见，企业集团内部购销业务销售方向不同，所确认的合并净利润和非控股股东损益（少数股东损益）是不相同的。在顺销时，非控股股东损益（少数股东损益）不受期末存货中包含的未实现内部利润的影响；而在逆销时非控股股东损益（少数股东损益）会受到期末存货中包含的未实现内部利润的影响，这是因为期末存货中包含的未实现内部利润在母公司和非控股股东（少数股东）之间作了分摊。

2014年2月财政部颁发的修订后的《企业会计准则第33号——合并财务报表》规定，母公司向子公司出售资产所发生的未实现内部交易损益，应当全额抵销"归属于母公司所有者的净利润"；子公司向母公司出售资产所发生的未实现内部交易损益，应当按照母公司对该子公司的分配比例在"归属于母公司所有者的净利润”和“非控股股东损益(少数股东损益)”之间分配抵销;子公司之间出售资产所发生的未实现内部交易损益,应当按照母公司对出售方子公司的分配比例在“归属于母公司所有者的净利润”和“非控股股东损益(少数股东损益)”之间分配抵销。

这里需要说明的是,在《企业会计准则讲解》案例中,首先,将利润表中子公司本期实现的净利润进行两项调整:一是将子公司可辨认资产和负债由账面价值调整为公允价值对子公司当期损益的影响,二是企业集团内部交易的抵销对子公司当期净利润的影响(包括顺销交易和逆销交易);其次,求得子公司经调整后的净利润,按持股比例确定母公司内部投资收益和非控股股东损益(少数股东损益);最后,编制前述抵销分录(4)(子公司所有者权益项目与母公司长期股权投资项目的抵销)和(6)[母公司投资收益、非控股股东损益(少数股东损益)与子公司利润分配项目的抵销]。

如果按本书顺序进行抵销调整,也可以在抵销企业集团内部交易后,将内部交易产生的未实现内部利润对子公司净利润的影响,在母公司和非控股股东(少数股股东)之间进行分配。则例 3 - 39 商品逆销,M 公司存货中包含的未实现内部销售利润 16 万元,应在 M 公司和非控股股东(少数股东)之间进行分摊。本例完整的抵销分录如下:

	借方	贷方
(1)借:营业收入	2 000 000	
贷:营业成本		2 000 000
(2)借:营业成本	160 000	
贷:存货		160 000
(3)借:投资收益	128 000	
非控制性权益(少数股东权益)	32 000	
贷:长期股权投资		128 000
非控股股东损益(少数股东损益)		32 000

这笔抵销分录是将 N 公司向 M 公司内部逆销商品形成存货 80 万元中包含的未实现内部利润对母公司内部投资收益和非控股股东损益(少数股东损益)的影响予以调整。使之与事先扣除内部交易未实现利润对子公司净利润影响计算的母公司内部投资收益、非控股股东损益(少数股东损益)和母公司长期股权投资、非控制性权益(少数股东权益)的抵销金额相一致。

	借方	贷方
(4)借:长期股权投资	128 000	
贷:投资收益		128 000

这笔抵销分录是将抵销分录(3)中因逆销形成存货中包含的未实现内部利润所冲减的母公司长期股权投资和投资收益予以抵销。

如果第二期子公司 N 公司未向母公司 M 公司逆销商品,M 公司出售了上期从 N 公司购入的含未实现内部销售利润 16 万元的存货,则应编制如下抵销分录:

借:未分配利润——年初　160 000

　贷:营业成本　160 000

这笔分录表明,上期内部逆销商品形成的存货中包含的未实现内部销售利润16万元,在本期实现,并不再对控股股权(多数股权)和非控股股权(少数股权)产生影响。

如果第二期子公司N公司又向母公司M公司逆销商品100万元,毛利率20%;M公司从N公司购入存货累计180万元,当期出售60%,40%形成存货,即期末存货中含逆销形成的存货72万元,含未实现内部销售利润14.4万元。应在合并工作底稿中编制如下抵销分录:

(1)借:未分配利润——年初　160 000

　　贷:营业成本　160 000

(2)借:营业收入　1 000 000

　　贷:营业成本　1 000 000

(3)借:营业成本　144 000

　　贷:存货　144 000

(4)借:投资收益　115 200

　　非控制性权益(少数股东权益)　28 800

　　贷:长期股权投资　115 200

　　　非控股股东损益(少数股东损益)　28 800

(5)借:长期股权投资　115 200

　　贷:投资收益　115 200

本章第二节探讨了企业集团内部应付债券与持有至到期投资抵销,其中子公司购买母公司发行的债券相当于存货顺销,债券推定赎回损益和存货中包含的未实现内部利润全部归属于母公司,不影响非控股股东损益(少数股东损益)和非控制性权益(少数股东权益),在编制合并财务报表时,无须作特别的会计处理;其中母公司购买子公司债券相当于存货逆销,债券推定赎回损益和存货中包含的未实现内部利润的归属,在理论上有三种观点和做法:①不考虑交易方向,全部归属于母公司;②将债券逆向赎回和存货逆销的未实现内部利润按持股比例在母公司和非控股股东(少数股东)之间进行分配,并同时调整母公司长期股权投资和非控制性权益(少数股东权益);③不考虑交易方向,将内部交易导致的未实现内部利润均按持股比例在母公司和非控股股东中进行分配。

四、内部购销形成存货计提存货跌价准备的抵销处理

《企业会计准则第1号——存货》规定,资产负债表日,存货应当按照成本和可变现净值孰低计量。存货成本高于可变现净值的,应当计提存货跌价准备。当企

业本期计提的存货跌价准备中包括内部购销形成存货计提的跌价准备时,应随着内部购销形成存货中包含的未实现内部利润的抵销,作相应的抵销处理。

从企业集团内部购买企业而言,在期末计提存货跌价准备时,是将内部购销形成存货的取得成本与该项存货的可变现净值比较,按可变现净值低于取得成本的差额计提该项存货跌价准备。而从整个企业集团而言,是否需要为该项存货计提跌价准备,应将该项存货的可变现净值与内部销售企业从外部购买该项存货的成本或生产这一存货的生产成本相比较,当可变现净值低于内部销售企业从外部购买该项存货的成本或生产这一存货的生产成本时,企业集团才应为该项存货计提跌价准备。

(一)初次编制合并财务报表时的抵销处理

内部购买企业对内部购销形成的存货,在以下两种情况下都会计提跌价准备:其一,购买企业期末内部购销形成存货的可变现净值低于其取得成本,但高于销售企业的销售成本;其二,购买企业期末内部购销形成存货的可变现净值低于销售企业的销售成本。

1.购买企业期末内部购销形成存货的可变现净值低于其取得成本,但高于销售企业的销售成本。在这种情况下,内部购买企业按存货可变现净值低于其取得成本的差额计提存货跌价准备,同时将跌价损失计入当期资产减值损失,并列示于个别资产负债表的“存货”项目和利润表的“资产减值损失”项目。但从合并财务报表看,随着内部购销形成存货中包含的未实现内部销售利润的抵销,该项存货已还原为内部销售企业的销售成本,而内部销售企业的销售成本也就是企业集团取得该项存货的成本。存货的可变现净值高于企业集团的取得成本时,合并财务报表中是不需要计提存货跌价准备的,因此,应将个别财务报表中计列的内部购销形成存货计提的存货跌价准备,全额予以抵销。

【例3-40】2010年12月31日,N公司从M公司购买商品形成存货的有关资料及分析见表3-19。

表3-19

单位:万元

销售方销售成本	购货方取得成本	可变现净值	个别报表计提的准备	合并报表应计提的准备	合并报表抵销数
64	80	70	10	0	10

应在合并工作底稿中编制如下抵销分录:

借:存货——存货跌价准备　　100 000

　贷:资产减值损失　　100 000

2.购买企业期末内部购销形成存货的可变现净值低于销售企业的销售成

本。在这种情况下,内部购买企业按该项存货的可变现净值低于其取得成本的差额计提存货跌价准备,其金额既包括购买企业取得成本高于销售企业销售成本的差额,也包括销售企业销售成本高于该存货可变现净值的差额。而从合并财务报表看,相对于购买企业取得成本高于销售企业销售成本的差额部分计提的跌价准备的金额,已随着内部购销形成存货中包含的未实现内部销售利润的抵销而抵销,因此,在编制合并财务报表时,也应将这部分金额予以抵销;而相对于销售企业销售成本高于该存货可变现净值的部分计提的跌价准备的金额,恰恰是企业集团应对该项存货计提的跌价准备,应在合并财务报表中予以反映,不能予以抵销。

【例3-41】沿用例3-40资料,但假设内部购销形成存货的可变现净值为60万元,其他资料及分析见表3-20。

表3-20　　单位:万元

销售方销售成本	购货方取得成本	可变现净值	个别报表计提的准备	合并报表应计提的准备	合并报表抵销数
64	80	60	20	4	16

应在合并工作底稿中编制如下抵销分录:

借:存货——存货跌价准备　　160 000

　贷:资产减值损失　　160 000

可见,抵销的跌价准备的金额正是购货方取得成本高于销货方销售成本的差额,即内部购销形成存货中包含的未实现内部利润;保留的存货跌价准备正是销售企业销售成本高于该存货可变现净值的差额。

(二)以后各期的抵销处理

在连续编制合并财务报表时,应分两步进行抵销处理。

首先,应将上期抵销的存货跌价准备对本期期初未分配利润的影响予以抵销。这是因为,上期抵销的内部购销形成存货计提的跌价准备增加了上期合并的期末未分配利润,本期期初未分配利润的加总数是根据母公司和子公司当期的个别财务报表为基础加总求得的,与上期合并所有者权益变动表的期末未分配利润金额之间存在差额,必须通过抵销调整求得当期合并的期初未分配利润,才能与上期合并的期末未分配利润的金额相一致。

其次,将本期对内部购销形成存货补提或冲销的存货跌价准备的全额予以抵销。

具体抵销时,应分别以下两种情况进行处理。

1. 购买企业期末内部购销形成存货的可变现净值低于其取得成本,但高于销售企业的销售成本。在这种情况下，首先，应将上期抵销的存货跌价准备对本期期初未分配利润的影响予以抵销。其次，再抵销本期存货跌价准备的增加额。分两步将第二期期末内部购销形成存货计提的存货跌价准备全额予以抵销。

【例3－42】沿用例3－40资料，若第一期期末内部购销形成存货80万元，毛利率为20%，计提的存货跌价准备余额为10万元；第二期购货方又从销货方购入存货，销货方的销售成本为60万元，销售价格为100万元（销售单价与第一期相同），毛利率为40%。购货方第二期对外销售内部购销全部商品的50%，50%形成存货，存货采用先进先出法。期末内部购销形成存货的购货方取得成本90万元，销货方销售成本54万元，未实现内部销售利润36万元，其可变现净值为78万元，则第二期期末购货方的个别财务报表上补提的存货跌价准备为10万元。资料及分析见表3－21。

表3－21　　　　单位：万元

项目	销售方销售成本	购货方取得成本	可变现净值	个别报表计提的准备	合并报表应计提的准备	合并报表抵销数
第一期期末	64	80	70	10	0	10
第二期期末	60×（90÷100）＝54	（80＋100）×50%＝90	78	12 本期补提2	0	12

应在合并工作底稿中编制如下抵销分录：

（1）借：存货——存货跌价准备　　100 000
　　贷：未分配利润——年初　　100 000

（2）借：存货——存货跌价准备　　20 000
　　贷：资产减值损失　　20 000

2. 购买企业期末内部购销形成存货的可变现净值低于销售企业的销售成本。在这种情况下，首先，应将上期抵销的存货跌价准备对本期期初未分配利润的影响予以抵销。其次，再将相对于购买企业该项存货的取得成本高于销货企业销售成本的差额计提的跌价准备金额扣除期初内部购销形成存货计提的跌价准备后的余额予以抵销。

【例3－43】沿用例3－34资料，若第二期期末内部购销形成存货的可变现净值为50万元，购货方的个别财务报表上补提的存货跌价准备为30万元，则资料及分析见表3－22。

表 3-22　　　　单位:万元

项目	销售方 销售成本	购货方 取得成本	可变现净值	个别报表计提的准备	合并报表应计提的准备	合并报表抵销数
第一期期末	64	80	70	10	0	10
第二期期末	60×(90÷100)=54	(80+100)×50%=90	50	40 本期 补提 30	4	36

应在合并工作底稿中编制如下抵销分录:

(1)借:存货——存货跌价准备　　100 000
　　贷:未分配利润——年初　　100 000

(2)借:存货——存货跌价准备　　260 000
　　贷:资产减值损失　　260 000

可见,当本期购销形成存货的可变现净值低于销售企业的销售成本时,其第二期抵销的跌价准备的总金额为相对于购买企业存货的取得成本高于销售企业销售成本的差额部分计提的跌价准备金额;在分两步进行抵销时,第二步的抵销数为扣除期初内部购进存货计提的跌价准备金额后的余额[90-54-10=26(万元)]。

若第二期期末为冲销前期多计提的存货跌价准备,则当年应作与上例相反的抵销分录。

【例 3-44】沿用例 3-43 资料,若第二期购货方又从销货方购入存货,销货方的销售成本为 80 万元,销售价格为 100 万元(销售单价与第一期相同),销售毛利 20%,与第一期相同。购货方第二期对外销售内部购销形成存货的销售成本 126 万元,销售收入 157.5 万元,期末内部购销形成存货的购货方取得成本 54 万元(80+100-126),销货方销售成本 43.2 万元(54×80%),未实现内部销售利润 10.8 万元,其可变现净值为 50 万元,则第二期期末购货方的个别财务报表上冲销的存货跌价准备为 6 万元。资料及分析见表 3-23。

表 3-23　　　　单位:万元

项目	销售方 销售成本	购货方 取得成本	可变现净值	个别报表计提的准备	合并报表应计提的准备	合并报表抵销数
第一期期末	64	80	70	10	0	10
第二期期末	43.2	54	50	4 本期 冲销 6	0	4

应在合并工作底稿中编制如下抵销分录:

(1)借:存货——存货跌价准备 100 000
　　贷:未分配利润——年初 100 000
(2)借:资产减值损失 60 000
　　贷:存货——存货跌价准备 60 000

可见,以上是分两步将内部购销形成存货计提的跌价准备余额 4 万元予以抵销的。

第三期和以后各期期末的抵销处理可比照第二期进行,在编制第一笔抵销分录时,应按上期期末内部购销形成存货计提的跌价准备余额调整期初未分配利润。

内部购销形成存货计提跌价准备的抵销也涉及合并净利润的增减变动,也应比照前述存货中包含的未实现内部利润的抵销,选择三种观点和做法进行相应的会计处理。如果全部归属于母公司,不需要调整非控股股东损益(少数股东损益)和非控制性权益(少数股东权益);如果按持股比例分配给母公司和非控股股东(少数股东)则需比照本节相关例题进行会计处理。

第四节 内部长期资产交易的处理

企业集团内部的长期资产交易,是指母公司与子公司之间或子公司相互之间所发生的固定资产、工程物资、在建工程、无形资产的购销业务和租赁业务。本节将重点阐述内部固定资产交易的处理。固定资产内部交易与存货内部交易一样,也存在顺销和逆销两种情况,对母公司长期股权投资、投资收益和非控股股东损益(少数股东损益)、非控制性权益(少数股东权益)的调整抵销,请比照本章第二节和第三节进行会计处理,本节不再赘述。

内部固定资产交易的价格也通常由母公司决定,内部交易商品的价格可能高于、等于或低于其成本,与第三节道理相同,本节也仅阐述商品价格高于其成本的相关会计处理。

一、内部固定资产交易的类型

企业集团内部固定资产交易可以划分为三种类型。

(一)企业集团内部某成员企业将自身使用的固定资产出售给企业集团内部的其他企业作为固定资产使用

在这种情况下,对销售企业而言,要在其个别财务报表中反映固定资产账面价值的减少,同时还应反映固定资产处置的损益。如果出售固定资产的价款收入减去清理费用后的净收入大于该项固定资产账面价值,则表现为本期营业外收入的增加;如果出售固定资产的价款收入减去清理费用后的净收入小于该项固定资产账面价值,则表现为营业外支出的增加。对于购买企业而言,将在其个别财务报表中反映固定资产的增加。其固定资产原值由以下三部分组成:①销售企业的固定资产账面价值;②销售企业出售固定资产所实现的损益;③购买企业发生的运杂费、安装费等。但从企业集团整体看,这种内部固定资产交易属于企业集团内部固定资产调拨行为,不会产生损益,固定资产不会发生增值或减值,除非购买企业发生的运杂费、安装费大于销售企业原来发生的运杂费、安装费。因此,必须将销售企业处置固定资产所实现的损益予以抵销,并同时抵销购买企业该项固定资产原值中包含的未实现内部利润。在合并工作底稿中应编制的抵销分录为:借记"营业外收入"项目,贷记"固定资产——原值"项目,或者借记"固定资产——原值"项目,贷记"营业外支出"项目。

由于这种类型的内部固定资产交易不经常发生,且发生的金额一般不大,根据重要性要求,在编制合并财务报表时一般可以不作抵销处理。但是,如果这种类型的固定资产交易金额较大,则需要进行抵销处理。

(二)企业集团内部某成员企业将自身使用的固定资产出售给企业集团内的其他企业作为普通商品销售

在这种情况下,销售企业的个别财务报表中要反映固定资产账面价值的减少,同时,还应反映固定资产处置的净损益。对于购买企业而言,要在其个别财务报表中反映存货的增加。其存货成本包括 3 部分:①销售企业的固定资产账面价值;②销售企业出售固定资产的净损益;③购买企业发生的运杂费等。但从企业集团整体看,这种固定资产内部交易属于企业集团内部物资调拨行为,不会产生损益。因此,必须将销售企业处置固定资产所实现的损益予以抵销,并同时抵销购买企业存货中包含的未实现内部利润。在合并财务报表工作底稿中应编制的抵销分录为:借记"营业外收入"项目,贷记"存货"项目,或者借记"存货"项目,贷记"营业外支出"项目。如果购买企业将内部购入的存货已经售出,则应按购买企业的销售收入,借记"营业收入"项目,按购买企业的销售成本,贷记"营业成本"项目,按销售收入和销售成本之间的差额,贷记"营业外收入"项目。

由于这种类型的内部固定资产交易极少发生,且发生的金额一般不大,根据重要性要求,在编制合并财务报表时一般不作抵销处理。

(三)企业集团内部某成员企业将其生产的产品销售给企业集团内的其他企业作为固定资产使用

在这种情况下,销售企业的个别财务报表中,一方面,将销售产品的价款确认为销售收入,销售产品的成本确认为销售成本;另一方面,要把两者的差额确认为销售损益。对购买企业而言,则以支付的价款和运杂费、安装费作为固定资产原值,在固定资产原值中包含销售企业出售产品的净损益。但从企业集团整体看,这种交易相当于通过自营方式购建固定资产,其形成的固定资产原值只能是购建成本,不应包括销售企业产生的利润。因此,必须将销售企业的内部销售收入和内部销售成本予以抵销,并同时抵销购买企业固定资产原值中包含的未实现内部利润。通过抵销处理,在合并利润表中反映的营业利润、利润总额和净利润,都不再包含这部分未实现内部利润;反映的固定资产原值是企业集团固定资产的实际成本,也不包含未实现内部利润。

这种类型的内部固定资产交易经常发生,且金额一般较大,因此其是企业集团内部固定资产交易的主要形式。下文叙述的就是这种内部固定资产交易的抵销处理方法。

二、发生内部固定资产交易当期的抵销处理

固定资产的价值在个别资产负债表和合并资产负债表中均列示固定资产净额,而固定资产净额是以固定资产净值减去固定资产减值准备求得的。固定资产净值又是以固定资产原值减累计折旧求得的。由此可见,内部固定资产交易的抵销处理,不仅涉及交易发生当期未实现内部利润的抵销处理,而且涉及内部交易形成的固定资产发挥效益的以后各会计期间的固定资产原值中包含的未实现内部利润的抵销处理;同时,由于内部交易形成的固定资产在持有期间必须计提折旧,计提的折旧额中也包含未实现内部利润,因此,还必须将当期计提的折旧额和累计折旧额中包含的未实现内部利润予以抵销。如果内部交易形成的固定资产计提了减值准备,也应作相关的抵销处理。

(一)内部交易形成的固定资产原值中包含的未实现内部利润的抵销处理

如前所述,根据一体性原则,内部交易形成的固定资产原值中不应包含未实现内部利润。因此,在编制合并财务报表时,必须将内部交易形成的固定资产原值中包含的未实现内部利润予以抵销。其抵销方法是:一方面抵销内部固定资产交易中销售企业所确认的销售收入和销售成本,另一方面抵销购买企业固定资产原值中包含的未实现内部利润,即借记"营业收入"项目,贷记"营业成本"和"固定资产——原值"项目。

【例3-45】2011年1月1日,M公司将其成本为16万元的产品销售给N公司作为固定资产使用,销售收入20万元、增值税3.4万元。N公司还支付运杂费、安装费4万元,并以24万元作为固定资产原值入账。在编制合并工作底稿中应编制如下抵销分录:

	借	贷
(1)借:营业收入	200 000	
贷:营业成本		160 000
固定资产——原值		40 000

(二)内部交易形成的固定资产计提折旧中包含的未实现内部利润的抵销处理

由于购买企业是以固定资产原值作为计提折旧依据的,既然其内部交易形成的固定资产原值中包含未实现内部利润,那么,不论采用何种折旧方法,计提的折

旧额中都必然包含未实现内部利润。但对企业集团而言，固定资产原值中不应包含未实现内部利润，固定资产折旧中也自然不能包含未实现内部利润。为此，必须将个别财务报表中多计提的折旧对合并净利润的影响予以抵销。其抵销方法是，借记“固定资产——累计折旧”项目，贷记“管理费用”、“营业成本”、“存货”等项目。

【例3-46】假设例3-45中，N公司对该项内部交易形成的固定资产采用直线法计提折旧，预计使用5年，预计净残值为零。N公司每年计提的折旧为4.8万元(24÷5)，含未实现内部利润0.8万元[(20-16)÷5]。对企业集团而言，固定资产原值应为20万元(16+4)，每年计提折旧应为4万元(20÷5)，个别财务报表上每年多计提折旧0.8万元。若N公司将固定资产用于企业管理部门，则每年多列支管理费用0.8万元。本例N公司形成的固定资产应从2011年2月开始计提折旧，但为了简化例题，假设从1月开始计提折旧。在编制年度合并财务报表时，应在合并工作底稿中编制如下抵销分录：

(2)借：固定资产——累计折旧　　8 000

　　贷：管理费用　　8 000

根据上述资料，编制的发生内部固定资产交易当期的合并工作底稿见表3-24。

表3-24　M公司合并工作底稿

2011年12月31日　　单位：万元

项　目	M公司	N公司	合计金额	抵销分录		合并金额
				借方	贷方	
营业收入	1 000	800	1 800	(1)20		1 780
营业成本	700	645	1 345		(1)16	1 329
营业金及附加	5	3	8			8
管理费用	50	39	89		(2)0.8	88.2
……						
营业利润	300	106	406	20	16.8	402.8
……						
……						
期初未分配利润	176	44	220			220
……						
期末未分配利润	135.6	62	197.6	20	16.8	194.4
……						
固定资产——原值	920	810	1 730		(1)4	1 726
——累计折旧	360	290	650	(2)0.8		649.2

从表 3－24 可以看出，经过抵销后，本期发生的内部固定资产交易在个别财务报表上所确认的销售收入 20 万元，销售成本 16 万元，固定资产原值中包含的未实现内部利润 4 万元全部抵销，合并固定资产原值 1 726 万元，含该项内部交易固定资产的实际原值 20 万元。同时，也将个别财务报表的累计折旧和管理费用中包含的未实现内部利润的影响予以抵销，从而将管理费用由原来的合计金额 89 万元，调整为合并金额 88.2 万元，将累计折旧由原来的合计金额 650 万元，调整为合并金额 649.2 万元，这才是从企业集团角度看应当列支的管理费用和应当计提的折旧。因上述两项抵销处理，使得期末未分配利润由合计金额 197.6 万元调整为 194.4 万元，两者相差 3.2 万元，恰恰是抵销的内部销售收入 20 万元与抵销的内部销售成本 16 万元、管理费用 0.8 万元的差额。

若 N 公司将固定资产用于产品生产，且所生产的产品当年销售 80%，则抵销记录如下：

借：固定资产——累计折旧	8 000
贷：营业成本	6 400
存货	1 600

如果 N 公司各年生产和销售均衡，也可将累计折旧中包含的未实现内部利润全额抵销营业成本。

由于个别财务报表和合并财务报表都仅列示固定资产净额，因此，在合并工作底稿中累计折旧和固定资产减值准备的抵销，都可直接调整“固定资产”项目。

三、内部交易形成的固定资产在以后年度持有期间的抵销处理

内部交易形成的固定资产在预计使用的以后各会计期间，对与未实现内部利润相关的抵销处理主要包括以下三方面的内容。

第一，将内部交易形成的固定资产原值中包含的未实现内部利润及其对期初未分配利润的影响予以抵销。这是因为，首先，只要内部交易形成的固定资产仍为企业持有，没有进行处置，在个别财务报表的固定资产原值中就包含未实现内部利润，必须将其抵销，只有这样才能在合并财务报表的合并金额中反映企业集团该项固定资产的实际原值。其次，上期抵销的固定资产原值中包含的未实现内部利润，抵减了根据个别财务报表加总的营业利润、本期净利润和期末未分配利润的合计金额，求得上期合并期末未分配利润，而第二期根据个别财务报表加总的期初未分配利润的合计金额，仍包括固定资产原值中所含的未实现内部利润，必须将其抵销，才能使调整后的第二期期初未分配利润合并金额与上期期末未分配利润合并金额相符合。

第二，将以前会计期间内部交易形成的固定资产累计折旧额中包含的未实现

内部利润及其对期初未分配利润的影响予以抵销。这是因为,首先,合并财务报表中合并固定资产原值减合并累计折旧等于合并固定资产净值,都不包含未实现内部利润。但是,第二期根据个别财务报表加总的累计折旧的合计金额中却包含未实现内部利润,必须将其抵销,才能在合并财务报表的合并金额中反映企业集团固定资产累计折旧的实际金额。其次,上期抵销的内部交易形成的固定资产多计提的折旧额,抵减了上期的管理费用,增加了根据个别财务报表加总的本期净利润和期末未分配利润的合计金额,求得上期合并期末未分配利润,而第二期根据个别财务报表加总的期初未分配利润合计金额,并未调整上期累计折旧中包含的未实现内部利润,必须予以抵销,才能使得调整后的第二期期初未分配利润合并金额,与上期期末未分配利润的合并金额相符合。

第三,将由于内部交易固定资产包含的未实现内部利润而导致的当期多计提的折旧予以抵销。其原因同第一期,不再赘述。

【例3-47】沿用例3-46资料,母公司M公司在第二年编制合并财务报表时,应在合并工作底稿中编制如下抵销分录:

(1)借:未分配利润——年初　　40 000
　　贷:固定资产——原值　　40 000

(2)借:固定资产——累计折旧　　8 000
　　贷:未分配利润——年末　　8 000

(3)借:固定资产——累计折旧　　8 000
　　贷:管理费用　　8 000

合并工作底稿见表3-25。

表3-25　M公司合并工作底稿

2012年12月31日　　单位:万元

项　目	M公司	N公司	合计金额	抵销分录		合并金额
				借方	贷方	
营业收入	1 500	500	2 000			2 000
营业成本	1 150	350	1 500			1 500
营业税金及附加	8	2	10			10
销售费用	5	15	20			20
管理费用	35	35	70		(3)0.8	69.2
财务费用	10					10
投资净收益	61		61			61
营业利润	353	98	451		0.8	451.8

续表

项　　目	M公司	N公司	合计金额	抵销分录		合并金额
				借方	贷方	
加:营业外收入	50	22	72			72
减:营业外支出	103	10	113			113
利润总额	300	110	410		0.8	410.8
减:所得税	90	33	123			123
净利润	210	77	287		0.8	287.8
期初未分配利润	135.6	62	197.6	(1)4	(2)0.8	194.4
……						
期末未分配利润		66	230	4	1.6	227.6
……	164					
固定资产——原值	920	810	1 730		(1)4	1 726
——累计折旧	440	330	770	(2)0.8 (3)0.8		768.4

母公司M公司第三年编制合并财务报表时,应在合并工作底稿中编制如下抵销分录:

(1)借:未分配利润——年初　　40 000

　　贷:固定资产——原值　　40 000

(2)借:固定资产——累计折旧　　16 000

　　贷:未分配利润——年初　　16 000

(3)借:固定资产——累计折旧　　8 000

　　贷:管理费用　　8 000

合并工作底稿略。

母公司M公司第四年编制合并财务报表时,应在合并工作底稿中作如下抵销分录:

(1)借:未分配利润——年初　　40 000

　　贷:固定资产——原值　　40 000

(2)借:固定资产——累计折旧　　24 000

　　贷:未分配利润——年初　　24 000

(3)借:固定资产——累计折旧　　8 000

　　贷:管理费用　　8 000

合并工作底稿略。

四、内部交易形成的固定资产在处置时的抵销处理

内部交易形成的固定资产会因报废、毁损或出售而进行清理,清理内部交易形成的固定资产的会计期间时,在购买企业的个别财务报表中,一方面要反映固定资产账面价值的减少,另一方面还要反映清理固定资产的净收入或净支出,并以“营业外收入”或“营业外支出”列示于利润表。随着内部交易固定资产的清理,销售企业内部交易固定资产尚未实现的内部销售利润也需调整相关损益项目。下面以固定资产报废为例,说明固定资产在处置时的抵销处理。由于内部交易的固定资产有期满报废、提前报废和超期报废三种情况,因此,在编制合并财务报表时应当区别情况进行抵销处理。

(一)内部交易固定资产期满报废的抵销处理

在内部交易固定资产期满报废的会计期间,购买企业转销了报废的固定资产原值、累计折旧和计提的减值准备,因此,在购买企业期末个别资产负债表的固定资产原值和累计折旧中不再包括该项已报废的内部交易固定资产原值和累计折旧。但这并不意味着内部交易固定资产报废的会计期末,在编制合并财务报表时无须作任何抵销处理。这是因为:其一,销售企业个别所有者权益变动表的期初未分配利润中包含有该项固定资产交易的未实现内部利润,必须予以抵销,调整合并期初未分配利润,使之与上期合并期末未分配利润相衔接;其二,购货企业本期仍按包含未实现内部利润的该项固定资产原值计提了折旧,本期计提的折旧所包含的未实现内部利润也必须予以抵销,以调整累计折旧和折旧费用,从而使合并金额更符合企业集团的含义。在具体进行抵销处理时又有以下三种方法。

1. 比照内部交易固定资产正常使用会计期间的抵销方法进行抵销处理。在这种方法下,首先,抵销固定资产原值中包含的未实现内部利润,调减合并期初未分配利润;其次,抵销以前会计期间累计折旧中包含的未实现内部利润,调增合并期初未分配利润;再次,抵销当期计提折旧中包含的未实现内部利润,调整合并折旧费用和累计折旧;最后,抵销上述三笔抵销分录中的固定资产原值和累计折旧中包含的未实现内部销售利润。

2. 比照正常持有会计期间的抵销方法,编制三笔抵销分录。但因该项固定资产原值和累计折旧在个别资产负债表上已不存在,因此在编制抵销分录时,将“固定资产——原值”项目和“固定资产——累计折旧”项目用固定资产清理最终结果确认的“营业外收入”或“营业外支出”项目代替。

3. 仅编制一笔抵销分录,调减合并期初未分配利润和当期多计提的折旧费用。在这种方法下,内部交易固定资产清理报废的会计期末,仅在工作底稿中编制一笔抵销分录:借记“未分配利润——年初”项目,贷记“管理费用”项目。

对于上述三种抵销方法举例说明如下。

【例3－48】沿用例3－47资料。假设第五年N公司将从M公司购买的固定资产进行报废清理，清理净损失0.1万元。在编制合并财务报表时，母公司M公司在合并工作底稿中应编制如下抵销分录。

方法一：

(1)借：未分配利润——年初　　40 000

　　贷：固定资产——原值　　40 000

(2)借：固定资产——累计折旧　　32 000

　　贷：未分配利润——年初　　32 000

(3)借：固定资产——累计折旧　　80 00

　　贷：管理费用　　8 000

(4)借：固定资产——原值　　40 000

　　贷：固定资产——累计折旧　　40 000

方法二：

(1)借：未分配利润——年初　　40 000

　　贷：营业外支出　　40 000

(2)借：营业外支出　　32 000

　　贷：未分配利润——年初　　32 000

(3)借：营业外支出　　8 000

　　贷：管理费用　　8 000

方法三：

借：未分配利润——年初　　(40 000－8 000×4) 8 000

　贷：管理费用　　8 000

由上可见，若将方法一的四笔抵销分录合并或将方法二的三笔抵销分录合并，与方法三的抵销分录是完全相同的。方法三表明，该项内部交易固定资产包含的未实现利润4万元，通过前四年每年多计提折旧的形式已经实现3.2万元，还有0.8万元没有实现，对第四年年末合并未分配利润的影响为0.8万元，通过第五年多计提折旧0.8万元转为企业集团已实现的利润，至此，该项内部交易固定资产包含的未实现内部利润全部实现。合并工作底稿略。

(二)内部交易固定资产提前报废的抵销处理

若内部交易固定资产使用期限未满提前报废，在购买企业个别财务报表上该项内部交易固定资产原值和累计折旧已不存在，即无须再调整固定资产原值和累计折旧中包含的未实现内部利润。但是，在清理报废的会计期间，购买企业当期为该项固定资产计提的折旧中还包含未实现内部利润，对于因此而多计提的折旧费用，还应予以抵销。同时，在固定资产提前报废的会计期间，销售企业所有者权益变动表的期初未分配利润中，仍包含内部固定资产交易的未实现内部利润，也应将其予以抵销,调整合并期初未分配利润。内部交易固定资产提前清理报废,其固定资产原值中包含的未实现内部利润不能通过购买企业多计提折旧的形式而得以实现的部分,调整固定资产清理净损益。其抵销处理也有前述三种方法。

【例3-49】沿用例3-47资料,假设购买企业于第四年对内部交易形成的固定资产进行清理报废,该项固定资产清理净损失0.1万元。抵销分录如下:

方法一:

	借方	贷方
(1)借:未分配利润——年初	40 000	
贷:固定资产——原值		40 000
(2)借:固定资产——累计折旧	24 000	
贷:未分配利润——年初		24 000
(3)借:固定资产——累计折旧	8 000	
贷:管理费用		8 000
(4)借:固定资产——原值	40 000	
贷:固定资产——累计折旧		32 000
营业外支出		8 000

方法二:

	借方	贷方
(1)借:未分配利润——年初	40 000	
贷:营业外支出		40 000
(2)借:营业外支出	24 000	
贷:未分配利润——年初		24 000
(3)借:营业外支出	8 000	
贷:管理费用		8 000

方法三:

	借方	贷方
借:未分配利润——年初	16 000	
贷:管理费用		8 000
营业外支出		8 000

合并工作底稿略。

(三)内部交易固定资产超期使用报废的抵销处理

内部交易形成的固定资产超期使用,在预计使用年限的最后一个会计期间,由于仍然要按含未实现内部利润的固定资产原值计提折旧,仍需比照以前各会计期编制抵销分录。在内部交易固定资产超期使用期间,由于不再计提折旧,所以不必编制当期计提折旧中包含的未实现内部利润的抵销分录。但是,由于固定资产仍处在使用过程中,在购买企业的个别资产负债表中仍反映含未实现内部利润的该项固定资产原值和累计折旧,因此,还必须将固定资产原值和累计折旧中包含的未实现内部利润予以抵销。

在超期使用的内部交易固定资产报废清理的会计期间，由于购买企业个别资产负债表中不再列示已报废的固定资产原值和累计折旧，所以，既不存在固定资产原值和累计折旧中包含的未实现内部利润的抵销问题，也不存在当期计提折旧中包含的未实现内部利润的抵销问题。也就是说，在超期使用内部交易固定资产进行清理报废的会计期间，无须进行任何抵销处理。

【例3-50】沿用例3-47资料，如果该项内部交易形成的固定资产第七年报废清理，则第五年和第六年在编制合并财务报表时，应在合并工作底稿中作如下抵销分录。

第五年的抵销分录：

(1)借：未分配利润——年初	40 000	
贷：固定资产——原值		40 000
(2)借：固定资产——累计折旧	32 000	
贷：未分配利润——年初		32 000
(3)借：固定资产——累计折旧	8 000	
贷：管理费用		8 000

第六年的抵销分录。

(1)借：未分配利润——年初	40 000	
贷：固定资产——原值		40 000
(2)借：固定资产——累计折旧	40 000	
贷：未分配利润——年初		40 000

合并工作底稿略。

第七年清理报废时，无须编制抵销分录。

五、内部无形资产交易的抵销处理

企业集团内部无形资产交易包括两种类型：转让无形资产所有权和转让无形资产使用权。

（一）内部转让无形资产所有权

企业集团内部成员企业之间出售商标权、专利权、非专利技术、土地使用权等无形资产，转让方在结转无形资产账面价值、确认应交税费的同时，将其利得确认营业外收入，将其损失确认为营业外支出；受让方按其支付的对价确认取得的无形资产成本。但是，按照一体性原则，企业集团内部成员企业之间转让无形资产所有权应视为会计主体内部资产调拨行为，应按原账面价值结转，受让企业不应调整无形资产价值，转让企业也不应确认营业外收支。为此，在合并财务报表中，应抵销受让企业无形资产原价中包含的未实现内部利润（或亏损，下同）和转让企业确认的营业外收入（营业外支出，下同）。

在以后会计期间的抵销处理又可以分为两种情况。

1. 使用寿命确定的无形资产的抵销处理。使用寿命确定的无形资产在以后会计期间的抵销处理与内部交易固定资产基本相同，一方面要抵销无形资产原价中包含的未实现内部利润，另一方面还要抵销无形资产累计摊销额中包含的未实现内部利润。

【例 3-51】2011 年 1 月 4 日，母公司丙公司向其子公司丁公司转让一项专利权，该项专利权的账面价值为 70 万元，转让价格为 78 万元，剩余摊销年限为 8 年。

2011 年 12 月 31 日，丙公司编制合并财务报表时编制的抵销分录如下：

借：营业外收入　　800 000

　贷：无形资产　　80 000

借：累计摊销　　10 000

　贷：管理费用　　10 000

2012 年 12 月 31 日，丙公司编制合并财务报表时编制的抵销分录如下：

借：未分配利润——年初　　80 000

　贷：无形资产　　80 000

借：累计摊销　　10 000

　贷：未分配利润——年初　　10 000

借：累计摊销　　10 000

　贷：管理费用　　10 000

以后各年末的抵销分录比照第二年编制，不同的是，第二笔抵销分录的累计摊销额对年初未分配利润的影响每年递增 1 万元。第八年末可以只编制如下抵销分录：

借：未分配利润——年初　　10 000

　贷：管理费用　　10 000

2. 使用寿命不确定的无形资产。企业对使用寿命不确定的无形资产不计提摊销额，而是于每年年末进行减值测试，如果未发生减值，则应比照例 3-51，各年末只编制第一笔抵销分录。

（二）内部转让无形资产使用权

内部转让无形资产使用权，属于无形资产的经营租赁，在个别财务报表上，出租企业确认内部租金收入（营业收入），承租企业确认内部租金费用（营业成本或管理费用），但是从企业集团看，只是无形资产使用地点发生变化，不应确认租金收入和租金费用，应当比照内部利息收入和利息支出予以抵销，借记“营业收入”项目，贷记“营业成本”、“管理费用”等项目。与之相关的内部债权债务的抵销处理同前述内部债权债务的抵销。

六、内部固定资产租赁交易的抵销处理

企业集团内部成员企业之间发生的固定资产租赁交易，按照与固定资产所有权相关的风险和报酬是否发生转移，可以划分为经营租赁和融资租赁。

（一）经营租赁

企业集团内部成员企业之间发生的固定资产经营租赁业务，在个别财务报表中，出租企业确认租金收入（营业收入），承租企业确认租金费用（营业成本、管理费用、制造费用等），但是从企业集团看，只是固定资产使用地点发生变化，不应确认租金收入和租金费用，应当比照内部利息收入和利息支出予以抵销，借记"营业收入"项目，贷记"营业成本"、"管理费用"等项目。与之相关的内部债权债务的抵销处理同前述内部债权债务的抵销。

（二）融资租赁

固定资产融资租赁出租方和承租方的会计处理都较为复杂，通过例 3－52 予以说明。

【例 3－52】母公司甲公司与其子公司乙公司签订了一项融资租赁合同，乙公司将一套系统设备出租给甲公司。租赁开始日为 2011 年 1 月 1 日，租赁期 3 年，预计尚可使用年限为 5 年。该套系统设备在租赁开始日的公允价值和账面价值均为 1 300 万元，每年末支付租金 500 万元，合同利率为 8%，出租方内含利率为 5.46%。甲公司初始直接费 5 万元，乙公司初始直接费 50 万元。

（1）承租方甲公司的会计处理

2011 年 1 月 1 日，租入固定资产：

$$最低租赁付款额=500\times3=1\ 500（万元）$$

$$8\%、3\ 年的年金现值系数=2.577\ 1$$

$$最低租赁付款额的现值=500\times2.5771=1\ 288.55（万元）$$

$$未确认融资费用=1\ 500-1\ 288.55=211.45（万元）$$

借：固定资产	12 935 500	
未确认融资费用	2 114 500	
贷：长期应付款——应付融资租赁款		15 000 000
银行存款		50 000

2011 年 12 月 31 日，支付租金、分摊未确认融资费用（假设年末一次摊销，不分摊到月）：

借：长期应付款——应付融资租赁款	5 000 000	
贷：银行存款		5 000 000

按实际利率摊销未确认融资费用见表 3－26。

表 3－26　未确认融资费用分摊表

2011 年 12 月 31 日　　　　单位:万元

日期	租金	确认的融资费用	应付本金减少	应付本金余额
		实际利率 8%		
2011.1.1				1 288.55
2011.12.31	500	103.084	396.916	891.634
2012.12.31	500	71.331	428.669	462.965
2013.12.31	500	37.035	462.965	0
合计	1 500	211.45	1 288.55	

借:财务费用　　1 030 840

　贷:未确认融资费用　　1 030 840

2012 年 12 月 31 日,支付租金、分摊未确认融资费用:

借:长期应付款——应付融资租赁款　　5 000 000

　贷:银行存款　　5 000 000

借:财务费用　　713 310

　贷:未确认融资费用　　713 310

2013 年 12 月 31 日,支付租金、分摊未确认融资费用:

借:长期应付款——应付融资租赁款　　5 000 000

　贷:银行存款　　5 000 000

借:财务费用　　370 350

　贷:未确认融资费用　　370 350

融资租赁固定资产折旧费用略。

(2)出租方乙公司的会计处理:

2011 年 1 月 1 日,出租固定资产:

$$最低租赁收款额 = 500 \times 3 = 1\ 500(万元)$$

$$5.46\%、3 年的年金现值系数 = 2.7$$

$$最低租赁付款额的现值 = 500 \times 2.7 = 1\ 350(万元)$$

$$未确认融资收益 = 1\ 500 - 1\ 350 = 150(万元)$$

借:长期应收款——应收融资租赁款　　15 000 000

　贷:租赁资产　　13 000 000

　　未确认融资收益　　1 500 000

　　银行存款　　500 000

2011 年 12 月 31 日,收到租金、分摊未确认融资收益(假设年末一次摊销,不分摊到月):

借:银行存款　　5 000 000

　贷:长期应收款——应收融资租赁款　　5 000 000

按内含利率摊销未确认融资收益见表 3－27。

表 3－27　未确认融资收益分摊表

2011 年 12 月 31 日　　单位:万元

日期	租金	确认的融资收益	应收本金减少	应收本金余额
		内含利率 5.46%		
2011.1.1				1 350
2011.12.31	500	73.71	426.29	923.71
2012.12.31	500	50.435	449.565	474.145
2013.12.31	500	25.855	474.145	
合计	1 500	150	1 350	

借:未确认融资费用　　737 100

　贷:租赁收入　　737 100

2012 年 12 月 31 日,收到租金、分摊未确认融资收益:

借:银行存款　　5 000 000

　贷:长期应收款——应收融资租赁款　　5 000 000

借:未确认融资收益　　504 350

　贷:租赁收入　　504 350

2013 年 12 月 31 日,收到租金、分摊未确认融资收益:

借:银行存款　　5 000 000

　贷:长期应付款——应付融资租赁款　　5 000 000

借:未确认融资收益　　258 550

　贷:租赁收入　　258 550

(3)与融资租赁相关的抵销处理。在个别财务报表中,承租方未确认融资费用列示于“长期应付款”项目,作为抵减金额;出租方未确认融资收益列示于“长期应收款” 项目,作为抵减金额;承租方租金费用列入财务费用项目,出租方租赁收入列示于“营业收入”项目。根据一体性原则,从企业集团看,融资租赁属于内部固定资产调拨行为,承租方固定资产价格应为 1 300 万元,按租赁准则少入账 6.45 万元;由内部融资租赁导致的长期应收款和长期应付款项目、财务费用和营业收入项目均应为零。因此,在合并财务报表中需要抵销的项目有:①长期应收款和长期应付款;②财务费用和营业收入。但是,由于承租方和出租方的初始直接费和采用的折现率不同,在编制上述两笔抵销分录时都会产生差额。

差额如何处理？笔者认为，可以先调整固定资产价值，再调整当期损益（财务费用）。

本例中，承租方固定资产入账价值为 1 293.55 万元，未确认融资费用为 211.45 万元；出租方租赁资产账面价值和公允价值均为 1 300 万元，未确认融资收益为 150 万元；两项合计承租方大于出租方差额 55 万元（1 505 - 1 450），为双方初始直接费之和。假设采用直线法计提固定资产折旧。

2011 年 12 月 31 日的抵销处理：

调整的固定资产净值 = 6.45 ÷ 3 × 2 = 4.3（万元）

其中：

调整的原值 = 6.45（万元）

调整的累计折旧 = 6.45 ÷ 3 = 2.15（万元）

	借方	贷方
借：长期应付款	8 916 340	
固定资产	43 000	
财务费用	277 760	
贷：长期应收款		9 237 100
借：营业收入	737 100	
财务费用	293 740	
贷：财务费用		1 030 840

2012 年 12 月 31 日的抵销处理：

调整的固定资产净值 = 6.45 ÷ 3 = 2.15（万元）

其中：

调整的原值 = 6.45（万元）

调整的累计折旧 = 6.45 ÷ 3 × 2 = 4.3（万元）

	借方	贷方
借：未分配利润——年初	277 760	
贷：财务费用		277760
借：长期应付款	4 629 650	
固定资产	21 500	
财务费用	90 300	
贷：长期应收款		4 741 450
借：营业收入	504 350	
财务费用	208 960	
贷：财务费用		713 310

2013 年 12 月 31 日的抵销处理：

	借方	贷方
借：未分配利润——年初	90 300	
贷：财务费用		90 300

借:营业收入　　258 550

　财务费用　　111 800

　贷:财务费用　　370 350

七、内部交易形成的固定资产、无形资产和其他长期资产计提的减值准备的抵销处理

内部交易形成的固定资产、无形资产和其他长期资产计提的减值准备的抵销处理可比照内部购销形成存货计提存货跌价准备的抵销进行。所不同的是,内部交易形成的固定资产和无形资产等非流动资产的企业集团实际账面价值和购买企业的含未实现内部利润的账面价值是随着计提折旧和价值摊销逐年减少的,因此,应将内部交易形成的固定资产、无形资产等的可收回金额与其账面净额比较确定应计提的减值准备,并进而确定应予以抵销的减值准备金额。内部交易形成的非流动资产计提减值准备的抵销处理也有两种情况,现以内部交易形成的固定资产为例予以说明。

(一)内部交易形成的固定资产可收回金额低于销货方的销售成本

【例 3－53】沿用例 3－45 至例 3－47 资料。2011 年 1 月 1 日,M 公司将其成本为 16 万元的产品销售给 N 公司作为固定资产使用,销售收入 20 万元。N 公司以 24 万元作为固定资产原值入账,并假设从 2011 年 1 月起计提折旧。企业集团该项固定资产原值为 20 万元(16＋4)。2013 年 12 月 31 日,该项内部交易固定资产以销货方 M 公司销售成本为基础计算的固定资产净值为 8 万元[20×(5－3)÷5],以购货方 N 公司购买成本为基础计算的固定资产净值为 9.6 万元[24×(5－3)÷5],经测试该项固定资产可收回金额为 7.6 万元。2013 年 12 月 31 日,N 公司为其计提的固定资产减值准备为2 万元(9.6－7.6),企业集团为其计提的固定资产减值准备应为 0.4 万元(8－7.6),应抵销该项固定资产减值准备 1.6 万元(2－0.4)。2014 年 12 月 31 日,该项固定资产可收回金额为 1.6 万元。N 公司为其计提固定资产减值准备 2.2 万元(7.6÷2－1.6),企业集团为其补提的固定资产减值准备也应为 2.2 万元(7.6÷2－1.6),在编制合并财务报表时无须再抵销该项固定资产减值准备,只需调整期初未分配利润。

2013 年 12 月 31 日编制的抵销分录如下:

借:固定资产——固定资产减值准备　　16 000

　贷:资产减值损失　　16 000

2014 年 12 月 31 日编制的抵销分录如下:

借:固定资产——固定资产减值准备　　16 000

　贷:未分配利润——年初　　16 000

本例中,由于 2013 年年末该项内部交易固定资产的可收回金额 7.6 万元,低

于以销货方销售成本计算的固定资产净值 8 万元，可以认为期末计量后的固定资产账面价值已不再包含未实现内部利润，因此：①2013 年年末计提固定资产减值准备后，分别站在企业集团和内部购货单位角度所计量的该项内部交易固定资产的账面价值已经相等，以后年度计提的折旧额也相等；②2014 年年末固定资产再发生减值时，企业集团和内部购货单位计提的固定资产减值准备金额是相等的，无须再抵销该项固定资产减值准备，只需调整期初未分配利润。

（二）内部交易形成的固定资产可收回金额低于购货方的取得成本，但高于销货方的销售成本

【例 3－54】沿用例 3－53 资料，如果 2013 年和 2014 年的内部交易形成固定资产的可收回金额分别为 8.6 万元和 1.6 万元，则 2013 年 12 月 31 日，N 公司为其计提的固定资产减值准备为 1 万元（9.6－8.6），企业集团为其计提的固定资产减值准备应为零，因此，应抵销该项固定资产减值准备 1 万元。2014 年 12 月 31 日，N 公司为其计提固定资产减值准备 2.7 万元（8.6÷2－1.6），企业集团为其计提的固定资产减值准备应为 2.4 万元（8÷2－1.6），应抵销该项固定资产减值准备 0.3 万元（2.7－2.4）。至此，计提减值准备后的个别财务报表和合并财务报表所反映的该项固定资产账面价值均为 1.6 万元。

2013 年 12 月 31 日编制的抵销分录如下：

借：固定资产——固定资产减值准备 10 000

贷：资产减值损失 10 000

2014 年 12 月 31 日编制的抵销分录如下：

借：固定资产——固定资产减值准备 10 000

贷：未分配利润——年初 10 000

借：固定资产——固定资产减值准备 3 000

贷：资产减值损失 3 000

本例中，由于 2013 年年末该项内部交易固定资产的可收回金额 8.6 万元，低于以购货方取得成本计算的固定资产净值 9.6 万元，高于以销货方销售成本计算的固定资产净值 8 万元，可以认为期末计量后的固定资产账面价值还包含未实现内部利润，因此：①以后年度计提内部交易固定资产减值准备时，既要抵销以前年度计提的固定资产减值准备对期初未分配利润的影响，还要抵销固定资产当期计提的固定资产减值准备中两个不同会计主体的差额；②如果内部交易固定资产的未来可收回金额中不再包含未实现内部利润，那么，以后年度计提内部交易固定资产减值准备时，只需抵销以前年度计提的固定资产减值准备对期初未分配利润的影响。

第五节　合并现金流量表和合并所有者权益变动表的编制

一、合并现金流量表的编制

合并现金流量表是综合反映由母公司和子公司组成的企业集团在一定会计期间现金及其现金等价物流入和流出情况的财务报表。从理论上讲，合并现金流量表的编制有以下两种方法。

第一种方法，以合并资产负债表和合并利润表为基础，采用与个别现金流量表相同的方法编制合并现金流量表。也就是说，合并现金流量表可以根据合并资产负债表、合并利润表及补充资料分析计算填列。

第二种方法，以母公司和子公司的个别现金流量表为基础，通过编制抵销分录，抵销母公司与子公司以及子公司相互之间发生的内部交易对合并现金流量表的影响，编制合并现金流量表。这种方法的编制原理、编制方法和编制程序与合并资产负债表、合并利润表和合并所有者权益变动表的编制原理、编制方法和编制程序相同。在编制程序上，首先，应将个别现金流量表资料过入合并工作底稿，并加总出合计金额；其次，编制抵销分录，抵销企业集团内部现金流量，并过入合并工作底稿；最后，计算出合并现金流量表各项目的合并金额，并填列合并现金流量表。

《企业会计准则第 33 号——合并财务报表》规定，合并现金流量表正表应当以母公司和子公司的现金流量表为基础，在抵销母公司与子公司、子公司相互之间发生的内部交易对合并现金流量表的影响后，由母公司合并编制。同时又规定，合并现金流量表及其补充资料也可以根据合并资产负债表和合并利润表进行编制。

本书仅阐述第二种方法，第一种方法请参照《财务会计学》（或《中级财务会计》）中现金流量表的编制方法。

（一）合并现金流量表正表的编制方法

由于合并现金流量表是动态报表，无须提供期初和期末的静态指标，又由于子公司不论是母公司的全资子公司还是非全资子公司，不论是否与母公司为同一控制下的企业，在实现企业合并后的各报告年度其内部现金流量的抵销处理方法都是相同的，因此无须分别阐述母公司拥有子公司全部股权和部分股权、同一控制下的企业合并和非同一控制下的企业合并的合并现金流量表的编制方法。

需要注意的是：

（1）母公司在报告期内，因同一控制下的企业合并增加的子公司以及业务，应当将该子公司合并当期期初至报告期期末的现金流量纳入合并现金流量表。与此相适应，应将合并当期期初至报告期期末之间该子公司与母公司及其他子公司之间的所有内部现金流量予以抵销。

(2)母公司在报告期内，因非同一控制下的企业合并增加的子公司以及业务，只能将该子公司购买日至报告期末的现金流量纳入合并现金流量表。与此相适应，只能将购买日至报告期期末之间该子公司与母公司及其他子公司之间的内部现金流量予以抵销。

(3)母公司在报告期内处置子公司以及业务，应当将该子公司期初至处置日的现金流量纳入合并现金流量表。与此相适应，也只能将期初至处置日该子公司与母公司及其他子公司之间的内部现金流量予以抵销。

(4)在子公司为非全资子公司的情况下，对于子公司与非控股股东(少数股东)之间发生的现金流入和现金流出，也应在合并现金流量表中予以反映。对于子公司非控股股东(少数股东)增加对子公司的权益性资本投资，在合并现金流量表中应当在"筹资活动产生的现金流量"之下的"吸收投资收到的现金"项目下"其中:子公司吸收非控股股东(少数股东)投资收到的现金"项目反映；对于子公司向非控股股东(少数股东)支付现金股利或利润，在合并现金流量表中应当在"筹资活动产生的现金流量"之下的"分配股利、利润或偿付利息支付的现金"项目下"其中:子公司支付给非控股股东(少数股东)的股利、利润"项目反映。

如果采用修订的权益结合法，同一控制下企业合并的合并现金流量表应当合并被合并方从合并日开始形成的现金流量。

根据个别现金流量表和个别财务报表附注说明中企业集团内部交易的资料，在编制合并现金流量表正表时需要抵销的内部交易有以下五个项目。

1. 企业集团内部(即母公司与子公司、子公司相互之间，下同)当期以现金投资或收购股权增加的投资所产生的现金流入和流出相互抵销。母公司直接以现金对子公司进行的长期股权投资，或以现金从企业集团内的其他子公司处收购股权，在母公司个别现金流量表作为投资活动现金流出列示；子公司接受这一投资，在其个别现金流量表中作为筹资活动的现金流入；但从企业集团整体看，母公司以现金对子公司进行的长期股权投资实际上相当于母公司将资本拨付下属子公司，并不引起整个企业集团现金流量的增减变动。因此，在编制合并现金流量表时，应当在母公司与子公司现金流量表数据简单相加的基础上，将母公司当期以现金对子公司长期股权投资所产生的现金流出与子公司接受母公司投资所产生的现金流入予以抵销。子公司相互之间投资产生的现金流入和流出比照母公司对子公司投资予以抵销。

2. 企业集团内部当期取得投资收益收到的现金与分配股利、利润或偿付利息支付的现金相互抵销。母公司对子公司进行的长期股权投资和债权投资，在持有期间收到子公司分派的现金股利(利润)或债券利息，在母公司个别现金流量表中作为取得投资收益收到的现金列示；子公司向母公司分派现金股利(利润)或支付债券利息,在其个别现金流量表中作为分配股利、利润或偿付利息支付的现金列示;但从整个企业集团看,这种投资收益的现金收支,并不引起整个企业集团现金流量的增减变动。因此,在编制合并现金流量表时,应当在母公司与子公司现金流量表数据简单相加的基础上,将母公司当期取得投资收益收到的现金与子公司分配股利、利润或偿付利息支付的现金予以抵销。子公司相互之间当期取得投资收益收到的现金与分配股利、利润或偿付利息支付的现金相互抵销,比照母公司当期取得投资收益收到的现金与子公司分配股利、利润或偿付利息支付的现金予以抵销。

3. 企业集团内部以现金结算债权与债务所产生的现金流入和流出相互抵销。母公司与子公司、子公司相互之间当期以现金结算应收账款或应付账款等债权与债务,在母公司个别现金流量表中作为收到其他与经营活动有关的现金或支付其他与经营活动有关的现金列示;在子公司个别现金流量表中作为支付其他与经营活动有关的现金或收到其他与经营活动有关的现金列示;但从整个企业集团看,这种现金结算债权与债务,并不会引起整个企业集团现金流量的增减变动。因此,在编制合并现金流量表时,应当在母公司与子公司现金流量表数据简单相加的基础上,将母公司与子公司或者子公司相互之间当期以现金结算债权与债务所产生的现金流入和现金流出予以抵销。

4. 企业集团内部当期销售商品所收到的现金与购买商品支付的现金相互抵销。母公司向子公司当期销售商品(或子公司向母公司销售商品或子公司相互之间销售商品,下同)所收到的现金,在母公司个别现金流量表中作为销售商品、提供劳务收到的现金列示;子公司向母公司支付购货款,在其个别现金流量表中作为购买商品、接受劳务支付的现金列示;但从整个企业集团看,这种内部商品购销现金收支,并不会引起整个企业集团的现金流量的增减变动。因此,在编制合并现金流量表时,应当在母公司与子公司现金流量表数据简单相加的基础上,将母公司与子公司、子公司相互之间当期销售商品、提供劳务所产生的现金流入和现金流出予以抵销。

5. 企业集团内部处置固定资产、无形资产和其他长期资产收回的现金净额与购建固定资产、无形资产和其他长期资产支付的现金相互抵销。母公司向子公司处置固定资产等长期资产,在母公司个别现金流量表中作为处置固定资产、无形资产和其他长期资产收回的现金净额列示;在子公司个别现金流量表中作为购建固定资产、无形资产和其他长期资产支付的现金列示;但从整个企业集团来看,这种固定资产处置与购置的现金收支,并不会引起整个企业集团的现金流量的增减变动。因此,在编制合并现金流量表时,应当在母公司与子公司现金流量表数据简单相加的基础上,将母公司与子公司、子公司相互之间处置固定资产、无形资产和其他长期资产收回的现金净额与购建固定资产、无形资产和其他长期资产支付的现金相互抵销。

6. 企业集团内当期发生的其他内部交易所产生的现金流量的抵销。

这里仅以2011年M公司拥有N公司部分股权为例，说明合并现金流量表的编制方法。

【例3-55】M公司和N公司为非同一控制下的企业。假设2011年发生以下涉及现金流量表的业务：

(1)2011年1月1日，母公司M公司以银行存款74万元购入N公司表决权资本的10%，至此，M公司持有N公司90%的股权。同时以银行存款26万元购买N公司当期发行的5年期公司债券，面值25万元，溢价1万元，年利率为6%。2011年，M公司从N公司收到上年现金股利40万元，本年现金股利36万元；M公司收到N公司债券利息1万元；N公司收到因2009年购买M公司发行的公司债券的债券利息6万元。

(2)M公司收到N公司支付的货款60万元，其中2010年应收账款20万元、应收票据款10万元，2011年应收账款12万元，现销货款18万元。

(3)N公司将其生产的两台机械设备出售给M公司，其成本为8万元，售价为10万元，货款已结清；M公司将其一台固定资产出售给N公司，固定资产账面价值为20万元，价款为22万元，N公司已支付价款14万元。

(4)M公司以经营租赁方式将一台运输设备出租给N公司使用，2010年，M公司收到N公司租金2万元。

在2011年，M公司在合并工作底稿中应编制如下抵销分录：

①借：投资活动现金流量——投资支付的现金　　1 000 000
　　贷：筹资活动现金流量——吸收投资收到的现金　　740 000
　　　　　　　　　　　　——借款收到的现金　　260 000

②借：筹资活动现金流量——分配股利、利润或偿付利息支付的现金　　830 000
　　贷：投资活动现金流量——取得投资收益收到的现金　　830 000

③借：经营活动现金流量——购买商品、接受劳务支付的现金　　300 000
　　　　　　　　　　　——支付其他与经营活动有关的现金　　300 000
　　贷：经营活动现金流量——销售商品、提供劳务收到的现金　　300 000
　　　　　　　　　　　　——收到其他与经营活动有关的现金　　300 000

④借：投资活动现金流量——购建固定资产、无形资产和
　　　　　　　　　　　　其他长期资产支付的现金　　240 000
　　贷：经营活动现金流量——销售商品、提供劳务收到的现金　　100 000
　　　　投资活动现金流量——处置固定资产、无形资产和
　　　　　　　　　　　　　其他长期资产收回的现金净额　　140 000

⑤借：经营活动现金流量——支付其他与经营活动有关的现金　　20 000

贷:经营活动现金流量——收到的其他与经营活动有关的现金　　20 000

例 3－55(4)中,如果为融资租赁固定资产,则应编制如下抵销分录:

借:筹资活动现金流量——支付的其他与筹资活动有关的现金　　20 000

贷:投资活动现金流量——收到的其他与投资活动有关的现金　　20 000

现将 2011 年合并工作底稿列示于表 3－28。

表 3－28　M 公司合并工作底稿

2011 年　　单位:万元

项　目	M 公司	N 公司	合计金额	抵销分录		合并金额
				借方	贷方	
(现金流量表部分)						
一、经济活动产生的现金流量:						
销售商品、提供劳务收到的现金	1 448.5	480	1 928.5		(3)30 (4)10	1 888.5
收到的税费返还						
收到的其他与经营活动有关的现金	4	20	24		(3)30 (5)2	－8
现金流入小计	1 452.5	500	1 952.5		72	1 880.5
购买商品、接受劳务支付的现金	740.2	330	1 070.2	(3)30		1 040.2
支付给职工以及为职工支付的现金	345	105	450			450
支付的各项税费	107	35	142			142
支付的其他与经营活动有关的现金	411.8	5	416.8	(3)30 (5)2		384.8
现金流出小计	1 604	475	2 079	62		2 017
经营活动产生的现金流量净额	－151.5	25	－126.5	62	72	－136.5
二、投资活动产生的现金流量:						
收回投资收到的现金						
取得投资收益收到的现金	87		87		(2)83	4
处置固定资产、无形资产	80	5	85		(4)14	71
和其他长期资产收回的现金净额						
收到其他与投资活动有关的现金						
现金流入小计	167	5	172		97	75
购建固定资产、无形资产和其他长期资产支付的现金	40	10	50	(4)24		26

续表

项目	M公司	N公司	合计金额	抵销分录		合并金额
				借方	贷方	
投资支付的现金	120		120	(1)100		20
支付的其他与投资活动有关的现金		1	1			1
现金流出小计	160	11	171	124		47
投资活动产生的现金流量净额	7	-6	1	124	97	28
三、筹资活动产生的现金流量:						
投资收到的现金 其中:子公司吸收非控股股东少数股东权益性		150	150 50		(1)74	76 50
取得借款收到的现金	1 000		1 000		(1)26	974
收到其他与筹资活动有关的现金						
现金流入小计	1 000	150	1 150		100	1 050
偿还债务所支付的现金	375	100	475			475
分配股利、利润或偿付利息支付的现金 其中:子公司支付非控股股东(少数股东)的股利	317	80	397	(2)83		314
支付的其他与筹资活动有关的现金 其中:子公司依法减资支付给非控股股东(少数股东)的现金						
现金流出小计	692	180	872	83		789
筹资活动产生的现金流量净额	308	-30	278	83	100	261
四、汇率变动对现金的影响额						
五、现金及现金等价物净增加额	163.5	-11	152.5	269	269	152.5

(二)合并现金流量表补充资料的编制

合并现金流量表补充资料可以比照个别现金流量表补充资料的编制方法,根据合并资产负债表和合并利润表进行编制。

【例3-56】甲公司为乙公司的母公司。2011年,甲公司编制的合并利润表、合并资产负债表、合并现金流量表见表3-29、表3-30和表3-31,编制的合并现金流量表补充资料见表3-32。

其他有关资料:

(1)财务费用中包含应收票据贴现息40万元。

(2)本期出售交易性金融资产获利账面价值30万元,收到价款净额33万元。

(3)本期处置固定资产的原值1 200万元,累计折旧660万元,账面价值540万元,收到价款670万元,用现金支付处置费用30万元,处置净收益100万元。

(4)本期计提资产减值准备40.8万元(应收账款坏账准备1.8万元、固定资产减值准备39万元)。应收账款坏账准备年初金额为1.8万元,年末金额为3.6万元。

(5)本期预付账款减少200万元中含印花税20万元,含摊销的经营租赁固定资产租赁费180万元。

(6)本期固定资产增加2 997.714万元中含在建工程转入2 800万元、购入设备197.714万元。

(7)本期计提固定资产折旧200万元,计入管理费用40万元、计入制造费用160万元。

(8)本期不动产在建工程增加1 260万元,其中购买工程物资300万元、职工薪酬456万元(现金支付400万元)、借款利息300万元、应交税费204万元。

(9)本期无形资产摊销额120万元。

(10)本期偿还短期借款500万元。

(11)本期发生应付职工薪酬684万元,支付管理人员30万元、生产工人570万元。

(12)本期支付增值税84.932万元、所得税等394.178万元。

(13)以现金支付短期借款利息25万元、偿还长期借款2 000万元、借入长期借款800万元。

表3-29　合并利润表

甲公司　　　　　　　　　　　2011年　　　　　　　　　　　单位:万元

项　目	本年金额	上年金额
一、营业收入	2 400	略
减:营业成本	1 600	
营业税金及附加	8	
销售费用	28	
管理费用	316	
财务费用	83	
资产减值损失		
加:公允价值变动损益		
投资收益	3	
汇兑损益		
其他业务净利润		

续表

项　　目	本年金额	上年金额
二、营业利润	368	
加:营业外收入	100	
减:营业外支出	39	
三、利润总额	429	
加:非控股股东损益(少数股东损益)		
减:所得税	141.57	
四、净利润	287.43	
(一)归属于母公司所有者的净利润	287.43	
(二)非控股股东损益(少数股东损益)		
五、每股收益		
(一)基本每股收益		
(二)稀释每股收益		
六、其他综合收益	0	
七、综合收益总额	287.43	

表 3－30　合并资产负债表

甲公司　　2011 年 12 月 31 日　　单位:万元

资产	期末金额	年初金额	负债及所有者权益	期末金额	年初金额
流动资产:			流动负债:		
货币资金	1 277.176	2 612.6	短期借款	100	600
交易性金融资产		30	交易性金融负债		
应收票据	292	692	应付票据	200	400
应收账款	1 196.4	598.2	应付账款	1 907.6	1 907.6
预付账款	200	400	预收账款		
应收股利			应付职工薪酬	360	220
应收利息			应付股利		
其他应收款	10	10	应付利息		
存货	5 049.4	5 160	应交税费	347.66	75.2
其他流动资产			其他应付款	100	100
			预计负债		
			其他流动负债		2 000
流动资产合计	8 024.976.	9 502.8	流动负债合计	3 015.26	5 302.8

续表

资产	期末金额	年初金额	负债及所有者权益	期末金额	年初金额
非流动资产：			非流动负债：		
持有至到期投资			长期借款	2 320	1 200
可供出售金融资产			应付债券		
投资性房地产			长期应付款		
长期股权投资	500	500	专项应付款		
长期应收款			递延所得税负债		
固定资产	4 457.714	2 200	其他长期负债		
在建工程	1 160	3 000	长期负债合计	2 320	1 200
工程物资	300		负债合计	5 335.26	6 502.8
固定资产清理			实收资本（股本）	9 970	9970
无形资产	1 080	1 200	资本公积	30	30
开发支出			盈余公积	328.743	300
商誉			未分配利润	258.687	
长期待摊费用	400	400	减：库藏股		
递延所得税资产			外币报表折算差额		
其他非流动资产			非控制性权益(少数股东权益)		
非流动资产合计	7 897.714	7 300	所有者权益合计	10 587.43	10 300
资产总计	15 922.69	16 802.8	负债及所有者权益总计	15 922.69	16 802.8

表 3－31　合并现金流量表

甲公司　　　　2011 年　　　　单位：万元

项　目	金　额
一、经济活动产生的现金流量：	
销售商品、提供劳务收到的现金	2 568
收到的税费返还	
收到的其他与经营活动有关的现金	
现金流入小计	2 568
购买商品、接受劳务支付的现金	784.532
支付给职工以及为职工支付的现金	600
支付的各项税费	402.178
支付的其他与经营活动有关的现金	128
现金流出小计	1 914.71

续表

项　目	金　额
经营活动产生的现金流量净额	653.29
二、投资活动产生的现金流量:	
收回投资收到的现金	33
取得投资收益收到的现金	
处置固定资产、无形资产和其他长期资产收回的现金净额	601
收到其他与投资活动有关的现金	
现金流入小计	634
购建固定资产、无形资产和其他长期资产支付的现金	897.714
投资支付的现金	
支付的其他与投资活动有关的现金	
现金流出小计	897.714
投资活动产生的现金流量净额	-263.714
三、筹资活动产生的现金流量:	
吸收投资收到的现金 其中:子公司吸收非控股股东(少数股东)权益性投资收到的现金	
取得借款收到的现金	800
收到其他与筹资活动有关的现金	
现金流入小计	800
偿还债务所支付的现金	2 500
分配股利、利润或偿付利息支付的现金 其中:子公司支付非控股股东(少数股东)的股利	25
支付的其他与筹资活动有关的现金 其中:子公司依法减资支付给非控股股东(少数股东)的现金	
现金流出小计	2 525
筹资活动产生的现金流量净额	-1 725
四、汇率变动对现金的影响额	
五、现金及现金等价物净增加额	-1 335.424

表 3－32　现金流量表补充资料　　　　单位:万元

项　　目	金　额
1. 将净利润调节为经营活动现金流量	
净利润	287.43
加:资产减值准备	40.8
固定资产折旧	200
无形资产摊销	120
长期待摊费用摊销	
处置固定资产、无形资产和其他长期资产损失(减:收益)	－100
固定资产报废损失(减:收益)	
公允价值变动损失(减:收益)	
财务费用(减:收益)	43
投资损失(减:收益)	－3
递延所得税资产减少(减:增加)	
递延所得税负债增加(减:减少)	
存货减少(减:存货增加)	110.6
经营性应收项目减少(减:增加)	0 注①
经营性应付项目增加(减:减少)	－45.54 注②
其他	
经营活动产生的现金流量净额	653.29
2. 取得或处置子公司	
取得或处置价格	
取得或处置价格中以现金支付的部分	
取得或处置子公司及其他营业单位收到的现金	
取得或处置子公司及其他营业单位按主要类别分类的非现金资产和负债 非现金资产 非现金负债	
3. 不涉及现金收支的重大投资和筹资活动	
债务转资本 融资租入固定资产 非现金资产取得股权投资 一年内到期的可转换公司债券	

续表

项　　目	金　　额
4. 现金及现金等价物净增加情况	
现金的期末余额	1 277.176
减:现金的期初余额	2 612.6
加:现金等价物的期末余额	
减:现金等价物的期初余额	
现金及现金等价物净增加额	-1 335.424
5. 不能由母公司或其他子公司使用的大额现金和现金等价物	

注①:0 = (692 - 292) + (598.2 - 1 196.4) + (1.8 - 3.6) + (400 - 200)。

注②:45.54(万元) = (200 - 400) + (197.6 - 197.6) + (360 - 220) - (456 - 400) + (347.66 - 73.2 - 204)。

二、合并所有者权益变动表的编制

合并所有者权益变动表是综合反映由母公司和子公司组成的企业集团所有者权益各组成部分当期增减变动情况的财务报表。

《企业会计准则第33号——合并财务报表》规定:合并所有者权益变动表应当以母公司和子公司的所有者权益变动表为基础,在抵销母公司与子公司、子公司相互之间发生的内部交易对合并所有者权益变动表的影响后,由母公司合并编制。合并所有者权益变动表也可以根据合并资产负债表和合并利润表编制。

(一)以个别所有者权益变动表为基础编制

在这种方法下,应在合并工作底稿中加总的所有者权益各项目合计金额基础上,抵销重复计算的因素,需要抵销以下项目。

1. 母公司对子公司的长期股权投资与母公司在子公司所有者权益中所拥有的份额相互抵销。

各子公司之间的长期股权投资以及子公司对母公司的长期股权投资,应当比照这种方法抵销,将长期股权投资与其对应的子公司或母公司所有者权益中所拥有的份额相互抵销。

2. 母公司对子公司、子公司相互之间持有对方长期股权投资的投资收益与对方当期利润分配相互抵销。

3. 母公司与子公司、子公司相互之间发生的其他内部交易对所有者权益变动表的影响予以抵销

需要说明的是,子公司在“专项储备”项目中反映的按照国家相关规定提取的安全生产费等,不属于其他综合收益,也与留存收益不同,在长期股权投资与子公司所有者权益相互抵销后,应当按归属于母公司所有者的份额予以恢复,借记“未分配利润”项目,贷记“专项储备”项目。

应当说,本章前述母公司对子公司长期股权投资与子公司所有者权益各项目的抵销、母公司内部投资收益与子公司利润分配各项目的抵销、企业集团内部交易涉及收入费用利润项目的抵销,既涉及合并资产负债表和合并利润表的编制,也涉及合并所有者权益变动表的编制,都应根据前述调整分录和抵销分录同时抵销所有者权益变动表部分相应的合计金额,在合并工作底稿上最终求得合并所有者权益变动表各项目的合并金额。其具体方法与合并资产负债表、合并利润表相同。也可以说,合并所有者权益变动表的编制,不必像编制合并现金流量表那样单独编制抵销分录。

【例3－57】沿用例2－5、例3－3、例3－6和例3－14资料,将合并工作底稿的合并所有者权益变动表部分列示于表3－33。

表3－33　合并工作底稿

2011年12月31日　　单位:万元

项目	M公司			N公司			合计金额	抵销分录		非控制性权益(少数股东权益)	合并金额
	报表金额	借方	贷方	报表金额	借方	贷方		借方	贷方		
未分配利润——年初	176			44			220	(4)44			176
归属于母公司所有者的净利润											241.6
利润分配	236			62			298		(4)62		236
未分配利润——年末	125.5			62			187.6	(4)102 245	(6)102 263	(6) 24	181.6
归属于非控股股东(少数股东)的未分配利润——年初										8.8	0
非控股股东(少数股东)损益										24	
对非控股股东(少数股东)的利润分配										12.4	
归属于非控股股东(少数股东)的未分配利润——年末										20.4	
资本公积——年初	64			80			144	120	40		64

续表

项目	M公司			N公司			合计金额	抵销分录		非控制性权益（少数股东权益）	合并金额
	报表金额	借方	贷方	报表金额	借方	贷方		借方	贷方		
可供出售金融资产公允价值变动净额											0
权益法下被投资单位其他所有者权益变动的影响											0
资本公积——年末	64			80			144	(4)120	(1)40		64
盈余公积——年初	200			60			260	(4)60			200
提取盈余公积	36			12			48		(4)12		36
盈余公积——年末	236			72			308	(4)72			236

表3－33参照2010年版《企业会计准则讲解》的格式，该表将所有者权益各项目的年初金额、本年的增减变动一并顺序列示，便于填列合并所有者权益变动表的“本年金额”和“上年金额”。如果分别调整本年金额和上年金额，也可采用如下的表3－34格式。

（二）根据合并资产负债表和合并利润表编制

在这种方法下，无须编制合并工作底稿，直接根据合并资产负债表和合并利润表资料填列合并所有者权益变动表。

【例3－58】沿用例2－5、例3－3、例3－6和例3－14资料，编制的合并所有者权益变动表部分列示于表3－35。

表 3－34

项　目	M公司					N公司					合　计	抵销分录		非控制性权益（少数股东权益）	合并金额
	实收资本（股本）	资本公积	盈余公积	未分配利润	所有者权益合计	实收资本（股本）	资本公积	盈余公积	未分配利润	所有者权益合计		借方	贷方		
一、上年年末余额	430	64	200	176	870	500	80	60	44	684	1 554	724	40	144.8	1 014.8
加：会计政策变更															
前期差错更正															
二、本年年初余额	430	64	200	176	870	500	80	60	44	684	1 554	(4)500 120 60 44	(1)40	(6) 144.8	1 014.8
三、本年增减变动额															
(一)净利润				185.6	185.6				80	80	265.6	(6)96	(2)40 (3)56	(6)24	265.6
(二)直接计入所有者权益的利得和损失															
1. 可供出售金融资产公允价值变动净额															
2. 权益法下被投资单位其他所有者权益变动的影响															
3. 与计入所有者权益项目相关的所得税影响															

续表

项目	M公司					N公司					合计	抵销分录		非控制性权益（少数股东权益）	合并金额
	实收资本（股本）	资本公积	盈余公积	未分配利润	所有者权益合计	实收资本（股本）	资本公积	盈余公积	未分配利润	所有者权益合计		借方	贷方		
4. 其他															
上述(一)和(二)小计															
(三)所有者投入资本和减少资本															
1. 所有者投入资本															
2. 股份支付计入所有者权益的金额															
3. 其他															
(四)利润分配															
1. 提取盈余公积			36	-36	0			12	-12	0	48		(6)12		36
2. 对所有者的分配				-200	-200				-50	-50	-250		(6) -50		-200
3. 其他															
(五)所有者权益内部结转															
1. 资本公积转增资本															
2. 盈余公积转增资本															
3. 盈余公积弥补亏损															
4. 其他															
四、本年年末余额	430	64	236	125.6	855.6	500	80	72	62	714	1 569.6	(4)102 794	(6)102 136	(6) 158.8	1 070.4

表 3－35 合并所有者权益变动表

2011 年 12 月 31 日

单位:万元

项目	本年金额									上年金额								
	归属于母公司所有者权益							非控制性权益(少数股东权益)	所有者权益合计	归属于母公司所有者权益							非控制性权益(少数股东权益)	所有者权益合计
	实收资本(股本)	资本公积	减:库藏股	盈余公积	一般风险准备	未分配利润	其他			实收资本(股本)	资本公积	减:库藏股	盈余公积	一般风险准备	未分配利润	其他		
一、上年年末数	430	64		200		176		144.8	1 014.8									
1. 会计政策变更												（略）						
2. 前期差错更正																		
二、本年年初金额	430	64		200		176		144.8	1 014.8									
三、本年增减变动金额(减少以“－”号填列)																		
(一)本年净利润						241.6		24	265.6									
(二)直接计入所有者权益的利得和损失																		
1. 可供出售金融资产公允价值变动净额																		
2. 权益下被投资单位其他所有者权益变动的影响																		
3. 与计入所有者权益项目相关的所得税影响																		
4. 其他																		
上述(一)和(二)小计																		

续表

项目	本年金额									上年金额								
	归属于母公司所有者权益							非控制性权益(少数股东权益)	所有者权益合计	归属于母公司所有者权益							非控制性权益(少数股东权益)	所有者权益合计
	实收资本(股本)	资本公积	减:库藏股	盈余公积	一般风险准备	未分配利润	其他			实收资本(股本)	资本公积	减:库藏股	盈余公积	一般风险准备	未分配利润	其他		
(三)所有者投入和减少资本																		
1. 所有者投入资本																		
2. 股份支付计入所有者权益的金额																		
3. 其他																		
(四)利润分配																		
1. 提取盈余公积				36		-36			0									
2. 提取一般风险基金																		
3. 对所有者(或股东)的分配						-200		10	-210									
4. 其他																		
(五)所有者权益内部结转																		
1. 资本公积转增资本(或股本)																		
2. 盈余公积转增资本(或股本)																		
3. 盈余公积弥补亏损																		
4. 其他																		
四、本年年末余额	430	64		236		181.6		158.8	1 070.4									

在这种方法下，无须编制合并工作底稿，直接根据合并资产负债表和合并利润表资料填列合并所有者权益变动表。

思考题、练习题及阅读书目

一、思考题

1. 什么是完全权益法？在编制合并财务报表时，如何将母公司长期股权投资核算的成本法转换为完全权益法？

2. 编制购并日后的合并财务报表时，一般会涉及哪些抵销调整项目，其中哪些抵销调整项目需要调整期初未分配利润？

3. 购买法下合并差额的含义是什么？购买日后如何编制价值差额摊销表？

4. 试说明采用不同的合并理论对母公司长期股权投资与子公司所有者权益抵销的影响。

5. 如何进行商誉的减值测试和确定商誉及其与之相关资产组各项资产的减值损失？在合并财务报表中对合并商誉减值应如何处理？

6. 什么是企业集团内部间接债权债务？在合并财务报表中，对内部间接债权债务的差额如何处理？

7. 在企业集团内部存货销售方向对合并净利润有何影响？如何通过编制调整、抵销分录反映这种影响？

8. 企业集团内部购销形成存货和固定资产中包含的未实现内部利润如何在各会计期末予以抵销？

9. 企业集团内部长期资产租赁如何抵销处理？

10. 如何抵销内部交易形成的应收款项、存货和固定资产计提的减值准备？

11. 在完全权益法下，如何确定非控制性权益（少数股东权益）和非控股股东损益（少数股东损益）？

12. 如何编制合并现金流量表和合并所有者权益变动表？

二、练习题

1. 练习、掌握全资子公司情况下购买日后第一年合并财务报表的编制，不考虑所得税影响。

［资料］

(1)A 公司和 B 公司为非同一控制下的企业。2010 年 1 月 1 日，A 公司以 244 万元购买 B 公司 的全部股权。购买日 B 公司所有者权益账面价值 220 万元，公允价值 234 万元，购买日 A 公司投资成本分配和商誉计算表见表 3 – 36。

(2)2010 年，A 公司和 B 公司个别财务报表见表 3 – 37 和表 3 – 38。

(3)2010 年 A 公司和 B 公司个别财务报表补充资料如下：

①A 公司向 B 公司销售产品,不含税销售价格 100 万元,增值税税率 17%。该批产品销售成本 60 万元。B 公司已将从 A 公司购入的产品作为管理用固定资产使有,该项固定资产使用年限 5 年,2010 年 9 月 20 日投入使用,按直线法计提折旧,不考虑净残值。

②B 公司向 A 公司销售产品,不含税价格 200 万元,增值税税率 17%,该批产品销售成本 120 万元。

③A 公司 2010 年 1 月 1 日按面值购买 B 公司 2010 年 1 月 1 日发行的 3 年期公司债券 80 万元,年利率 5%,每年年末计息,到期一次还本付息。

④A 公司、B 公司均按应收款项余额 10% 计提坏账准备。A 公司应收账款余额中 70 万元为应收 B 公司销货款;A 公司预收账款中有 6 万元为预收 B 公司销货款。

⑤B 公司应收账款中有 80 万元为应收 A 公司销货款;B 公司应收票据中有 5 万元为应收 A 公司销货款。

⑥A 公司期末存货中有从 B 公司购货 200 万元的 40% 尚未对外销售。

⑦B 公司财务费用中,有当年发行公司债券的利息支出 4 万元,不符合资本化条件。

⑧A 公司投资收益中有从 B 公司购入的公司债券利息收入 4 万元。

⑨A 公司期末存货中从 B 公司购货 200 万元中尚未对外销售的 40%,其可变现净值为 40 万元,A 公司为其计提了存货跌价准备。

[要求]

(1)编制价值差额分配表。

(2)编制调整分录和抵销分录。

(3)编制合并工作底稿,求出合并财务报表各项目的合并金额。

表 3-36　　单位:万元

投资成本				244
减:B 公司净资产公允价值				234
商誉				10
B 公司净资产账面价值				220
净资产公允价值高于账面价值的分配:				
项目	公允价值	账面价值	差异	摊销年限
应收账款	120	122	-2	年内收回
存货	80	74	6	年内出售
固定资产	210	200	10	生产用 5 年
合计	410	396	14	

表 3－37　A 公司、B 公司资产负债表资料

2010 年 12 月 31 日　　　　单位：万元

资　　产	A 公司	B 公司	负债及所有者权益	A 公司	B 公司
货币资金	700	70	短期借款	20	10
交易性金融资产	40		应付票据	10	2
应收票据	20	40	应付账款	240	63
应收账款	180	90	预收账款	10	
预付账款	60	50	应付职工薪酬	20	5
存货	200	70	应付股利	200	
持有至到期投资	86	10	长期借款	200	
长期股权投资			应付债券		210
对 B 公司投资	244		长期应付款	100	
固定资产	464	240	实收资本	800	200
在建工程		60	资本公积	20	20
无形资产	5	10	盈余公积	180	40
其他资产	1		未分配利润	200	90
资产总计	2 000	640	负债及所有者权益总计	2 000	640

表 3－38　A 公司、B 公司利润表和所有者权益变动表资料

2010 年　　　　单位：万元

项　目	A 公司	B 公司
一、营业收入	1 610	680
减：营业成本	1 006	360
营业税金及附加	20	8
销售费用	40	22
管理费用	60	40
财务费用	79	20
资产减值损失	40	10
加：公允价值变动收益（损失“－”）	40	
投资收益（损失“－”）	90	1
二、营业利润	495	221
加：营业外收入	115	23

续表

项　目	A公司	B公司
减:营业外支出	10	4
三、利润总额	600	240
减:所得税	200	30
四、净利润	400	210
加:期初未分配利润	100	
五、可供分配的利润	500	210
减:提取盈余公积	80	40
对所有者的分配	220	80
六、期末未分配利润	200	90

2. 练习、掌握非全资子公司情况下购买日后第一年合并财务报表的编制,不考虑所得税影响。

[资料]沿用本章第1题资料,但:①假设A公司以200万元购买B公司80%的股权;②A公司对B公司长期股权投资余额为200万元;③其他股权投资6万元;④A公司固定资产未计提减值准备;⑤合并差额分配表见表3-39。

表3-39　　单位:万元

投资成本				200
B公司净资产账面价值				220
B公司净资产公允价值				234
净资产公允价值高于账面价值的分配:				
项　目	公允价值	账面价值	差异	摊销年限
应收账款	120	122	-2	年内收回
存货	80	74	6	年内出售
固定资产	210	200	10	生产用5年
合计	410	396	14	
A公司享有B公司净资产公允价值份额				187.2
不完全合并商誉				12.8
完全商誉				16

[要求]

(1)编制价值差额分配表。

(2)编制调整分录和抵销分录[考虑逆流交易对非控制性权益(少数股东权益)的影响]。

(3)编制合并工作底稿,求出合并财务报表各项目的合并金额。

3. 练习、掌握全资子公司情况下购并日后以各年合并财务报表的编制,不考虑所得税影响。

[资料]

(1)沿用本章第1题资料。

(2)2011年A公司、B公司个别财务报表资料见表3-40和表3-41。

(3)2011年A公司、B公司个别财务报表资料补充资料如下:

①B公司2010年从A公司购入的产品作为固定资产继续使用并计提折旧。

②A公司、B公司继续对B公司2010年发行的3年期债券计提利息,B公司将利息予以资本化。

③A公司2010年从B公司购入的产品已全部实现对外销售。

④A公司向B公司销售产品一批,不含税价格300万元,增值税税率17%,该批产品销售成本210万元。

⑤A公司应收账款中有2万元为应收B公司销货款;A公司预收账款中有10万元为预收B公司购货款。

⑥B公司应收账款中有80万元为应收A公司销货款。

⑦B公司存货中有当年从A公司购货300元中的60%。

⑧B公司当年从A公司购货300元中形成存货部分的可变现净值为130万元。

[要求]

(1)编制价值差额分配表。

(2)编制调整分录和抵销分录。

(3)编制合并工作底稿,求出合并财务报表各项目的合并金额。

(4)假设所得税税率为25%,A公司、B公司资产、负债的账面价值等于计税基础,如果考虑企业合并的所得税影响,原答案有何变化?[建议:要求(4)在第四章课后做]

表3-40　A公司、B公司资产负债表资料

2011年12月31日　　单位:万元

资　产	A公司	B公司	负债及所有者权益	A公司	B公司
货币资金	304.8	40	短期借款	8.5	2
交易性金融资产	50		应付票据	26	1
应收票据	40	50	应付账款	100	4

续表

资　产	A 公司	B 公司	负债及所有者权益	A 公司	B 公司
应收账款	380	108	预收账款	20	
预付账款	80	60	应付职工薪酬	8.5	3
存货	300	80	应付股利	300	20
持有至到期投资	90.2	11	长期借款	117	
长期股权投资			应付债券		220
对 B 公司投资	244		长期应付款	80	
固定资产	453.2	210	实收资本	850	200
在建工程	100	80	资本公积	10	20
无形资产	50	9	盈余公积	280	80
其他资产	7.8	2	未分配利润	300	100
资产总计	2 100	650	负债及所有者权益总计	2 100	650

表 3-41　A 公司、B 公司利润表和所有者权益变动表资料

2011 年　　　　单位:万元

项　　目	A 公司	B 公司
一、营业收入	1 810	600
减:营业成本	1 105	305
营业税金及附加	22	9
销售费用	24	25
管理费用	65	20
财务费用	35	15
资产减值损失	70	8
加:公允价值变动收益	130	29
投资收益	80	4
二、营业利润	699	251
加:营业外收入	8	13
减:营业外支出	4	4
三、利润总额	703	260
减:所得税	203	60
四、净利润	500	200
加:期初未分配利润	200	90

续表

项　　目	A 公司	B 公司
五、可供分配的利润	700	290
减：提取盈余公积	100	40
对所有者的分配	300	150
六、期末未分配利润	300	100

4. 练习、掌握非全资子公司情况下购并日以后各年合并财务报表的编制，不考虑所得税影响。

[资料]

(1)沿用本章第 2 题资料。

(2)沿用本章第 3 题资料，但 A 公司对 B 公司长期股权投资余额为 200 万元。

[要求]

(1)编制价值差额分配表。

(2)编制调整分录和抵销分录[考虑逆流交易对非控制性权益(少数股东权益)的影响]。

(3)编制合并工作底稿，求出合并财务报表各项目的合并金额。

三、阅读书目

1. 教材第三章购并日后的合并财务报表。

2.《国际财务报告准则》2011 年版，《国际财务报告准则第 3 号——企业合并》、《国际财务报告准则第 10 号——合并财务报表》。

3.《企业会计准则第 20 号——企业合并》，2006 年。

4.《企业会计准则——应用指南》，中国财政经济出版社 2010 年版，《企业会计准则第 20 号——企业合并》应用指南、《企业会计准则第 33 号——合并财务报表》应用指南。

5.《企业会计准则讲解》，人民出版社 2010 年版，第二十一章《企业合并》、第三十四章《合并财务报表》。

6.《企业会计准则解释》第 1 至 6 号。

7. 理查德 · 贝克等著，赵小鹿译：《高级财务会计》，人民邮电出版社 2011 年版，第 3 章《报告主体与合并财务报表》、第 4 章《全资子公司的合并》、第 5 章《非全资子公司的合并》、第 6 章《企业集团内部服务和非流动资产的转让》、第 7 章《企业集团内部存货交易》、第 8 章《企业集团内部债务》、第 10 章《合并报告的其他问题》。

8. 李玉环著：《合并财务报表》，经济科学出版社 2011 年版，第四章《长期股权投资与所有者权益的合并处理(二)》、第五章《内部商品交易及其减值的合并处理》、第六章《长期资产内部交易的合并处理》、第七章《短期内部债权债务的合并处理》、第八章《内部交易债券的合并处理》、第十章《合并现金流量表的编制》。

9. 常勋主编:《高级财务会计》,辽宁人民出版社 2009 年版,第二篇第五章《合并财务报表的编制》第三节和第四节。

10. 陈信元主编:《高级财务会计》,上海财经大学出版社 2011 年版,第三章购并后的《合并财务报表》、第四章《企业集团内部的存货业务》、第五章《企业集团内部的长期资产业务》、第六章《企业集团内部的债券业务》。

11. 陈保郎主译:《普华永道国际财务报告准则实务指引第二十五章业务合并》,中国财政经济出版社 2011 年版。

12. 中国注册会计师协会编:《2014 年度注册会计师全国统一考试辅导教材——会计》,中国财政经济出版社 2014 年版,第二十五章《合并财务报表》第四至九节和第十一节。

13. 石本仁主编:《高级财务会计》中国人民大学出版社 2011 年版,第 3 章《合并财务报表编制的基本程序与方法》第 3 至 5 节、第 4 章《公司间交易的抵销》。

14. 张文贤主编:《高级财务会计》,首都经济贸易大学出版社 2003 年版,第七章《合并财务报表企业集团内部交易损益的处理》、第八章第二节《合并现金流量表》。

15. [美] E. 约翰·拉森著,张文贤主译:《现代高级会计》,东北财经大学出版社 1999 年版,第 7 章《购并后的合并财务报表》、第 9 章《企业集团内部利润和损益的处理》、第 10 章第二节《合并现金流量表》。

16. 中国注册会计师教育教材编审委员会:《高级财务会计》,2002 年版,第一篇第三章《购并后的合并财务报表》、第四章《企业集团内部的存货业务》、第五章《企业集团内部的长期资产业务》。

17.《企业会计准则第 33 号——合并财务报表》,2014 年 2 月。

第四章　企业合并和合并财务报表的特殊问题

导　读

本章框图

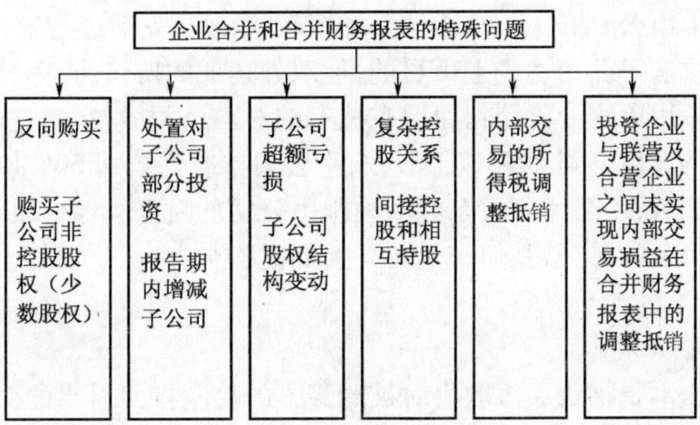

框图说明：企业合并和合并财务报表的特殊问题是指本书前三章企业合并和合并财务报表的一般理论和处理方法以外的，需要特别关注和说明的问题。其内容包括：①反向购买和购买子公司非控股股权（少数股权）；②处置对子公司部分投资和报告期内增减子公司；③子公司超额亏损和子公司所有者权益的其他变动，子公司所有者权益的其他变动包括子公司增发股票、分派股票股利、发行优先股和回购股票；④间接控股和相互持股；⑤购并日后内部交易的所得税调整；⑥投资企业与联营及合营企业之间未实现内部交易损益在合并财务报表中的调整抵销。

第一节　反向购买和购买子公司非控股股权(少数股权)

一、反向购买

反向购买是非同一控制下的企业合并的一种特殊形式。如第一章所述,非同一控制下的企业合并以发行权益性证券交换股权的方式进行的,通常发行权益性证券的一方为购买方,是法律上的母公司。但是,在某些企业合并中,发行权益性证券的一方在企业合并后其财务和经营政策等相关活动被参与合并的另一方(即法律上的子公司)所控制,致使发行权益性证券的一方虽然为法律上的母公司,但其为会计上的被购买方,该类企业合并通常称为"反向购买"。例如,甲公司是一个规模较小的上市公司,乙公司是一个规模较大的设备制造与贸易兼营的公司。乙公司拟通过收购甲公司达到上市目的,但双方达成的协议为:甲公司向乙公司原股东发行普通股用以交换乙公司原股东持有的对乙公司股权,通过股权交易,使得乙公司原股东持有甲公司50%以上股权,甲公司持有乙公司50%以上股权。在这项股权交易完成后,乙公司原股东能够控制甲公司的财务与经营政策等相关活动,甲公司虽为法律上的母公司,但却是会计上的被购买方;乙公司虽为法律上的子公司,但却是会计上的购买方。

(一)企业合并成本

企业合并成本是指购买方取得对被购买方的控制权而付出的对价。反向购买中,法律上的子公司(购买方)的企业合并成本是指其如果以发行权益性证券的方式为获取在合并后报告主体的股权比例,应向法律上母公司(被购买方)的股东发行的权益性证券数量与权益性证券的公允价值计量的结果。购买方的权益性证券在购买日存在公开报价的,通常应以公开报价作为其公允价值;购买方的权益性证券在购买日不存在可靠公开报价的,应参照购买方的公允价值和被购买方的公允价值二者之中有更为明显证据支持的作为基础,确定假定应发行权益性证券的公允价值。

(二)合并财务报表的编制

反向购买后,法律上的母公司应当遵从以下原则编制合并财务报表:

1. 合并财务报表中,法律上子公司(购买方)的资产、负债应以其在合并前的账面价值进行确认和计量。

2. 购买日,合并财务报表中的留存收益和其他权益余额应当反映法律上子公司(购买方)在合并前的留存收益和其他权益余额。

3. 合并财务报表中的权益性工具的金额应当反映法律上子公司合并前发行在

外的股份面值以及假定在确定该项企业合并成本过程中新发行的权益性工具的金额之和。但是在合并财务报表中的权益结构应当反映法律上母公司的权益结构，即法律上母公司发行在外权益性证券的数量及种类。

4. 法律上母公司（被购买方）的有关可辨认资产、负债在并入合并财务报表时，应以其在购买日确定的公允价值进行合并，企业合并成本大于合并中取得的法律上母公司（被购买方）可辨认净资产公允价值的份额确认为商誉，小于合并中取得的法律上母公司（被购买方）可辨认净资产公允价值的份额确认为合并当期损益。

5. 合并财务报表的比较信息应当是法律上子公司（购买方）的比较信息（即法律上子公司的前期合并财务报表）。

6. 法律上子公司（购买方）的有关股东在合并过程中未将其持有的股份转换为对法律上母公司（被购买方）股份的，该部分股东享有的权益份额在合并财务报表中应作为非控制性权益（少数股东权益）列示。因法律上子公司（购买方）的部分股东未将其持有的股份转换为法律上母公司（被购买方）的股权，其享有的权益份额仍仅限于对法律上子公司（购买方）的部分，该部分非控制性权益（少数股东权益）反映的是非控股股东（少数股东）按持股比例计算享有法律上子公司（购买方）合并前净资产账面价值的份额。另外，对于法律上母公司的所有股东，虽然该项合并中被确认为被购买方，但其享有合并形成报告主体的净资产及损益，不应作为非控制性权益（少数股东权益）列示。

7. 非上市公司以所持有的对子公司投资等资产为对价取得上市公司的控制权，构成反向购买的，上市公司编制合并财务报表时应当区别以下情况处理：

（1）交易发生时，上市公司未持有任何资产或仅持有现金、交易性金融资产等不构成业务的资产或负债的，应当按照权益性交易的原则进行处理，不得确认商誉或当期损益。

（2）交易发生时，上市公司保留的资产、负债构成业务的，企业合并成本与取得的上市公司可辨认净资产公允价值的差额应当确认为商誉或计入当期损益。

应当注意的是，上市公司在其个别财务报表中应当按照《企业会计准则第2号——长期股权投资》等的规定确定取得资产的入账价值。上市公司的前期比较个别财务报表应为其自身个别的财务报表。

8. 上市公司以向非上市企业定向增发股票为对价合并非上市企业所属的子公司或取得非上市企业的经营性资产，且在增发后为该非上市企业所控制的，应当以个别财务报表和合并财务报表分别进行会计处理。

在个别财务报表中，应当按照《企业会计准则第2号——长期股权投资》的规定处理；在合并财务报表中，应结合交易的经济实质，正确判断非上市企业所属的子公司或取得非上市企业的经营性资产是否构成业务，并按照《企业会计准则第

20号——企业合并》的规定合理确定购买方。符合企业会计准则规定的反向购买条件的，按照反向购买进行会计处理；否则，不能按照反向购买进行会计处理。

（三）每股收益的计算

发生反向购买当期，用于计算每股收益的发行在外普通股加权平均数如下：

第一，自当期期初至购买日，发行在外的普通股数量应假设为在该项合并中法律上母公司向法律上子公司股东发行的普通股股数。

第二，自购买日至期末发行在外的普通股数量为法律上母公司实际发行在外的普通股股数。

反向购买后对外提供比较合并财务报表的，其比较前期合并财务报表中的基本每股收益，应以法律上子公司在每一比较报表期间归属于普通股股东的净损益除以在反向购买中法律上母公司向法律上子公司股东发行的普通股股数计算确定。

上述假定法律上子公司发行的普通股股数在比较期间内和自反向购买发生期间的期初至购买日之间内未发生变化。如果法律上子公司发行的普通股股数在此期间发生了变动，计算每股收益时应适当考虑其影响进行调整。

【例4-1】甲公司和乙公司在合并前不存在任何关联方关系。2011年8月31日，甲上市公司通过定向增发本企业普通股对乙公司进行合并，取得乙公司100%的股权。假定不考虑所得税影响，有关资料如下。

（1）甲公司和乙公司在合并前简化资产负债表见表4-1。

表4-1 合并前资产负债表

2011年8月31日 单位：万元

	甲公司	乙公司
流动资产	1 000	1 500
非流动资产	7 000	20 000
资产总额	8 000	21 500
流动负债	400	500
非流动负债	100	1 000
负债合计	500	1 500
所有者权益		
股本	500	300
资本公积	400	100
盈余公积	2 000	5 700
未分配利润	4 600	13 900
所有者权益合计	7 500	20 000
负债及所有者权益总额	8 000	21 500

(2)2011 年 8 月 31 日,甲公司通过定向增发本企业普通股(每股面值 1 元),以 2 股换 1 股的比例从乙公司原股东处取得了乙公司全部股权。甲公司共发行了 600 万股普通股以取得乙公司全部 300 万股普通股。

(3)甲公司普通股在 2011 年 8 月 31 日的公允价值为 20 元,乙公司每股普通股当日的公允价值为 40 元。甲、乙公司每股普通股的面值均为 1 元。

(4)2011 年 8 月 31 日,甲公司除固定资产公允价值较账面价值高 1 500 万元以外,其他资产、负债项目的公允价值与其账面价值相同。

(5)企业合并后,乙公司原股东控制甲公司的财务与经营政策等相关活动。

该项企业合并,虽然甲公司在合并中为发行权益性证券的一方,但是在合并后其财务与经营政策等相关活动由乙公司原股东控制,乙公司应为购买方,甲公司应为被购买方,形成反向购买。

1. 确定购买方乙公司的合并成本。

合并后乙公司原股东持有甲公司的股权比例 = 600 ÷ (500 + 600) = 54.55%

假定乙公司发行本企业普通股在合并后主体享有同样的股权比例,则:

乙公司应当发行的普通股股数 = 300 ÷ 54.55% − 300 = 250(万股)

企业合并成本 = 250 × 40 = 10 000(万元)

2. 企业合并成本在可辨认资产、负债的分配。

企业合并成本	10 000
甲公司可辨认资产、负债:	
流动资产	1 000
非流动资产	8 500
流动负债	(400)
非流动负债	(100)
净资产	9 000
商誉	1 000

购买日甲公司在合并工作底稿中编制如下调整和抵销分录:

(1)借:长期股权投资	100 000 000	
贷:股本		2 500 000
资本公积		97 500 000
(2)借:固定资产	15 000 000	
贷:资本公积		15 000 000
(3)借:实收资本(股本)	5 000 000	
资本公积	19 000 000	
盈余公积	20 000 000	

未分配利润 46 000 000

商誉 10 000 000

贷:长期股权投资 100 000 000

购买日甲公司编制的合并工作底稿见表4－2。

表4－2 甲公司合并工作底稿

2011年8月31日 单位:万元

项 目	甲公司	乙公司	借方	贷方	合并金额
流动资产	1 000	1 500			2 500
非流动资产	7 000	20 000	(2)1 500		28 500
长期股权投资			(1)10 000	(3)10 000	
商誉			(3)1 000		1 000
资产总额	8 000	21 500	12 500	10 000	32 000
流动负债	400	500			900
非流动负债	100	1 000			1 100
负债合计	500	1 500			2 000
股本(1 100万股普通股)	500	300	(3)500	(1)250	550
资本公积	400	100	(3)1 900	(1)9 750 (2)1 500	9 850
盈余公积	2 000	5 700	(3)2 000		5 700
未分配利润	4 600	13 900	(3)4 600		13 900
所有者权益合计	7 500	20 000	9 000	11 500	30 000
负债及所有者权益总额	8 000	21 500	9 000	11 500	32 000

3. 每股收益。假定乙公司2010年实现合并净利润600万元,2011年甲公司与乙公司形成企业集团实现合并净利润为1 150万元,自2010年1月1日至2011年8月31日,乙公司发行在外的普通股股数未发生变化。

$$甲公司2011年基本每股收益 = 1\ 150 \div (600 \times 8/12 + 1\ 100 \times 4/12) = 1.50(元)$$

提供比较报表的情况下,比较报表中的每股收益应进行调整。

$$甲公司2010年的基本每股收益 = 600 \div 600 = 1(元)$$

4. 非控制性权益(少数股东权益)。假定乙公司的全部股东中只有90%以原持有的对乙公司股权换取了甲公司增发的普通股,则:

$$甲公司应发行的普通股股数 = 300 \times 90\% \times 2 = 540(万股)$$

$$企业合并后乙公司的股东拥有合并后报告主体的股权比例 = 540 \div 1040 = 51.92\%$$

假定乙公司向甲公司发行本企业普通股在合并后主体享有同样的股权比

例，在计算乙公司需发行的普通股数量时，不考虑非控股股权（少数股权）的因素，则：

$$乙公司应当发行的普通股股数 = 300 \times 90\% \div 51.92\% - 300 \times 90\% = 250（万股）$$

$$乙公司在该项合并中的企业合并成本 = 250 \times 40 = 10\ 000（万元）$$

乙公司未参与股权交换的股东拥有乙公司的股份为10%，享有乙公司合并前净资产的份额为2 000万元，在合并财务报表中应作为非控制性权益（少数股东权益）列示。

二、购买子公司非控股股权（少数股权）

母公司在取得对子公司的控股权形成企业合并后，可能进一步购买非控股股东（少数股东）所持有的子公司全部或部分股权，从而提高母公司持股比例，相应减少非控股股东（少数股东）持股比例，以致将该子公司变成母公司的全资子公司。这种股权转让行为实质上属于股东之间的权益性交易，不再重新确认商誉或计入当期损益的金额，应当遵循以下权益性交易原则，分别对母公司个别财务报表以及合并财务报表两种情况进行处理：

（1）母公司个别财务报表中对于自子公司非控股股东（少数股东）处新取得的长期股权投资，应当按照《企业会计准则第2号——长期股权投资》第四条的规定，以初始投资成本（购买价款及其他必要支出、发行权益性证券的公允价值等）确定长期股权投资的入账价值。

（2）在合并财务报表中，子公司的资产、负债应以购买日（或合并日）开始持续计算的金额反映。母公司新取得的长期股权投资与按照新增持股比例计算应享有子公司自购买日（或合并日）开始持续计算的可辨认净资产份额之间的差额，应当调整合并财务报表中的资本公积（资本溢价或股本溢价），资本公积（资本溢价或股本溢价）的余额不足冲减的，调整留存收益。

【例4－2】2010年12月15日，甲公司以4 500万元取得对乙公司80%的股权，能够对乙公司实施控制，形成非同一控制下的企业合并。2011年12月31日，甲公司又以600万元从乙公司的非控股股东（少数股东）取得乙公司10%的股权。甲公司与乙公司的非控股股东（少数股东）在相关交易前不存在任何关联方关系。其他资料如下：

（1）2010年12月15日，甲公司在取得乙公司80%股权时，乙公司可辨认净资产公允价值总额为5 000万元。

（2）2011年12月31日，乙公司有关资产、负债的账面价值以及资产、负债自购买日开始持续计算的金额（对母公司的价值）见表4－3。

表 4－3 单位:万元

	乙公司的账面价值	乙公司资产、负债自购买日开始持续计算的金额(对母公司的价值)
存货	300	300
应收款项	1 200	1 200
固定资产	2 500	3 100
无形资产	400	800
其他资产	600	600
应付款项	300	300
其他负债	200	200
净资产	4 500	5 500

2010 年 12 月 15 日,乙公司净资产公允价值与账面价值的差额 500 万元,以及 2011 年 12 月 31 日,乙公司净资产自购买日开始持续计算的金额(对母公司的价值)与购买日公允价值的差额均因固定资产和无形资产增值导致的,其中固定资产增值 600 万元(2011 年增值 300 万元)、无形资产增值 400 万元(2011 年增值 200 万元)。假设不考虑固定资产、无形资产增值额的摊销和所得税影响。

第一,在个别财务报表确定甲公司对乙公司长期股权投资的入账价值。

2010 年 12 月 15 日为购买日,甲公司对乙公司长期股权投资的初始成本为4 500 万元。

2011 年 12 月 31 日为权益性交易日,甲公司取得乙公司 10% 的非控股股权(少数股权)支付价款 600 万元。

2011 年 12 月 31 日:

该项长期股权投资的账面余额 = 4 500 + 600 = 5 100(万元)

第二,在合并财务报表中的处理。

(1)商誉的计算。

甲公司取得乙公司 80% 股权时产生的商誉 = 4 500 − 5 000 × 80% = 500(万元)

在合并财务报表中应体现的商誉为 500 万元。

(2)所有者权益的调整。合并财务报表中,乙公司的有关资产、负债应以其对母公司甲公司的价值进行合并。

新取得的 10% 股权相对应的被投资单位净资产金额 = 5 500 × 10% = 550(万元)

因购买非控股股权(少数股权)新增加的长期股权投资成本 600 万元与按照新取得的 10% 股权计算确定应享有子公司自购买日开始持续计算的可辨认净资产份额 550 万元之间的差额 50 万元,不能确认为商誉,而应在合并资产负债表中调整所有者权益相关项目,首先冲减资本公积(资本溢价或股本溢价),在资本公积

（资本溢价或股本溢价）金额不足冲减的情况下，冲减留存收益（盈余公积和未分配利润）。

2010 年 12 月 15 日，甲公司取得长期股权投资的会计分录和在合并工作底稿中的调整分录及抵销分录如下：

借：长期股权投资　　45 000 000
　贷：银行存款　　45 000 000

借：固定资产　　3 000 000
　无形资产　　2 000 000
　贷：资本公积（下以净资产列示）　　5 000 000

借：净资产　　50 000 000
　商誉　　5 000 000
　贷：长期股权投资　　45 000 000
　　非控制性权益（少数股东权益）　　（50 000 000 × 20%）10 000 000

本例中所确认的商誉为不完全商誉，如果确认完全商誉，则：

甲公司取得乙公司 80% 股权时产生的商誉 = 4 500 − 5 000 × 80% = 500（万元）

持有乙公司 20% 股权的推定商誉 = 4 500 ÷ 80% × 20% − 5 000 × 20% = 1 125 − 1 000 = 125（万元）

在合并财务报表中应体现的商誉 = 500 + 125 = 625（万元）

或 = 500 ÷ 80% = 625（万元）

借：净资产　　50 000 000
　商誉　　6 250 000
　贷：长期股权投资　　45 000 000
　　非控制性权益（少数股东权益）　　11 250 000

2011 年 12 月 31 日，甲公司取得长期股权投资的会计分录和在合并工作底稿中的调整分录及抵销分录如下：

借：长期股权投资　　6 000 000
　贷：银行存款　　6 000 000

借：固定资产　　6 000 000
　无形资产　　4 000 000
　贷：资本公积（下以净资产列示）　　10 000 000

借：长期股权投资　　4 000 000
　贷：资本公积　　4 000 000

（购买日后，乙公司固定资产增值 300 万元和无形资产增值 200 万元，所增加的资本公积 500 万元，甲公司享有的份额为 400 万元）

借：资本公积　　500 000
　贷：长期股权投资　　500 000

借:净资产　　(45 000 000 +10 000 000)55 000 000

　商誉　　5 000 000

　贷:长期股权投资

　　(45 000 000 +6 000 000 +4 000 000 -500 000)54 500 000

　　非控制性权益(少数股东权益)　　(55 000 000 ×10%)5 500 000

本例中所确认的商誉为不完全商誉,如果确认完全商誉,则:

借:净资产　　55 000 000

　商誉　　6 250 000

　贷:长期股权投资

　　(45 000 000 +6 000 000 +4 000 000 -500 000)54 500 000

　　非控制性权益(少数股东权益)　　6 750 000

第二节　处置对子公司的部分投资和报告期内增减子公司

一、不丧失控股权情况下处置部分对子公司投资

母公司在拥有子公司较大比例股权后,或者因为资金调度的需要,或者因为子公司经济效益不佳等原因,出售子公司股权。母公司出售其持有的对子公司股权投资有以下三种情况:一是出售其持有的子公司全部股权投资,称为处置子公司;二是出售其持有的子公司部分股权,出售后虽然仍保留对该被投资企业的部分投资,但是,因为对被投资企业丧失了控制权,所以被投资企业不再是其子公司,也可以称为处置子公司;三是出售子公司部分股权后,仍保留对被投资企业的控制权,被投资企业仍为其子公司,称为不丧失控股权情况下处置部分对子公司投资。

不丧失控股权情况下处置部分对子公司投资,应区别母公司个别财务报表和合并财务报表分别处理。

(一)母公司个别财务报表

从母公司个别财务报表看,应作为处置长期股权投资进行会计处理,将出售股权投资取得的价款或对价的公允价值与所处置股权投资账面价值的差额,作为投资收益或投资损失计入处置股权投资当期母公司个别利润表。

母公司出售子公司部分股份时,结转减少的长期股权投资账面价值,是指“长期股权投资”账户的账面余额与“长期股权投资减值准备”账户余额的差额乘以出售比例所求得的金额,也可以按“长期股权投资”账户账面余额乘以出售比例,先计算求得出售该项股权投资的成本,再按比例计算出应转销的长期股权投资减值

准备,最后将两者求差,计算出出售的股权投资账面价值。上述计算处置股权投资账面价值的方法可称为加权平均法。从理论上说,在母公司分次取得子公司绝大部分股份的情况下,在母公司出售子公司部分股份时,也可以按先进先出法或个别计价法计算出处置股权投资的账面价值。

(二)合并财务报表

从合并财务报表看,出售子公司部分股权后,母公司仍能够对被投资单位实施控制,被投资单位仍为其子公司,应当纳入合并范围,并按照权益性交易进行会计处理,其利得和损失不得计入损益,应当调整所有者权益。因此,在合并财务报表中,应将出售股权投资取得的价款或对价的公允价值与所处置股权投资相对应享有子公司净资产份额的差额计入所有者权益(资本公积——资本溢价或股本溢价),资本公积(资本溢价或股本溢价)的余额不足冲减的,应调整留存收益。

需要注意的是,企业部分处置对子公司的股权投资但未丧失控制权,应当按照企业所得税法的规定交纳企业所得税,并区别个别财务报表和合并财务报表进行会计处理:①在个别财务报表中,将处置价款与处置投资对应的账面价值的差额确认为当期投资收益,有关所得税费用计入当期损益;②在合并财务报表中,将处置价款与处置投资相对应的享有该子公司净资产份额的差额扣除有关所得税费用后的净额,计入资本公积(资本溢价),资本溢价不足冲减的,调整留存收益。

【例4-3】A公司、B公司为非同一控制下的企业。A公司于2009年12月31日取得B公司80%股权,成本为4 300万元,购买日B公司可辨认净资产公允价值为4 900万元。2011年12月31日,A公司将其持有的对B公司长期股权投资的25%对外出售,取得价款1 300万元。出售当日,B公司自A公司取得其80%股权之日持续计算的应纳入合并财务报表的可辨认净资产总额为6 000万元。该交易后,A公司仍能够控制B公司。A公司、B公司的所得税税率均为25%。

1. A公司个别财务报表。

借:长期股权投资　　43 000 000
　贷:银行存款　　43 000 000
借:银行存款　　13 000 000
　贷:长期股权投资　　(43 000 000×25%)10 750 000
　　　投资收益　　2 250 000
借:所得税费用　　562 500
　贷:应交税费——应交所得税　　562 500(2 250 000×25%)

2. A公司合并财务报表。

调整增加的资本公积=1 300-6 000×80%×25%=100(万元)

验证如下：

购买日确认的商誉 = 4 300 - 4 900 × 80% = 380(万元)

借：净资产 49 000 000
　商誉 3 800 000
　贷：长期股权投资 43 000 000
　　非控制性权益(少数股东权益) 9 800 000

如果确认完全商誉 475 万元(380 ÷ 80%)，其中归属于非控股股东(少数股东)的商誉为 95 万元，则：

借：净资产 49 000 000
　商誉 4 750 000
　贷：长期股权投资 43 000 000
　　非控制性权益(少数股东权益) 10 750 000

假设自购买日至出售部分股权日持续计算的净资产增加额 1 100 万元(6 000 - 4 900)为 B 公司实现的净利润，B 公司在此期间未向股东分配利润，则：

借：长期股权投资 8 800 000
　贷：投资收益 8 800 000

与处置 25% B 公司股权对应的 B 公司净资产份额 = (4 900 × 80% + 880) × 25% = 1 200(万元)

调整增加的资本公积 = 1 300 - 1 200 = 100(万元)

可见，在合并工作底稿上将子公司可辨认资产、负债的账面价值调整为以购买日公允价值为基础的公允价值，并将母公司对子公司长期股权投资核算由成本法转为权益法后，所确认的该项股权投资转让收益与前面计算的调整增加的资本公积金额相符，故将调整后的转让收益结转为资本公积即可，同时，将个别财务报表比合并财务报表少计算的处置成本而多计算的处置收益 125 万元予以调减，并相应调增年初未分配利润。在合并工作底稿中再编制如下抵销分录：

借：投资收益 2 250 000
　贷：递延所得税负债 250 000
　　资本公积 750 000
　　未分配利润 1 250 000

借：净资产 60 000 000
　商誉 (3 800 000 × 75%) 2 850 000
　贷：长期股权投资 (51 800 000 × 75%) 38 850 000
　　非控制性权益(少数股东权益) 24 000 000

母公司股东持股比例 = 80% × 75% = 60%

非控股股东(少数股东)持股比例 = 40%

如果确认完全商誉，则：

借:净资产　　60 000 000
　商誉　　(3 800 000 × 75% + 950 000)3 800 000
　贷:长期股权投资　　(51 800 000 × 75%)38 850 000
　　非控制性权益(少数股东权益)　　24 950 000

二、丧失控股权情况下处置部分对子公司投资

企业因处置部分股权投资或其他原因丧失了对原有子公司控制权的,该被投资企业不再是投资企业的子公司。在这种情况下,首先,应将出售股权投资取得的价款或对价的公允价值与所处置股权投资账面价值的差额,作为投资收益或投资损失计入处置股权投资当期投资企业的个别利润表;其次,对于处置后的剩余股权应当区分个别财务报表和合并财务报表进行相关会计处理。

(一)母公司个别财务报表

在个别财务报表中,对于剩余股权,应当按其账面价值确认为长期股权投资或其他相关金融资产(如可供出售金融资产、交易性金融资产)。处置后的剩余股权能够对原有子公司实施共同控制或重大影响的,按有关成本法转为权益法的相关规定进行会计处理。财政部于 2014 年 3 月颁发的修订后的《企业会计准则第 2 号——长期股权投资》规定,因处置部分股权投资等原因对被投资单位不再具有控制、共同控制或重大影响的,应当改按《企业会计准则第 22 号——金融工具确认和计量》核算,剩余股权投资在丧失共同控制或重大影响之日的公允价值与账面价值的差额计入当期损益。这个观点与原准则有两点变化:①因处置部分股权投资等原因对被投资单位不再具有控制、共同控制或重大影响的,不再采用成本法核算,均可确认为可供出售金融资产等金融工具;②确认的可供出售金融资产等金融工具,在个别财务报表中可按公允价值计量,公允价值与其账面价值的差额计入当期损益。

(二)合并财务报表

在合并财务报表中,对于剩余股权,应当按照其在丧失控制权日的公允价值进行重新计量。处置股权取得的对价与剩余股权公允价值之和,减去按原持股比例计算应享有原有子公司自购买日或合并日开始持续计算的净资产的份额以及与该子公司相关的商誉后的金额,计入丧失控制权当期的投资收益。与原有子公司股权投资相关的其他综合收益,应当在丧失控制权时转为当期投资收益。企业应当在附注中披露处置后的剩余股权在丧失控制权日的公允价值、按照公允价值重新计量产生的相关利得或损失的金额。

2014 年新修订的《企业会计准则第 33 号——合并财务报表》规定,在编制合并财务报表时,对于剩余股权应当按照其在丧失控制权日的公允价值进行重新计量。处置股权取得的对价与剩余股权公允价值之和,减去按原持股比例计算应享

有原有子公司自购买日或合并日开始持续计算的净资产的份额之间的差额，计入丧失控制权当期的投资收益，同时冲减商誉。与原规定有两点不同，一是确认的计入丧失控制权当期的投资收益因未扣除商誉而增加；二是商誉在合并财务报表中冲减的提法有欠准确，冲减的商誉是否调整计入丧失控制权当期的投资收益的金额也不明确。笔者认为还是原《企业会计准则解释》表述得更好。

【例4－4】2009年4月30日，甲公司以银行存款4 500万元取得乙公司60%的股权；购买日乙公司可辨认净资产账面价值4 750万元，公允价值5 000万元。

2011年1月7日，甲公司处置了对乙公司的40%股权，取得价款4 000万元，处置后甲公司对乙公司的持股比例降为20%，丧失了对乙公司的控制权，这20%股权的公允价值为2 000万元；处置日，乙公司可辨认净资产账面价值为5 100万元，公允价值为5 350万元。乙公司在2009年5月1日至2010年12月31日之间实现的净利润为300万元，其他综合收益为50万元。

1. 甲公司在当期个别财务报表中的会计处理。

（1）确认处置40%股权的损益

$$处置股权的投资收益=4\ 000-4\ 500\div 60\%\times 40\%=1\ 000（万元）$$

借：银行存款	40 000 000	
贷：长期股权投资		30 000 000
投资收益		10 000 000

（2）对剩余的20%股权，分别情况予以处理。

对甲公司而言，其持有的对乙公司20%的股权存在以下三种情况。

一是对乙公司不具有控制、共同控制和重大影响，并且在活跃市场中没有报价、公允价值不能可靠计量，应当按照《企业会计准则第22号——金融工具确认和计量》确认为可供出售金融资产等金融工具，并按其账面价值进行初始计量。

在这种情况下，甲公司应当按照账面价值1 500万元（4 500－3 000）作为金融工具的初始成本。

借：可供出售金融资产（或交易性金融资产）	15 000 000	
贷：长期股权投资		15 000 000

二是对乙公司不具有控制、共同控制和重大影响，并且在活跃市场中有报价、公允价值能够可靠计量的，应当按其公允价值确认为可供出售金融资产或交易性金融资产，并按照《企业会计准则第22号——金融工具确认和计量》的规定进行后续计量。

在这种情况下，甲公司应当按照公允价值2 000万元转为可供出售金融资产或交易性金融资产。

借：可供出售金融资产（或交易性金融资产）	20 000 000	
贷：长期股权投资		15 000 000

投资收益　　5 000 000

三是能够对乙公司实施共同控制或重大影响,属于因处置投资导致对被投资单位的影响力由控制转为具有重大影响或者共同控制,应当先按成本法转为权益法的相关规定调整长期股权投资账面价值,再采用权益法核算。

在这种情况下,甲公司应按以下三个步骤进行会计处理:

第一步,计算剩余股权投资账面价值1 500万元与原投资时应享有乙公司可辨认净资产公允价值份额之间的差额,如果结果为正数,作为商誉的体现,不需要对剩余长期股权投资的成本进行调整;如果结果为负数,则应调增剩余长期股权投资的成本,并将该项经济利益的流入计入当期营业外收入。本例中投资成本大于原投资时应享有乙公司可辨认净资产公允价值份额500万元(1 500万元－5 000万元×20%),作为商誉的体现,不需要调整长期股权投资的成本。

借:长期股权投资——投资成本　　15 000 000

　贷:长期股权投资　　15 000 000

第二步,按照处置投资后持股比例20%,按权益法调整增加长期股权投资的账面价值,视同自取得时即采用权益法核算。

甲公司享有乙公司2009年5月1日至2010年12月31日之间实现的净利润和其他综合收益的金额为300×20%＋50×20%＝70(万元)。

借:长期股权投资——损益调整　　600 000

　　　　　　——其他权益变动　　100 000

　贷:盈余公积　　60 000

　　利润分配——未分配利润　　540 000

　　资本公积——其他资本公积　　100 000

权益法下剩余股权的账面价值＝1 500＋70＝1 570(万元)

第三步,在以后期间采用权益法核算。

2. 甲公司在当期合并财务报表中的会计处理。

(1)对于剩余股权,应当按照其在丧失控制权日的公允价值进行重新计量。

本例中,甲公司应当对剩余的对乙公司20%股权投资按照丧失控制权之日的公允价值2 000万元进行重新计量。在剩余股权账面价值1 500万元基础上,应编制如下调整分录:

第一种情况:

借:长期股权投资　　(20 000 000－15 000 000)5 000 000

　贷:投资收益　　5 000 000

第二种情况:

在个别财务报表中对剩余股权已按公允价值计量,在合并财务报表中无须再作如上调整。

第三种情况：

借：长期股权投资　　4 300 000

　　贷：投资收益　　4 300 000

至此，合并财务报表中的该项长期股权投资调整为公允价值 2 000 万元（1 500 + 70 + 430）。

（2）处置股权取得的对价与剩余股权公允价值之和，减去按原持股比例计算应享有原有子公司自购买日或合并日开始持续计算的净资产的份额以及与该子公司相关的商誉后的金额，计入丧失控制权当期的投资收益。

丧失控制权日存在对乙公司商誉 = 4 500 − 5 000 × 60% = 1 500（万元）

计入丧失控制权当期投资收益金额 = 4 000 + 2 000 − 5 350 × 60% − 1 500 = 1 290（万元）

假设本例剩余 20% 股权采用权益法核算，则：

此前已确认的当期投资收益金额 = 1 000 + 430 = 1 430（万元）

需再调整的投资收益金额 = 1 290 − 1 430 = −140（万元）

处置的 40% 股权享有丧失控股权前乙公司的净利润和其他综合收益

= 300 × 40% + 50 × 40% = 140（万元）

应编制如下调整分录：

借：投资收益　　1 400 000

　　贷：盈余公积　　120 000

　　　　未分配利润　　1 080 000

　　　　资本公积　　200 000

上述（1）（2）两笔调整分录也可理解为：

在合并财务报表应调增的长期股权投资 = 2 000 − 1 570 = 430（万元）

在合并财务报表应调增投资收益 = 1 290 − 1 000 = 290（万元）

两者之间的差额 = 430 − 290 = 140（万元），为处置的 40% 股权享有丧失控股权前乙公司的净利润和其他综合收益，应调整留存收益和资本公积，则：

借：投资收益　　1 400 000

　　贷：盈余公积　　120 000

　　　　未分配利润　　1 080 000

　　　　资本公积　　200 000

（3）与原有子公司股权投资相关的其他综合收益，应当在丧失控制权时转为当期投资收益。

乙公司其他综合收益中转为当期投资收益的金额 = 50 万元 × 60% = 30（万元）

应编制如下调整分录：

借：资本公积　　300 000

　　贷：投资收益　　300 000

（4）企业应当在附注中披露处置后的剩余股权在丧失控制权日的公允价值、

按照公允价值重新计量产生的相关利得或损失的金额。

甲公司应当在附注中披露其处置后剩余的对乙公司20%股权在丧失控制权日的公允价值2 000万元,按照公允价值重新计量产生的相关利得金额930万元(2 000－5 350×20%)。

财政部于2011年12月发布的《企业会计准则解释第5号(征求意见稿)》规定:企业通过多次交易分步处置对子公司股权投资直至丧失控制权的,应当对每一项交易进行会计处理。但是,处置对子公司股权投资直至丧失控制权的各项交易属于一揽子交易的,应当在每一次处置时将处置价款与处置投资对应的享有该子公司净资产份额的差额,在合并财务报表中确认为当期投资收益。处置对子公司股权投资的各项交易的条款、条件以及经济影响符合以下一种或多种情况,通常表明应将多次交易事项作为一揽子交易进行会计处理:①这些交易是同时或者在考虑了彼此影响的情况下订立的;②这些交易的整体才能达成一项整体的商业结果;③一项交易的发生取决于其他至少一项交易的发生;④一项交易单独看是不经济的,但是和其他交易一并考虑时是经济的。该规定与《国际会计准则》的规定相同。财政部于2012年11月颁发的《企业会计准则解释第5号》对征求意见稿又作了如下修订:"处置对子公司股权投资直至丧失控制权的各项交易属于一揽子交易的,应当将各项交易作为一项处置子公司并丧失控制权的交易进行会计处理;但是,在丧失控制权之前每一次处置价款与处置投资对应的享有该子公司净资产份额的差额,在合并财务报表中应当确认为其他综合收益,在丧失控制权时一并转入丧失控制权当期的损益。"这种修订可以有效地防止企业利用处置对子公司部分股权投资,人为地调节各期利润。但是,如果能在丧失控股权的当期分别调整年初未分配利润和计入当期损益,则既能考虑我国的国情,又更能体现与国际会计准则的趋同。

三、企业在报告期内增减子公司

(一)增加子公司

母公司在报告期内因购买或追加投资等原因取得了对另一个企业的控制权,实现了企业合并,应依据《企业会计准则第20号——企业合并》编制合并日或购买日合并财务报表。在企业合并发生的当期期末和以后各会计期间,应当根据《企业会计准则第33号——合并财务报表》编制合并财务报表。需要注意的是,在编制合并财务报表时应分别两种情况进行会计处理。

1. 同一控制下企业合并增加的子公司。按照传统理论的权益结合法,同一控制下企业合并增加的子公司,视同该子公司从设立起就是该母公司的子公司,母公司和子公司一直是一体化存续下来,作为一个整体运行的。因此,在编制合并财务报表时,应遵循以下原则:

(1)在编制合并资产负债表时,应当调整资产负债表所有相关项目的期初金额。同时,合并资产负债表的留存收益项目应当反映母公司和子公司一直作为一个整体运行至合并日应实现的盈余公积和未分配利润的情况,也就是说,合并资产负债表的留存收益的期初金额应为母公司和母公司留存收益期初金额的合计数。

(2)在编制合并利润表时,母公司和子公司的经营成果应当持续计量,将该子公司合并当期期初至报告期期末的收入、费用、利润纳入合并利润表,而不是从合并日开始纳入合并利润表。但是由于自合并当期期初至合并日的净利润不是母公司管理层通过生产经营活动实现的净利润,因此应当在合并利润表中单列"其中:被合并方在合并前实现的净利润"项目进行反映。

(3)在编制合并现金流量表时,应当将该子公司合并当期期初至报告期期末的现金流量纳入合并现金流量表。

在修订的权益结合法下,在同一控制下的企业合并中,应视同合并后形成的报告主体(合并方)自合并日开始对被合并方实施控制。合并资产负债表中被合并方的各项资产、负债,应当按账面价值计量,被合并方在企业合并前实现的留存收益中归属于合并方的部分,不再由合并方的资本公积转入盈余公积和未分配利润;合并利润表应合并被合并方从合并日开始实现的净利润;合并现金流量表应当合并被合并方从合并日开始形成的现金流量。合并方在编制合并当期期末的比较报表时,不应将合并取得的被合并方前期有关财务状况、经营成果和现金流量等并入前期合并财务报表。

2. 非同一控制下企业合并增加的子公司。非同一控制下企业合并增加的子公司,从购买日起才成为该母公司的子公司,开始作为一个整体运行,才需要由母公司编制合并财务报表,因此,在编制合并财务报表时,应遵循以下原则:

(1)在编制合并资产负债表时,不调整合并资产负债表的期初金额。

(2)在编制合并利润表时,应当将该子公司购买日至报告期期末的收入、费用、利润纳入合并利润表。

(3)在编制合并现金流量表时,应当将该子公司购买日至报告期期末的现金流量纳入合并现金流量表。

需要说明的是,母公司在取得对子公司的控制权形成企业合并后,购买非控股股东(少数股东)全部或部分权益的,在合并财务报表中的相关会计处理见前文"购买子公司非控股股权(少数股权)";企业以非货币资产出资设立子公司或对子公司增资,在编制合并财务报表时,需要将该非货币资产调整恢复至原账面价值,并在此基础上持续编制合并财务报表。

(二)处置子公司

在报告期内,母公司因处置子公司部分或全部股权以及其他原因,不再控制被投资单位,被投资单位从处置日开始不再是母公司的子公司,不应继续将其纳入合并财务报表的合并范围。在编制合并财务报表时,应遵循以下原则:

(1)在编制合并资产负债表时,对于剩余股权,应当按照其在处置日(即丧失控制权日)的公允价值进行重新计量。处置股权取得的对价与剩余股权公允价值之和,减去按原持股比例计算应享有原有子公司自购买日或合并日开始持续计算的净资产的份额以及与该子公司相关的商誉后的金额,计入丧失控制权当期的投资收益。与原有子公司股权投资相关的其他综合收益,应当在丧失控制权时转化为当期投资收益。母公司应当在合并财务报表附注中披露处置后的剩余股权在丧失控制权日的公允价值、按照公允价值重新计量产生的相关利得或损失的金额。会计处理参见前文"丧失控股权情况下处置部分对子公司投资"。

(2)在编制合并利润表时,母公司应当将该子公司期初至处置日的收入、费用、利润纳入合并利润表。

(3)在编制合并现金流量表时,母公司应将该子公司期初至处置日的现金流量纳入合并现金流量表。并将处置子公司所收到的现金在投资活动现金流入的"处置子公司及其他营业单位收到的现金净额"项目反映。

母公司在合并财务报表附注中还应当披露以下事项:

(1)母公司承诺准备按照已签订的不可撤销的转让协议处置子公司,不管是否对该原子公司保留股权,应当单独披露符合划分为持有待售条件的子公司相关资产、负债的情况。

(2)母公司承诺准备按照已签订的不可撤销的转让协议处置子公司,该子公司如符合终止经营的确定条件,应当披露与该终止经营相关的信息。

(3)母公司取得子公司时,该子公司即符合划分为持有待售条件的,只需披露该子公司净利润的金额,而不必对净利润的构成进行分解披露。

第三节　子公司超额亏损和子公司股权结构变动

一、子公司超额亏损

当母公司所属子公司因经营不善等原因发生持续亏损或巨额亏损从而导致其所有者权益出现负数时,这个负数金额称为子公司超额亏损。如果该子公司具有持续经营能力,则仍应将其纳入合并财务报表的合并范围。子公司超额亏损应区别个别财务报表和合并财务报表予以处理。

(一)在个别财务报表中的处理

由于母公司对子公司长期股权投资在个别财务报表中采用成本法核算,子公司发生超额亏损,母公司的个别财务报表上不予反映。

(二)在合并财务报表中的处理

在合并财务报表中,子公司发生超额亏损的,母公司应按权益法调整对子公司投资,其调整原则如下。

1. 发生超额亏损当年的调整。投资企业确认应分担被投资单位发生的损失,原则上应以长期股权投资及其他实质上构成对被投资单位净投资的长期权益减记至零为限,投资企业负有承担额外损失义务的除外。

"其他实质上构成对被投资单位净投资的长期权益"通常是指长期应收项目,比如,企业对被投资单位的长期债权,该债权没有明确的清收计划,且在可预见的未来期间不准备收回的,实质上构成对被投资单位的净投资。应予以说明的是,该类长期权益不包括投资企业与被投资单位之间因销售商品、提供劳务等日常活动所产生的长期债权。

投资企业在确认应分担被投资单位发生的亏损时,应按下述的顺序进行。首先,应将长期股权投资的账面价值减记至零,应借记"投资收益"项目,贷记"长期股权投资(损益调整)"项目;其次,如果仍有未确认的投资损失,再以其他长期权益的账面价值为基础继续确认,继续确认的投资损失应借记"投资收益"项目,贷记"长期应收款"项目;再次,如果在投资合同或协议中约定将履行其他额外的损失补偿义务,还应按《企业会计准则第 13 号——或有事项》的规定确认预计将承担的损失金额,对于符合确认条件的义务,应确认为当期损失,同时确认预计负债,借记"投资收益"项目,贷记"预计负债"项目;最后,仍未确认的应分担被投资单位的损失,应冲减母公司未分配利润。

2. 以后期间实现盈利的调整。在确认了有关的投资损失以后,被投资单位于以后期间实现盈利的,在合并财务报表中,首先借记"长期股权投资"、"长期应收款"、"预计负债"项目,贷记"未分配利润——年初"项目,调整期初未分配利润;其次,应按以上相反顺序分别减记已确认的预计负债、恢复其他长期权益及长期股权投资的账面价值,同时确认投资收益。即应当按顺序分别借记"预计负债"、"长期应收款"、"长期股权投资"项目,贷记"投资收益"项目。

子公司非控股股东(少数股东)应当按照持股比例分担超额亏损。即在合并财务报表中,子公司非控股股东(少数股东)分担的当期亏损超过了非控股股东(少数股东)在该子公司期初所有者权益中享有的份额的,其余额应当冲减非控制性权益(少数股东权益)。

【例 4-5】甲公司和乙公司为非同一控制下的企业。2009 年 12 月 31 日,甲公司用银行存款 1 500 万元取得乙公司 60% 的股权,能够控制乙公司的财务与经营政策等活动,购买日乙公司可辨认净资产公允价值为 2 000 万元(其中实收资本 1 400万元、资本公积 300 万元、盈余公积 200 万元、未分配利润 100 万元),乙公司各项可辨认资产、负债的公允价值与其账面价值相等,双方所采用的会计政策及会计期间也相同。2010年乙公司实现净利润100万元,计提10%法定盈余公积,未作其他利润分配。2011年12月31日,甲公司该项长期股权投资的账面价值为1 500万元,未计提减值准备,甲公司账上有应收乙公司的长期应收款200万元,该款项从目前情况看,没有明确的清偿计划(并非产生于商品购销等日常活动)。2011年乙公司亏损4 000万元,其他净资产项目金额没有变化。甲公司对于应承担的其他额外损失不符合确认预计负债的条件。2011年初乙公司非控股股东(少数股东)在该子公司期初所有者权益中享有的份额为840万元。

2009年12月31日,甲公司在购买日合并工作底稿中应编制如下抵销分录:

	借方	贷方
借:实收资本(股本)	14 000 000	
资本公积	3 000 000	
盈余公积	2 000 000	
未分配利润——年末	1 000 000	
商誉	3 000 000	
贷:长期股权投资		15 000 000
非控制性权益(少数股东权益)		8 000 000

如果确认完全商誉,则抵销分录如下:

	借方	贷方
借:实收资本(股本)	14 000 000	
资本公积	3 000 000	
盈余公积	2 000 000	
未分配利润——年末	1 000 000	
商誉	5 000 000	
贷:长期股权投资		15 000 000
非控制性权益(少数股东权益)		10 000 000

2010年12月31日,甲公司在合并工作底稿中应编制如下调整分录和抵销分录:

	借方	贷方
借:长期股权投资	600 000	
贷:投资收益		600 000
借:实收资本(股本)	14 000 000	
资本公积	3 000 000	
盈余公积	2 100 000	
未分配利润——年末	1 900 000	
商誉	3 000 000	
贷:长期股权投资		15 600 000
非控制性权益(少数股东权益)		8 400 000

如果确认完全商誉,则抵消分录如下:

借:实收资本(股本)　14 000 000
　资本公积　3 000 000
　盈余公积　2 100 000
　未分配利润——年末　1 900 000
　商誉　5 000 000
　贷:长期股权投资　15 600 000
　　非控制性权益(少数股东权益)　10 400 000

2011 年 12 月 31 日,甲公司在合并工作底稿中应编制如下调整分录和抵销分录:

借:长期股权投资　600 000
　贷:未分配利润——年初　600 000

长期股权投资账面价值 =1 500 +60 =1 560(万元)

甲公司当年应确认的投资损失 =4 000 ×60% =2 400(万元)

非控股股东(少数股东)应承担的投资损失 =4 000 ×40% = 1 600(万元)

借:投资收益　17 600 000
　贷:长期股权投资　15 600 000
　　长期应收款　2 000 000

甲公司尚未确认的投资损失 =2 400 -1 760 =640(万元)

借:投资收益　-17 600 000
　母公司未分配利润　-6 400 000
　非控股股东损益(少数股东损益)　-16 000 000
　未分配利润——年初　1 900 000
　贷:未分配利润——年末　-38 100 000

借:实收资本(股本)　14 000 000
　资本公积　3 000 000
　盈余公积　2 100 000
　未分配利润——年末　-38 100 000
　商誉　3 000 000
　贷:母公司未分配利润　-8 400 000
　　非控制性权益(少数股东权益)　-7 600 000

子公司非控股股东(少数股东)分担的当期亏损 1 600 万元,超过了少数股东在该子公司期初所有者权益中享有的份额 840 万元,其余额 760 万元冲减非控制性权益(少数股东权益)。在合并财务报表中,子公司非控制性权益(少数股东权益)为 -760 万元(-1 900 ×40%)。

如果确认完全商誉,则抵销分录如下:

借:实收资本(股本)　14 000 000

资本公积　3 000 000
盈余公积　2 100 000
未分配利润——年末　-38 100 000
商誉　5 000 000
贷:母公司未分配利润　-8 400 000
非控制性权益(少数股东权益)　-5 600 000

如果甲公司对于应承担的额外损失,具备确认预计负债的条件,则抵销分录如下:

借:投资收益　24 000 000
贷:长期股权投资　15 600 000
长期应收款　2 000 000
预计负债　6 400 000

借:投资收益　-24 000 000
非控股股东损益(少数股东损益)　-16 000 000
未分配利润——年初　1 900 000
贷:未分配利润——年末　-38 100 000

借:实收资本(股本)　14 000 000
资本公积　3 000 000
盈余公积　2 100 000
未分配利润——年末　-38 100 000
商誉　3 000 000
贷:母公司未分配利润　-8 400 000
非控制性权益(少数股东权益)　-7 600 000

确认完全商誉的抵销分录略。

二、子公司增发股票和分配股票股利

(一)子公司增发普通股股票

子公司为扩大生产经营,经批准增发普通股股票,一般有以下几种情况:①子公司按比例向控股股权(多数股权)和非控股股权(少数股权)增发股票;②子公司仅向母公司增发股票;③子公司仅向外界非控股股东(少数股东)增发股票。在第一种情况下,母公司对子公司持股比例不发生变化;而在第二种和第三种情况下,则会影响母公司对子公司的持股比例。

1. 子公司仅向母公司增发股票。子公司增发的股票有时可能全部出售给母公司,以满足母公司增加对子公司投资份额的需要。由于母公司在子公司投资比例的提高,可能会导致母公司对子公司投资成本与其拥有子公司净资产份额之间的差额发生变化。也可以说,母公司为增加其拥有子公司净资产的份额与其为之所付出的代价之间会发生差额。对于这个差额,从理论上讲可以有三种处理方法:其一是确认为当期投资损益;其二是将其作为商誉或负商誉;其三是将其计入资本公积。按《国际财务报告准则》和我国《企业会计准则》规定一般应选择第三种方法。

【例4-6】2009年1月1日,A公司以银行存款1 040万元取得B公司80%股权,购买日B公司可辨认净资产公允价值为1 085万元(含无形资产公允价值大于账面价值的差额100万元)。2009年B公司实现净利润200万元。2010年B公司实现净利润300万元,可供出售金融资产公允价值变动收益15万元。A公司和B公司均按当年净利润的10%提取法定盈余公积,B公司2009年和2010年共向投资者分配现金股利100万元。2011年1月1日,B公司净资产账面价值为1 400万元[其中,实收资本(股本)100万元,资本公积700万元,盈余公积150万元,未分配利润450万元]、公允价值为1 500万元,股份总数为100万股。现B公司增发普通股股票20万股,全部出售给A公司,每股面值1元,售价3元,从而使B公司普通股总数从原来的100万股增加到120万股,A公司持股股数从原来的80万股增加到100万股,即A公司持股比例由原来的80%增加到83.33%。B公司净资产账面价值从原来的1 400万元增加到1 460万元,公允价值从原来的1 500万元增加到1 560万元,其中A公司拥有的份额为账面价值1 216.62万元、公允价值1 299.95万元,与原来拥有的份额相比账面价值增加96.62万元(1 216.62 - 1 400×80%)、公允价值增加99.95万元(1 299.95 - 1 500×80%)。也就是说,A公司以60万元(3×20)取得了B公司账面价值96.62万元、公允价值99.95万元的股份,按账面价值计算的差额为36.62万元、按公允价值计算的差额为39.95万元。假设2011年B公司净利润400万元,分配现金股利200万元,提取盈余公积40万元。

第一种方法下,将其差额在编制合并财务报表时计入投资收益。

A公司2011年有关会计分录和2011年12月31日A公司编制合并财务报表时的调整分录和抵销分录如下:

会计分录:

(1)借:长期股权投资——B公司　　600 000

　　贷:银行存款　　600 000

(2)借:应收股利　　(2 000 000×83.33%)1 666 600

　　贷:投资收益　　1 666 600

调整分录和抵销分录:

(1)借:无形资产　　1 000 000

　　贷:资本公积　　1 000 000

(2)借:长期股权投资　　4 986 600

　　贷:投资收益　　(4 000 000×83.33% - 2 000 000×83.33%)1 666 600

未分配利润——年初

[(2 000 000 + 3 000 000 − 1 000 000) × 80%]3 200 000

资本公积　(150 000 × 80%)120 000

(3)借:长期股权投资　399 500

贷:投资收益　399 500

(4)借:实收资本(股本)　(1 000 000 + 200 000 × 1)1 200 000

资本公积　(7 000 000 + 1 000 000 + 400 000)8 400 000

盈余公积　(1 500 000 + 4 000 000 × 10%)1 900 000

未分配利润——年末

(4 500 000 + 4 000 000 − 2 000 000 − 400 000)6 100 000

商誉　(10 400 000 − 10 850 000 × 80%)1 720 000

贷:长期股权投资

(10 400 000 + 600 000 + 4 986 600 + 399 500)16 386 100

非控制性权益(少数股东权益)　(17 600 000 × 16.67%)2 933 900

若确认完全商誉,则:

借:实收资本(股本)　(1 000 000 + 200 000 × 1)1 200 000

资本公积　(7 000 000 + 1 000 000 + 400 000)8 400 000

盈余公积　(1 500 000 + 4 000 000 × 10%)1 900 000

未分配利润——年末

(4 500 000 + 4 000 000 − 2 000 000 − 400 000)6 100 000

商誉　2 150 000

贷:长期股权投资

(10 400 000 + 600 000 + 4 986 600 + 399 500)16 386 100

非控制性权益　(17 600 000 × 16.67% + 430 000)3 363 900

(少数股东权益)

(5)借:投资收益　3 333 200

非控股股东损益(少数股东损益)　666 800

未分配利润——年初　4 500 000

贷:提取盈余公积　400 000

对所有者的分配　2 000 000

未分配利润——年末　6 100 000

其他会计分录和抵销分录略。

子公司仅向母公司增发股票的结果,母公司是形成损失还是收益,取决于新发行股票价格高于或低于已发行股票的账面价值,如果前者大于后者,则形成损失;如果前者小于后者,则形成收益;如果前者等于后者,则不会形成损益。本例中,B

公司增发股票前股份总量为100万股,净资产公允价值为1 500万元,可以推算B公司每股价格为15元,例4-6中B公司按每股3元增发股票,A公司形成收益;如果B公司按每股15元增发股票,则A公司不会形成损益;如果B公司按每股18元增发股票,则A公司会形成损失。子公司仅向母公司增发股票其股票价格与母公司形成损益的关系见表4-4。

表4-4 金额单位:万元

项　　目	增发股票前	按每股3元购入增发股票	按每股15元购入增发股票	按每股18元购入增发股票
B公司净资产公允价值	1 500	1 560	1 800	1 860
B公司股份总量	100万股	120万股	120万股	120万股
A公司所持股份	80万股	100万股	100万股	100万股
A公司的持股比例	80%	83.33%	83.33%	83.33%
A公司享有的B公司净资产份额	1 200	1 299.948	1 499.94	1 549.938
A公司购买20万股的对价		60	300	360
A公司享有B公司净资产的增加额		99.948	299.94≈300	349.938
支付的对价与增加净资产份额的差额		-39.948≈39.95	0	10.062

第二种方法下,将其差额在编制合并财务报表时确认为商誉。不编制调整分录(3),其抵销分录(4)如下:

借:实收资本(股本)　(1 000 000+200 000×1) 1 200 000
　资本公积　8 400 000
　盈余公积　1 900 000
　未分配利润——年末　6 100 000
　商誉　(1 720 000-399 500) 1 320 500
　贷:长期股权投资　(10 400 000+600 000+4 986 600) 15 986 600
　　非控制性权益(少数股东权益)　2 933 900

若确认完全商誉,则:

借:实收资本(股本)　(1 000 000+200 000×1) 1 200 000
　资本公积　8 400 000
　盈余公积　1 900 000

未分配利润——年末　6 100 000

商誉　(1 720 000 +430 000 −399 500)1 750 500

贷:长期股权投资　(10 400 000 +600 000 +4 986 600) 15 986 600

非控制性权益　(17 600 000 ×16.667% +430 000) 3 363 900

(少数股东权益)

其他会计分录、调整分录和抵销分录与第一种方法相同。但是,这种做法所确认的商誉不符合《国际财务报告准则》和我国《企业会计准则》对商誉确认和计量的要求。

在第三种方法下,将其差额在编制合并财务报表时计入资本公积,确认为其他综合收益。其调整分录(3)如下:

借:长期股权投资　399 500

贷:资本公积　399 500

其他会计分录、调整分录和抵销分录与第一种方法相同。

鉴于子公司增发股票引起的子公司所有者权益的变动,导致的母公司投资成本与其拥有子公司净资产份额之间差额发生的变化,其经济实质属于投资企业未实现的利得或损失,应确认为其他综合收益,待处置该项长期股权投资时才能确认为处置当期的投资收益,同时,这个差额的变化不符合商誉确认的条件,因此,第三种方法在国际财务报告准则和各国会计准则中得到广泛采用。

【例4 −7】沿用例4 −6 资料。假设 A 公司以 360 万元取得 B 公司 20 万股股票,使其拥有 B 公司净资产公允价值份额由 1 200 万元增加到 1 549.938 万元(1 860 ×83.33%),比原来拥有的净资产份额增加 349.938 万元(1 549.938 −1 200)。也就是说,A 公司以 360 万元取得了 B 公司净资产公允价值 349.938 万元,形成损失 10.062 万元。这项损失应调增长期股权投资账面价值,并同时调减投资收益。

其会计处理参见例4 −6。

第一种方法下,其中调整分录和抵销分录(3)(4)如下:

(3)借:投资收益　100 620

贷:长期股权投资　100 620

(4)借:实收资本(股本)　(1 000 000 +200 000 ×1)1 200 000

资本公积　(7 000 000 +1 000 000 +3 400 000)11 400 000

盈余公积　(1 500 000 +4 000 000 ×10%)1 900 000

未分配利润——年末

(4 500 000 +4 000 000 −2 000 000 −400 000)6 100 000

商誉　(10 400 000 −10 850 000 ×80%)1 720 000

贷:长期股权投资

(10 400 000 +3 600 000 +4 986 600 −100 620)18 885 980

非控制性权益(少数股东权益)　(20 600 000 ×16.67%) 3 434 020

确认完全商誉的抵销分录略。

第三种方法下,调整分录(3)如下:

借:资本公积　100 620

　贷:长期股权益投资　100 620

其他会计分录、调整分录和抵销分录与第一种方法相同。

第二种方法略。

【例4-8】沿用例4-6资料。假设A公司以300万元取得B公司净资产公允价值份额1499.94万元(1 800 ×83.33%),比原来拥有的净资产份额增加299.94万元(1 499.94-1 200),近似值300万元。也就是说,A公司以300万元取得了B公司净资产公允价值300万元,未形成损益。

其会计处理参见例4-6,其中调整分录(3)无须编制,抵销分录(4)如下:

借:实收资本(股本)　(1 000 000 +200 000 ×1)1 200 000

　资本公积　(7 000 000 +1 000 000 +2 800 000)10 800 000

　盈余公积　(1 500 000 +4 000 000 ×10%) 1 900 000

　未分配利润——年末

　(4 500 000 +4 000 000 -2 000 000 -400 000)6 100 000

　商誉　(10 400 000 -10 850 000 ×80%)1 720 000

　贷:长期股权投资　(10 400 000 +3 000 000 +4 986 600)18 386 600

　　非控制性权益(少数股东权益)　(20 00 000 ×16.667%)3 333 400

确认完全商誉的抵销分录略。

2. 子公司仅向外界非控股股东(少数股东)增发股票。子公司增发股票有时可能全部出售给母公司以外的非控股股东(少数股东),在这种情况下,由于非控股股东(少数股东)持股比例增加,虽然母公司并未出售子公司股份,但是,也会引起母公司对子公司持股比例的减少。如果子公司增发股票的发行价格高于或者低于其已发行在外的股票的账面价值,母公司就会发生损益。对于这项损益的会计处理,从理论上讲也有三种处理方法:①确认为当期投资损益;②作为商誉或负商誉处理;③计入资本公积。

【例4-9】沿用例4-6资料。假设2011年1月1日B公司增发20万股普通股股票,每股面值1元,售价3元,全部出售给非控股股东(少数股东),从而使A公司对B公司持股比例由80%降至66.67%,非控股股东(少数股东)持股比例由20%升至33.33%。B公司净资产账面价值从原来的1 400万元增加到1 460万元,公允价值从原来的1 500万元增加到1 560万元,其中A公司拥有的份额为账面价值973.382万元、公允价值1 040.052万元,与原来拥有的份额相比较,比账面价值1 120万元少146.618万元、比公允价值1 200少159.948万元。

在第一种方法下，A 公司应将其按持股比例拥有的 B 公司净资产公允价值减少的金额确认为投资收益（或损失）。其理由是：由于子公司对少数股东增发股票引起母公司持股比例的减少，可视为母公司对外出售了股份而减少了持股比例，因此，可将投资账面价值与母公司拥有的子公司增发股份所得款项之间的差额确认为投资收益（或损失）。本例中，按公允价值计算，B 公司对外界发行股票后，A 公司占 B 公司 66.67% 的股权的份额比原来拥有的份额少 159.948 万元，作为转让 13.33% 投资的损失予以确认。从另一个角度分析，2011 年合并财务报表中，经调整后 A 公司投资的账面价值扣除商誉后为 1 200 万元[1 040 + (500 − 100) × 80% + 15 × 80% − 172 或 1 040 + 32 + 288 + 12 − 172]，相当于以 1 200 万元取得了 1 040.052 万元的股权，多付出代价 159.948 万元，应确认为投资转让损失。A 公司投资损失也可用公式计算如下：

$$\text{A 公司净损失} = 3 \times 20 \times 66.67\% - 1\,200 \div 80\% \times (80\% - 66.67\%)$$
$$= 40.002 - 199.95 = 159.948 (\text{万元})$$

2011 年应编制如下会计分录：

借：应收股利	1 333 400	
贷：投资收益		(2 000 000 × 66.67%) 1 333 400

2011 年 12 月 31 日，应在合并工作底稿中作如下调整分录和抵销分录（假设其他资料同前述举例）：

(1) 借：无形资产	1 000 000	
贷：资本公积		1 000 000
(2) 借：长期股权投资	4 653 400	
贷：投资收益		(4 000 000 × 66.67% − 2 000 000 × 66.67%) 1 333 400
未分配利润——年初		3 200 000
资本公积		120 000
(3) 借：投资收益	1 599 480	
贷：长期股权投资		1 599 480
(4) 借：实收资本（股本）	1 200 000	
资本公积	8 400 000	
盈余公积	1 900 000	
未分配利润——年末	6 100 000	
商誉	1 720 000	
贷：长期股权投资		(10 400 000 + 4 653 400 − 1 599 480) 13 453 920
非控制性权益（少数股东权益）		(17 600 000 × 33.33%) 5 866 080

若确认完全商誉，则抵销分录如下：

借：实收资本（股本）	1 200 000	

资本公积　　8 400 000
盈余公积　　1 900 000
未分配利润——年末　　6 100 000
商誉　　2 150 000
贷:长期股权投资　　13 453 920
非控制性权益(少数股东权益)
(17 600 000×33.33% +430 000)6 296 080

(5)借:投资收益　　2 666 800
非控股股东损益(少数股东损益)　　1 333 200
未分配利润——年初　　4 500 000
贷:提取盈余公积　　400 000
对所有者的分配　　2 000 000
未分配利润——年末　　6 100 000

在第三种方法下,调整分录(3)如下:

借:资本公积　　1 599 480
贷:长期股权投资　　1 599 480

其他会计分录、调整分录和抵销分录与第一种方法相同。

第二种方法略。

子公司仅向非控股股东(少数股东)增发股票的结果,母公司是形成损失还是收益,取决于新发行股票价格高于或低于已发行股票的账面价值,如果前者大于后者,则形成收益;如果前者小于后者,则形成损失;如果前者等于后者,则不会形成损益。例4-9中B公司按每股3元增发股票,A公司形成损失;如果B公司按每股15元增发股票,则A公司不会形成损益;如果B公司按每股18元增发股票,则A公司会形成收益。子公司仅向非控股股东(少数股东)增发股票,其股票价格与母公司形成损益的关系见表4-5。

表4-5　　金额单位:万元

项　　目	增发股票前	子公司按每股3元增发股票	子公司按每股15元增发股票	子公司按每股18元增发股票
B公司净资产公允价值	1 500	1 560	1 800	1 860
B公司股份总量	100万股	120万股	120万股	120万股
A公司所持股份	80万股	80万股	80万股	80万股
A公司的持股比例	80%	66.67%	66.67%	66.67%
A公司享有的B公司净资产份额	1 200	1 040.052	1 200.06≈1 200	1 240.062
A公司享有B公司净资产的增加额		-159.948	0	40.062

【例4-10】如果B公司以每股18元仅向非控股股东(少数股东)增发20万股股票,B公司净资产账面价值从原来的1 400万元增加到1 760万元,公允价值从原来的1 500万元增加到1 860万元,其中A公司拥有的份额分别为账面价值1 173.392万元,公允价值1 240.062万元,与原来拥有的份额相比较,比账面价值1 120万元多53.392万元,比公允价值1 200多40.062万元。

在第一种方法下,应将其按持股比例计算拥有的B公司净资产公允价值增加的金额确认为投资收益。A公司投资收益也可用公式计算如下:

$$\text{A公司净收益} = 18\times 20\times 66.67\% - 1\,200\times(80\% - 66.67\%)\div 80\%$$
$$= 240.012 - 199.95 = 40.062(\text{万元})$$

2011年12月31日,应在合并工作底稿中作如下调整分录和抵销分录(假设其他资料同前述举例):

(1)借:无形资产 1 000 000
　　贷:资本公积 1 000 000

(2)借:长期股权投资 4 653 400
　　贷:投资收益 1 333 400
　　　　未分配利润——年初 3 200 000
　　　　资本公积 120 000

(3)借:长期股权投资 400 620
　　贷:投资收益 400 620

(4)借:实收资本(股本) 1 200 000
　　　资本公积 (7 000 000+1 000 000+3 400 000)11 400 000
　　　盈余公积 1 900 000
　　　未分配利润——年末 6 100 000
　　　商誉 1 720 000
　　贷:长期股权投资 (10 400 000+4 653 400+400 620)15 454 020
　　　　非控制性权益(少数股东权益) (20 600 000×33.33%)6 865 980

若确认完全商誉,则抵销分录如下:

借:实收资本(股本) 1 200 000
　　资本公积 11 400 000
　　盈余公积 1 900 000
　　未分配利润——年末 6 100 000
　　商誉 2 150 000
　贷:长期股权投资 15 454 020
　　　非控制性权益 (20 600 000×33.33% +430 000)7 295 980
　　　(少数股东权益)

(5)借:投资收益　　2 666 800

　　非控股股东损益(少数股东损益)　　1 333 200

　　未分配利润——年初　　4 500 000

　贷:提取盈余公积　　400 000

　　对所有者的分配　　2 000 000

　　未分配利润——年末　　6 100 000

第三种方法下,调整分录(3)如下:

借:长期股权投资　　400 620

　贷:资本公积　　400 620

其他会计分录、调整分录和抵销分录与第一种方法相同。

第二种方法略。

子公司以每股15元仅向非控股股东(少数股东)增发股票,请参照例4-6、例4-8和例4-9。

如果子公司按各股东原持股比例向母公司和非控股股东(少数股东)增发股票,因母公司和少数股东持股比例没有发生变化,母公司只需反映长期股权投资增加,对于增加的投资额不存在上述差额调整问题。

(二)子公司分派股票股利

子公司分派股票股利时,虽然子公司所有者权益总额未发生变化,而且也不影响母公司长期股权投资的账面价值,但是,子公司所有者权益的结构发生了变化,从而引起母公司合并工作底稿中对子公司所有者权益各项目抵销金额的变化。由于母公司收到股票股利时,不能确认投资收益,只作备查登记,不作账务处理,因此,子公司分配股票股利无须单独进行抵销处理。

子公司发放股票股利时,如果发放的股票股利数额不是很大,且股票价格变动也不大,可按所发放股票股利的公允价值由未分配利润转入股本和资本公积;如果发放的股票股利数额很大,且股票价格变动也较大,可按所发放股票股利的票面价值由未分配利润转入股本;如果发放的股票股利数额很大,但股票价格变动不大,也可按所发放股票股利的公允价值由未分配利润转入股本和资本公积。会计期末,母公司在编制合并财务报表时,根据分配股票股利当期子公司所有者权益各项目的期末余额予以抵销处理即可。

【例4-11】2011年1月1日,子公司B公司所有者权益账面价值1 400万元,公允价值1 500万元,公允价值高于账面价值100万元为无形资产增值。其中账面价值构成如下:实收资本(股本)100万元、资本公积700万元、盈余公积150万元、未分配利润450万元。A公司持股比例80%。2011年,B公司实现净利润400万元,分派现金股利200万元,按原股票股数100万股增发10%股票股利10万股,每股面值1元,每股市价6元,提取盈余公积40万元。

B公司于2011年应作如下分派股票股利会计分录:

借:利润分配——转作股本的股利　　600 000

　贷:股本(实收资本)　　100 000

　　资本公积　　500 000

A公司对B公司发放的股票股利不作会计分录。

2011年12月31日,A公司在合并工作底稿上应作如下调整分录和抵销分录:

(1)借:无形资产　　1 000 000

　贷:资本公积　　1 000 000

(2)借:长期股权投资　　4 920 000

　贷:投资收益　　(4 000 000×80% -2 000 000×80%)1 600 000

　　未分配利润——年初　　3 200 000

　　资本公积　　120 000

(3)借:实收资本(股本)　　(1 000 000 +100 000)1 100 000

　资本公积　　(7 000 000 +1 000 000 +500 000)8 500 000

　盈余公积　　1 900 000

　未分配利润——年末

　　(4 500 000 +4 000 000 -2 000 000 -600 000 -400 000)5 500 000

　商誉　　1 720 000

　贷:长期股权投资　　(10 400 000 +4 920 000)15 320 000

　　非控制性权益(少数股东权益)　　(17 000 000×20%)3 400 000

若确认完全商誉,则抵销分录如下:

借:实收资本(股本)　　(1 000 000 +100 000)1 100 000

　资本公积　　(7 000 000 +1 000 000 +500 000)8 500 000

　盈余公积　　1 900 000

　未分配利润——年末

　　(4 500 000 +4 000 000 -2 000 000 -600 000 -400 000)5 500 000

　商誉　　2 150 000

　贷:长期股权投资　　(10 400 000 +4 920 000)15 320 000

　　非控制性权益　　(17 000 000×20% +430 000) 3 830 000

　　(少数股东权益)

(4)借:投资收益　　3 200 000

　非控股股东损益(少数股东损益)　　800 000

　未分配利润——年初　　4 500 000

　贷:提取盈余公积　　400 000

　　对所有者的分配——现金股利　　2 000 000

——转作股本的股利　　600 000

未分配利润——年末　　5 500 000

其他抵销分录略。

子公司进行股票分割或股票合并,仅引起股份总数发生变化,并不影响子公司净资产和所有者权益的构成,母公司无须进行会计处理,也不影响编制合并财务报表时的抵销处理。

三、子公司发行优先股

子公司发行的优先股具有股权和债权双重性质。作为股权,只有普通股股东才享有表决权,优先股通常不具有表决权,但是在分配股利或分配清算财产时优先于普通股;优先股通常有固定的股利率,优先股股东享有与债权类似的投资收益。优先股又可以分为非累积优先股、累积优先股、可参与优先股和可赎回优先股。非累积优先股在未宣告优先股股利的年度,无须作优先股股利分配的会计处理,以后年度宣告分配股利时,也不对未分配优先股股利年度予以调整;累积优先股则不论是否宣告优先股股利,都应确认当年的优先股股利,减少留存收益并增加应付优先股股利;可参与优先股既可以享有固定股利率的优先股股利,还能够在参与普通股股利分配时补足与普通股股利的差额,获得超过优先股固定股利率的收益;可赎回优先股通常可以按照高于股票票面价值的金额购回,优先股协议中列明的支付给可赎回优先股的金额,视作优先股股东对子公司净资产的要求权。

可见,子公司发行优先股,对子公司利润分配和子公司所有者权益的抵销都会产生影响。

(一)子公司仅对非控股股东(少数股东)发行优先股

如果子公司的优先股仅对非控股股东(少数股东)发行,母公司享有的子公司净利润份额,应先在子公司当年实现净利润总额中扣除子公司非控股股东(少数股东)的优先股股利,求得归属于普通股股东的子公司净利润,然后,再按持股比例在母公司和非控股股东(少数股东)之间分配归属于普通股的净利润。

【例4-12】2010年12月31日,甲公司持有子公司乙公司80%普通股股权,投资成本为480万元,乙公司净资产账面价值和公允价值均为600万元(其中股本400万元、资本公积100万元、盈余公积20万元、未分配利润80万元),未形成商誉或损益。2011年1月1日,乙公司对非控股股东(少数股东)按面值发行优先股股票,股票面值为200万元,固定股利率为12%。2011年乙公司实现净利润为100万元,宣告现金股利60万元,按净利润的10%提取法定盈余公积。假设没有其他调整事项。乙公司净利润归属见表4-6。

表 4－6　　　　金额单位:万元

项　目	比例	金 额
2011 年乙公司净利润		100
减:优先股股利(200 ×12%)		24
归属于普通股的净利润		76
甲公司持股比例	80%	
甲公司享有的乙公司净利润		60.8
非控股股东收益(少数股东损益)		
其中:优先股股利		24
普通股股利	20%	15.2
非控股股东收益(少数股东损益)合计		39.2

乙公司相关会计分录:

(1) 借:银行存款　2 000 000

　　贷:股本——优先股　2 000 000

(2)借:利润分配——现金股利　840 000

贷:应付股利——普通股　600 000

　　　　——优先股　240 000

2011 年末,甲公司在编制合并财务报表时的调整分录和抵销分录如下:

借:长期股权投资　(608 000 －600 000 ×80%)128 000

　贷:投资收益　128 000

借:股本　6 000 000

　资本公积　1 000 000

　盈余公积　300 000

　未分配利润——年末

　　(800 000 +1 000 000 ×90% －600 000 －240 000)860 000

　贷:长期股权投资　4 928 000

　　非控制性权益(6 000 000 ×20% +152 000 －600 000 ×20%) 1 232 000

　　(少数股东权益)

　　股本——优先股　2 000 000

借:股本——优先股　2 000 000

　贷:非控制性权益(少数股东权益)　2 000 000

借:投资收益　608 000

　非控股股东损益(少数股东损益)　392 000

　　未分配利润——年初　　800 000
　　贷:提取盈余公积　　100 000
　　　　对所有者的分配　　840 000
　　　　未分配利润——年末　　860 000

本例在合并财务报表中列示的包括优先股在内的非控制性权益(少数股东权益)合计为 323.2 万元,包括优先股股利在内的非控股股东收益为 39.2 万元。

(二)子公司仅对母公司(控股股东)发行优先股

如果子公司的优先股仅对母公司(控股股东)发行,在合并财务报表中,与子公司仅对非控股股东(少数股东)发行优先股不同的是:①母公司优先股长期股权投资与其在优先股股本中所占份额,以及母公司优先股股利应同时予以抵销;②列示的"非控制性权益(少数股东权益)"只包括子公司非控股股东(少数股东)持有的普通股享有的权益;③列示的"非控股股东损益(少数股东损益)"只包括子公司非控股股东(少数股东)持有的普通股享有的损益。

【例 4 - 13】沿用例 4 - 12 资料。假设甲公司以 200 万元购买了全部优先股。

甲公司取得优先股的会计分录如下。

借:长期股权投资——优先股　　2 000 000
　贷:银行存款　　2 000 000

2011 年末,甲公司在编制合并财务报表时的调整分录和抵销分录如下:

借:长期股权投资　　(608 000 - 600 000 × 80%)128 000
　贷:投资收益　　128 000

借:股本　　6 000 000
　资本公积　　1 000 000
　盈余公积　　300 000
　未分配利润——年末
　　　　(800 000 + 1 000 000 × 90% - 600 000 - 240 000)860 000
　贷:长期股权投资　　4 928 000
　　非控制性权益　(6 000 000 × 20% + 152 000 - 600 000 × 20%)1 232 000
　　(少数股东权益)
　　股本——优先股　　2 000 000

借:股本——优先股　　2 000 000
　贷:长期股权投资(优先股)　　2 000 000

借:投资收益　　(608 000 + 240 000)848 000
　非控股股东损益(少数股东损益)　　152 000
　未分配利润——年初　　800 000
　贷:提取盈余公积　　100 000

对所有者的分配　　840 000

未分配利润——年末　　860 000

（三）子公司对母公司（控股股东）和非控股股东（少数股东）按原持股比例发行优先股

如果子公司的优先股对母公司（控股股东）和非控股股东（少数股东）同时发行，在合并财务报表中，与子公司仅对非控股股东（少数股东）发行优先股不同的是：①母公司优先股长期股权投资与其在优先股股本中所占份额，以及母公司优先股股利应同时予以抵销；②列示的“非控制性权益（少数股东权益）”包括子公司非控股股东（少数股东）持有的普通股享有的权益和非控股股东（少数股东）持有的优先股享有的权益；③列示的“非控股股东损益（少数股东损益）”包括子公司非控股股东（少数股东）持有的普通股享有的损益和非控股股东（少数股东）持有的优先股享有的优先股股利。

【例4－14】沿用例4－12资料，假设甲公司以160万元购买了乙公司发行的200万元优先股的80%，乙公司非控股股东（少数股东）以40万元购买了乙公司发行的200万元优先股的20%。

甲公司取得优先股的会计分录如下：

借：长期股权投资——优先股　　1 600 000

　贷：银行存款　　1 600 000

2011年末，甲公司在编制合并财务报表时的调整分录和抵销分录如下：

借：长期股权投资　　（608 000－600 000×80%）128 000

　贷：投资收益　　128 000

借：股本　　6 000 000

　资本公积　　1 000 000

　盈余公积　　300 000

　未分配利润——年末

　　（800 000＋1 000 000×90%－600 000－240 000）860 000

　贷：长期股权投资　　4 928 000

　　非控制性权益　（6 000 000×20%＋152 000－600 000×20%）1 232 000

　　（少数股东权益）

　　股本——优先股　　2 000 000

借：股本——优先股　　2 000 000

　贷：非控制性权益（少数股东权益）　　400 000

　　长期股权投资（优先股）　　1 600 000

借：投资收益　　（608 000＋240 000×80%）800 000

　非控股股东损益（少数股东损益）　（152 000＋240 000×20%）200 000

未分配利润——年初 800 000
贷:提取盈余公积 100 000
对所有者的分配 840 000
未分配利润——年末 860 000

本例在合并报表中列示的包括20%优先股在内的非控制性权益(少数股东权益)合计为163.2万元,包括20%优先股股利在内的非控股股东收益为20万元。

四、子公司回购股票

子公司出于经营管理的需要回购发行在外的股票形成库存股,通常是从非控股股东(少数股东)那里回购股票,出于筹资的需要才会从母公司那里回购股票,并出售给非关联方。

(一)子公司从非控股股东(少数股东)回购股票

与前述子公司仅向非控股股东(少数股东)发行股票类似,虽然子公司从非控股股东(少数股东)回购股票,母公司长期股权投资不会发生变化,但是,由于在子公司净资产中非控股股东(少数股东)所占份额的减少,会导致母公司所占份额的增加,母公司在子公司净资产中所占份额的增加,在合并财务报表中应当予以确认。母公司长期股权投资成本与享有的子公司净资产份额之间的差额,从理论上也有三种处理方法:计入当期损益、计入资本公积、调整商誉或损益。

【例4-15】沿用例4-6资料。假设2009年1月1日,A公司以银行存款1 040万元取得B公司80%股权,购买日B公司可辨认净资产公允价值为1 085万元(含无形资产公允价值大于账面价值的差额100万元)。2009年,B公司实现净利润200万元。2010年,B公司实现净利润300万元,可供出售金融资产公允价值变动收益15万元。A公司和B公司均按当年净利润的10%提取法定盈余公积,B公司2009年和2010年向投资者分配现金股利100万元。2011年1月1日,B公司净资产账面价值为1 400万元[其中,实收资本(股本)100万元,资本公积700万元,盈余公积150万元,未分配利润450万元]、公允价值为1 500万元,股份总数为100万股。现B公司从非控股股东(少数股东)回购普通股股票10万股,每股面值1元,回购价分别假设为3元、15元和18元,从而使B公司普通股总数从原来的100万股减少到90万股,即A公司持股比例由原来的80%增加到88.89%。假设2011年B公司净利润400万元,分配现金股利200万元,提取盈余公积40万元,不考虑所得税因素。子公司仅从非控股股东(少数股东)回购股票,其股票回购价格与母公司享有子公司净资产公允价值份额变动的关系见表4-7。

表4－7　　　　金额单位:万元

项　目	回购股票前	按每股3元回购股票	按每股15元回购股票	按每股18元回购股票
B公司净资产公允价值	1 500	1 470	1 350	1 320
B公司股份总量	100万股	90万股	90万股	90万股
A公司所持股份	80万股	80万股	80万股	80万股
A公司的持股比例	80%	88.89%	88.89%	88.89%
A公司享有的B公司净资产份额	1 200	1 306.683	1 200.015	1 173.348
A公司享有B公司净资产的增加额		106.683	≈0	－26.652

本例中测算的回购日原每股公允价值为15元。从表4－7可以看出:子公司仅从非控股股东(少数股东)回购股票,当股票回购价格低于其公允价值时,母公司享有的子公司净资产份额就会增加;当股票回购价格等于其公允价值时,母公司享有的子公司净资产份额不会发生增减变动;当股票回购价格高于其公允价值时,母公司享有的子公司净资产份额就会减少。

下面仅以按每股18元回购、A公司享有B公司净资产份额减少26.652万元计入资本公积为例,说明A公司2011年有关会计分录和2011年12月31日A公司编制合并财务报表时的调整分录和抵销分录。

会计分录如下:

借:应收股利　　(2 000 000×88.89%)1 777 800

　贷:投资收益　　1 777 800

调整分录和抵销分录如下:

(1)借:无形资产　　1 000 000

　　贷:资本公积　　1 000 000

(2)借:长期股权投资　　5 097 800

　　贷:投资收益　(4 000 000×88.89%－2 000 000×88.89%)1 777 800

　　　未分配利润——年初

　　　　[(2 000 000＋3 000 000－1 000 000)×80%]3 200 000

　　　资本公积　　(150 000×80%)120 000

(3)借:资本公积　　266 520

　　贷:长期股权投资　　266 520

(4)借:实收资本(股本) 1 000 000
　资本公积 (7 000 000 + 1 000 000)8 000 000
　盈余公积 (1 500 000 + 4 000 000 × 10%)1 900 000
　未分配利润——年末
　(4 500 000 + 4 000 000 − 2 000 000 − 400 000)6 100 000
　商誉 (10 400 000 − 10 850 000 × 80%)1 720 000
　贷:长期股权投资 (10 400 000 + 5 097 800 − 266 520)15 231 280
　　非控制性权益(少数股东权益) (15 200 000 × 11.11%)1 688 720
　　库存股 1 800 000

若确认完全商誉,则抵销分录如下:

借:实收资本(股本) 1 000 000
　资本公积 (7 000 000 + 1 000 000)8 000 000
　盈余公积 (1 500 000 + 4 000 000 × 10%)1 900 000
　未分配利润——年末
　(4 500 000 + 4 000 000 − 2 000 000 − 400 000)6 100 000
　商誉 (1 720 000 + 430 000 × 50%)1 935 000
　贷:长期股权投资 (10 400 000 + 5 097 800 − 266 520)15 231 280
　　非控制性权益 (15 200 000 × 11.11% + 215 000)1 903 720
　　(少数股东权益)
　　库存股 1 800 000

(5)借:投资收益 3 555 600
　非控股股东损益(少数股东损益) 444 400
　未分配利润——年初 4 500 000
　贷:提取盈余公积 400 000
　　对所有者的分配 2 000 000
　　未分配利润——年末 6 100 000

其他会计分录和抵销分录略。

(二)子公司从母公司回购股票

子公司从母公司回购股票,从母公司来看可以视为部分处置长期股权投资,母公司在个别财务报表上会将回购价格与长期股权投资账面价值之间的差额计入投资收益。但从合并财务报表看,子公司回购母公司股票属于企业集团内部交易,不应确认投资收益,因此应对其重新分类为资本公积。

【例4－16】沿用例4－15资料。假设B公司从A公司回购10万股股票。其股票回购价格与母公司享有子公司净资产公允价值份额变动的关系见表4－8。

表 4－8　　金额单位:万元

项　　目	回购股票前	按每股 3 元回购股票	按每股 15 元回购股票	按每股 18 元回购股票
B 公司净资产公允价值	1 500	1 470	1 350	1 320
B 公司股份总量	100 万股	90 万股	90 万股	90 万股
A 公司所持股份	80 万股	70 万股	70 万股	70 万股
A 公司的持股比例	80%	77.78%	77.78%	77.78%
A 公司享有的 B 公司净资产份额	1 200	1 143.336	1 050.03≈1050	1 026.696
A 公司享有 B 公司净资产的增加额		－56.634	≈－150	－173.304
A 公司取得的对价		30	150	180
取得的对价与减少净资产份额的差额		－26.634	0	6.696
A 公司剩余长期股权投资账面价值	1 372	1 372÷80×70＝1 200.5	1 200.5	1 200.5
10 万股股票回购价格		180	180	180
10 万股股票公允价值		150	150	150
剩余 90 万股股票公允价值账面损失		30	30	30
调减的商誉	172	172÷80×10＝21.5	172÷80×10＝21.5	172÷80×10＝21.5

从表 4－8 可以看出:①子公司仅从母公司(控股股东)回购股票,当股票回购价格低于其公允价值时,母公司收到的对价就会小于享有的子公司净资产份额的减少额;当股票回购价格等于其公允价值时,母公司收到的对价就会等于享有的子公司净资产份额的减少额;当股票回购价格高于其公允价值时,母公司收到的对价就会大于享有的子公司净资产份额的减少额。对于这个差额可以调整资本公积。②子公司仅从母公司回购股票,还会引起母公司收到的回购价格与享有子公司净资产公允价值减少额的差额,这个差额导致母公司享有的子公司剩余净资产账面公允价值的减少,应调减母公司长期股权投资账面价值。③由于子公司从母公司回购股票,还会引起母公司对子公司投资的减少,需要按比例调减合并商誉。

下面仅以按每股 18 元回购,A 公司收到的对价与享有 B 公司净资产份额减少额的差额 6.696 万元计入资本公积为例,说明 A 公司 2011 年有关会计分录和 2011

年12月31日A公司编制合并财务报表时的调整分录和抵销分录：

会计分录如下：

(1)借：银行存款　1 800 000

　贷：长期股权投资　(10 400 000 ÷ 80 × 10) 1 300 000

　　投资收益　500 000

(2)借：应收股利　(2 000 000 × 77.78%) 1 555 600

　贷：投资收益　1 555 600

调整分录和抵销分录如下：

(1)借：无形资产　1 000 000

　贷：资本公积　1 000 000

(2)借：长期股权投资　4 460 600

　贷：投资收益　(4 000 000 × 77.78% − 2 000 000 × 77.78%) 1 555 600

　　未分配利润——年初　(3 200 000 ÷ 80 × 70) 2 800 000

　　资本公积　(120 000 ÷ 80 × 70) 105 000

(3)借：长期股权投资　66 960

　贷：资本公积　66 960

(4)借：实收资本(股本)　1 000 000

　资本公积　(7 000 000 + 1 000 000) 8 000 000

　盈余公积　(1 500 000 + 4 000 000 × 10%) 1 900 000

　未分配利润——年末

　(4 500 000 + 4 000 000 − 2 000 000 − 400 000) 6 100 000

　商誉　(1 720 000 ÷ 80 × 70) 1 505 000

　贷：长期股权投资

　　(10 400 000 − 1 300 000 + 4 460 600 + 66 960 − 300 000) 13 327 560

　　非控制性权益(少数股东权益)　(15 200 000 × 22.22%) 3 377 440

　　库存股　1 800 000

(5)借：投资收益　3 111 200

　非控股股东损益(少数股东损益)　888 800

　未分配利润——年初　4 500 000

　贷：提取盈余公积　400 000

　　对所有者的分配　2 000 000

　　未分配利润——年末　6 100 000

(6)借：投资收益　500 000

　贷：资本公积　500 000

其他会计分录和抵销分录略。

(三)子公司按原持股比例从母公司和非控股股东(少数股东)回购股票

在这种情况下,虽然子公司库存股增加,所有者权益减少,但是母公司和非控股股东(少数股东)持股比例不会发生变化,因此,母公司取得的对价与享有子公司净资产的减少额相等,不会形成差额。需要处理的只是回购价格与子公司净资产公允价值的差额和合并商誉。

【例4-17】沿用例4-14资料。假设B公司从A公司及其非控股股东(少数股东)按原持股比例回购10万股股票,即从A公司回购8万股,从非控股股东(少数股东)回购2万股。有关价格与母公司享有子公司净资产份额变动的关系见表4-9。

表4-9　　金额单位:万元

项　目	回购股票前	按每股3元回购股票	按每股15元回购股票	按每股18元回购股票
B公司净资产公允价值	1 500	1 470	1 350	1 320
B公司股份总量	100万股	90万股	90万股	90万股
A公司所持股份	80万股	72万股	72万股	72万股
A公司的持股比例	80%	80%	80%	80%
A公司享有的B公司净资产份额	1 200	1 176	1 080	1 056
A公司享有B公司净资产的增加额		-24	-120	-144
A公司取得的对价		24	120	144
取得的对价与减少净资产份额的差额		0	0	0
A公司剩余长期股权投资账面价值	1 372	1 372÷80×72=1 234.8	1 234.8	1 234.8
剩余90万股股票公允价值账面损失		30	30	30
由A公司负担的损失		30×80%=24	24	24
由B公司负担的损失		30×20%=6	6	6
调减的商誉	172	172÷80×8=17.2	17.2	17.2

下面仅以按每股18元回购,说明A公司2011年有关会计分录和2011年12月31日A公司编制合并财务报表时的调整分录和抵销分录。

会计分录如下：

(1)借:银行存款　1 440 000

　贷:长期股权投资　(10 400 000 ÷ 80 × 8)1 040 000

　　投资收益　400 000

(2)借:应收股利　(2 000 000 × 80%)1 600 000

　贷:投资收益　1 600 00

调整分录和抵销分录如下：

(1)借:无形资产　1 000 000

　贷:资本公积　1 000 000

(2)借:长期股权投资　4 588 000

　贷:投资收益　(4 000 000 × 80% − 2 000 000 × 80%)1 600 000

　　未分配利润——年初　(3 200 000 ÷ 80 × 72)2 880 000

　　资本公积　(1 200 000 ÷ 80 × 72)108 000

(3)借:实收资本(股本)　1 000 000

　资本公积　(7 000 000 + 1 000 000)8 000 000

　盈余公积　(1 500 000 + 4 000 000 × 10%)1 900 000

　未分配利润——年末

　　(4 500 000 + 4 000 000 − 2 000 000 − 400 000)6 100 000

　商誉　(1 720 000 ÷ 80 × 72)1 548 000

　贷:长期股权投资

　　(10 400 000 − 1 040 000 + 4 588 000 − 300 000 × 80%)13 708 000

　　非控制性权益(少数股东权益)　(15 200 000 × 20%)3 040 000

　　库存股　1 800 000

若确认完全商誉，请参照例 4 − 15。

(4)借:投资收益　3 200 000

　非控股股东损益(少数股东损益)　800 000

　未分配利润——年初　4 500 000

　贷:提取盈余公积　400 000

　　对所有者的分配　2 000 000

　　未分配利润——年末　6 100 000

(5)借:投资收益　400 000

　贷:资本公积　400 000

其他会计分录和抵销分录略。

第四节　间接控股和相互持股

本章以上所述控股关系，均是指企业集团内拥有控制权的母公司直接拥有子公司半数以上的表决权资本。而在实务中，除直接控股外，还有以下多种复杂控股模式，如间接控股，又称垂直多层控股；相互持股，又称横向交叉持股。复杂控股结构下编制合并财务报表的特殊问题主要是与母公司长期股权投资直接相关的第一大类的抵销处理。下面分别论述间接控股和相互持股方式下，合并财务报表编制的特殊问题。

一、间接控股

间接控股作为垂直多层控股的复杂控股模式，又有两种具体方式：一是母公司间接拥有子公司半数以上的表决权资本，即母公司通过其直接控制的子公司而间接拥有其他子公司半数以上的表决权资本，这种控股方式又称父子孙结构控股模式；二是母公司直接和间接拥有其他子公司半数以上的表决权资本，即母公司以直接方式拥有其他企业不足半数的股权，但同时通过间接方式拥有该企业一定比例的股权，两种方式总计拥有该企业半数以上的表决权资本，这种控股方式又称关联附属结构控股模式。

（一）父子孙结构控股模式

父子孙结构控股模式见图4-1。

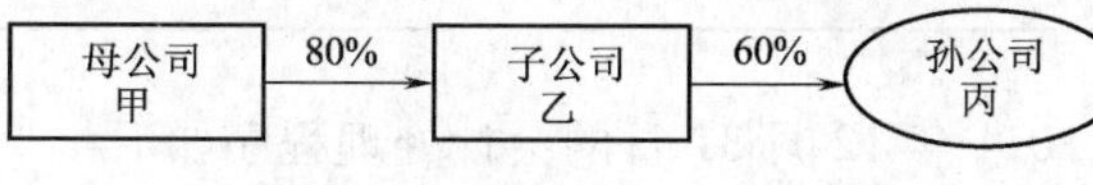

图4-1

从图4-1可以看出，在父子孙结构控股模式下，母公司甲通过直接控制的子公司乙间接持有孙公司丙半数以上表决权资本。在这种控股模式下，虽然其合并财务报表编制方法和程序与直接控股基本相同，但是，由于涉及母公司与其直接控制的子公司和间接控制的子公司的净利润和所有者权益的确认要按顺序完成，所以，合并财务报表的编制过程较为复杂。母公司、子公司和孙公司应按下列顺序确认净利润和所有者权益：首先，确定孙公司的本期净利润和期末所有者权益，编制孙公司个别财务报表；其次，按子公司持有孙公司的股权比例，确定子公司拥有的孙公司净利润的份额，并进而求得子公司当期净利润和期末所有者权益，编制子公司个别财务报表；最后，再按母公司持有子公司的股权比例，确定母公司拥有的子公司净利润的份额，并进而求得母公司当期净利润和期末所有者权益，编制母公司个别财务报表。

在编制合并财务报表时,也应分别抵销母公司对子公司、子公司对孙公司的长期股权投资以及与之相关的内部投资收益、提取盈余公积等项目。

【例4－18】2011年1月1日,甲公司以480万元购入乙公司80%的股权,2011年1月4日,乙公司以240万元购入丙公司60%的股权。假设甲公司、乙公司和丙公司为非同一控制下的企业,且各企业净资产账面价值与公允价值相等,甲公司和乙公司的长期股权投资成本与拥有的被投资单位所有者权益的份额相同。由甲、乙、丙3个公司组成的企业集团中,甲公司直接控制乙公司,间接控制丙公司。2011年12月31日,甲、乙、丙3个公司未确认内部投资收益、提取盈余公积、未分配利润前有关财务报表资料见表4－10。

表4－10 单位:万元

项　　目	甲公司	乙公司	丙公司
对乙公司投资	480		
对丙公司投资		240	
股本	800	400	200
资本公积	80	70	100
盈余公积	60	50	40
未分配利润	140	80	60
经营净利润(不含内部投资收益在内)	160	120	100
分配现金股利	100	80	60

根据上述资料,2011年12月31日的会计处理程序如下:

(1)编制会计分录。

①按成本法确认子公司乙取得的现金股利

借:应收股利　　(600 000×60%)360 000

　贷:投资收益　　360 000

②按成本法确认母公司甲取得的现金股利

借:应收股利　　(800 000×80%)640 000

　贷:投资收益　　640 000

(2)将上述会计分录登记入账,并分别编制甲公司、乙公司和丙公司的个别资产负债表、利润表等。假设按净利润10%的比例提取法定盈余公积,则将上述会计分录登记入账后乙公司对丙公司"长期股权投资"账户余额仍为240万元;甲公司对乙公司"长期股权投资"账户余额仍为480万元。甲、乙、丙3个公司按成本法确认内部投资收益、提取盈余公积、未分配利润后有关财务报表资料见表4－11。

表 4-11　　单位:万元

项　目	甲公司	乙公司	丙公司
对乙公司投资	480		
对丙公司投资		240	
股本	800	400	200
资本公积	80	70	100
盈余公积	82.4(60+224×10%)	65.6(50+156×10%)	50(40+100×10%)
未分配利润	241.6(140+224×90%-100)	140.4(80+156×90%-80)	90(60+100×90%-60)
净利润	224(160+80×80%)	156(120+60×60%)	100
分配现金股利	100	80	60

(3)将长期股权投资由成本法调整为权益法的调整分录。

乙公司:

借:长期股权投资　　[(1 000 000-600 000)×60%]240 000

　贷:投资收益　　240 000

甲公司:

借:长期股权投资 [(1 560 000+400 000×60%-800 000)×80%]800 000

　贷:投资收益　　800 000

经调整后乙公司从丙公司取得的投资收益=36+24=60(万元)(即100×60%)

经调整后乙公司净利润=156+24=180(万元)

经调整后甲公司取得的投资收益=64+80=144(万元)(180×80%)

可验证如下:

甲公司从乙公司获得的投资收益=120×80%=96(万元)

甲公司从丙公司获得的投资收益=100×60%×80%=48(万元)

甲公司投资收益合计=96+48=144(万元)

甲公司合并净利润=160+144=304(万元)

(4)计算非控股股东损益(少数股东损益)和非控制性权益(少数股东权益)。

丙公司非控股股东损益(少数股东损益)=100×40%=40(万元)

乙公司非控股股东损益(少数股东损益)=180×20%=36(万元)

丙公司非控制性权益(少数股东权益)=(200+100+50+90)×40%=176(万元)

乙公司非控制性权益(少数股东权益)=(400+70+65.6+140.4+24)×20%

=140(万元)

(5)编制抵销分录。

①乙公司对丙公司的抵销处理

A. 借:实收资本(股本)　　2 000 000

资本公积 1 000 000

盈余公积 500 000

未分配利润——年末 900 000

贷:长期股权投资 (2 400 000 + 240 000) 2 640 000

非控制性权益(少数股东权益) 1 760 000

B. 借:投资收益 600 000

非控股股东损益(少数股东损益) 400 000

未分配利润——年初 600 000

贷:提取盈余公积 100 000

对所有者的分配 600 000

未分配利润——年末 900 000

②甲公司对乙公司的抵销处理

A. 借:实收资本(股本) 4 000 000

资本公积 700 000

盈余公积 656 000

未分配利润——年末 (1404 000 + 240 000) 1 644 000

贷:长期股权投资 (4 800 000 + 800 000) 5 600 000

非控制性权益(少数股东权益) 1 400 000

B. 借:投资收益 1 440 000

非控股股东损益(少数股东损益) 360 000

未分配利润——年初 800 000

贷:提取盈余公积 156 000

对所有者的分配 800 000

未分配利润——年末 (1 404 000 + 240 000) 1 644 000

(二)关联附属结构控股模式

关联附属结构控股模式见图 4－2。

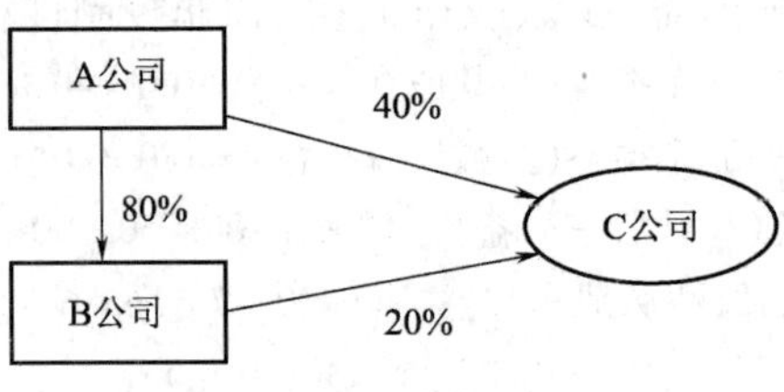

图 4－2

从图 4－2 可以看出,在关联附属结构控股模式下,母公司 A 直接持有 C 公司

40%股权，又通过直接控股的B公司间接持有C公司20%股权，于是，A公司直接和间接拥有C公司60%的股权。在这种控股模式下，合并财务报表编制方法和程序与父子孙控股结构模式不尽相同，主要表现在A公司和B公司对孙公司的长期股权投资、拥有的C公司的内部投资收益等应合并抵销，而不能分别抵销。其会计处理顺序如下：①确定C公司的本期净利润和期末所有者权益，编制C公司个别财务报表；②按A公司、B公司持有C公司的股权比例，分别确定A公司和B公司拥有的C公司净利润的份额，并进而求得C公司非控股股东损益（少数股东损益）；③确定B公司本期净利润和期末所有者权益，编制B公司个别财务报表；④按A公司持有B公司的股权比例，确定A公司拥有的B公司净利润的份额及B公司非控股股东损益（少数股东损益），并进而求得A公司本期净利润和期末所有者权益，编制A公司个别财务报表；⑤A公司、B公司对C公司的抵销处理；⑥A公司对B公司的抵销处理。

【例4－19】假设A公司、B公司和C公司为非同一控制下的企业。2011年1月1日，A公司以480万元购入B公司80%的股权、以160万元购入C公司40%的股权。2011年1月4日，B公司以80万元购入C公司20%的股权。假设A公司和B公司的长期股权投资等于拥有的被投资单位所有者权益的份额，且被投资单位净资产账面价值等于公允价值。由A，B，C三个公司组成的企业集团中，A公司直接控制B公司，并且直接和间接控制C公司。2011年12月31日，A，B，C三个公司未确认内部投资收益、提取盈余公积、未分配利润前有关财务报表资料见表4－12。

表4－12

单位：万元

项　目	A公司	B公司	C公司
对B公司投资	480		
对C公司投资	160	80	
股本	800	400	200
资本公积	80	70	100
盈余公积	60	50	40
未分配利润	140	80	60
经营净利润（不含内部投资收益在内）	160	120	100
分配现金股利	100	80	60

根据上述资料，2011年12月31日的会计处理程序如下：

（1）编制会计分录。

首先，按成本法计算A公司从C公司取得的现金股利：

借：应收股利　　　　（600 000×40%）240 000

　贷：投资收益　　　　240 000

其次,按成本法计算 B 公司从 C 公司取得现金股利:

借:应收股利　　(600 000×20%)120 000

　贷:投资收益　　120 000

最后,按成本法计算 A 公司从 B 公司取得的现金股利:

借:应收股利　　(800 000×80%)640 000

　贷:投资收益　　640 000

(2)将上述会计分录登记入账,并分别编制 A 公司、B 公司和 C 公司的个别资产负债表、利润表等。假设按净利润 10% 提取法定盈余公积,则将上述会计分录登记入账后, B 公司对 C 公司"长期股权投资"账户余额仍为 80 万元;A 公司对 B 公司"长期股权投资"账户余额仍为 480 万元, A 公司对 C 公司"长期股权投资"账户余额仍为 160 万元。

A,B,C 三个公司确认内部投资收益、提取盈余公积、未分配利润后有关财务报表资料见表 4-13。

表 4-13　　单位:万元

项　目	A 公司	B 公司	C 公司
对 B 公司投资	480		
对 C 公司投资	160	80	
股本	800	400	200
资本公积	80	70	100
盈余公积	84.8(60+248×10%)	63.2(50+132×10%)	50(40+100×10%)
未分配利润	263.2(140+248×90%-100)	118.8(80+132×90%-80)	90(60+100×90%-60)
净利润	248(160+24+64)	132(120+60×20%)	100
分配现金股利	100	80	60

(3)将长期股权投资的成本法调整为权益法的调整分录。

B 公司:

借:长期股权投资　　[(1 000 000-600 000)×20]80 000

　贷:投资收益　　80 000

A 公司:

借:长期股权投资　　[(1 000 000-600 000)×40%]160 000

　贷:投资收益　　160 000

借:长期股权投资　　[(1 320 000+80 000- 800 000)×80%]480 000

　贷:投资收益　　480 000

经调整后 B 公司从 C 公司取得的投资收益=12+8=20(100×20%)(万元)

经调整后 B 公司净利润=132+8=140(万元)

经调整后 A 公司取得的投资收益=24+64+16+48=152

(100 ×40% +140 ×80%)(万元)

A 公司合并净利润 =160 +152 =312(万元)

可验证如下:

A 公司从 B 公司获得的投资收益 =120 ×80% =96(万元)

A 公司从 C 公司获得的投资收益 =100 ×40% +100 ×20% ×80% =56(万元)

A 公司投资收益合计 =96 +56 =152(万元)

A 公司合并净利润 =160 +152 =312(万元)

(4)计算非控股股东损益(少数股东损益)和非控制性权益(少数股东权益)。

C 公司非控股股东损益(少数股东损益) =100 ×40% =40(万元)

B 公司非控股股东损益(少数股东损益) =140 ×20% =28(万元)

C 公司非控制性权益(少数股东权益) =(200 +100 +50 +90) ×40% =176(万元)

B 公司非控制性权益(少数股东权益) =(400 +70 +63.2 +118.8 +8) ×20% =132(万元)

(5)编制第一大类其他抵销分录。

首先进行 A,B 公司对 C 公司的抵销:

a. 借:实收资本(股本)　2 000 000
　　资本公积　1 000 000
　　盈余公积　500 000
　　未分配利润——年末　900 000
　贷:长期股权投资——A 对 C 投资　(1 600 000 +160 000)1 760 000
　　　　　　　　　——B 对 C 投资　(800 000 +80 000)880 000
　　非控制性权益(少数股东权益)　1 760 000

b. 借:投资收益——A 公司　400 000
　　　　　　——B 公司　200 000
　　非控股股东损益(少数股东损益)　400 000
　　未分配利润——年初　600 000
　贷:提取盈余公积　100 000
　　对所有者的分配　600 000
　　未分配利润——年末　900 000

其次进行 A 公司对 B 公司的抵销:

a. 借:实收资本(股本)　4 000 000
　　资本公积　700 000
　　盈余公积　632 000
　　未分配利润——年末　(1 188 000 +80 000)1 268 000
　贷:长期股权投资　(4 800 000 +480 000)5 280 000
　　非控制性权益(少数股东权益)　(6 600 000 ×20%)1 320 000

b. 借:投资收益　(480 000 +640 000)1 120 000

非控股股东损益（少数股东损益）	280 000
未分配利润——年初	800 000
贷：提取盈余公积	132 000
对所有者的分配	800 000
未分配利润——年末	1 268 000

二、相互持股

相互持股作为横向交叉持股的复杂控股模式，是指企业集团内部各成员企业之间相互持有股份，具体表现为两种形式：一是母公司持有子公司绝大部分股权，而子公司又持有母公司的少部分股权，例如，母公司东方公司持有子公司西方公司80%股权，而西方公司又持有东方公司10%股权；二是企业集团内某个子公司持有另一子公司的股权，例如，东方公司所属子公司西方公司持有东方公司另一子公司南方公司30%的股权，南方公司又持有西方公司5%的股权。相互持股模式见图4-3。

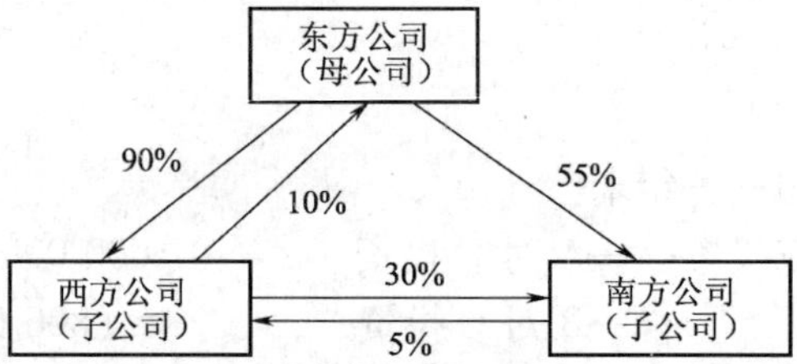

图4-3

下面仅以子公司持有母公司股权为例说明其抵销处理方法。

在编制合并财务报表时，企业集团内部成员之间相互持股，一般有两种处理方法：库藏股法和交互分配法。

（一）库藏股法

在企业集团内部，一般是母公司为了取得对子公司的控制权而购入子公司发行在外的普通股股票，成为子公司的股东，但是，有时子公司也购入母公司的普通股股票，这便使得合并净利润的计算和长期股权投资的抵销变得复杂起来。较为简便可行的抵销方法是库藏股法。

所谓库藏股法，是将子公司持有母公司的股份，视为企业集团从非控股股东（少数股东）那里收购股份，视同未发行在外的库藏股份，在编制合并财务报表时，将子公司对母公司的投资在合并财务报表上转为“库藏股”项目列示。在母公司理论下，合并财务报表体现以母公司为报告主体，合并过程只是以子公司的资产和负债取代母公司长期股权投资，因此，将子公司持有母公司的股份视为母公司库藏股份，是合乎情理的。在这种方法下，首先确认子公司从母公司取得的投资收益，并进而计算出子公司本期净利润；其次，确认母公司从子公司取得的投资收益；最后，编制有关调整分录、抵销分录和合并财务报表。

【例 4－20】2011 年 1 月 1 日，东方公司以 720 万元购入西方公司 90% 的股权，此时西方公司所有者权益总额为 800 万元，其中：股本 600 万元，盈余公积 120 万元，未分配利润 80 万元。2011 年 1 月 5 日，西方公司又以 160 万元购入东方公司 10% 的股权，此时东方公司所有者权益总额为 1 600 万元，其中：股本 1 000 万元，盈余公积 400 万元，未分配利润 200 万元。2011 年东方公司和西方公司的不含内部投资收益的经营净利润分别为 120 万元和 80 万元，宣告分派的现金股利分别为 60 万元和 40 万元。假设东方公司和西方公司为非同一控制下的企业，投资成本等于拥有的被购买方净资产公允价值，且净资产公允价值等于账面价值。

根据上述资料应作如下会计处理：

（1）确认西方公司从东方公司取得的投资收益，计算西方公司本期净利润。西方公司当期净利润除自身经营利润 80 万元外，还包括按成本法从东方公司取得的投资收益 6 万元（$60 \times 10\%$）。

$$\text{西方公司本期净利润} = 80 + 6 = 86(\text{万元})$$

（2）确认东方公司从西方公司取得的投资收益，计算东方公司本期净利润。

$$\text{东方公司按成本法从西方公司取得的投资收益} = 40 \times 90\% = 36(\text{万元})$$

$$\text{东方公司本期净利润} = 120 + 36 = 156(\text{万元})$$

（3）西方公司会计分录。

借：长期股权投资　　1 600 000

　　贷：银行存款　　1 600 000

借：应收股利　　60 000

　　贷：投资收益　　60 000

（4）东方公司会计分录。

①取得西方公司 90% 股权：

借：长期股权投资　　7 200 000

　　贷：银行存款　　7 200 000

②确认从西方公司取得的投资收益：

借：应收股利　　360 000

　　贷：投资收益　　360 000

（5）东方公司在编制合并财务报表时的调整分录和抵销分录。

①调整西方公司支付给东方公司的现金股利中包含的从东方公司取得的投资收益，消除库藏股股利。

借：投资收益　　60 000

　　贷：对所有者的分配　　60 000

同时将西方公司相应提取的盈余公积予以抵销：

借：盈余公积　6 000

　贷：提取盈余公积　6 000

②将拥有的西方公司净利润由成本法调整为权益法

借：长期股权投资　[(800 000 - 400 000) × 90%]360 000

　贷：投资收益　360 000

③借：实收资本（股本）　6 000 000

　　盈余公积　(1 200 000 + 800 000 × 10%)1 280 000

　　未分配利润——年末　(800 000 + 800 000 × 90% - 400 000)1 120 000

　贷：长期股权投资　(7 200 000 + 360 000)7 560 000

　　非控制性权益（少数股东权益）　(8 400 000 × 10%)840 000

④借：投资收益　720 000

　　非控股股东损益（少数股东损益）　80 000

　　未分配利润——年初　800 000

　贷：提取盈余公积　80 000

　　对所有者的分配　400 000

　　未分配利润——年末　1 120 000

⑤将西方公司购入东方公司10%的股权按投资成本转为库藏股。

借：库藏股　1 600 000

　贷：长期股权投资　1 600 000

其他抵销分录略。合并工作底稿见表4-14。

表4-14　合并工作底稿

2011年12月31日　　单位：万元

项　目	东方公司	西方公司	合计金额	抵销分录		非控股股权（少数股权）	合并金额
				借方	贷方		
（利润表部分）							
经营净利润	120	80	200				200
投资收益	36	6	42	(1)6 (4)72	(2)36		0
非控股股东损益（少数股东损益）						(4)8	8
净利润	156	86	242	78	36	8	208
期初未分配利润	200	80	280	(4)80			200
可供分配的利润	356	166	522	158	36	8	408
提取盈余公积	15.6	8.6	24.2		(1)0.6 (4)8		15.6

续表

项　　目	东方公司	西方公司	合计金额	抵销分录		非控股股权(少数股权)	合并金额
				借方	贷方		
对所有者的分配	60	40	100		(1)6 (4)40		54
期末未分配利润	280.4	117.4	397.8	(3)112 270	(4)112 202.6	8	322.4
(资产负债表)							
流动资产							
货币资产							
短期投资							
应收票据					(金额略)		
应收账款							
预付账款							
存货							
长期股权投资							
对子公司	720	160	880	(2)36	(1)756 (5)160		0
所有者权益							
实收资本	1 000	600	1 600	(3)600			1 000
资本公积							
盈余公积	415.6	128.6	544.2	(1)0.6 (3)128			415.6
未分配利润	280.4	117.4	397.8	270	202.6	8	322.4
减:库藏股				(5)160			-160
非控制性权益(少数股东权益)						(3)84	84

(二)交互分配法

处理企业集团内部各企业之间相互持股的传统方法是交互分配法。在交互分配法下,子公司所持有的母公司股份视为对子公司投资的收回,减少其对子公司的投资,并相应冲减母公司所有者权益各项目,在合并财务报表中母公司这部分所有者权益不再列示。在交互分配法下,由于母公司和子公司利润构成相互交叉,所以,还需要运用数学方法处理相互交叉的收益,求得母公司和子公司当年实现的净利润。

【例 4-21】沿用例 4-20 资料说明交互分配法下的会计处理。

(1)编制母公司东方公司购入西方公司 90% 股权和从西方公司分得的现金股利的会计分录。

①借:长期股权投资　　7 200 000

　贷:银行存款　　7 200 000

②借:应收股利　　(400 000×90%)360 000

　贷:投资收益　　360 000

(2)编制东方公司和西方公司个别财务报表(略)。

(3)建立方程式,计算合并基础上的母公司东方公司和子公司西方公司的净利润。

设 P 为东方公司的净利润,S 为西方公司的净利润,则:

$$P=\text{东方公司自身经营净利润}+S\times 90\%$$

$$S=\text{西方公司自身经营净利润}+P\times 10\%$$

$$P=120+(80+P\times 10\%)\times 90\%=120+72+P\times 0.09=210.989(\text{万元})$$

$$S=80+210.989\times 10\%=101.0989(\text{万元})$$

依据上述计算结果,可得东方公司和西方公司净利润合计312.087 9万元,比两公司经营净利润合计金额200万元(120+80)多112.087 9万元,需要作进一步调整计算。

首先,将东方公司净利润210.989万元乘以90%,求得推定赎回后东方公司实际净利润189.890 1万元。

其次,将西方公司净利润101.098 9万元乘以10%,计算出非控股股东(少数股东)收益10.109 9万元。

再次,将东方公司净利润189.890 1万元,与非控股股东(少数股东)收益10.109 9万元相加,验证东方公司和西方公司经营净利润合计金额为200万元。

最后,计算东方公司从西方公司取得的投资收益69.890 1万元(189.890 1－120),或者用西方公司净利润乘以90%,再减去东方公司净利润乘以10%,求得东方公司从西方公司取得的投资收益。

$$\begin{aligned}\text{东方公司从西方公司取得的投资收益}&=101.0989\times 90\%-210.989\times 10\%\\&=90.98901-21.0989=69.8901(\text{万元})\end{aligned}$$

(4)编制调整分录、抵销分录和合并财务报表。

①记录西方公司购入东方公司10%的股权而发生的推定赎回

借:实收资本　　(10 000 000×10%)1 000 000

　盈余公积　　(1 600 000－1 000 000)600 000

　贷:长期股权投资——东方对西方　　1 600 000

该笔调整分录,一方面减少了东方公司的所有者权益,另一方面减少了东方公司对西方公司的投资,称为推定赎回。在东方公司的账上记录了东方公司股份的推定赎回后,东方公司的所有者权益则反映集团以外的股东所拥有的权益,不再包含企业集团内部相互持股的内部股东所拥有的权益。

②抵销东方公司分配给西方公司的现金股利

借:长期股权投资——东方对西方　　(600 000×10%)60 000

　贷:对所有者的分配　　60 000

之所以要作该笔调整分录，是因为，既然西方公司购入东方公司10%股权，已作为东方公司对西方公司投资的推定赎回，那么东方公司支付给西方公司的现金股利的性质就已改变，应在东方公司的账上抵销这项利润分配，转作东方公司对西方公司的投资。

同时，将西方公司相应确认的投资收益和提取的盈余公积予以抵销：

借：投资收益　60 000

　贷：资本公积　60 000

借：盈余公积　6 000

　贷：提取盈余公积　6 000

③用权益法调整东方公司从西方公司取得的投资收益

借：长期股权投资　338 901

　贷：投资收益　(698 901 − 360 000) 338 901

在交互分配法下，东方公司对西方公司长期股权投资期末余额应为599.890 1万元(720 − 160 + 6 + 33.8901)。

④抵销西方公司对东方公司的投资

借：长期股权投资——东方对西方　1 600 000

　贷：长期股权投资——西方对东方　1 600 000

⑤抵销东方公司对西方公司投资和西方公司所有者权益

借：实收资本　6 000 000

　资本公积　60 000

　盈余公积　(1 200 000 + 800 000 × 10%) 1 280 000

　未分配利润——年末

　　[800 000 + 800 000 × (1 − 10%) − 400 000] 1 120 000

　贷：长期股权投资　(5 998 901 + 1 600 000) 7 598 901

　　非控制性权益　[8 400 000 × 10% + (101 099 − 80 000)] 861 099

　　(少数股东权益)

⑥抵销东方公司内部投资收益和西方公司利润分配

借：投资收益　698 901

　非控股股东损益(少数股东损益)　101 099

　未分配利润——年初　800 000

　贷：提取盈余公积　(800 000 × 10%) 80 000

　　对所有者的分配　400 000

　　未分配利润——年末　1 120 000

其他抵销分录略。合并工作底稿见表4 − 15。

表 4－15　合并工作底稿

2011 年 12 月 31 日　　　　单位:万元

项　目	东方公司	西方公司	合计金额	调整、抵销分录		非控股股权(少数股权)	合并金额
				借方	贷方		
(利润表)							
经营净利润	120	80	200				200
投资收益	36	6	42	(2)6 (6)69.8901	(3)33.890 1		0
非控股股东损益(少数股东损益)						(6)10.109 9	10.109 9
净利润	156	86	242	75.890 1	33.890 1	10.109 9	189.890 1
期初未分配利润	200	80	280	(4)80			200
可供分配的利润	356	166	522	155.890 1	33.890 1	10.109 9	389.890 1
提取盈余公积	15.6	8.6	24.2		(2)0.6 (6)8		15.6
对所有者的分配	60	40	100		(2)6 (4)40		54
期末未分配利润	280.4	117.4	397.8	(5)112 267.8901	(6)112 200.490 1	10.109 9	320.290 1
(资产负债表)							
流动资产							
货币资产							
短期投资							
应收票据							
应收账款							
预付账款					(金额略)		
存货							
长期股权投资				(2)6	(1)160 (4)160		
对子公司	720	160	880	(3)33.890 1 (4)160	(5) 759.890 1		0
所有者权益							
实收资本	1 000	600	1 600	(1)100 (5)600			900
资本公积				(5)6	(2)6		
盈余公积	415.6	128.6	544.2	(1)60 (2)0.6 (5)128			355.6

续表

项　　目	东方公司	西方公司	合计金额	调整、抵销分录		非控股股权(少数股权)	合并金额
				借方	贷方		
未分配利润	280.4	117.4	397.8	267.890 1	200.490 1	10.109 9	320.290 1
非控制性权益(少数股东权益)						(5)86.109 9	86.109 9

由举例可以看出,库藏股法更符合持续经营假设和实质重于形式原则,且操作简便易行,但计算的投资收益不够准确,在非全资子公司情况下还会高估每股收益;交互分配法净收益的分摊有些违背了持续经营假设,过于强调法律形式而非经济实质,投资收益准确,但计算复杂,在非全资子公司情况下,能够消除交叉持股对母子公司之间权益及净利润的交叉影响,可以客观公正反映每股收益、每股净资产等重要财务指标。

《企业会计准则第33号——合并财务报表(修订)(征求意见稿)》规定,子公司持有母公司的长期股权投资,应当视为企业集团的库存股,作为所有者权益的减项,在合并资产负债表中所有者权益项目下以"减:库存股"项目列示;子公司相互之间持有的长期股权投资,应当比照母公司对子公司的股权投资的抵销方法,采用交互分配法将长期股权投资与其对应的子公司所有者权益中所享有的份额相互抵销。而2014年修订后的《企业会计准则第33号——合并财务报表》规定,子公司相互之间持有的长期股权投资,应当比照母公司对子公司的股权投资的抵销方法,将长期股权投资与其对应的子公司所有者权益中所享有的份额相互抵销,未涉及采用交互分配法。

第五节　购并日后合并财务报表中的所得税调整抵销

控股合并下的企业合并,不论是同一控制下的企业合并,还是非同一控制下的企业合并,只要可辨认资产、负债的账面价值与其计税基础之间存在差异,都应在编制合并财务报表时确认递延所得税资产或递延所得税负债。

购并日后的合并财务报表中涉及的所得税调整主要涉及以下两个方面:一是购并日确认的递延所得税资产或递延所得税负债的转回;二是内部交易抵销导致的递延所得税资产或递延所得税负债的形成和转回。

一、购并日确认的递延所得税转回

本书第一章已经述及,不论同一控制下的企业合并还是非同一控制下的企业合并；不论吸收合并、新设合并还是控股合并，只要会计确认的被购买方各项可辨认资产和负债的账面价值与税法规定的计税基础存在差异，都应在购并日确认递延所得税资产或递延所得税负债。在控股合并方式下，递延所得税资产或递延所得税负债是通过编制调整分录在合并财务报表中确认的。购并日形成的递延所得税资产或递延所得税负债，应在购并日后随着相关资产的价值转移和相关负债的了结予以转回，调整各该会计期间的所得税费用。

【例4－22】沿用例1－29资料，甲公司和乙公司属于非同一控制下的企业。2010年3月31日，甲公司发行500万股普通股股票，换取乙公司股东的股票，取得乙公司80%的股权，能对乙公司的财务与经营政策等相关活动实施控制。甲公司发行股票的面值为1元，市价为8元，支付佣金和手续费50万元，对乙公司资产评估发生的评估费用为3万元。购买日，乙公司资产账面价值为6 200万元，公允价值为8 000万元，其中固定资产账面价值为2 100万元，公允价值为3 150万元，无形资产账面价值为500万元，公允价值为1 250万元，其他可辨认资产和负债的账面价值与公允价值相同。乙公司所有者权益账面价值为3 200万元（其中股本1 000万元、资本公积500万元、盈余公积215万元、未分配利润1 485万元）。各公司的所得税税率均为25%，乙公司的股东对出售乙公司股权采用特殊税务处理，合并前乙公司各项可辨认资产、负债的账面价值与其计税基础相同。乙公司固定资产原取得成本为3 000万元，预计使用年限为30年，预计净残值为零，采用年限平均法计提折旧，至购买日已使用9年，未来仍可使用21年，折旧方法及预计净残值不变。乙公司无形资产原取得成本为750万元，预计使用年限为15年，预计净残值为零，采用平均年限法摊销，至购买日已使用5年，未来仍可使用10年，摊销方法及预计净残值不变。乙公司固定资产和无形资产均为管理使用，折旧（摊销）年限、折旧（摊销）方法和预计净残值均与税法规定一致。

购买日甲公司计算的递延所得税负债＝（8 000－6 200）×25%＝450（万元）

甲公司在编制购买日合并财务报表时，为此编制的调整分录如下：

借：固定资产　　10 500 000
　　无形资产　　7 500 000
　贷：递延所得税负债　　4 500 000
　　　资本公积　　13 500 000

2010年12月31日，甲公司编制购买日后合并财务报表时，对子公司的所得税调整分录如下：

借：固定资产　　10 500 000
　　无形资产　　7 500 000
　贷：递延所得税负债　　4 500 000
　　　资本公积　　13 500 000

借:管理费用　　93 7500

　贷:固定资产——累计折旧　　(10 500 000 ÷ 21 × 9/12) 375 000

　　无形资产——累计摊销　　(7 500 000 ÷ 10 × 9/12) 562 500

借:递延所得税负债　　(93 7500 × 25%) 234 375

　贷:所得税费用　　234 375

2011 年 12 月 31 日,甲公司编制合并财务报表时,应先将上述资产公允价值与其账面价值之间的差额对 2010 年度净利润的影响调整年初未分配利润:

借:未分配利润——年初　　937 500

　贷:固定资产——累计折旧　　375 000

　　无形资产——累计摊销　　562 500

借:递延所得税负债　　234 375

　贷:未分配利润——年初　　234 375

二、购并日后内部交易抵销导致的递延所得税

应当说,在资产负债表日,母公司和子公司相关资产和负债的账面价值与其计税基础之间的暂时性差异的所得税影响,已在母公司和子公司个别财务报表予以确认。但是,在购买日后编制合并财务报表时,对企业集团内部成员企业之间的商品交易、劳务供应、长期资产交易和债权债务的抵销等,往往会导致合并后的资产、负债的账面价值与计税基础之间形成应纳税暂时性差异或可抵扣暂时性差异。对于企业集团内部交易抵销形成的暂时性差异,也应在合并财务报表中予以反映。

需要说明的是,在抵销分录中凡是导致资产账面价值减少的,会形成可抵扣暂时性差异,应确认递延所得税资产;因其价值摊销导致的资产账面价值的增加应作为递延所得税资产的转回处理。

【例 4－23】沿用例 4－22 资料,乙公司 2010 年实现净利润 1 100 万元,其中 4 至 12 月净利润 800 万元。2010 年 4 至 12 月甲公司和乙公司发生以下交易或事项。

(1)2010 年 6 月,甲公司将本公司生产的某产品销售给乙公司,售价为 120 万元,成本为 80 万元。乙公司取得后作为管理用固定资产并于当月投入使用,预计使用年限为 10 年,预计净残值为零,采用年限平均法计提折旧。假定该项固定资产的折旧方法、折旧年限及预计净残值均符合税法规定。

(2)2010 年 7 月,甲公司将本公司的某项专利权以 80 万元的价格转让给乙公司,该专利权在甲公司的取得成本为 60 万元,原预计使用年限为 10 年,至转让时已摊销 5 年。乙公司取得该专利权后作为管理用无形资产使用,尚可使用年限 5 年。甲公司和乙公司对该无形资产均采用直线法摊销,预计净残值为零。假定该无形资产的摊销方法、摊销年限和预计净残值均与税法规定一致。

(3)2010 年 11 月,乙公司将其生产的一批产品销售给甲公司,售价为 62 万元,成本为 46 万元。至 2010 年 12 月 31 日,甲公司将该批产品中的一半出售给外部独立的第三方,售价为 37 万元。

(4)至 2010 年 12 月 31 日,甲公司尚未收回对乙公司销售产品及转让专利权的款项合计 200 万元。甲公司对该应收债权计提了 10 万元坏账准备。假定税法规定甲公司计提的坏账准备不得在税前扣除。

2010 年 12 月 31 日,编制购买日后合并财务报表时,对内部交易的抵销分录如下:

(1)内部交易固定资产抵销。

借:营业收入　1 200 000
　贷:营业成本　800 000
　　固定资产——原值　400 000
借:固定资产——累计折旧　(400 000 ÷ 10 × 6/12)20 000
　贷:管理费用　20 000

(2)内部交易无形资产抵销。

借:营业外收入　(800 000 − 600 000 ÷ 10 × 5)500 000
　贷:无形资产——原价　500 000
借:无形资产——累计摊销　(500 000 ÷ 5 × 6/12)50 000
　贷:管理费用　50 000

(3)内部交易存货抵销。

借:营业收入　620 000
　贷:营业成本　620 000
借:营业成本　[(620 000 − 460 000) × 50%]80 000
　贷:存货　80 000

(4)内部债权债务抵销。

借:应付账款　2 000 000
　贷:应收账款　2 000 000
借:应收账款——坏账准备　100 000
　贷:资产减值损失　100 000

(5)内部交易递延所得税调整。

借:递延所得税资产
　　[(400 000 − 20 000 + 500 000 − 50 000 + 80 000 − 100 000) × 25%]202 500
　贷:所得税费用　202 500

或:

借:递延所得税资产　[(400 000 + 500 000 + 80 000) × 25%]245 000

　　贷:所得税费用　245 000

借:所得税费用　[(20 000 + 50 000 + 100 000) × 25%]42 500

　　贷:递延所得税资产　42 500

在会计实务中,也可依据每一笔调整或抵销分录编制多笔内部交易递延所得税调整的抵销分录。如对于上述内部固定资产交易抵销的所得税影响,可以编制如下两笔递延所得税调整的抵销分录:

借:递延所得税资产　100 000

　　贷:所得税费用　100 000

借:所得税费用　5 000

　　贷:递延所得税资产　5 000

2011 年度连续编制合并财务报表时,应先将上述内部交易抵销对 2010 年度净利润的影响调整年初未分配利润如下:

借:未分配利润——年初　400 000

　　贷:固定资产——原值　400 000

借:固定资产——累计折旧　20 000

　　贷:未分配利润——年初　20 000

借:未分配利润——年初　500 000

　　贷:无形资产——原价　500 000

借:无形资产——累计摊销　50 000

　　贷:未分配利润——年初　50 000

借:未分配利润——年初　80 000

　　贷:营业成本　80 000

借:应收账款——坏账准备　100 000

　　贷:未分配利润——年初　100 000

2011 年调整年初未分配利润的以上抵销分录可详见本书第三章相关部分,下面的抵销分录涉及 2010 年递延所得税资产对 2011 年年初未分配利润的影响:

借:递延所得税资产　202 500

　　贷:未分配利润——年初　202 500

或:

借:递延所得税资产　245 000

　　贷:未分配利润——年初　245 000

借:未分配利润——年初　42 500

　　贷:递延所得税资产　42 500

第六节　投资企业与联营及合营企业之间未实现内部交易损益在合并财务报表中的调整抵销

虽然母公司在编制企业集团合并财务报表时,不将联营企业、合营企业纳入合并范围,但是,对于投资企业与其联营企业及合营企业之间发生的未实现内部交易损益应予以抵销。即投资企业与联营企业及合营企业之间发生的未实现内部交易损益按照持股比例计算归属于投资企业的部分,应当予以抵销,并在此基础上确认投资损益。投资企业与被投资单位发生的内部交易损失,按照《企业会计准则第8号——资产减值》等规定属于资产减值损失的,应当全额确认。

投资企业与其联营企业及合营企业之间的未实现内部交易损益抵销与投资企业与子公司之间的未实现内部交易损益抵销有所不同,母子公司之间的未实现内部交易损益在合并财务报表中是全额抵销的,而投资企业与其联营企业及合营企业之间的未实现内部交易损益抵销仅仅是投资企业或是纳入投资企业合并财务报表范围的子公司享有联营企业或合营企业的权益份额。

应当注意的是,该未实现内部交易损益的抵销既包括顺流交易也包括逆流交易。顺流交易是指投资企业向其联营企业或合营企业出售资产,逆流交易是指联营企业或合营企业向投资企业出售资产。当该未实现内部交易损益体现在投资企业或其联营企业、合营企业持有的资产账面价值中时,相关的损益在计算确认投资损益时应予以抵销。

一、顺流交易

对于投资企业向联营企业或合营企业出售资产的顺流交易,在有关资产未对外部独立第三方出售,即该交易存在未实现内部交易损益的情况下,投资企业在采用权益法计算确认应享有联营企业或合营企业的投资损益时,应抵销该未实现内部交易损益的影响,同时调整对联营企业或合营企业长期股权投资的账面价值。当投资方向联营企业或合营企业出资或是将资产出售给联营企业或合营企业,同时有关资产由联营企业或合营企业持有时,投资方对于投出或出售资产产生的损益确认仅限于归属于联营企业或合营企业其他投资者的部分。即在顺流交易中,投资方投出资产或出售资产给其联营企业或合营企业产生的损益中,按照持股比例计算确定归属于本企业的部分不予以确认。

【例4－24】甲公司持有乙公司有表决权股份的20%,能够对乙公司生产经营施加重大影响。2011年8月,甲公司将其账面价值为300万元的商品以450万元的价格出售给乙公司,乙公司将取得的商品作为管理用固定资产核算,预计使用寿命为10年,净残值为零。假定甲企业取得该项投资时,乙公司各项可辨认资产、负债的公允价值与其账面价值相同，两者在以前期间未发生过内部交易。至2011年资产负债表日，乙公司未对外出售该固定资产。乙公司2011年实现净利润为1 145万元。（不考虑所得税影响）

甲公司在该项交易中实现利润150万元，其中的30万元（150×20%）是针对本企业持有的对联营企业的权益份额，在采用权益法计算确认投资损益时应予以抵销，同时应考虑相关固定资产折旧对损益的影响。

甲公司应确认的投资收益和调整的长期股权投资＝（1 145－150＋150÷10×4/12）×20%

＝200（万元）

甲公司的会计处理：

借：长期股权投资——损益调整　　2 000 000

　贷：投资收益　　2 000 000

进行上述处理后，甲企业如需要子公司编制合并财务报表，在合并财务报表中对该未实现的内部交易损益应在个别报表已确认投资收益的基础上进行以下调整：

借：营业收入　　（450×20%）900 000

　贷：营业成本　　（300×20%）600 000

　　投资收益　　300 000

【例4－25】沿用例4－24资料。假设乙公司将取得的商品作为存货核算，至2011年资产负债表日，乙公司未对外出售该项存货。

甲公司应确认的投资收益和调整的长期股权投资＝（1 145－150）×20%＝199（万元）

甲公司的会计处理：

借：长期股权投资——损益调整　　1 990 000

　贷：投资收益　　1 990 000

进行上述处理后，甲企业如需要子公司编制合并财务报表，在合并财务报表中对该未实现的内部交易损益应在个别报表已确认投资收益的基础上进行以下调整：

借：营业收入　　（450×20%）900 000

　贷：营业成本　　（300×20%）600 000

　　投资收益　　300 000

二、逆流交易

对于联营企业或合营企业向投资企业出售资产的逆流交易，在有关资产未对外部独立第三方出售（即该交易存在未实现内部交易损益的情况下），投资企业在采用权益法计算确认应享有联营企业或合营企业的投资损益时，应抵销该未实现内部交易损益的影响。当投资企业自其联营企业或合营企业购买资产时，在将该资产出售给外部独立第三方之前,不应确认联营企业或合营企业因该交易产生的损益中本企业应享有的部分。

因逆流交易产生的未实现内部交易损益,在未对外部独立第三方出售之前,体现在投资企业持有资产的账面价值当中。投资企业对外编制合并财务报表的,应在合并财务报表中对长期股权投资及包含未实现内部交易损益的资产账面价值进行调整,抵销有关资产账面价值中包含的未实现内部交易损益,并相应调整对联营企业或合营企业的长期股权投资。

【例 4－26】甲公司于 2011 年 3 月取得乙公司 20% 有表决权股份,能够对乙公司施加重大影响。假定甲公司取得该项投资时,乙公司各项可辨认资产、负债的公允价值与其账面价值相同,两者在以前期间未发生过内部交易。2011 年 8 月,乙公司将其成本为 300 万元的某商品以 450 万元的价格出售给甲公司,甲公司将取得的商品作为固定资产核算,预计使用寿命为 10 年,采用直线法计提折旧,净残值为零。至 2011 年资产负债表日,甲公司未对外出售该固定资产。乙公司 2011 年实现净利润为 1 345 万元。假定不考虑所得税因素影响。

甲公司应确认的投资收益和调整的长期股权投资 = (1 345 － 150 + 150 ÷ 10 × 4/12) × 20%
= 240(万元)

确认应享有乙公司 2011 年净损益时,应编制如下会计分录:

借:长期股权投资——损益调整　　2 400 000
　贷:投资收益　　2 400 000

或者:

借:长期股权投资——损益调整　　(1 345 × 20%)2 690 000
　贷:投资收益　　2 690 000
借:投资收益　　[(150 － 5) × 20%]290 000
　贷:长期股权投资——损益调整　　290 000

进行上述处理后,甲企业如有子公司,需要编制合并财务报表的,因该未实现内部交易体现在投资企业持有固定资产的账面价值中,应在合并财务报表中进行以下调整:

借:长期股权投资　　290 000
　累计折旧　　(1 500 000 ÷ 10 × 4/12 × 20%)10 000
　贷:固定资产　　(1 500 000 × 20%)300 000

【例 4－27】沿用例 4－26 资料。假设甲公司将取得的商品作为存货核算。

甲公司应确认的投资收益和调整的长期股权投资 = (1 345 － 150) × 20% = 239(万元)

确认应享有乙公司 2011 年净损益时,应编制如下会计分录:

借:长期股权投资——损益调整　　2 390 000
　贷:投资收益　　2 390 000

或者：

借：长期股权投资——损益调整　　　　　　　　（1 345 ×20%）2 690 000

　贷：投资收益　　　　　　　　　　　　　　　　　　　　2 690 000

借：投资收益　　　　　　　　　　　　　　　　（150 ×20%）300 000

　贷：长期股权投资——损益调整　　　　　　　　　　　　　300 000

进行上述处理后，甲企业如有子公司，需要编制合并财务报表的，因该未实现内部交易体现在投资企业持有存货的账面价值中，应在合并财务报表中进行以下调整：

借：长期股权投资　　　　　　　　　　　　　　　　　　　300 000

　贷：存货　　　　　　　　　　　　　　　　　　　　　　　300 000

应当说明的是，投资企业与其联营企业及合营企业之间发生的无论是顺流交易还是逆流交易所产生的未实现内部交易损失，属于所转让资产发生减值损失的，有关的未实现内部交易损失不应予以抵销。

【例4－28】甲公司持有乙公司20%有表决权股份，能够对乙公司生产经营决策施加重大影响。2011年，甲公司将其账面价值为800万元的商品以640万元的价格出售给乙公司。2011年资产负债表日，该批商品尚未对外部第三方出售。假定甲公司取得该项投资时，乙公司各项可辨认资产、负债的公允价值与其账面价值相同，两者在以前期间未发生过内部交易。乙公司2011年净利润为1 145万元。

上述甲公司在确认应享有乙公司2011年净损益时，如果有证据表明交易价格640万元与甲公司该商品账面价值800万元之间的差额是该资产发生了减值损失，在确认投资损益时不应予以抵销。甲公司应当进行的会计处理为：

借：长期股权投资——损益调整　　　　　　　　（1 145 ×20%）2 290 000

　贷：投资收益　　　　　　　　　　　　　　　　　　　　2290 000

该种情况下，甲公司在编制合并财务报表时，因向联营企业出售资产表明发生了减值损失，有关的损失应予确认，在合并财务报表中不予调整。

第七节　合并财务报表附注

一、附注的意义和披露要求

合并财务报表附注是对合并资产负债表、合并利润表、合并现金流量表和合并所有者权益变动表中所列示项目的文字描述或详细说明，及其对未能在这些报表中列示项目的说明，是合并财务报表的重要组成部分。这是因为，合并财务报表各项目的金额是纳入合并范围的母公司和子公司个别财务报表汇总与调整抵销的结果,是对企业集团财务状况、经营成果和现金流量的高度简化和浓缩,为了投资者、债权人和其他会计信息使用者充分理解和运用合并财务报表,就需要对这些数字做出必要的披露。

合并财务报表附注应满足以下要求:①附注披露的信息应是定量和定性信息相结合,以满足信息使用者的决策要求;②附注信息应系统合理的排列和分类,并有顺序地披露;③附注披露的相关信息应当与合并资产负债表、合并利润表、合并现金流量表和合并所有者权益变动表列示的项目相互参照。

二、附注披露的内容

《企业会计准则第33号——合并财务报表》应用指南,要求母公司在合并财务报表附注中披露下列信息:

(一)企业集团的基本情况

企业(母公司)基本情况包括企业注册地、组织形式和总部地址;企业的业务性质和主要经营活动;母公司及其集团最终母公司的名称;财务报告批准者和批准报出日。

(二)财务报表的编制基础

企业持续经营是会计确认、计量和编制财务报表的基础,母公司在编制财务报表的过程中,企业管理层应当对企业持续经营的能力进行评价,对企业持续经营的能力产生严重怀疑的,应当在附注中披露导致对持续经营能力产生重大怀疑的重要的不确定因素。企业处于非持续经营状态时,应当采用其他基础编制财务报表,比如,破产企业的资产采用可变现净值计量、负债按照其预计的结算金额计量等。由于企业在持续经营和非持续经营环境下采用的会计计量基础不同,产生的经营成果和财务状况不同,因此在附注中披露非持续经营信息对报表使用者而言非常重要。在非持续经营情况下,企业应当在附注中声明财务报表未以持续经营为基础列报,披露未以持续经营为基础的原因以及财务报表的编制基础。

(三)遵循企业会计准则的声明

企业(母公司)应当声明编制的财务报表符合企业会计准则的要求,真实完整地反映企业的财务状况、经营成果和现金流量。

(四)重要会计政策和会计估计

1. 重要会计政策的说明。财务报表项目的计量基础(即计量属性)是历史成本、重置成本、可变现净值、现值以及公允价值,以便会计信息使用者对合并财务报表进行分析。

2. 重要会计估计的说明。企业(母公司)应当披露会计估计中采用的关键假设和不确定因素的确定依据,以及可能导致的下一会计期间资产、负债账面价值的重大调整。

（五）会计政策、会计估计变更以及差错更正的说明

企业（母公司）应披露会计政策和会计估计变更以及差错更正的有关情况，包括其对当期损益的影响。

（六）报表重要项目的说明

企业（母公司）应尽可能以列表的形式披露合并资产负债表、合并利润表、合并现金流量表和合并所有者权益变动表重要项目的明细金额合计，在披露顺序上一般应当按照四张报表的排列顺序及其各张报表项目的列示顺序，分别交易性金融资产、应收款项、存货、可供出售金融资产、持有至到期投资、长期股权投资、投资性房地产、固定资产、无形资产、交易性金融负债、应付职工薪酬、应交税费、短期借款和长期借款、应付债券、长期应付款、营业收入、公允价值变动损益、投资收益、减值损失、营业外收入、营业外支出、所得税、政府补贴、非货币性资产交换、股份支付、债务重组、借款费用、外币折算、企业合并等项目，按照相关会计准则规定进行披露。

（七）或有事项

1. 预计负债。

（1）预计负债的种类、形成原因，以及经济利益流出不确定性的说明。

（2）各类预计负债的期初、期末余额和本期的增减变动。

（3）与预计负债有关的预计补偿金额和本期已确认的预期补偿金额。

2. 或有负债（不包括极小可能导致经济利益流出企业的或有负债）。

（1）或有负债的种类、形成原因，以及经济利益流出不确定性的说明。

（2）或有负债预计产生的财务影响，以及获得补偿的可能性；无法预计的原因。各类预计负债的期初、期末余额和本期的增减变动。

3. 企业通常不披露或有资产，但对很可能给企业带来经济利益的或有资产，应披露形成的原因以及预计产生的财务影响。

4. 涉及未决诉讼、未决仲裁的披露，预期会对企业造成重大不利影响的，企业无须披露这些信息，但应披露该未决诉讼、未决仲裁的性质以及没有披露这些信息的原因。

（八）资产负债表日后事项

1. 每项重要的资产负债表日后非调整的事项性质、内容及其对财务状况和经营成果的影响。

2. 资产负债表日后，企业利润分配方案中拟分配的或经审议批准宣告的股利或利润。

（九）关联方关系及其交易

企业（母公司）应披露所有关联方关系及其交易的相关信息，具体内容如下：

1. 企业无论是否发生关联方交易，均应当在附注中披露与该企业之间存在控制关系的母公司和子公司有关的信息。

关联方关系存在于母公司和子公司之间的,应当披露母公司和所有子公司的名称,母公司和子公司业务性质、注册地、注册资本(或实收资本、股本)及其变化,以及母公司对该企业或者该企业对子公司的持股比例或表决权比例。母公司不是该企业最终控制方的,还应当披露企业集团内对该企业享有最终控制权的企业(或主体)的名称。母公司和最终控制方均不对外提供财务报表的,还应当披露母公司之上与其最相近的对外提供财务报表的母公司名称。

2. 企业与关联方发生关联方交易的,应当在附注中披露该关联方关系的性质、交易类型及交易要素。

关联方关系的性质,是指关联方是该企业的子公司、合营企业、联营企业等;交易类型通常包括购买或销售商品、购买或销售商品以外的其他资产,提供或接受劳务、担保,提供资金(贷款或股权投资)、租赁、代理、研究与开发项目的转移,许可协议、代表企业或由企业代表另一方进行债务结算等;交易要素至少应当包括:交易的金额;未结算项目的金额、条款和条件,以及有关提供或取得担保的信息;未结算应收项目坏账准备金额;定价政策。关联方交易的金额应当披露相关比较数据。

关联方交易的披露应遵循重要性原则。对企业财务状况和经营成果有影响的关联方交易,应当分别关联方以及交易类型披露;不具有重要性的,类型相似的非重大交易可合并披露,但以不影响财务报表阅读者正确理解企业财务状况、经营成果为前提。

3. 对外提供合并财务报表的,对于已经包括在合并范围内各企业之间的交易不予披露。

(十)风险管理

具体内容略。

(十一)母公司和子公司信息

1. 子公司有关信息包括:子公司名称、注册地、业务性质、注册资本、母公司合计持股比例和享有表决权比例。

2. 母公司直接或通过子公司间接拥有被投资单位表决权不足半数但能对其形成控制的原因。

3. 母公司直接或通过其他子公司间接拥有被投资单位半数以上的表决权但未对其形成控制的原因。

4. 子公司所采用的会计政策与母公司不一致,母公司编制合并财务报表的处理方法。

5. 子公司所采用的会计期间与母公司不一致的,母公司编制合并财务报表的处理方法。

6. 本期不再纳入合并范围的原子公司的名称、注册地、业务性质、母公司的持股比例和表决权比例，本期不再成为子公司的原因。原子公司在处置日和上一会计期间资产负债表日资产、负债和所有者权益的金额以及本期期初至处置日的收入、费用和利润的金额。

7. 子公司向母公司转移资金的能力受到严格限制的情况。

8. 作为子公司纳入合并范围的特殊目的主体（结构化主体）的业务性质、业务活动等。

2014 年 2 月财政部颁发的《企业会计准则第 41 号——在其他主体中权益的披露》规定，母公司在合并财务报表披露的信息包括四个方面。

第一，重大判断和假设的披露。企业应当披露对其他主体实施控制、共同控制或重大影响的重大判断和假设，以及这些判断和假设变更的情况，包括：①虽然拥有其他主体一半以下的表决权但仍控制该主体的判断和假设，以及虽然拥有其他主体一半以上的表决权但并不控制该主体的判断和假设等；②虽然拥有其他主体 20% 以下的表决权但对该主体具有重大影响的判断和假设，以及虽然拥有其他主体 20% 或 20% 以上的表决权但对该主体没有重大影响的判断和假设等；③合营安排是通过单独主体达成的，企业应当披露区分该合营安排是共同经营还是合营企业的重大判断，以及该判断的变更情况；④确定为被投资者的代理人或主要责任人的重大判断和假设。

第二，在子公司中权益的披露。

（1）对子公司构成及少数股东权益重要信息的披露。合并财务报表附注中应披露企业集团的构成，包括重要子公司的名称、主要经营地及注册国家（或地区）。当子公司拥有的少数股东权益对企业重要时，企业应当在合并财务报表附注中披露下列信息：①子公司的名称、主要经营地及注册国家（或地区）；②少数股东持有的所有者权益比例，当少数股东持有的表决权比例不同于其所有者权益比例时，还应当披露该表决权比例；③当期归属于子公司少数股东的损益和向其支付的股利；④子公司在当期期末累计的少数股东权益余额；⑤子公司的主要财务信息，这些信息为集团内各企业之间相互抵销前的金额。

（2）使用集团资产和清偿集团债务存在重要限制的披露。使用集团资产和清偿集团债务存在重要限制的，应当披露限制的内容、限制涉及的资产和负债在合并财务报表中的金额、保护性权利对企业使用集团资产或清偿集团负债存在重要限制的性质和程度以及涉及的资产和负债在合并财务报表中的金额。

（3）纳入合并财务报表范围的结构化主体的披露。对纳入合并财务报表范围的结构化主体，应披露提供财务支持和其他提供支持的情况，以及结构化主体纳入合并财务报表范围的原因。

（4）企业在其子公司所有者权益份额发生变化的披露。企业在其子公司所有者权益份额发生变化未导致丧失对子公司控制权时，企业应当在合并财务报表附注中披露该变化对归属于企业所有者权益的影响；该变化导致企业丧失对子公司控制权时，企业应当在合并财务报表附注中披露剩余权益投资在丧失控制权日的公允价值、按照公允价值重新计量产生的相关利得或损失的金额。

（5）企业是投资性主体且存在未纳入合并财务报表范围的子公司、并对该子公司权益按照公允价值计量且其变动计入当期损益的，应当在财务报表附注中对该情况予以说明。同时，对于未纳入合并财务报表范围的子公司，企业应当披露下列信息：①子公司的名称、主要经营地及注册地。②企业对子公司的持股比例，持股比例不同于企业持有的表决权比例的，企业还应当披露该表决权比例；企业的子公司也是投资性主体且该子公司存在未纳入合并财务报表范围的下属子公司的，企业应当按照上述要求披露该下属子公司的相关信息。

（6）企业是投资性主体的，对其在未纳入合并财务报表范围的子公司中的权益，应当披露与该权益相关的风险信息：①该未纳入合并财务报表范围的子公司以发放现金股利、归还贷款或垫款等形式向企业转移资金的能力存在重大限制的，企业应当披露该限制的性质和程度。②企业存在向未纳入合并财务报表范围的子公司提供财务支持或其他支持的承诺或意图的，企业应当披露该承诺或意图，包括帮助该子公司获得财务支持的承诺或意图；在没有合同约定的情况下，企业或其子公司当期向未纳入合并财务报表范围的子公司提供财务支持或其他支持的，企业应当披露提供支持的类型、金额及原因。③合同约定企业或其未纳入合并财务报表范围的子公司向未纳入合并财务报表范围，但受企业控制的结构化主体提供财务支持的，企业应当披露相关合同条款，以及可能导致企业承担损失的事项或情况；在没有合同约定的情况下，企业或其未纳入合并财务报表范围的子公司当期向原先不受企业控制且未纳入合并财务报表范围的结构化主体提供财务支持或其他支持，并且所提供的支持导致企业控制该结构化主体的，企业应当披露决定提供上述支持的相关因素。

第三，在合营安排或联营企业中权益的披露。

（1）重要合营安排和联营企业的基本情况披露。当存在重要的合营安排和联营企业时，企业应当披露下列信息：①合营安排或联营企业的名称、主要经营地及注册国家（或地区）；②企业与合营安排或联营企业的关系，包括合营安排或联营企业经营活动性质及其是否在战略上影响企业活动等；③企业所持有的参与份额或所有者权益比例，当表决权比例不同于其持有的参与份额或所有者权益比例时，还应当披露持有的表决权比例。

（2）从重要的合营企业或联营企业取得投资收益的披露。从重要的合营企业或联营企业取得投资收益，企业还应当披露从合营企业或联营企业收到的股利，以及合营企业和联营企业按照权益法调整后的主要财务信息，以及将这些主要财务信息按照企业在合营企业和联营企业权益的账面价值所做的调整。企业在重要的合营企业或联营企业中的权益投资虽然采用权益法核算，但是存在公开报价的，还应当披露其公允价值。

(3)从不重要的合营企业或联营企业取得投资收益的披露。对于单项而言不重要的合营企业和联营企业，企业应当披露在所有不重要合营企业或联营企业中权益投资的账面价值合计，以及分别在所有不重要合营企业或联营企业净利润、终止经营的净利润、其他综合收益和综合收益项目中所占份额的合计。

(4)合营企业或联营企业转移资金存在重要限制的披露。合营企业或联营企业以发放现金股利、归还贷款或支付预付款等形式向企业转移资金存在重要限制的，企业应当披露该限制的性质和程度。

(5)不确认应分担合营企业或联营企业损失份额的披露。企业采用权益法核算在合营企业或联营企业的权益投资时，不再确认其应分担合营企业或联营企业损失份额的，应当披露未确认的合营企业或联营企业损失份额，包括当期份额和累积份额。

(6)其他披露。包括因合营企业协议、无条件购买义务等产生的提供资助的未确认承诺和在未来购买其他企业在合营企业权益投资的未确认承诺；以权益法核算的合营企业或联营企业，其财务报表的报告期末日与企业不同的披露等。

第四，在未纳入合并财务报表范围的结构化主体中权益的披露。对于未纳入合并财务报表范围的结构化主体中权益应披露下列信息：①未纳入合并财务报表范围的结构化主体的性质、目的、规模、活动及其融资方式；②在财务报表中确认的与在未纳入合并财务报表范围的结构化主体中的权益相关的资产和负债的账面价值及在资产负债表中列示的相应报表项目；③企业在未纳入合并财务报表范围的结构化主体中权益的最大损失敞口及其确定方法，企业不能量化最大损失敞口的，应当披露这一事实及相应的原因；④在财务报表中确认的相关资产和负债的账面价值与其最大损失金额的比较；⑤资产负债表日企业在未纳入合并财务报表范围的结构化主体中没有权益的，当其负责未纳入合并财务报表范围的结构化主体时，企业应当披露确定其负责该结构化主体的方式，并以表格形式分类列示企业在当期从该结构化主体中获得的收益、收益类型和企业在当期转移至该结构化主体的所有资产在转移时的账面价值；⑥企业向未纳入合并财务报表范围的结构化主体提供财务支持或其他支持的，应当披露提供支持的目的，包括帮助结构化主体获得财务支持的目的。其中，企业在当期即使没有合同义务，也向当期或前期拥有权益的结构化主体提供财务支持或其他支持的，还应当披露提供支持的类型、金额及原因，包括企业帮助结构化主体获得财务支持的情况。

思考题、练习题及阅读书目

一、思考题

1. 反向购买如何确定购买方和企业合并成本？如何确定实收资本、资本公积和留存收益？如何计算每股收益？

2. 购买子公司非控股股权（少数股权）交易的实质是什么？其会计处理与企业合并有何区别？

3. 在保留控股权情况下处置子公司部分股权的会计处理与不保留控股权情况下处置子公司部分股权会计处理的区别表现在哪里？

4. 子公司超额亏损在合并财务报表上如何反映？

5. 子公司仅向母公司或仅向非控股股东（少数股东）发行股票，在什么情况下母公司会产生损益？其损益如何处理更为合理？

6. 子公司回购股票有哪几种情况？在什么情况下母公司会产生损益？其损益应如何进行会计处理？

7. 子公司发行优先股对合并财务报表中的子公司利润分配有何影响？子公司仅对母公司发行优先股与子公司仅对非控股股东（少数股东）发行优先股在合并财务报表中的处理有何区别？

8. 比较父子孙结构与关联附属结构两种间接控股方式下，母公司长期股权投资与子公司所有者权益各项目抵销的处理程序的差别。

9. 说明间接控股的库藏股法下，如何抵销母公司长期股权投资与子公司所有者权益各项目？

10. 说明间接控股的交互分配法下，如何抵销母公司长期股权投资与子公司所有者权益各项目？

11. 投资企业与联营企业及合营企业之间未实现内部交易损益在合并财务报表中如何进行调整抵销？

12. 购并日后合并财务报表中如何进行所得税调整抵销？

二、练习题

1. 练习、掌握反向购买的会计处理。

［资料］

（1）A 上市公司于 2011 年 9 月 30 日通过定向增发本企业普通股对 B 企业进行合并，取得 B 企业 100% 股权。假定不考虑所得税影响。A 公司及 B 企业在合并前简化资产负债表见表 4－16。

表 4－16　A 公司及 B 企业合并前资产负债表　　　　单位:万元

	A 公司	B 企业
流动资产	2 000	3 000
非流动资产	14 000	40 000
资产总额	16 000	43 000
流动负债	800	1 000
非流动负债	200	2 000
负债总额	1 000	3 000
所有者权益		
股本	1 000	600
资本公积		
盈余公积	4 000	11 400
未分配利润	10 000	28 000
所有者权益合计	15 000	40 000

(2)2011 年 9 月 30 日,A 公司通过定向增发本企业普通股,以 2 股换 1 股的比例自 B 企业原股东处取得了 B 企业全部股权。A 公司共发行了 1 200 万股普通股以取得 B 企业全部 600 万股普通股。

(3)A 公司普通股在 2011 年 9 月 30 日的公允价值为 20 元,B 企业每股普通股当日的公允价值为 40 元。A 公司、B 企业每股普通股的面值均为 1 元。

(4)2011 年 9 月 30 日,A 公司除非流动资产公允价值较账面价值高 3 000 万元以外,其他资产、负债项目的公允价值与其账面价值相同。

(5)假定 A 公司与 B 企业在合并前不存在任何关联方关系。

(6)对于该项企业合并,虽然在合并中发行权益性证券的一方为 A 公司,但其生产经营决策的控制权在合并后由 B 企业原股东控制。

(7)B 企业 2010 年实现合并净利润 1 200 万元,2011 年 A 公司与 B 企业形成的主体实现合并净利润为 2 300 万元,自 2010 年 1 月 1 日至 2011 年 9 月 30 日,B 企业发行在外的普通股股数未发生变化。

[要求]

(1)确定该项合并中 B 企业的合并成本。

(2)企业合并成本在可辨认资产、负债的分配并确认商誉。

(3)编制 A 公司 2011 年 9 月 30 日合并资产负债表。

(4)计算 2011 年 A 公司基本每股收益和 2010 年每股收益。

2. 练习、掌握购买子公司非控股股权(少数股权)的会计处理。

［资料］

（1）甲公司于2010年12月25日以8 000万元取得对乙公司70%的股权，能够对乙公司实施控制，形成非同一控制下的企业合并。2011年12月31日甲公司又出资3 000万元自B公司的非控股股东（少数股东）处取得B公司20%的股权。甲公司与乙公司的非控股股东（少数股东）在相关交易前不存在任何关联方关系。

（2）2010年12月25日，甲公司在取得乙公司70%股权时乙公司可辨认净资产公允价值总额为10 000万元、账面价值9 000万元。

（3）2011年12月31日，乙公司有关资产、负债的账面价值、自购买日开始持续计算的金额（对母公司的价值）见表4－17。

表4－17 单位：万元

	乙公司账面价值	乙公司资产、负债自购买日开始持续计算的金额（对母公司的价值）
存货	500	500
应收款项	2 500	2 500
固定资产	4 000	5 600
无形资产	800	1 200
其他资产	2 200	2 200
应付款项	600	600
其他负债	400	400
净资产	9 000	11 000

（4）乙公司净资产公允价值与其账面价值的差额，因固定资产和无形资产增值引起，其中固定资产增值1 600万元（其中2011年增值800万元）、无形资产增值400万元（其中2011年增值200万元）。

［要求］

（1）计算甲公司对乙公司长期股权投资的成本。

（2）计算合并财务报表中的商誉。

（3）计算在合并财务报表中应调整的所有者权益金额。

（4）编制相关的会计分录和合并工作底稿的调整分录和抵销分录（不考虑固定资产和无形资产增值额的摊销、不考虑所得税影响）。

3. 练习、掌握丧失控股权情况下处置对子公司部分投资的会计处理。

［资料］

（1）甲公司和乙公司为非同一控制下的企业。2009年1月1日，甲公司以银行存款9 300万元取得乙公司60%的股权；购买日乙公司可辨认净资产账面价值9 700万元，公允价值10 200万元，其差额500万元为土地使用权增值，假设土地使用权不予摊销。

(2)2011 年 1 月 1 日,甲公司处置了对乙公司的 40% 股权,取得价款 8 200 万元,处置后甲公司对乙公司的持股比例降为 20%,丧失了对乙公司的控制权,这 20% 股权的公允价值为 4 100 万元;处置日,乙公司可辨认净资产账面价值为 10 800万元,公允价值为 11 300 万元。乙公司在 2009 年 1 月 1 日至 2011 年 1 月 1 日之间实现的净利润为 800 万元,其他综合收益为 300 万元。

(3)剩余的 20% 股权能够对乙公司实施共同控制或重大影响。

[要求]

(1)编制甲公司确认处置 40% 股权的会计分录。

(2)编制剩余 20% 股权按权益法调整账面价值的会计分录。

(3)计算在当期合并财务报表中因处置股权应计入丧失控制权当期的投资收益。

(4)在合并财务报表中将与原有子公司股权投资相关的其他综合收益转为当期投资收益。

4. 练习、掌握不丧失控股权情况下处置对子公司部分投资的会计处理。

[资料]

(1)甲公司、乙公司为非同一控制下的企业。甲公司于 2009 年 1 月 1 日取得乙公司 80% 股权,成本为 8 600 万元,购买日乙公司可辨认净资产公允价值为 9 800 万元。

(2)2011 年 12 月 31 日,甲公司将其持有的对乙公司长期股权投资的 25% 对外出售,取得价款 2 600 万元。出售当日,乙公司自甲公司取得其 80% 股权之日持续计算的应纳入合并财务报表的可辨认净资产总额为 12 000 万元。

(3)该交易后,甲公司仍能够控制乙公司。甲公司、乙公司的所得税税率均为 25%。

(4)假设自购买日至出售部分股权日持续计算的净资产增加额为 B 公司实现的净利润,B 公司在此期间未向股东分配利润。

[要求]

(1)编制甲公司取得和处置对乙公司投资的会计分录。

(2)计算在合并财务报表中调整的资本公积。

(3)编制合并工作底稿中的调整分录和抵销分录。

5. 练习、掌握子公司超额亏损的会计处理。

[资料]

(1)A 公司和 B 公司为非同一控制下的企业。2009 年 12 月 31 日,A 公司用银行存款 3 000 万元取得乙公司 60% 的股权,能够对 B 公司实施控制,购买日 B 公司可辨认净资产公允价值为 4 000 万元(其中实收资本 2 800 万元、资本公积 600 万元、盈余公积 400 万元、未分配利润 200 万元),B 公司各项可辨认资产、负债的公允价值与其账面价值相等,双方所采用的会计政策及会计期间也相同。

(2)2010 年 B 公司实现净利润 200 万元,计提 10% 法定盈余公积,未作其他利润分配。

(3)2011 年 12 月 31 日,A 公司该项长期股权投资的账面价值为 3 000 万元,未计提减值准备,A 公司账上有应收乙公司的长期应收款 400 万元,该款项从目前情况看,没有明确的清偿计划(并非产生于商品购销等日常活动)。

(4)2011 年,B 公司亏损 8 000 万元,其他净资产项目金额没有变化。2011 年,初 B 公司非控股股东(少数股东)在该子公司期初所有者权益中享有的份额为 1 680 万元。

(5) A 公司对于应负担的额外损失,符合确认预计负债的条件。

[要求]

(1)编制 A 公司在购买日的抵销分录。

(2)编制 2010 年合并工作底稿中的调整分录和抵销分录。

(3)编制 2011 年合并工作底稿中的调整分录和抵销分录。

6. 练习子公司增发股票的会计处理。

[资料]

(1)2009 年 1 月 1 日,甲公司以银行存款 2 080 万元取得乙公司 80% 股权,购买日乙公司可辨认净资产账面价值为 1 970 万元、公允价值为 2 170 万元(其中固定资产公允价值大于账面价值的差额为 200 万元)。

(2)2009 年,乙公司实现净利润 400 万元。2010 年,乙公司实现净利润 600 万元,可供出售金融资产公允价值变动收益 30 万元。甲公司和乙公司均按当年净利润的 10% 提取法定盈余公积,乙公司 2009 年和 2010 年向投资者分配现金股利 200 万元。

(3)2011 年 1 月 1 日,乙公司净资产账面价值为 2 800 万元[其中,实收资本(股本)100 万元、资本公积 1 500 万元、盈余公积 300 万元、未分配利润 900 万元],公允价值为 3 000 万元,股份总数为 100 万股。

(4)2011 年 1 月 1 日,乙公司增发普通股股票 20 万股,全部出售给甲公司,每股面值 1 元,售价 18 元。

(5)2011 年乙公司净利润 800 万元,分配现金股利 400 万元,提取盈余公积 80 万元。

[要求]

(1)计算 2011 年乙公司增发股票导致甲公司支付的对价与享有的乙公司净资产公允价值增加额之间的差额。

(2)编制 2011 年 1 月 1 日和 12 月 31 日甲公司相关的会计分录。

(3)编制 2011 年 12 月 31 日甲公司合并工作底稿中的调整分录和抵销分录

（将甲公司支付的对价与享有的乙公司净资产公允价值增加额之间的差额计入资本公积；不考虑固定资产增值额的摊销；不考虑所得税影响）。

7. 练习母公司与子公司相互持股的合并财务报表编制。

［资料］

（1）2011年1月1日，丙公司以1 440万元购入丁公司90%的股权，对丁公司实施控制，此时丁公司所有者权益总额为1 600万元，其中：股本1 200万元，盈余公积240万元，未分配利润160万元。

（2）2011年1月5日，丁公司用320万元购入了丙公司10%股权，此时丙公司所有者权益总额为3 200万元，其中：股本2 000万元，盈余公积800万元，未分配利润400万元。

（3）2011年丙公司和丁公司的不含内部投资收益的经营净利润分别为240万元和160万元，宣告分派的现金股利分别为120万元和80万元。

（4）丙公司和丁公司为非同一控制下的企业，投资成本等于拥有的被购买方净资产公允价值，且净资产公允价值等于账面价值。

［要求］

（1）按库藏股法编制乙公司相关的会计分录以及合并工作底稿的调整分录和抵销分录。

（2）按交互分配法编制乙公司相关的会计分录以及合并工作底稿的调整分录和抵销分录。

三、阅读书目

1.《企业会计准则解释》第1至6号。

2. 财政部会计司：《企业会计准则讲解》，人民出版社2010年版，第二十一章《企业合并》第三节、第二节。

3. 理查德·贝克等著，赵小鹿译：《高级财务会计》，人民邮电出版社2011年版，第9章《合并财务报表中的所有者权益事项》、第10章《合并报告的其他问题》。

4. 李玉环著：《合并财务报表》，经济科学出版社2011年版，第九章《所得税会计相关的合并处理》、第十一章《复杂控股结构下的合并处理》。

5. 陈信元主编：《高级财务会计》，上海财经大学出版社2011年版，第七章《股权结构变动和复杂控股关系》。

6. 中国注册会计师协会编：《2014年度注册会计师全国统一考试辅导教材·会计》，中国财政经济出版社2014年版，第二十四章《企业合并》第三节、第二十五章《合并财务报表》第十节《所得税会计相关的合并处理》、第十二节《本期增加子公司和减少子公司的合并处理》。

7. 张文贤主编：《高级财务会计》，首都经济贸易大学出版社2003年版，第九章

《合并财务报表中的特殊问题》。

8.［美］E.约翰·拉森著，张文贤主译：《现代高级会计》，东北财经大学出版社1999年版，第10章《所得税、现金流量和分期收购》、第11章《合并财务报表的特殊问题》。

9.中国注册会计师教育教材编审委员会：《高级财务会计》，2002年版，第一篇第七章《股权结构变动和复杂控股关系》。

10.《企业会计准则第33号——合并财务报表》，2014年2月。

附:各章练习题参考答案

第一章　企业合并练习题参考答案

1.(1)购买成本 =80(万元)

合并商誉 =80 -(108.8 -38.6)=9.8(万元)

	借方	贷方
①借:管理费用	25 000	
贷:银行存款		25 000
②借:银行存款	32 000	
应收账款	60 000	
原材料	90 000	
库存商品	90 000	
长期股权投资	140 000	
固定资产	640 000	
无形资产	36 000	
商誉	98 000	
贷:短期借款		64 000
应付账款		90 000
长期借款		130 000
长期应付款		102 000
银行存款		800 000

(2)购买成本 =60(万元)

计入当期损益 =60 -70.2 = -10.2(万元)

	借方	贷方
①借:管理费用	25 000	
贷:银行存款		25 000
②借:银行存款	32 000	
应收账款	60 000	
原材料	90 000	
库存商品	90 000	
长期股权投资	140 000	
固定资产	640 000	
无形资产	36 000	

贷:短期借款 64 000
应付账款 90 000
长期借款 130 000
长期应付款 102 000
银行存款 600 000
营业外收入 102 000

2. 购买成本 =40 ×2 =80(万元)

合并商誉 =80 -(108.8 -38.6) =9.8(万元)

(1)借:管理费用 25 000
资本公积 800
贷:银行存款 25 800

(2)借:银行存款 32 000
应收账款 60 000
原材料 90 000
库存商品 90 000
长期股权投资 140 000
固定资产 640 000
无形资产 36 000
商誉 98 000
贷:短期借款 64 000
应付账款 90 000
长期借款 130 000
长期应付款 102 000
股本 400 000
资本公积 400 000

3.

(1)借:管理费用 4 000
资本公积 800
贷:银行存款 4 000

(2) 借:净资产 612 000
贷:股本 400 000
资本公积 212 000

按修订的权益结合法,仅编制上述两笔会计分录;按传统理论的权益结合法还应编制会计分录(3)。

(3)将乙公司合并前留存收益全额自资本公积转入盈余公积和未分配利润。

借:资本公积　72 000
　贷:盈余公积　62 000
　　利润分配——未分配利润　10 000

4.

(1) 借:管理费用　1 200
　　　资本公积　1 300
　　贷:银行存款　2 500

(2)借:净资产　612 000
　　　资本公积　48 000
　　贷:股本　660 000

按修订的权益结合法,仅编制上述两笔会计分录;按照权益结合法的理论还应编制会计分录(3)。

(3)将乙公司合并前留存收益按比例自资本公积转入盈余公积和未分配利润。

借:资本公积　10 700
　贷:盈余公积　(10 700 ÷ 720 000 × 62 000)9 214
　　利润分配——未分配利润　(10 700 ÷ 720 000 × 10 000)1 486

5. 借:长期股权投资　800 000
　　管理费用　25 000
　贷:银行存款　82 5000

在合并工作底稿中确认商誉。

6. 借:长期股权投资　612 000
　　管理费用　4 000
　　资本公积　800
　贷:股本　400 000
　　　资本公积　212 000
　　　银行存款　4 800

在合并工作底稿中再将乙公司留存收益从资本公积结转到盈余公积和未分配利润。

7.

(1)编制甲公司 2011 年取得乙公司 20% 股权和权益法核算的会计分录。

借:长期股权投资　7 000 000
　贷:银行存款　7 000 000

借:长期股权投资　3 600 000
　贷:投资收益　2 400 000
　　资本公积　1 200 000

(2)编制 2012 年甲公司取得乙公司 60% 股权的会计分录。

借:长期股权投资　　36 000 000

　贷:银行存款　　36 000 000

(3)计算甲公司在编制购买日合并财务报表时的合并成本、应计入当期投资收益的金额、应确认的商誉和非控制性权益(少数股东权益)。

购买日取得 20% 股权的公允价值 =(1 000 + 1 000 + 320 + 1 480) × 20% = 760(万元)

按权益法确认的投资收益 = 1 200 × 20% = 240(万元)

按权益法确认的其他综合收益 = 600 × 20% = 120(万元)

合并成本 = 760 + 3 600 = 4 360(万元)

应计入当期损益的金额 = 760 − (700 + 240 + 120) = −300(万元)

不完全合并商誉 = 4 360 − 3 800 × 80% = 1 320(万元)

非控制性权益(少数股东权益) = 3 800 × 20% = 760(万元)

完全商誉 = 1 320 + (4 360 ÷ 80% × 20% − 3 800 × 20%) = 1 650(万元)

非控制性权益(少数股东权益) = 3 800 × 20% + 330 = 1 090(万元)

(4)编制甲公司购买日合并工作底稿中的调整分录和抵销分录。

借:投资收益　　3 000 000

　贷:长期股权投资　　3 000 000

借:固定资产　　2 000 000

　　无形资产　　8 000 000

　贷:资本公积　　10 000 000

确认不完全商誉:

借:股本　　10 000 000

　　资本公积　　10 000 000

　　盈余公积　　3 200 000

　　未分配利润　　14 800 000

　　商誉　　13 200 000

　贷:长期股权投资　　43 600 000

　　　非控制性权益(少数股东权益)　　7 600 000

确认完全商誉:

借:股本　　10 000 000

　　资本公积　　10 000 000

　　盈余公积　　3 200 000

　　未分配利润　　14 800 000

　　商誉　　16 500 000

　贷:长期股权投资　　43 600 000

　　　非控制性权益(少数股东权益)　　10 900 000

8.

(1)判断该项企业合并交易适用哪种所得税税务处理规定,并进行相关的交易所得税和递延所得税的计算。

丙公司股权支付额 = 1 000 × 2 = 2 000(万元)

股权支付额占交易总额的比例 = 2 000 ÷ (2 000 + 200) = 90.91% > 85%

丙公司购买乙公司持有的戊公司股权 80% > 75%。

假设还同时符合规定的其他条件,适用企业重组的特殊税务处理。

(2)分别编制丙公司和丁公司与企业合并相关的会计分录。

丁公司的会计分录:

	借方	贷方
借:长期股权投资	22 000 000	
贷:股本		10 000 000
资本公积		10 000 000
银行存款		2 000 000

丁公司取得股权的计税基础为 1 000 万元。

递延所得税负债 = (2 200 − 1 000) × 25% = 300(万元)

	借方	贷方
借:所得税费用	3 000 000	
贷:递延所得税负债		3 000 000

丙公司的会计分录:

	借方	贷方
借:长期股权投资——丁公司	20 000 000	
银行存款	2 000 000	
贷:长期股权投资——戊公司		10 000 000
投资收益		12 000 000

如果单独交纳企业重组所得税,则:

丙公司非股权支付额对应的转让所得 = (2 200 − 1 000) × (200 ÷ 2 200) = 109.091(万元)

非股权支付额应交纳所得税 = 109.091 × 25% = 27.272 8(万元)

	借方	贷方
借:所得税费用	272 728	
贷:应交税费——应交所得税		272 728

如果丙公司还未交纳当期所得税,则:

在当期全部所得额中扣除的股权支付额对应的所得额 = (2 200 − 1 000) × (2 000 ÷ 2 200)
= 1 090.909(万元)

丙公司取得丁公司股权的计税基础 = 1 000 − 200 + 109.091 = 909.091(万元)

丙公司取得丁公司股权形成的应纳税暂时性差异 = 2 000 − 909.091 = 1 090.909(万元)

递延所得税负债 = 1 090.909 × 25% = 272.727 3(万元)

	借方	贷方
借:所得税费用	2 727 273	
贷:递延所得税负债		2 727 273

(3)本题若为同一控制下的企业合并,与非同一控制下的企业合并在会计处

理上有何不同?

本例若为同一控制下的企业合并,则作如下分录。

丁公司的会计分录:

借:长期股权投资　10 000 000

　资本公积、盈余公积等　2 000 000

　贷:股本　10 000 000

　　银行存款　2 000 000

无暂时性差异,不需确认递延所得税。

丙公司的会计分录:

借:长期股权投资——丁公司　10 000 000

　银行存款　2 000 000

　贷:长期股权投资——戊公司　10 000 000

　　投资收益　2 000 000

如果单独交纳企业重组所得税,则:

$$丙公司非股权支付额对应的转让所得 = (2\,200 - 1\,000) \times (200 \div 2\,200) = 109.091(万元)$$

$$非股权支付额应缴纳所得税 = 109.091 \times 25\% = 27.272\,8(万元)$$

借:所得税费用　272 728

　贷:应交税费——应交所得税　272 728

如果丙公司还未缴纳当期所得税,则:

$$在当期全部所得额中扣除的股权支付额对应的所得额 = (2\,200 - 1\,000) \times (2\,000 \div 2\,200) = 1\,090.909(万元)$$

无暂时性差异,不需确认递延所得税。

9.

(1)判断该项企业合并交易适用哪种所得税税务处理规定?并进行相关的交易所得税和递延所得税的计算。

$$丙公司股权支付额 = 600 \times 2 = 1\,200(万元)$$

$$股权支付额占交易总额的比例 = 1\,200 \div (1\,200 + 1\,000) = 54.545 < 85\%$$

未满足特殊税务处理条件,适用一般税务处理规定。

(2)分别编制丙公司和丁公司与企业合并相关的会计分录。

丁公司的会计分录如下:

借:长期股权投资　22 000 000

　贷:股本　6 000 000

　　资本公积　6 000 000

　　银行存款　10 000 000

丁公司取得股权的计税基础为 2 200 万元。无暂时性差异,不需确认递延所得税。

丙公司的会计分录如下:

借:长期股权投资——丁公司　　12 000 000
　银行存款　　10 000 000
　贷:长期股权投资——戊公司　　10 000 000
　　投资收益　　12 000 000

如果单独交纳企业重组所得税,则:

丙公司应交纳企业重组所得税 = 12 000 × 25% = 300(万元)

借:所得税费用　　3 000 000
　贷:应交税费——应交所得税　　3 000 000

如果丙公司还未缴纳当期所得税,则将 1 200 万元计入当期应纳税所得额即可。

丙公司取得丁公司股权的计税基础为 1 200 万元。无暂时性差异,不须确认递延所得税。

(3)本题若为同一控制下的企业合并,与非同一控制下的企业合并在会计处理上有何不同?

本例若为同一控制下的企业合并,则丁公司的会计分录如下:

借:长期股权投资　　10 000 000
　资本公积、盈余公积等　　6 000 000
　贷:股本　　6 000 000
　　银行存款　　10 000 000

丁公司取得丙公司股权的计税基础为 2 200 万元,形成可抵扣暂时性差异 1 200万元,如果具备确认递延所得税资产的条件,则有会计分录如下:

借:递延所得税资产　　3 000 000
　贷:所得税费用　　3 000 000

丙公司的会计分录:

借:长期股权投资——丁公司　　6 000 000
　银行存款　　10 000 000
　贷:长期股权投资——戊公司　　10 000 000
　　投资收益　　6 000 000

如果单独交纳企业重组所得税,则:

丙公司应交纳的企业重组所得税 = (2 200 - 1 000) × 25% = 300(万元)

借:所得税费用　　3 000 000
　贷:应交税费——应交所得税　　3 000 000

如果丙公司还未交纳当期所得税,则将 1 200 万元纳入当期应纳税所得。

丙公司取得丁公司股权的计税基础为 1 200 万元,形成可抵扣暂时性差异 600

万元，如果具备确认递延所得税资产的条件，则会计分录如下：

借：递延所得税资产　　1 500 000

　贷：所得税费用　　1 500 000

第二章　购并日的合并财务报表练习题参考答案

1.

(1)分配合并差额并确认商誉。

2010 年 12 月 31 日乙公司合并差额分配表　　单位：万元

甲公司投资成本：			200
减：乙公司净资产账面价值			152
投资成本高于净资产账面价值的差额			48
净资产公允价值高于账面价值的分配：			
项　目	公允价值	账面价值	分配额
存货	40	36	4
固定资产	170	150	20
无形资产	12	10	2
合　计	222	196	26
减：可辨认净资产分配的差额			26
合并商誉			22

(2)编制购买日合并财务报表的调整分录和抵销分录。

①借：存货　　40 000

　　固定资产　　200 000

　　无形资产　　20 000

　贷：资本公积　　260 000

②借：股本　　600 000

　　资本公积　　870 000

　　盈余公积　　170 000

　　未分配利润　　140 000

　　商誉　　220 000

　贷：长期股权投资　　2 000 000

③借：应付账款　　200 000

　贷：应收账款　　200 000

(3)编制合并工作底稿略。

2.

(1)分配合并差额并确认损益。

2010 年 12 月 31 日合并差额分配表 单位:万元

甲公司投资成本:			100
减:乙公司净资产账面价值			152
投资成本低于净资产账面价值的差额			52
净资产公允价值低于账面价值的分配:			
项 目	公允价值	账面价值	分配额
存货	21	36	-15
固定资产	130	150	-20
无形资产	12	10	2
合计	163	196	-33
合并收益(投资成本低于净资产公允价值)			19
(以下不要求学生完成,了解不同观点即可)			

负商誉分配:

项目	公允价值大于账面价值	负商誉分配比率及分配额	分配后总额
固定资产	-20	-19×130÷(130+12) =-17.394 4	-37.394 4
无形资产	+2	-19×12÷(130+12) =-1.605 6	+0.394 4

(2)编制购买日合并财务报表的调整分录和抵销分录。

按《企业会计准则第 33 号——合并财务报表》规定,应作如下调整和抵销处理。

①借:无形资产 20 000
　　资本公积 330 000
　贷:存货 150 000
　　　固定资产 200 000

②借:股本 600 000
　　资本公积 280 000
　　盈余公积 170 000
　　未分配利润 140 000
　贷:长期股权投资 1 000 000

营业外收入(或未分配利润) 190 000

③借:应付账款 200 000

贷:应收账款 200 000

确认和分配负商誉的相关调整和抵销分录(不要求学生做,了解不同观点即可)。

①借:资本公积 520 000

无形资产 3 944

贷:存货 150 000

固定资产 373 944

②借:股本 600 000

资本公积 90 000

盈余公积 170 000

未分配利润 140 000

贷:长期股权投资 1 000 000

③借:应付账款 200 000

贷:应收账款 200 000

(3) 编制合并工作底稿略。

3.

(1)分配合并差额并确认不完全商誉和完全商誉。

2010 年 12 月 31 日合并价差分配表 单位:万元

甲公司投资成本:			161.6
减:享有乙公司净资产账面价值份额			121.6
投资成本高于净资产账面价值的差额			40
净资产公允价值高于账面价值的分配:			
项 目	公允价值	账面价值	分配额
存货	40	36	4
固定资产	170	150	20
无形资产	12	10	2
合 计	222	196	26
减:可辨认净资产分配的差额甲公司所占份额			20.8
不完全商誉			19.2
完全商誉			24
(161.6 ÷ 80% × 20% − 178 × 20% + 19.2 或 19.2 ÷ 80%)			

(2)编制购买日合并财务报表的调整分录和抵销分录(分别按不完全商誉和完全商誉编制)。

确认不完全商誉情况下:

乙公司非控制性权益(少数股东权益)=(152+26)×20%=35.6(万元)

①借:存货	40 000	
固定资产	200 000	
无形资产	20 000	
贷:资本公积		260 000
②借:股本	600 000	
资本公积	870 000	
盈余公积	170 000	
未分配利润	140 000	
商誉	192 000	
贷:长期股权投资		1 616 000
非控制性权益(少数股东权益)		356 000
③借:应付账款	200 000	
贷:应收账款		200 000

确认完全商誉情况下:

乙公司非控制性权益(少数股东权益)=(152+26)×20%+4.8=40.4(万元)

①借:存货	40 000	
固定资产	200 000	
无形资产	20 000	
贷:资本公积		260 000
②借:股本	600 000	
资本公积	870 000	
盈余公积	170 000	
未分配利润	140 000	
商誉	240 000	
贷:长期股权投资		1 616 000
非控制性权益(少数股东权益)		404 000
③借:应付账款	200 000	
贷:应收账款		200 000

(3)编制合并工作底稿略。

4.

(1)分配合并差额并确认损益(按不完全损益和完全损益确认)。

2010 年 12 月 31 日乙公司合并差额分配表 单位:万元

甲公司投资成本:			90.2
减:乙公司净资产公允价值(119×80%)			95.2
投资成本低于净资产公允价值的差额			5
净资产公允价值高于账面价值的分配:			
项　目	公允价值	账面价值	分配额
存货	21	36	-15
固定资产	130	150	-20
无形资产	12	10	2
合　计	163	196	-33
确认的损益			5

(2)编制购买日合并财务报表的调整分录和抵销分录。

①借:无形资产　20 000

　　资本公积　330 000

　贷:存货　150 000

　　固定资产　200 000

②确认不完全损益情况下:

乙公司非控制性权益(少数股东权益)=119×20%=23.8(万元)

借:股本　600 000

　资本公积　(610 000-330 000)280 000

　盈余公积　170 000

　未分配利润　140 000

　贷:长期股权投资　902 000

　　非控制性权益(少数股东权益)　238 000

　　营业外收入(或未分配利润)　50 000

确认完全损益情况下:

非控股股东损益(少数股东损益)=5÷80%×20%=1.25(万元)

借:股本　600 000

　资本公积　(610 000-330 000)280 000

　盈余公积　170 000

　未分配利润　140 000

　贷:长期股权投资　902 000

　　非控制性权益(少数股东权益)　250 500

营业外收入(或未分配利润) 62 500

③借:应付账款 200 000

贷:应收账款 200 000

本题如果按属于甲公司净资产减值26.4万元调整资产、负债和净资产,且分配负商誉,则:

(1)

乙公司非控制性权益(少数股东权益)账面价值 = 119 × 20% + 33 × 20% = 30.4(万元)

2010年12月31日乙公司合并差额分配表 单位:万元

甲公司投资成本:				90.2
减:乙公司净资产公允价值				95.2
投资成本低于净资产公允价值的差额				5
净资产公允价值高于账面价值的分配:				
项目	公允价值	账面价值	差额×持股比例	分配额
存货	21	36	−15×80%	−12
固定资产	130	150	−20×80%	−16
无形资产	12	10	2×80%	1.6
合计	163	196	−33×80%	−26.4
负商誉分配:				
项目	公允价值大于账面价值	负商誉分配比率及分配额	分配后总额	
固定资产	−16	−5×130÷(130+12) = −4.577	−20.577	
无形资产	+1.6	−5×12÷(130+12) = −0.423	+1.177	

(2)

①借:无形资产 11 770

资本公积 314 000

贷:存货 120 000

固定资产 205 770

②借:股本 600 000

资本公积 296 000

盈余公积 170 000

未分配利润 140 000

贷:长期股权投资 902 000

非控制性权益(少数股东权益) 304 000

③借:应付账款 200 000

贷:应收账款　　200 000

(3)编制合并工作底稿略。

5.

(1)编制甲公司取得乙公司80%股权的相关会计分录。

①甲公司长期股权投资成本 = 152 × 80% = 121.6(万元)

借:长期股权投资　　1 216 000

　贷:股本　　800 000

　　资本公积　　416 000

②借:资本公积　　1 600

　　管理费用　　5 400

　贷:银行存款　　7 000

(2)编制合并日合并财务报表的抵销分录。

①借:股本　　600 000

　　资本公积　　610 000

　　盈余公积　　170 000

　　未分配利润——年末　　140 000

　贷:长期股权投资　　1 216 000

　　非控制性权益(少数股东权益)　　304 000

按修订的权益结合法只编制上述一笔抵销分录。如果采用传统理论的权益结合法,还应编制如下抵销分录:

②结转子公司留存收益中母公司享有的份额:

借:资本公积　　(310 000 × 80%)248 000

　贷:盈余公积　　(170 000 × 80%)136 000

　　未分配利润　　(140 000 × 80%)112 000

(3)编制合并工作底稿略。

第三章　购并日后的合并财务报表练习题参考答案

1.

(1)编制价值差额分配表。

价值差额分配表　　单位:万元

项目	价值差额构成	当年摊销数	累计摊销额	尚待摊销额
应收账款	-2	-2	-2	0
存货	6	6	6	0
固定资产	10	2	2	8
合　计	14	6	6	8

价值差额分配对损益的影响

项 目	营业成本	管理费用	资产减值损失	合计
收回的应收账款			-2	-2
出售存货	6			6
固定资产折旧	2			2
合 计	8		-2	6

(2)编制调整分录和抵销分录。

①借:存货 60 000
  固定资产 100 000
 贷:应收账款 20 000
  资本公积 140 000

②借:应收账款 20 000
  营业成本 80 000
 贷:存货 60 000
  固定资产 20 000
  资产减值损失 20 000

③借:长期股权投资 (2 100 000 - 60 000 - 800 000)1 240 000
 贷:投资收益 1 240 000

④借:实收资本 2 000 000
  资本公积 340 000
  盈余公积 400 000
  未分配利润——年末 840 000
  商誉 100 000
 贷:长期股权投资 3 680 000

⑤借:投资收益 2 040 000
 贷:提取盈余公积 400 000
  对所有者的分配 800 000
  未分配利润——年末 840 000

⑥借:应付账款 1 500 000
 贷:应收账款 1 500 000

⑦借:应收账款——坏账准备 150 000
 贷:资产减值损失 150 000

⑧借:预收账款 60 000
 贷:预付账款 60 000

⑨借:应付票据　50 000
　贷:应收票据　50 000
⑩借:应付债券　840 000
　贷:持有至到期投资　840 000
⑪借:投资收益　40 000
　贷:财务费用　40 000
⑫借:营业收入　2 000 000
　贷:营业成本　2 000 000
⑬借:营业成本　320 000
　贷:存货　320 000
⑭借:存货——存货跌价准备　320 000
　贷:资产减值损失　320 000
⑮借:营业收入　1 000 000
　贷:营业成本　600 000
　　固定资产——原值　400 000
⑯借:固定资产——累计折旧　20 000
　贷:管理费用　20 000

(3)编制合并工作底稿,求出合并财务报表各项目的合并金额,略。

2.

(1)编制价值差额分配表。

价值差额分配表　单位:万元

项　目	价值差额构成	当年摊销数	累计摊销额	尚待摊销额
应收账款	-2	-2	-2	0
存货	6	6	6	0
固定资产	10	2	2	8
合　计	14	6	6	8

价值差额分配对损益的影响

项　目	营业成本	管理费用	资产减值损失	合 计
收回的应收账款			-2	-2
出售存货	6			6
固定资产折旧	2			2
合　计	8		-2	6

(2)编制调整分录和抵销分录。

①借:存货 60 000

固定资产 100 000

贷:应收账款 20 000

资本公积 140 000

②借:应收账款 20 000

营业成本 80 000

贷:存货 60 000

固定资产 20 000

资产减值损失 20 000

③考虑逆流交易对非控制性权益(少数股东权益)的影响

B 公司调整抵销后的本期净利润 = 210 − 6 + 8 − 32 = 180(万元)

借:长期股权投资 [(180 − 80) × 80%] 800 000

贷:投资收益 800 000

④确认不完全商誉:

借:实收资本 2 000 000

资本公积 340 000

盈余公积 400 000

未分配利润——年末 (900 000 − 60 000 + 80 000 − 320 000) 600 000

商誉 128 000

贷:长期股权投资 2 800 000

非控制性权益(少数股东权益) 668 000

确认完全商誉:

借:实收资本 2 000 000

资本公积 340 000

盈余公积 400 000

未分配利润——年末 600 000

商誉 160 000

贷:长期股权投资 2 800 000

非控制性权益(少数股东权益) 700 000

⑤借:投资收益 1 440 000

非控股股东损益(少数股东损益) 360 000

贷:提取盈余公积 400 000

对所有者的分配 800 000

未分配利润——年末 600 000

以下抵销分录同练习题1,略。

(3)编制合并工作底稿,求出合并财务报表各项目的合并金额,略。

3.

(1)编制价值差额分配表。

价值差额分配表 单位:万元

项 目	价值差额构成	当年摊销数	累计摊销额	尚待摊销额
应收账款	-2		-2	0
存货	6		6	0
固定资产	10	2	4	6
合计	14	2	8	6

合并差额分配对损益的影响

项 目	营业成本	管理费用	合 计
收回的应收账款			
出售存货			
固定资产摊销	2		2
合计	2		2

(2)编制调整分录和抵销分录。

①借:存货 60 000

固定资产 100 000

贷:应收账款 20 000

资本公积 140 000

②借:应收账款 20 000

未分配利润——年初 60 000

营业成本 20 000

贷:固定资产 40 000

存货 60 000

③借:长期股权投资 1 720 000

贷:未分配利润——年初 1 240 000

投资收益 (2 000 000 - 20 000 - 1 500 000)480 000

④借:实收资本 2 000 000

资本公积 340 000

盈余公积 800 000
未分配利润 920 000
商誉 100 000
贷:长期股权投资 4 160 000
⑤借:投资收益 1 980 000
未分配利润——年初 840 000
贷:提取盈余公积 400 000
对所有者的分配 1 500 000
未分配利润 920 000
⑥借:应付账款 820 000
贷:应收账款 820 000
⑦借:应收账款——坏账准备 150 000
贷:未分配利润——年初 150 000
⑧借:资产减值损失 68 000
贷:应收账款——坏账准备 68 000
⑨借:预收账款 100 000
贷:预付账款 100 000
⑩借:应付债券 880 000
贷:持有至到期投资 880 000
⑪借:投资收益 40 000
贷:在建工程 40 000
⑫借:未分配利润——年初 320 000
贷:营业成本 320 000
⑬借:存货——存货跌价准备 320 000
贷:未分配利润——年初 320 000
⑭借:营业收入 3 000 000
贷:营业成本 3 000 000
⑮借:营业成本 540 000
贷:存货 540 000
⑯借:资产减值损失 180 000
贷:存货——存货跌价准备 180 000
⑰借:未分配利润——年初 400 000
贷:固定资产——原值 400 000
⑱借:固定资产——累计折旧 20 000
贷:未分配利润——年初 20 000

⑲借:固定资产——累计折旧　　80 000
　贷:管理费用　　80 000

(3)编制合并工作底稿,求出合并财务报表各项目的合并金额,略。

(4)如果所得税税率为25%,考虑企业合并的所得税影响,原答案有何变化?

①借:存货　　60 000
　　固定资产　　100 000
　贷:递延所得税负债　　40 000
　　资本公积　　120 000
借:资本公积　　15 000
　　递延所得税资产　　5 000
　贷:应收账款　　20 000

②借:应收账款　　20 000
　　未分配利润——年初　　60 000
　　营业成本　　20 000
　贷:固定资产　　40 000
　　存货　　60 000
借:未分配利润——年初　　5 000
　贷:递延所得税资产　　5 000
(上期:借:所得税费用　　5 000
　　　贷:递延所得税资产　　5 000)
借:递延所得税负债　　25 000
　贷:未分配利润——年初　　20 000
　　所得税费用　　5 000
(上期:借:递延所得税负债　　20 000
　　　贷:所得税费用　　20 000)

③借:长期股权投资　　1 720 000
　贷:未分配利润——年初　　1 240 000
　　投资收益　　(2 000 000 - 20 000 - 1 500 000)480 000

④借:实收资本　　2 000 000
　　资本公积　　340 000
　　盈余公积　　800 000
　　未分配利润　　980 000
　　商誉　　100 000
　贷:长期股权投资　　4 160 000

⑤借:投资收益　　1 980 000

未分配利润——年初 840 000
贷:提取盈余公积 400 000
对所有者的分配 1 500 000
未分配利润 920 000

⑥借:应付账款 820 000
贷:应收账款 820 000

⑦借:应收账款——坏账准备 150 000
贷:未分配利润——年初 150 000
借:未分配利润——年初 37 500
贷:递延所得税资产 37 500

⑧借:资产减值损失 68 000
贷:应收账款——坏账准备 68 000
借:递延所得税资产 17 000
贷:所得税费用 17 000

⑨借:预收账款 100 000
贷:预付账款 100 000

⑩借:应付债券 880 000
贷:持有至到期投资 880 000

⑪借:投资收益 40 000
贷:在建工程 40 000

⑫借:未分配利润——年初 320 000
贷:营业成本 320 000
(上期:借:营业成本 320 000
贷:存货 320 000)
借:递延所得税资产 80 000
贷:所得税费用 80 000
借:递延所得税资产 80 000
贷:未分配利润——年初 80 000

⑬借:存货——存货跌价准备 320 000
贷:未分配利润——年初 320 000
借:未分配利润——年初 80 000
贷:递延所得税资产 80 000

⑭借:营业收入 3 000 000
贷:营业成本 3 000 000

⑮借:营业成本 540 000

贷:存货 540 000

借:递延所得税资产 135 000

贷:所得税费用 135 000

⑯借:资产减值损失 80 000

贷:存货——存货跌价准备 80 000

借:递延所得税资产 20 000

贷:所得税费用 20 000

⑰借:未分配利润——年初 400 000

贷:固定资产——原值 400 000

借:递延所得税资产 100 000

贷:未分配利润——年初 100 000

⑱借:固定资产——累计折旧 20 000

贷:未分配利润——年初 20 000

借:未分配利润——年初 5 000

贷:递延所得税资产 5 000

⑲借:固定资产——累计折旧 80 000

贷:管理费用 80 000

借:所得税费用 20 000

贷:递延所得税资产 20 000

4.

(1)编制价值差额分配表。

价值差额分配表 单位:万元

项　目	价值差额构成	当年摊销数	累计摊销额	尚待摊销额
应收账款	-2		-2	0
存货	6		6	0
固定资产	10	2	4	6
合计	14	2	8	6

价值差额分配对损益的影响

项　目	营业成 本	管理费用	合计
收回的应收账款			
出售存货			
固定资产折旧	2		2
合　计	2		2

(2)编制调整分录和抵销分录[考虑逆流交易对非控制性权益(少数股东权益)的影响]。

① 借:存货　60 000
　固定资产　100 000
　贷:应收账款　20 000
　　资本公积　140 000

②借:应收账款　20 000
　未分配利润——年初　60 000
　营业成本　20 000
　贷:固定资产　40 000
　存货　60 000

③借:长期股权投资　1 184 000
　贷:未分配利润—— 年初　800 000
　　投资收益　[(2 000 000 - 20 000 - 1 500 000) × 80%]384 000

④确认不完全商誉:
借:实收资本　2 000 000
　资本公积　340 000
　盈余公积　800 000
　未分配利润　(1 000 000 - 60 000 - 20 000 + 80 000 - 320 000)680 000
　商誉　128 000
　贷:长期股权投资　3 184 000
　非控制性权益(少数股东权益)　(3 820 000 × 20%)764 000

确认完全商誉:
借:实收资本　2 000 000
　资本公积　340 000
　盈余公积　800 000
　未分配利润　(1 000 000 - 60 000 - 20 000 + 80 000 - 320 000)680 000
　商誉　160 000
　贷:长期股权投资　3 184 000
　非控制性权益(少数股东权益)　(3 820 000 × 20% + 32 000) 796 000

⑤由于本期未发生逆销业务,上期逆销产品已全部实现对外销售,因此本期不存在存货和固定资产内部逆销业务对当期 B 公司净利润的影响。

B 公司抵销调整后的净利润 = 200 - 2 = 198(万元)

借:投资收益　1 584 000
　非控股股东损益(少数股东损益)　396 000

未分配利润——年初 (900 000 - 60 000 + 80 000 - 320 000)600 000
贷:提取盈余公积 400 000
对所有者的分配 1 500 000
未分配利润——年末 680 000
⑥借:应付账款 820 000
贷:应收账款 820 000
⑦借:应收账款——坏账准备 150 000
贷:未分配利润——年初 150 000
⑧借:资产减值损失 68 000
贷:应收账款——坏账准备 68 000
⑨借:预收账款 100 000
贷:预付账款 100 000
⑩借:应付债券 880 000
贷:持有至到期投资 880 000
⑪借:投资收益 40 000
贷:在建工程 40 000
⑫借:未分配利润——年初 320 000
贷:营业成本 320 000
⑬借:存货跌价准备 320 000
贷:未分配利润——年初 320 000
⑭借:营业收入 3 000 000
贷:营业成本 3 000 000
⑮借:营业成本 540 000
贷:存货 540 000
⑯借:存货——存货跌价准备 180 000
贷:资产减值损失 180 000
⑰借:未分配利润——年初 400 000
贷:固定资产——原值 400 000
⑱借:固定资产——累计折旧 20 000
贷:未分配利润——年初 20 000
⑲借:固定资产——累计折旧 80 000
贷:管理费用 80 000

(3)编制合并工作底稿,求出合并财务报表各项目的合并金额,略。

第四章 企业合并与合并财务报表的特殊问题练习题参考答案

1.

(1)确定该项合并中B企业的合并成本。

合并后B企业原股东持有A公司的股权比例 = 1 200 ÷ (1 000 + 1 200) = 54.55%

B企业应当发行的普通股股数 = 600 ÷ 54.55% − 600 = 500(万股)

企业合并成本 = 500 × 40 = 20 000(万元)

(2)企业合并成本在可辨认资产、负债的分配并确定商誉。

企业合并成本		20 000
A公司可辨认资产、负债公允价值:		
流动资产	2 000	
非流动资产	(14 000 + 3 000)17 000	
流动负债	(800)	
非流动负债	(200)	
净资产公允价值		18 000
商誉		2 000

(3)编制A公司2011年9月30日合并资产负债表。

购买日A公司在合并工作底稿中编制如下调整和抵销分录:

①借:长期股权投资	200 000 000	
贷:股本		5 000 000
资本公积		195 000 000
②借:固定资产	30 000 000	
贷:资本公积		30 000 000
③借:实收资本(股本)	10 000 000	
资本公积	30 000 000	
盈余公积	40 000 000	
未分配利润	100 000 000	
商誉	20 000 000	
贷:长期股权投资		200 000 000

购买日A公司编制的合并工作底稿和合并资产负债表略。

其中:

合并商誉 = 2 000(万元)

合并资产负债表的股票数量 = 1 000 + 1 200 = 2 200(万股)

A公司股本 = 1 000(万元)

B 企业股本 = 600 + 500 = 1 100(万元)

股本合并金额 = 1 100(万元)

B 企业资本公积 = 500 × 40 − 500 = 19 500(万元)

资本公积合并金额 = 19 500(万元)

盈余公积合并金额 = 11 400(万元)

未分配利润合并金额 = 28 000(万元)

(4)计算 2011 年 A 公司基本每股收益和 2010 年每股收益。

A 公司 2011 年基本每股收益 = 2 300 ÷ (1 200 × 9/12 + 2 200 × 3/12) = 1.5862(元)

A 公司 2010 年的基本每股收益 = 1 200 ÷ 1 200 = 1(元)

2.

(1)计算甲公司对乙公司长期股权投资的成本。

甲公司该项长期股权投资成本 = 8 000 + 3 000 = 11 000(万元)

(2)计算合并财务报表中的商誉。

合并不完全商誉 = 8 000 − 10 000 × 70% = 1 000(万元)

甲公司取得乙公司 80% 股权时产生的商誉 = 8 000 − 10 000 × 70% = 1 000(万元)

乙公司持有 20% 股权的推定商誉 = 8 000 ÷ 70% × 30% − 10 000 × 30% =

3 428.571 − 3 000 = 428.57(万元)

合并完全商誉 = 1 000 + 428.571 = 1 428.57(万元)

或:合并完全商誉 = 1 000 ÷ 70% = 1 428.57(万元)

(3)计算在合并财务报表中应调整的所有者权益金额。

应调整的所有者权益 = 3 000 − 11 000 × 20% = 800(万元)

(4)编制相关的会计分录和合并工作底稿的调整分录和抵销。

甲公司会计分录:

①借:长期股权投资 80 000 000

  贷:银行存款 80 000 000

②借:长期股权投资 30 000 000

  贷:银行存款 30 000 000

合并工作底稿中的调整分录和抵销分录:

2010 年 12 月 25 日:

借:固定资产 8 000 000

  无形资产 2 000 000

  贷:资本公积 10 000 000

借:净资产 100 000 000

  商誉 10 000 000(14 285 700)

  贷:长期股权投资 80 000 000

    非控制性权益(少数股东权益) 20 000 000 (24 285 700)

2011 年 12 月 31 日:

借:资本公积　　8 000 000

　贷:长期股权投资　　8 000 000

借:固定资产　　16 000 000

　无形资产　　4 000 000

　贷:资本公积(下以净资产列示)　　20 000 000

　借:长期股权投资　　7 000 000

　贷:资本公积　　7 000 000

(购买日后,乙公司固定资产增值 800 万元和无形资产增值 200 万元,所增加的资本公积 1 000 万元,甲公司享有的份额为 700 万元)

借:净资产　　110 000 000

　商誉　　(14 285 700)10 000 000

　贷:长期股权投资

　　(80 000 000 + 30 000 000 + 7 000 000 - 8 000 000)109 000 000

　　非控制性权益(少数股东权益)　　(15 285 700)11 000 000

3.

(1)编制甲公司确认处置 40% 股权的会计分录。

处置股权的投资收益 = 8 200 - 9 300 ÷ 60% × 40% = 2 000(万元)

借:银行存款　　82 000 000

　贷:长期股权投资　　62 000 000

　　投资收益　　20 000 000

(2)编制剩余 20% 股权按权益法调整账面价值的会计分录。

权益法下剩余 20% 股权的账面价值 = (9 300 - 6 200) + 800 × 20% + 300 × 20% = 3 320(万元)

享有乙公司净资产公允价值份额 = 11 300 × 20% = 2 260(万元)

借:长期股权投资——投资成本　　31 000 000

　　　　　　——损益调整　　1 600 000

　　　　　　——其他权益变动　　600 000

　贷:长期股权投资——乙公司　　31 000 000

　　未分配利润——年初　　1 600 000

　　资本公积——其他资本公积　　600 000

(3)计算在当期合并财务报表中因处置股权应计入丧失控制权当期的投资收益。

应计入丧失控制权当期的投资收益 = 8 200 + 4 100 - 11 300 × 60% = 5 520(万元)

个别财务报表已计入当期损益金额 = 2 000(万元)

购入 60% 股权确认的母公司商誉 = 9 300 - 10 200 × 60% = 3 180(万元)

合并财务报表中应调增投资收益金额 = 5 520 - 2 000 - 3 180 = 340(万元)

重新计量的20%股权的公允价值 = 4 100(万元)

调整后的长期股权投资账面价值 = 3 320(万元)

合并财务报表应调整的长期股权投资金额 = 4 100 - 3 320 = 780(万元)

借:长期股权投资　　7 800 000

　贷:投资收益　　7 800 000

处置40%股权享有丧失控股权前乙公司的净利润和其他综合收益

= 800 × 40% + 300 × 40% = 440(万元)

应编制如下调整分录。

借:投资收益　　4 400 000

　贷:盈余公积　　440 000

　　未分配利润　　3 960 000

(4)在合并财务报表中将与原有子公司股权投资相关的其他综合收益转为当期投资收益。

借:资本公积——其他资本公积　　600 000

　贷:投资收益　　600 000

4.

(1)编制甲公司取得和处置对乙公司投资的会计分录。

借:长期股权投资　　86 000 000

　贷:银行存款　　86 000 000

借:银行存款　　26 000 000

　贷:长期股权投资　　(86 000 000 × 25%)21 500 000

　　投资收益　　4 500 000

借:所得税费用　　1 125 000

　贷:应交税费——应交所得税　　(4 500 000 × 25%)1 125 000

(2)计算在合并财务报表中调整的资本公积。

调整增加的资本公积 = 2 600 - 12 000 × 80% × 25% = 200(万元)

(3)编制合并工作底稿中的调整分录和抵销分录。

验证如下:

购买日确认的不完全商誉 = 8 600 - 9 800 × 80% = 760(万元)

购买日确认的完全商誉 = 760 ÷ 80% = 950(万元)

借:净资产　　98 000 000

　　商誉　　7 600 000(9 500 000)

　贷:长期股权投资　　86 000 000

　　非控制性权益(少数股东权益)　　19 600 000(21 500 000)

按权益法确认的投资收益 = (12 000 - 9 800) × 80% = 1 760(万元)

借:长期股权投资　　176 00 000

贷:投资收益　　17 600 000

与处置 25% B 公司股权对应的 B 公司净资产份额 =(9 800 ×80% +1 760)×25% =2 400(万元)

调整增加的资本公积 =2 600 -2 400 =200(万元)

借:投资收益　　2 000 000

　贷:递延所得税负债　　500 000

　　资本公积　　1 500 000

借:净资产　　120 000 000

　商誉　　(7 600 000 ×75%)5 700 000

　贷:长期股权投资　　(103 600 000 ×75%)77 700 000

　　非控制性权益(少数股东权益)　　48 000 000

母公司股东持股比例 =80% ×75% =60%

少数股东持股比例 =40%

如果确认完全商誉,则抵销分录如下:

借:净资产　　120 000 000

　商誉　　(7 600 000 ×75% +1 900 000)7 600 000

　贷:长期股权投资　　(103 600 000 ×75%)77 700 000

　　非控制性权益(少数股东权益)　　49 900 000

5.

(1)编制 A 公司在购买日的抵销分录。

借:实收资本(股本)　　28 000 000

　资本公积　　6 000 000

　盈余公积　　4 000 000

　未分配利润——年末　　2 000 000

　商誉　　6 000 000

　贷:长期股权投资　　30 000 000

　　非控制性权益(少数股东权益)　　16 000 000

如果确认完全商誉,则:

借:实收资本(股本)　　28 000 000

　资本公积　　6 000 000

　盈余公积　　4 000 000

　未分配利润——年末　　2 000 000

　商誉　　10 000 000

　贷:长期股权投资　　30 000 000

　　非控制性权益(少数股东权益)　　20 000 000

(2)编制 2010 年合并工作底稿中的调整分录和抵销分录。

借:长期股权投资　　1 200 000

　贷:投资收益　　1 200 000

借:实收资本(股本)　　28 000 000

　资本公积　　6 000 000

　盈余公积　　4 200 000

　未分配利润——年末　　3 800 000

　商誉　　6 000 000

　贷:长期股权投资　　31 200 000

　　非控制性权益(少数股东权益)　　16 800 000

　　如果确认完全商誉,则:

借:实收资本(股本)　　28 000 000

　资本公积　　6 000 000

　盈余公积　　4 200 000

　未分配利润——年末　　3 800 000

　商誉　　10 000 000

　贷:长期股权投资　　31 200 000

　　非控制性权益(少数股东权益)　　20 800 000

(3)编制 2011 年合并工作底稿中的调整分录和抵销分录。

借:长期股权投资　　1 200 000

　贷:未分配利润——年初　　1 200 000

长期股权投资账面价值 = 3 000 + 120 = 3 120(万元)

甲公司当年应确认的投资损失 = 8 000 × 60% = 4 800(万元)

非控股股东(少数股东)应承担的投资损失 = 8 000 × 40% = 3 200(万元)

借:投资收益　　48 000 000

　贷:长期股权投资　　31 200 000

　　长期应收款　　4 000 000

　　预计负债　　12 800 000

借:投资收益　　-48 000 000

　非控股股东损益(少数股东损益)　　-32 000 000

　未分配利润——年初　　3 800 000

　贷:未分配利润——年末　　-76 200 000

借:实收资本(股本)　　28 000 000

　资本公积　　6 000 000

　盈余公积　　4 200 000

　未分配利润——年末　　-76 200 000

商誉 6 000 000

贷:母公司未分配利润 -16 800 000

非控制性权益(少数股东权益) -15 200 000

如果确认完全商誉,则:

借:实收资本(股本) 28 000 000

资本公积 6 000 000

盈余公积 4 200 000

未分配利润——年末 -76 200 000

商誉 10 000 000

贷:母公司未分配利润 -16 800 000

非控制性权益(少数股东权益) -11 200 000

6.

(1)计算2011年乙公司增发股票导致甲公司支付的对价与享有的乙公司净资产公允价值增加额之间的差额。

甲公司享有的乙公司增发股票前净资产公允价值份额 = 3 000 × 80% = 2 400(万元)

乙公司增发股票后甲公司持股比例 = (80 + 20) ÷ (100 + 20) = 83.33%

甲公司享有的乙公司增发股票后净资产公允价值份额 = (3 000 + 18 × 20) × 83.33%
= 2 799.888(万元)

甲公司享有乙公司净资产公允价值的增加额 = 2 799.888 - 2 400 = 399.888(万元)

乙增发股票前每股公允价值 = 3 000 ÷ 100 = 30(元)

甲公司增加资本公积金额 = 399.888 - 18 × 20 = 39.888(万元)

(2)编制2011年1月1日和12月31日甲公司相关的会计分录。

①借:长期股权投资——B公司 3 600 000

贷:银行存款 3 600 000

②借:应收股利 (4 000 000 × 83.33%)3 333 200

贷:投资收益 3 333 200

(3)编制2011年12月31日甲公司合并工作底稿中的调整分录和抵销分录(将甲公司支付的对价与享有的乙公司净资产公允价值增加额之间的差额计入资本公积)。

调整分录和抵销分录:

①借:固定资产 2 000 000

贷:资本公积 2 000 000

②借:长期股权投资 9 973 200

贷:投资收益 (8 000 000 × 83.33% - 4 000 000 × 83.33%)3 333 200

未分配利润——年初

[(4 000 000 + 6 000 000 - 2 000 000) × 80%]6 400 000

资本公积 (300 000 × 80%)240 000

③借:长期股权投资 398 880

贷:资本公积 398 880

④ 购买日确认的不完全商誉 = 20 800 000 − 21 700 000 × 80% = 344(万元)

购买日确认的完全商誉 = 344 ÷ 80% = 430(万元)

若确认不完全商誉:

借:实收资本(股本) (1 000 000 + 200 000 × 1)1 200 000

资本公积 (15 000 000 + 2 000 000 + 3 400 000)20 400 000

盈余公积 (3 000 000 + 8 000 000 × 10%)3 800 000

未分配利润——年末

(9 000 000 + 8 000 000 − 4 000 000 − 800 000)12 200 000

商誉 3 440 000

贷:长期股权投资

(20 800 000 + 3 600 000 + 9 973 200 + 398 880)34 772 080

非控制性权益(少数股东权益) (37 600 000 × 16.67%)6 267 920

若确认完全商誉,则:

借:实收资本(股本) 1 200 000

资本公积 20 400 000

盈余公积 3 800 000

未分配利润——年末 12 200 000

商誉 4 300 000

贷:长期股权投资 (10 400 000 + 600 000 + 4 986 600 + 399 500)34 772 080

非控制性权益 (37 600 000 × 16.67% + 860 000)7 127 920

(少数股东权益)

⑤借:投资收益 6 666 400

非控股股东损益(少数股东损益) 1 333 600

未分配利润——年初 9 000 000

贷:提取盈余公积 800 000

对所有者的分配 4 000 000

未分配利润——年末 12 200 000

7.

(1)按库藏股法编制乙公司相关的会计分录以及合并工作底稿的调整分录和抵销分录。

①确认丁公司从丙公司取得的投资收益,计算丁公司本期净利润。

丁公司本期净利润 = 160 + 120 × 10% = 172(万元)

②确认丙公司从丁公司取得的投资收益,计算丙公司本期净利润。

丙公司按成本法从丁公司取得的投资收益 = 80 × 90% = 72(万元)

丙公司本期净利润 = 240 + 72 = 312(万元)

③丙公司会计分录。

取得丁公司90%股权

借:长期股权投资　14 400 000

　贷:银行存款　14 400 000

确认从丁公司取得的投资收益

借:应收股利　720 000

　贷:投资收益　720 000

④丙公司在编制合并财务报表时的调整分录和抵销分录。

A. 调整丁公司支付给丙公司的现金股利中包含的从丙公司取得的投资收益,消除库藏股股利。

借:投资收益　120 000

　贷:对所有者的分配　120 000

B. 将拥有的丁公司净利润由成本法调整为权益法。

借:长期股权投资　[(1 600 000 + 120 000 - 800 000) × 90%]828 000

　贷:投资收益　828 000

C. 抵销丙公司对丁公司长期股权投资。

借:实收资本(股本)　12 000 000

　盈余公积　(2 400 000 + 1 720 000 × 10%)2 572 000

　未分配利润——年末

　(1 600 000 + 1 720 000 × 90% - 800 000)2 348 000

　贷:长期股权投资　(14 400 000 + 828 000)15 228 000

　　非控制性权益(少数股东权益)　(16 920 000 × 10%)1 692 000

D. 抵销丙公司内部投资收益。

借:投资收益　1 548 000

　非控股股东损益(少数股东损益)　172 000

　未分配利润——年初　1 600 000

　贷:提取盈余公积　172 000

　　对所有者的分配　800 000

　　未分配利润——年末　2 348 000

E. 将丁公司购入丙公司10%的股权按投资成本转为库藏股。

借:库藏股　3 200 000

　贷:长期股权投资　3 200 000

(2)按交互分配法编制乙公司相关的会计分录以及合并工作底稿的调整分录和抵销分录。

①编制母公司丙公司发生的与投资业务相关的会计分录。

A. 记录丙公司购入丁公司90%的股权。

借:长期股权投资——丙公司对丁公司　　14 400 000

　贷:银行存款　　14 400 000

B. 记录丙公司从丁公司分得的现金股利。

借:应收股利　　(800 000×90%) 720 000

　贷:投资收益　　720 000

②建立方程式,计算合并基础上的母公司丙公司和子公司丁公司的净利润。

设 P 为丙公司的净利润,S 为丁公司的净利润,则:

$$P=\text{丙公司自身经营净利润}+S\times 90\%$$

$$S=\text{丁公司自身经营净利润}+P\times 10\%$$

$$P=240+(160+P\times 10\%)\times 90\%=240+144+P\times 0.09=421.978(\text{万元})$$

$$S=160+421.978\times 10\%=202.1978(\text{万元})$$

推定赎回后丙公司实际净利润 $=421.978\times 90\%=379.7802$(万元)

丁公司非控股股东损益(少数股东损益) $=202.1978\times 10\%=20.2198$(万元)

丙公司从丁公司取得的投资收益 $=379.7802-240=139.7802$(万元)

③编制调整分录、抵销分录和合并财务报表。

A. 记录丁公司购入丙公司10%的股权而发生的推定赎回。

借:实收资本　　(20 000 000×10%)2 000 000

　　盈余公积　　(3 200 000－2 000 000) 1 200 000

　贷:长期股权投资——丙公司对丁公司　　3 200 000

B. 抵销丙公司分配给丁公司的现金股利。

借:长期股权投资——丙公司对丁公司　　(1 200 000×10%)120 000

　贷:对所有者的分配　　120 000

C. 用权益法调整丙公司从丁公司取得的投资收益。

借:长期股权投资——丙公司对丁公司　　(1 397 802－720 000)677 802

　贷:投资收益　　677 802

在交互分配法下,丙公司对丁公司长期股权投资期末余额 $=1\,440-320+12+67.7802$

$=1\,199.7802$(万元)

D. 抵销丁公司对丙公司的投资。

借:长期股权投资——丙公司对丁公司　　3 200 000

　贷:长期股权投资——丁公司丙公司　　3 200 000

E. 抵销丙公司对丁公司长期股权投资

借:实收资本　　12 000 000

盈余公积　(2 400 000 + 1 720 000 × 10%)2 572 000

未分配利润——年末

[1 600 000 + 1 720 000 × (1 − 10%) − 800 000]2 348 000

贷:长期股权投资　(11 997 802 + 3 200 000)15 197 802

非控制性权益(少数股东权益)

[16 920 000 × 10% + (202 198 − 172 000)]1 722 198

F. 抵销丙公司内部投资收益

借:投资收益　(139 7802 + 120 000)1 517 802

非控股股东损益　202 198

(少数股东损益)

未分配利润——年初　1 600 000

贷:提取盈余公积　(1 720 000 × 1%) 172 000

对所有者的分配　800 000

未分配利润——年末　2 348 000